U0506302

佛陀的智慧

陈 兵／著

上海古籍出版社

图书在版编目（CIP）数据

佛陀的智慧/陈兵著.—上海：上海古籍出版社，2006.1（2024.12重印）
ISBN 978-7-5325-4244-4
Ⅰ.佛… Ⅱ.陈… Ⅲ.佛教-研究 Ⅳ.B948
中国版本图书馆CIP数据核字（2005）第119689号

责任编辑 童力军
装帧设计 黄 琛

佛陀的智慧

陈兵 著

出版 发行 上海古籍出版社
（201101 上海市闵行区号景路159弄1-5号A座5F）
网 址 www.guji.com.cn
E — mail guji1@.guji.com.cn
易文网网址 www.ewen.co
印 刷 上海颛辉印刷厂有限公司印刷
开 本 850×1168 1/18
印 张 17 $\frac{10}{18}$
插 页 2
字 数 250,000
版 次 2006年1月第1版
印 次 2024年12月第16次印刷
印 数 30,801-32,300
ISBN 978-7-5325-4244-4/B.523
定 价 48.00元

佛陀

前　言

佛陀（Budda），古译“浮屠”，略称“佛”，意译“觉者”，谓圆满觉悟了宇宙人生真相并能指导众生觉悟的圣者，一般指作为历史人物的释迦牟尼。释迦牟尼成道后自称佛陀，佛陀也是弟子对他的十种尊称之一。《大般涅槃经》卷十八解释佛陀义为“既自觉悟，复能觉他”，觉行圆满，故称为佛。

佛陀是亘古及今最伟大的智者，他立足人间，而从超越人间的、全法界遍宇宙的广大视角，冷静省视人间，抓住个人与宇宙、个人与最深自性关系的大本，以“了生死”问题的解决为核心，通过修行实证，开辟了以“如实知见”的智慧自净其心而成功超越生死、达到永恒安乐之道。由如实观察缘起、无常、无我而证得涅槃，被归纳为“三法印”的佛法心髓，可谓人类最高的智慧成果。点亮这一智慧明灯、令人们得以了知万有实相和自己心性的佛陀，确不愧“世灯”、“世眼”之称。

这本《佛陀的智慧》，从当代人的眼光、心灵需求和当代社会的需要着眼，力图对佛陀的众多言传身教做出准确客观的归纳整理，对佛陀的思想做出使一般人容易读懂的现代阐释，以较为明白的现代语言介绍给读者，特别是那些对佛教了解不多而想要了解的社会人士。

佛像塔

笔者写这本书，面临三个难题。首先，本书所讲的佛陀，虽然也可以置于思想大家或世界文化名人之列，但终究与其他思想大师和文化名人颇有不同。他是被数亿佛教徒所崇拜敬仰的精神导师，是具足超人智慧，“大雄大力大慈悲”的至圣。他的教诲，对佛教徒来说，和一般仅供参考、容许批评的思想大家的言论有别，是应绝对遵循的究竟真理。介绍评价佛陀，与介绍一般思想大师不同，不好随意平章，稍有不敬、失真，便有“谤佛”和误导的罪过，须得特别审慎。

其次，对流传至今的佛所说经，南北佛教界看法不一，南传佛教从来只承认五部《尼柯耶》、戒律和几种论典为佛亲口所说，而大乘佛教界主要信奉南传藏经中所缺的大乘经，当今汉传佛教的主体禅宗、净土宗等，皆宗依大乘经而建立。受近代学术界疑古证伪之风的影响，佛陀只说了《阿含经》、大乘非佛说，几乎已成公论。中外多本介绍佛陀思想的著作，如木村泰贤《原始佛教思想论》、那烂陀长老《觉悟之路》、罗睺罗法师《佛陀的启示》等，都仅依《阿含经》论佛陀。而笔者则认为：大乘教义必出佛陀，大乘经的多数源出佛说。仅依个别部派所奉的《阿含》论佛陀，未免以偏概全。但如此主张，自不免招致非议。

第三，佛陀遗留下来的言传身教，数量比与他同时代的老子、孔子、苏格拉底、柏拉图等思想大家多得多，思想的深广度也远远超过诸家。佛学之难治，素为学界所公认。名相纷繁，说法多样，深奥难解，乃众所周知。即便研究多年，欲完全真正读懂佛陀，从数千卷经律论中，以最精炼的现代语言准确地概括出佛陀思想的精髓，自不像大多数学术著作研究一个不太大的问题那样好做，殊非易事。笔者虽然研修佛法多年，但面铺得太宽，尚未将佛陀思想作为一个课题进行专门研究，要完成一部高水平的《佛陀的智慧》，犹感学力不足。尽管应出版社之约，交出了完稿，而自己总是不能满意，每次重印，都觉得需作修改。

摆在读者面前的这本《佛陀的智慧》，以南北传佛教界和学术界公认的汉译《阿含经》、《本事经》、律藏，及今译南传《尼柯耶》等为基础，以佛说大乘经为补充，根据作者多年研修佛法的体会，吸取近现代学者、法师们的相关研究成果，以现代人的眼光，从有益于社会精神文明建设出发，力图用最经济的文字，对佛陀的思想作出概略的介绍评述。其着眼点，是全体佛经中表述的源出佛陀的思想体系—即"佛法"，尤其是佛法中对当代人具教化和启发价值的思想。并精选53种篇幅短小的佛所说经，分别附录于各章之后。阅读这些佛经，可以锻炼阅读古汉语大藏经的能力。附有主要选自《阿含经》的《佛言精粹》，加以必要的注释。

读者朋友们，我等作为有佛法流传之地球的现代人，有缘听闻佛法，明了佛陀的睿智，是大福报、大荣幸，若能欢喜信受，认真思考，以佛陀的智慧启发正见，依法善度难得易失的人生，必能安住精神家园，获得现法安乐、后世安乐、究竟安乐。即使不能信受奉行，只要对佛陀的思想有所知晓，也会给您提供有益的人生启迪，在心识田中播下佛法的"金刚种子"。读诵佛陀遗教，犹如面晤这位两千多年前的大圣人，听他说法，与他交谈，是人生一大幸事、一大乐事。

但愿通过这本不成熟的书，与读者朋友们探讨佛法，更希望听到批评意见，使笔者能有继续长进、这本书能有进一步修改再版的机会。

对促成笔者修改此书并与广大台湾读者广结善缘的周本骥总编辑，帮助文字扫描的李缓、唐希鹏二位学生，及帮助此书在大陆出版的上海古籍出版社编辑先生，致以真诚的感谢！

陈兵

2005年3月于四川大学竹林村

佛陀

目 录

千佛柱

佛陀

序　论

作为历史人物的佛陀

在最有影响的世界性圣哲中，佛陀释迦牟尼在生前身后所受到的尊崇敬仰，可谓举世无双。他在世时被多位国王尊为师长，无数佛教徒把他奉为至圣、导师和楷模，甚至看作超人、神明。在大乘佛教界，佛陀被普遍视为法力无边、无所不知、永恒存在的超级神仙，有“大觉金仙”之称。人们用金银玉石精心为佛陀造像，以表达对这位心中偶像的虔诚敬仰，从而创造出许多国宝文物、高级艺术品。两千多年来，在世界各地大大小小的佛教寺庙里，香烟燎绕中或香花簇拥中，佛陀像被一代代善男信女顶礼膜拜。佛陀的遗骨舍利，成为佛教圣物，被用镶满宝石的金玉棺龛层层包装，供人礼拜供养，其出巡展示时万众瞻拜哀感的盛况，令人心魂震撼。

多数中国老百姓，大概主要从寺院大雄宝殿里所供奉的佛像和《西游记》塑造的如来形象，去认识佛陀，将他视为神祇，殊不知他是个实实在在的历史人物。

佛言精粹

如来无上医，
所可疗治者，
拔毒尽苦际，
毕竟离生死。
如来治眼病，
过于彼世医，
能以智慧鎞，*
决无明眼膜。

《别译杂阿含经》卷十三

＊鎞：治疗眼病所用的一种工具。

一、佛陀生平大略

尽管古印度人的历史观念极为淡薄，没能留下多少史料，但佛陀的生平，还是有不少文字记载，可以说是他同时代的世界伟人中生平事迹记载最为详悉者。（英）查尔斯·埃利奥特《印度教与佛教

史纲》第一卷说，佛陀“有力的人格在印度文学中留下了比任何其他导师或君王更鲜明的形象”。[1]在众多佛经和记述佛教戒律制定原委的“律藏”中，有多处关于佛陀身世的自述和佛陀言行的记录，佛典中有一类专门记述佛陀生平事迹、被称为“佛传文学”的经典，如《太子瑞应本起经》、《修行本起经》、《过去现在因果经》、《佛本行经》等。这些文字写成于佛陀逝世后几百年间，难免经过后人润饰，但源出佛世的传述，其中叙述的佛陀事迹尽管不无出入，而大体轮廓基本一致。

佛言精粹

彼世间良医，于生根本对治不如实知，老病死忧悲恼苦根本对治不如实知。如来应正等觉为大医王，于生根本对治如实知，老病死忧悲恼苦根本对治如实知。

《杂阿含经》卷十五
第389经

佛陀诞生在古印度喜玛拉雅山南麓的一个小国迦毗罗卫，地处今尼泊尔南境的毕拍罗婆（Piprava），已由考古发掘所证实。释迦牟尼是对他的尊称，意谓出身于释迦族的圣人或仙人，“释迦”（Sakya）乃族名，意译“能仁”，“牟尼”（muni ）意译“寂默”，是当时人对在山林中修道而获得成就者的通称。佛陀族姓乔答摩（Gotama），一译“瞿昙”，名悉达多（Siddhattha），意译“一切义成”（一切功德皆悉成就）。佛陀亦多称“如来”（tathagata），谓乘终极实在或终极真理——“真如”而来，或曰真理之现身。当时社会人士和其他宗教教徒，一般称佛陀为“沙门瞿昙”，意谓姓瞿昙的出家修道者，“沙门”是当时婆罗门以外的出家修道者的通称。佛教徒则多尊称佛陀为“世尊”（世间共尊的最伟大者），此外还有应供、正遍知、明行足、善逝、世间解、无上士、调御丈夫、天人师等尊号，佛经中有时也称佛陀为 “牟尼”、“大仙”、“天尊”。

关于佛陀的生卒年代， 南北传佛教界共有70多种传说，前后相差数百年。中国佛教界过去多用公元前1026—前954年说，南传佛教界用公元前623—前544年说。晚近各国学者利用有限的史料考证，结果非一。中国学者主要依据“众圣点记”之说，参合其他史料，考定佛陀生卒年为公元前565—前486年，这一说法已被中国佛教协会和学术界所通用。但这种说法，也还是一种盖然性的结论。笔者认为，佛陀的生卒年代可能比这要早。佛陀幼时受过良好的婆罗门教教育，当然熟知婆罗门教典，但从公认为出自他亲口所说的《阿含经》看，其中只讲到婆罗门教的四种《吠陀经》，未提到学界判为出于公元前1000—前800年间的早期《奥义书》，也很难发现有早期《奥

[1] 李荣熙译，商务印书馆，1982年出版，页11。

义书》影响的蛛丝马迹，说明他出世应在这些《奥义书》之前。至于根据佛书中佛灭后百年间阿育王大弘佛法之说，及西方有关阿育王的记载，考定佛陀生卒年，从历史学来看似乎较为可靠，但古印度称“护法阿育王”者，并非只有一人，若出差错，则前后相差便会达数百年。这是一个有待新的考古证据去证实的问题，从了解“佛法”的角度看，佛陀生卒年代即便不大精确，也无关宏旨。

佛陀降生的古印度，尤其被称为“中国”（中心地区）的恒河流域，是当时世界上文明最发达的地区之一。经济以农业为主，铁器被普遍使用，商贸相当发达，有了规划整然、有良好的地下排水道和公众浴池，富贵人过着奢侈豪华的物质生活。政治形势与中国的战国时代甚为相近，有摩揭陀、憍萨罗、跋耆、伐磋、阿槃提等十六大国争雄，此外还有众多小邦国。随着刹帝利（武士）阶层的勃兴，思想文化方面呈现出一片百家争鸣的热闹景象。为婆罗门种姓的尊贵地位提供神学论证的婆罗门教一度衰落，各种以反婆罗门教传统观念为教义实质的沙门集团纷纷涌现，各自树宗立教，招罗徒众，互相辩论。其中影响最大者为佛典中常说的“六师外道”——不兰迦叶、末伽梨瞿舍利、阿耆多翅、舍钦婆罗、婆浮陀伽旃那、散若夷毗罗梨沸、尼干子若提子六家。佛陀创立的佛教，亦属沙门集团中影响最大者之一。

佛言精粹

譬如良医，识诸众生种种病源，随其所患而为合药，并药所禁，……如来亦尔，善知方便，于一法相，随诸众生，分别演说种种名相，彼诸众生随所说受，受已修习，除断烦恼，如彼病人随良医教，所患得除。

《大般涅槃经》卷十三

佛陀诞生的迦毗罗卫城，据佛经说为当时印度六大城市之一，是拥有50万人口的共和制小国，为拘萨罗国的属国。佛陀之父净饭王，为迦毗罗卫国王，他与王后摩耶夫人婚后多年，膝下凄凉，年过半百，始生悉达多太子，欢庆非常。时有一位在山林中修道的仙人阿私陀，进宫为太子看相，惊喜堕泪，说太子具足三十二种大人物的福相，极为难得，长大后若不出家，必做统一世界的“转轮圣王”，不过他很可能会出家修道，那样必然会获得最高成就，成为人天共尊的佛陀。净饭王听后喜忧交加，他期望太子继承王位，振兴邦国，害怕其出家修道，从此便想方设法阻断太子出家之路。

悉达多太子诞生后七天，其母逝世，由王妃摩诃波阇提（大爱道）抚养。姨母对太子十分疼爱，视若己出。太子七岁从名师毗奢密多罗等读书学艺，他智商过人，五年间便学通了当时印度贵族子

弟学习的四《吠陀》和“五明”,[1]具备了很高的文化教养。后来又学通兵法武艺，力大无比，创造过一箭射穿七层铁鼓的奇迹。十六岁娶天臂城主之女、著名美女耶输陀罗为妃（一说有耶输陀罗、瞿夷、鹿王三夫人），生一子名罗睺罗。净饭王为太子建暖、凉、雨三时宫殿，广罗美女，终日歌舞娱乐，希图以声色犬马羁縻住太子，使其不致于出家。然悉达多太子生性沉静，不耽声色，对人间诸苦感触特深，向往修道，早萌出家之念。一天深夜，他目睹宫女们睡态之丑，终于狠下决心，毅然离开王宫，夜行百里之遥，赶到阿那玛河畔罗摩村的山林中，拔剑削发，披起出家人穿的袈裟，进入修道者聚集的苦行林。净饭王遣人追赶劝阻，悉达多态度非常坚决，发誓不得正觉誓不回宫。父王无法，只好从亲族中选派憍陈如等五位臣仆，去陪伴太子修行。悉达多太子出家时的年龄，一说为 19 岁，一说为 29 岁。

佛言精粹

犹如青莲花，红、赤、白莲花，水生水长，出水上，不着水，如是，如来世间生、世间长，出世间行，不着世间法。

《长阿含经·游行经》

悉达多为求明师，南行渡过恒河，到达当时印度经济文化的中心摩竭陀国。国王频婆娑罗对他甚为敬重，劝他还俗从政，答应赠送他半个国土，悉达多一意修道，辞而不受。他在摩揭陀国首都王舍城附近，拜在有三百徒众的著名瑜伽师阿罗逻迦罗摩门下，随其修学“无所有处定”，很快便深入禅定，证齐于师。他感到此定不足以使人解脱，转而师事有五百徒众的郁头迦罗摩弗仙人，修习更高一级的“非想非非处定”，不久即证入了这种当时修道者所入的最高禅定，但仍觉此中无解脱之道。他继续觅求，来到伽耶城外尼连禅河畔的宇奴维那村，加入苦行者的队伍，以超人的毅力修诸苦行，日食一麻一麦，虽然赢得苦行者们的赞叹，但六年下来，弄得他形销骨立，前胸紧贴后背，四肢无力，举步维艰。他以自身实践得出苦行无益的结论，决定放弃苦行，到尼连禅河中洗去六年积垢，接受了牧女苏耶妲供养的乳糜，调养好了身体。随从他修行的憍陈如等五人，以为他退失了道心，都离开了他。

悉达多太子多年勤修，实践了当时婆罗门教和诸沙门集团最高超的两大修行方法——禅定与苦行，然而未能在其中找到他所觅求的解脱之道。于是他下决心凭自己的智慧另辟蹊径。他渡过尼连禅河，来到伽耶山附近的菩提伽叶，在一株菩提树下铺草而坐，发誓

[1]五明：五种学问：内明（宗教教义）、声明（音韵学）、因明（逻辑学）、医方明（医药学）、工巧明（各种技术、工艺）。

“不成正等正觉，不起于此座！”然后自调身心，深入禅定，在第四禅的寂静澄澈定心中，用“缘起”的智慧观察参究生死苦恼的因果本末，观察禅定中所发宿命、天眼、他心等神通所提供的自他生死轮转的因缘。终于35岁（一说31岁）那年的腊月八日（南传佛教说为公历5月月圆日）后半夜曙色初现时，豁然顿悟，了彻宇宙人生的本面，成为“佛陀”。他对自己的证悟充满自信，常自称：“我觉知圆满，已获一切智，永断死原本，不从他悟，道业已成，生死已出，自知不再轮回生死，知如实，见如真。”

悉达多成佛后，先在林中静坐了49天，然后走向人间，传道度人。他在波罗奈城附近的鹿野苑找到了在他舍弃苦行后离他而去的憍陈如等五人，向他们宣说了“四圣谛”，五人当下悟解见道，成为“比丘”（一译“苾蒭”，意译“乞士”），于是便有了佛教的僧团。这次说法被称为“初转法轮”。[1]接着，波罗奈国巨富俱梨迦长者的儿子耶舍前来拜见佛陀，成为第六位比丘。俱梨迦长者与其夫人也皈依佛陀座下，成为佛教最早的在家男女信徒——优婆塞（清信士）、优婆夷（清信女）。耶舍的亲朋50人受到感召，一起皈依佛陀当了比丘。之后，佛陀去到伽耶山下尼连禅河畔，向当时很有名望的拜火教领袖优楼频螺迦叶、伽耶迦叶、那提迦叶说法，迦叶三兄弟被折服，率其徒众一千人皈依佛陀，都作了比丘。此时佛陀名声大振，影响日隆。摩竭陀国王频婆娑罗恭迎佛陀，虔诚皈依，在王舍城建一竹林精舍，奉献给佛陀作讲法传道的道场。佛陀住竹林精舍说法时，“六师外道”之一诡辩派的两位著名首领舍利弗、摩诃目犍连，及其徒众二百人，还有摩揭陀国大富长者之子摩诃迦叶，都来皈依，各证阿罗汉果，成为佛陀最杰出的三大弟子。憍萨罗国国王波斯匿、王后末利夫人等，也相继皈依佛教，成为佛陀的有力护法。憍萨罗国富商须达多（给孤独）长者皈依佛陀后，花费重金购地，为佛陀在首都舍卫城修建起一座祇园精舍（“祇树给孤独园”），规模比竹林精舍更为宏大。

佛陀成道后第六年，回到故国迦毗罗卫省亲，为亲眷说法。其父母妻子及很多释迦族臣民都皈依了佛教。其弟难陀，堂兄弟阿难、提婆达多（调达）、阿那律、金毗罗，其子罗睺罗、宫廷理发师优波离

佛言精粹

诸有自归佛，
不堕三恶趣，
尽漏处天、人，
便当至涅槃。

《增一阿含经》卷二四

[1]法轮：指说法，轮为古印度的一种兵器，转轮圣王有“轮宝”，具有摧碎一切障碍的巨大力量，转法轮谓佛说法像转动轮宝一样，能摧碎一切邪见。

等，相继随佛出家。后来佛姨母摩诃波阇提和许多宫女，及夫人耶输陀罗等女弟子，请求出家修道，在阿难劝请下，佛陀终于开许，于是便有了出家的女性比丘尼僧团。

佛陀成道后近50年间，赤足跋涉印度各地，教化度人，向国王、大臣、婆罗门、沙门、长者、商人、平民乃至强盗、妓女等各色各样的人物说法不倦，根据听众的接受能力向他们解说善度人生及超越生死之道，使无数人获益无穷。他建立了庞大的教团，其僧尼弟子达三千之众，其中常随从佛陀者有一千二百五十名大阿罗汉。佛陀精心指导众多弟子修行，为僧尼制定了维护团结的“六和合”原则和严格的戒律，作为使佛教传续不衰的根本保障。他的足迹遍及中印各地，居住说法时间较长的基地除竹园精舍、祇园精舍外，还有王舍城医师耆婆施舍的耆婆园、跋耆国首都吠舍离城郊由妓女庵摩罗施舍的庵摩罗园、拘睒弥城的瞿师罗园、迦毗罗卫的尼拘律陀园等，而以摩揭陀国首都王舍城北的耆阇崛山（灵鹫山）居住时间最长。他曾经居住之处，还有憍赏弥国王舍城北的摩拘罗山、恐怖林、支提山，舍卫城附近的柘梨山、故国迦毗罗卫城及释种村，跋耆国伽耶村、吠兰地、尸输那、宝塔山等。

佛言精粹

佛言：唯有正法，令我自觉成三藐三佛陀者，我当于彼恭敬尊重奉事供养，依彼而住。

《杂阿含经》卷四四
第1179经

佛陀的传道并非一帆风顺，他曾多次受到婆罗门等外道的排斥、破坏和诽谤。特别是到了晚年，不顺心之事更多。他的大护法摩竭陀国频婆娑罗王被太子阿阇世幽禁谋杀，憍萨罗国波斯匿王的王位也被其子琉璃篡夺，琉璃王率大军攻破佛陀故国迦毗罗卫，大举屠杀，释迦族人几乎绝种。佛陀堂兄提婆达多野心勃勃，与阿阇世太子密谋弑父篡位，要求佛陀将僧团交给他领导，遭到拒绝后，分裂僧团，多次谋害佛陀。佛陀最杰出的弟子摩诃目犍连、舍利弗先行灭度。佛陀自己饱经风霜的身体，也垂垂向老，就像他自己所形容的：“犹如破车，捆绑而行”，自知生期将尽。

在生命的最后几个月里，佛陀率领一批弟子从王舍城出发，向北方云游，一路说法不倦。在吠舍离附近的村子里安居度雨季时，佛陀患了重病，病愈后继续前进。路上有位铜匠纯陀虔心皈依，他特地精心备办斋饭，宴请佛陀及其弟子众。大概是因食物经宿或其中有有毒的旃檀树菌（一说腐败的猪肉），佛食后患了痢疾。当走到拘尸那城外的一片娑罗树林中时，佛已疲惫不堪，他命侍者阿难在两株树之间铺好僧衣，扶他右胁而卧。在临终前，他为最后收的一位弟子——赶来此地请教的外道师须跋陀罗说法，向比丘们作了教诫付嘱，然后进入四禅，从四禅起，安祥而逝。据载，他逝世后，遗体自行出火自焚，八国国王收其遗骨舍利，分成八份，建塔供奉。佛陀逝世的年龄，诸经皆说为80岁。

二、佛陀所说经教

据《说一切有部律》等记述，佛陀在世时，便有弟子录其言说，抄于桦皮、贝叶上，用以读诵，梵语曰“修多罗”，汉译为“经”。佛陀入灭后三月，摩诃迦叶召集五百名上座比丘，在王舍城外毗婆罗山侧的七叶窟中，进行佛所说法的“结集”工作。结集，为“会诵”之义——与会者各自背诵出曾经听佛所说的法，再由大众审定，编辑为圣典流传。这次结集称“第一次结集”，编成的圣典是经、律、论“三藏”。其中经藏主要是佛说法的记录，也有系佛弟子、诸天、鬼神等所说而经佛印证肯定者，其体例一般都是以“如是我闻”（“以下是我亲自听说”）的结集者自述开头，接着说明说法的时间、地点、听法众，然后记录说法的过程，最后以说法后的反应、效果而收场，近人以为与科学实验报告及调查报告的写法十分相近。律藏（毗奈耶）是佛所制定的各种戒律的编集，包括制戒因缘的记述。论藏（阿毗达磨）是解释佛经的论典，多为佛弟子所撰，南传佛学认为其所宗七论中的《法聚》、《分别》、《界》、《双》、《人施设》、《发趣》六论，皆出于佛说。

传到今天的大藏经，已几经结集，增添进不少东西，已非第一次结集的原本。尤其是南北二传佛教的藏经，内容上歧异较大：北传佛教的大藏经（主要是汉文大藏经与藏文大藏经），虽然基本包括南传大藏经中的主要内容尤经、律二藏，但除了这些被大乘佛教称为“小乘三藏”的内容外，还有大量南传藏经所缺，属于大乘、密乘的教典，其中的经、律二藏，大多也都称佛陀亲口所说，此类大乘经律多达一千多部。大乘佛教徒对大乘经典乃佛“金口所宣”，从来确

佛言精粹

诸佛所师，所谓法也，是故如来恭敬供养。以法常故，诸佛亦常。

南本《大般涅槃经·四相品》

佛言：我所知法如树上叶，我所说法如掌中叶。

《大方便佛报恩经》卷六

信不疑，大乘佛教尤其是以“本佛宗经”为重要传统的汉传佛教，便主要以这些被认为佛口亲宣的教典为建立信仰的根本依据。南传佛教界则一般认为其所奉藏经中所无的大乘经非佛陀所说。晚近欧美、日本学者运用文献学、语言学、思想史等多种方法，对不同文字、版本的佛教文献进行考证研究，一般认为南传大藏经源出原始佛教时代（佛陀在世时至灭度后百年内），写成文字的时间略早些或与大乘经同时出现，其经藏中的《经集》（大部分相当于汉译《义足经》）、《如是语经》（唐译《本事经》）、《无问自说经》（或译《即兴自说》）及一些戒律最为古老，最具佛陀说法的原汁原味。至于大乘经，在公元前1世纪左右才陆续出世、流行，是当时所发生的佛教革命“大乘运动”的产物，乃大乘佛教徒所造。日本学者姊崎正治等，曾力主大乘经典非佛说论，在学界、教界影响颇大。

佛言精粹

如秋满月，
处空显露，
清净无翳，
人皆睹见，
如来之言，
亦复如是，
开发显露，
清净无翳。

《大般涅槃经》卷五

印度早期大乘经论中，就曾针对一些部派学者对大乘经典的疑惑，多方论证过大乘乃释迦佛亲口所说。《大乘理趣六波罗蜜经》卷一佛告弥勒菩萨：佛灭度后，令阿难等五弟子分别受持经、律、论、大乘、密咒五藏，其中文殊菩萨受持大乘藏，金刚手菩萨受持密咒藏。《大智度论》、《金刚仙论》等说：大乘经乃文殊、弥勒二菩萨（皆属佛世的比丘）带着阿难在铁围山等处所结集，一说为广慧菩萨或传法菩萨所结集。《大乘庄严经论》卷一举出8条理由，《显扬圣教论》卷二十举10条理由，论证大乘经乃佛说，学者们大多承认其论证是确有道理的。

就佛教南北传二界及学术界共认的原始教典《阿含经》等看，大乘思想乃佛陀在世时所具有乃至宣说，可谓证据确凿。南传佛教所奉《佛种性经》、《行藏》、《本生经》，讲十波罗蜜等菩萨道，后者讲佛陀自述其前世修行菩萨道的种种故事，提供了实践大乘道六度的榜样。《阿含经》中多处提到“大乘”及大乘菩萨行“六度”，如后汉安世高译《佛说尸迦罗越六方礼经》谓“所生趣精进，六度为桥梁”。《本事经》卷四佛言：佛所说法“所谓契经……及与方广，未曾有法”，“方广”即是大乘。《杂阿含》卷二八第769经佛言：

> 我正法，律乘、天乘、婆罗门乘、大乘，能调伏烦恼军者。

《长阿含经》卷二颂云：“大乘导之辇，一切度天人。”《增一阿

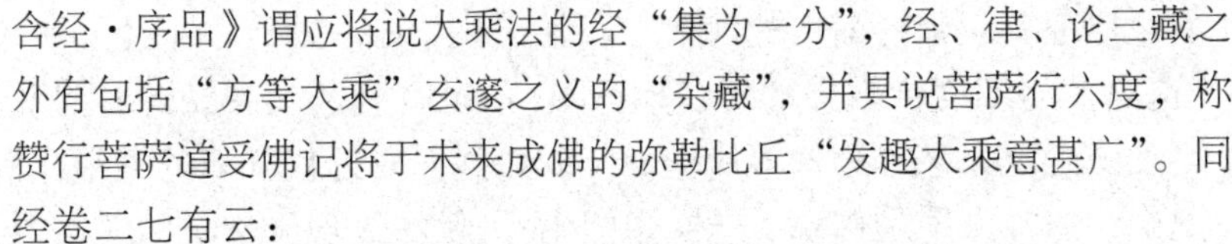

含经·序品》谓应将说大乘法的经“集为一分”，经、律、论三藏之外有包括“方等大乘”玄邃之义的“杂藏”，并具说菩萨行六度，称赞行菩萨道受佛记将于未来成佛的弥勒比丘“发趣大乘意甚广”。同经卷二七有云：

> 如来在世间应行五事，云何为五？一者当转法轮，二者与父说法，三者与母说法，四者当导凡夫人立菩萨行，五者当授菩萨莂。[1]

谓教人修大乘道、说大乘法，乃佛来世间的一大使命。同经卷四四《说本经》，佛谓弥勒将来成无上道果，“当说三乘之教，如我今日”。卷三九佛为弥勒讲菩萨行六度，卷二有云：

> 亦以自度，复度他人至三乘道，如此之业，名为圣众。

卷四五佛言：“今此众中有四向四得及声闻乘、辟支佛乘、佛乘”，“三乘之道皆出乎众”。多次讲佛所说法及佛弟子有声闻、缘觉、大乘三乘，乘，梵语衍那（yana），即车船，三乘，谓运载众生渡到涅槃彼岸的三种交通工具。其中声闻、缘觉二乘着重个人解脱，被大乘称为“小乘”，大乘则以普度众生皆悉成就佛果为宗旨，其发愿、修行、果位皆十分宏大，故称大乘，亦名菩萨乘、佛乘。

佛陀成道后近五十年间深入民众说法不倦、积极热心地化导众生的身教，以及他命弟子已得解脱者必须各自分头去无佛法处度化众生、不得二人同路的教导，所表现出的，完全是一种普度众生的大乘精神。从教义来看，大乘经中包含了小乘法的所有内容，小乘道三十七道品法被强调为菩萨所必修，大乘空、实相等义理只不过是小乘“三法印”理论的深化，大乘菩萨道的布施、持戒、忍辱、精进、禅定、智慧及四摄法等，皆为《阿含经》所提倡，《阿含》实际上包含有大乘的内容，大乘所有思想，几乎都可以溯源于《阿含》。大乘与小乘一脉相承，同出一源，乃不可否认的事实。日本学者前田慧云《大乘佛教史论》认为大乘经典虽非佛说，大乘教理决定是佛所说。木村泰贤《原始佛教思想论》说大、小乘之分，乃是佛陀身后几百年才有的事，就《阿含经》等原始教典论佛陀的思想，应该说是非小乘非大乘、亦小乘亦大乘。

近代学者用考据学和思想史等方法研究佛教经典史的结论，至

佛言精粹

我的法是用来渡过生死之海，不是被执着不放的。

《中部》134经

[1] 授莂：即“授记”，预言于将来何时成何佛。

多只能证实大乘经盛传的时代在公元1世纪左右，比小乘经要晚些（这其实与印度佛教界的传说相符），不足以确证大乘经皆非佛说，更无法确定大乘经为何人所造。印顺法师面对近代学者的大乘非佛说论，在《大乘是佛说》一文中提出："佛法表现于佛陀的三业中，也表现于佛弟子的流行中，佛法决不即是佛说。"

从学术界公认的原始佛典看，从"佛法"看，可以肯定地说：大乘思想乃佛陀身体力行、意中所有，应该承认是佛说。至于佛经的文句，以学术研究的方法看，肯定经过了后人的修饰、发挥、续作，不仅大乘经如此，即所谓较原始的小乘经，也不例外，诚如印顺法师所言："如一定要考实佛口亲说的，那恐怕很难。这一切，都是释尊的三业大用，显现在弟子的认识中，加以推演、抉择、摄取，成为时代意识而形成的。可以称为佛说，却不能说哪一章、哪一句是释尊亲说。"对于佛经中掺杂有佛弟子之言，《涅槃经》等经中早就有所揭露，将此举比喻为往牛乳中掺水，尽管掺了不少水，也还是牛乳味而非他味。

其实，大乘经典，起码相当一部分大乘经，也未必不是佛陀在世时所说。说一切有部著名大师胁尊者（约佛灭四百年间在世），便相信大乘经典属佛藏中"杂藏"的一部分。部派法藏部所奉经藏中有"菩萨藏"。隋代吉藏《三论玄义》卷下说，印度相传，大乘经最初于佛灭二百年间流传于大众部中，当时有信奉者，有不信者。信奉者的理由是：当时还有曾经亲闻佛说大乘法的人在世，可以作证；其次，依据佛法的道理思量，应有大乘。小乘教典既然皆说释迦牟尼已成佛，而承认其所说四谛、十二因缘等法只能成罗汉、缘觉，不足以成佛，那么，于法无所吝惜，自称"说法无所遗漏"、"所教不效拳师保留一手"（《佛般涅槃经》）的释迦佛，必然曾说足以成佛的大乘法，此法若非载于大乘经中，又在哪里？如果略说大乘道的南传《佛种姓经》等是佛说，那么说大乘道更为深广的诸大乘经为何便非佛说？第一次结集的圣典中虽然没有大乘经，但第一次结集的参与者，仅为五百上座比丘，非佛弟子的全体，所结集的经典只是这些人共同听说过、共同认定的，并不能将佛说的所有法囊括无遗。当时大众比丘因不满意上座长老的结集，而进行"窟外结集"，《大

佛言精粹

虽多积珍宝，
崇高至于天，
如是满世间，
不如见道迹。

《法句经·世俗品》

譬如优昙花，
一切皆爱乐，
天人所希有，
时时乃一出。
闻法欢喜赞，
乃至发一言，
则为已供养，
一切三世佛，
是人甚希有，
过于优昙花。

《法华经》卷一《方便品》

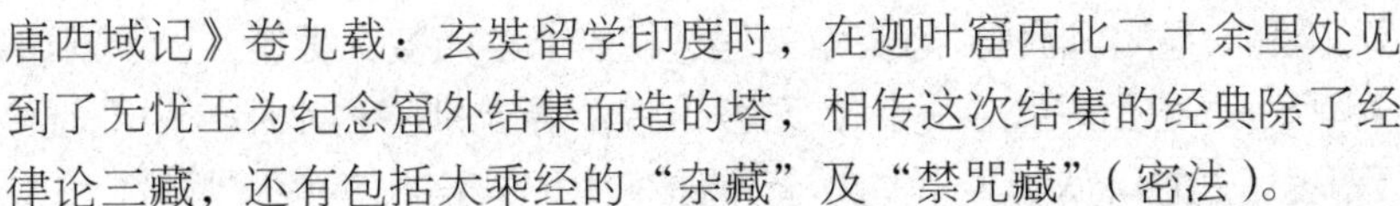

唐西域记》卷九载：玄奘留学印度时，在迦叶窟西北二十余里处见到了无忧王为纪念窟外结集而造的塔，相传这次结集的经典除了经律论三藏，还有包括大乘经的“杂藏”及“禁咒藏”（密法）。

从佛典看，佛陀当时对僧尼众所说的法，主要是被称为小乘的声闻、缘觉二乘，修大乘道者，是在僧团中占极少数的弥勒、文殊二菩萨，及贤护长者、胜鬘夫人等在家众，听大乘法者有舍利弗、目犍连等大阿罗汉。弥勒、舍利弗、目犍连等皆已先佛而灭度，五百上座长老所结集者没有大乘，南传佛教依其师传不承认大乘是佛说，是不难理解的。佛灭度后，教团由倾向山林清修的长老们所主持，几百年中小乘盛行，由文殊等菩萨结集的大乘经，在一段时间内曾与小乘经并行于世，后来因人们的根机乐于接受小乘，逐渐隐而不彰，到了适宜的时机，才陆续应运而出，大行于世，这大概是许多大乘经出世的真相。

佛言精粹

佛告弥勒：若金银、琉璃、珍珠、玛瑙、珊瑚诸宝，及诸乐具，不能令人离于老病死忧悲苦恼。弥勒，唯有正法能大利益，离于生老病死、忧悲苦恼。

《大宝积经·摩诃迦叶会》

大乘经中有一些的确非佛陀在世时所说，此类经一般都说明说经的地点是在天宫、净土等处，不在人间，听众为大菩萨及诸天等，而非人间的僧尼众，大乘佛教徒一般相信这些经典是龙树等菩萨依其所闻佛法整理而成。既然经后世人类中的菩萨之手写出，难免会掺进后世人的思想、语言，经中出现一些佛灭度后才有的人名、地名及事件，讨论后世才流行的问题，也是不难理解的事。至于密乘教典，多称毗卢遮那佛或金刚持在天上金刚法界宫等净土中所说，显然非出作为历史人物的释迦牟尼之口。

拿佛经界公认的佛法心髓及判别是否佛法的准则——“法印”来判别是否符合“佛法”之理，亦即是否符合佛陀的基本思想，判别是否有益于众生，在佛教看来，是比辨清一本经典是否亲出佛口更为重要的问题。《大智度论》卷一谓五种人（佛、佛弟子、诸天、仙人、化人）所说“皆名佛说，然说于众生有益者皆是佛说，若无益者则是外道”。佛教界对所奉经教是否真实一事，从来十分严肃认真，《长阿含经·游行经》佛告诸比丘：对自称“我于某时某地亲自听佛说过这样的经、律”一事，不应轻信，也不应毁谤，应该认真鉴别，依据真经来“推其虚实，依律依法，究其本末”。若不合佛法，应予否定。伪造佛经之事，古代并非没有，对来历不明、不合佛法

之"疑伪经"，历代佛教界学者作过相当严格的鉴别工作，已予剔除、标明。弥勒、马鸣、龙树、无著等菩萨鉴定佛法的水平，恐非近今仅以文史方法研究佛教的学者所能相比，被这些菩萨们所肯定、宗依、引证的大乘经，应该说是相当可靠的。

对于公认的真经，佛教大德们更多是通过自己的修行来验证，其中所言佛法的真实性，是久经实践检验的，非往往只能得出盖然性结论的学术考证所能轻易否定。《阿含经》中没有说阿弥陀佛及西方极乐世界，但净土宗信徒依"净土三经"修行，临终预知时至、正念分明、欢喜往生者，自古及今，大有人在，岂能因为略有相似性，便断言阿弥陀佛为古印度太阳神崇拜、净土三经为后人伪造？《阿含经》中没有提到观世音菩萨，然信仰祈祷观世音，灵应如响者，古今例证无数，岂能因第一次结集的三藏中没有说观世音菩萨的《法华经》等，便说此类经为后人伪造？宗教方面的事，终究有很具局限性的人智所不能及、有极限的理性所不能解释者，与一般的历史文化现象有所不同，亦应以不同于一般治文史的特别方法去研究，方能得出接近于真实的结论。

总之，尊重大乘佛教界的传统说法和大乘佛教徒的信仰，慎重对待古今大德尊奉大乘经教的认真态度及论证大乘是佛说的理由，认为大乘经中的相当部分出于佛陀所说，大概不能判为非理性的偏见吧？起码，可以肯定地说：大乘经中的大乘思想，出于佛陀。长期以来，释迦牟尼实际上被看作一种思想体系的代表、标志，"佛法"的发明权既在于他，以他亲口所说为形式而编定、长期以来被人们信奉的大小乘佛经，应该说都源出于他，又可能经过了后世佛弟子们的取舍和修饰发挥，都应该看作研究佛陀思想的素材。

大小乘佛所说经现存于汉文大藏经中者，约有三千多种，三千余卷，再加上律部约七十种五百卷，佛弟子舍利弗、摩诃目犍连等所造《集异门足论》、《法蕴足论》、《舍利弗阿毗昙论》等论中，也都引证有不少佛言。就数量而言，佛陀堪称他的同时代思想大家中留下言教文字最多者，后世也很少有人在讲述总量上超过他。如此浩瀚的佛经文字，所蕴含的思想当然十分丰富，但内容并非庞杂紊乱，而是主题突出、思想清晰、纲目分明，系统性强，可以一以贯

佛言精粹

若人不爱法，
虽人而非人，
不住于真道，
不至涅槃城。
既得此人身，
功德所依处，
云何不升筏，
度诸有流海！*
离法常愚痴，
有命亦如死，
虽有人皮覆，
愚痴同畜生。

《正法念处经》卷五十

* 有流：三界的轮回之流。

之，若得其枢要，则可以说相当简明。

中国历代佛教大师，对众多印度佛经中所表述的佛陀思想，作了精细的研究判释、归纳贯通的所谓“判教”工作，将佛所说的全部法从内容上分为“五乘”：

一、人乘法，讲如何度过合理人生、获得现世安乐幸福并在来世再生为人的道理方法。

二、天乘法，讲如何提升生命，命终后生于天堂长享快乐之法。

三、声闻乘法，讲个人超出生死，获得永恒安乐（涅槃）的“四谛”法。

四、缘觉乘法，讲个人更彻底地超出生死、达到涅槃的“十二因缘”法。

五、菩萨乘（大乘、佛乘）法，讲普度众生共出生死、达到最彻底的永恒幸福和圆满智慧、无限自由之法。

五乘法形成一阶梯结构，下乘法为上乘法的基础。五乘道的具体内容，总摄于三归、五戒、十善、三十七道品、六度、四摄或“三学六度”。其哲学指导，总摄于三法印、一实相印或“真实”二字，以“缘起”为基点。

对佛典中所载录的佛陀思想，大略可以这样来概括其纲宗：直截根源，以彻底解决人存在的根本问题——生死——为中心，以“缘起”的智慧如实观察宇宙人生的本面，特别是如实观察自心，依“如实知见”的智慧“自净其心”而解脱世间诸苦，获得现前、后世乃至究竟、永恒的安乐。其心髓，集中表现于无常、无我、涅槃“三法印”。

佛陀具有当时最高的文化素养，知识渊博，熟知当时各种学问和各种人的生活、心态，又由修行开发了潜能，智慧超常。他一生三千多会说法中，广泛讨论了社会人生的诸多问题和各家学说，描述了当时各色人物的生活状况，是古代东方文化乃至全人类文化的瑰宝。佛陀说法善于条分缕析，用了许多概念明确的专门术语，常用多种譬喻、故事来讲解深奥的道理，用偈颂来复述总摄其所说，以便于记诵，这使他说的法既具有理论的严密性和很强的逻辑性，又具有甚高的文学性。

佛言精粹

于诸财物中，
信财第一胜。
于诸滋味中，
实语为第一。
于诸寿命中，
慧命为最胜。
如法善修行，
能得快乐报。

《别译杂阿含经》卷十二

三、人格高尚而又为“超人”的释迦牟尼佛

佛陀不仅是位大思想家、大哲学家，是位建立了三大世界宗教中最年长之佛教的宗教家，而且更是位力行证道、身教重于言教的人格楷模。作为一位历史人物，他的精神品格，具有极大的感召力，对他高尚人格的崇拜，成为古往今来无数佛教徒确立信仰的基石。

佛陀贵为太子，而藐视富贵权位，不染红尘，毅然割舍亲爱，出家苦行，难行能行，难忍能忍，以生命做实验，为众生开辟超出生死的大道，树立了一个为道献身的榜样。他集清澈冷峻的智慧、彻骨彻髓的慈悲、超人的勇猛精进于一体，没有丝毫私心与骄慢，从不为自己谋求名利权位，从不包装自己以吸引徒众，虽受国王豪贵与千百万徒众尊崇膜拜，而始终三衣一钵云游乞食，不蓄财物，不持金钱，不置产业。他心情总是祥和安乐，用心理学的说法，可以说是心理超健康，从不愤怒、忧郁、悲伤、嫉妒，而满怀慈悲喜舍，对众生婆心热肠，即便受到诽谤迫害，也从不怨恨，从不报复，受到称颂亦毫不得意，树立了一个断尽烦恼、常住涅槃的至圣的形象。他待人谦逊有礼，从不主动攻击别人、找人辩论，从不把自己的意见强加予人，对那些主动找上门来的辩论者，他总是心平气和地与他们进行讨论，有礼、有理、有据地批驳错误，使对方无不折服。对来求教者，他总是顺应其所问而进行引导，循循善诱，使别人自作思考而接受真理。

佛言精粹

于诸生死中，
信为第一伴，
智慧人胜宝，
福德贼不劫。

《别译杂阿含经》卷十二

清净信乐心，
名士夫胜财；
修行于正法，
能招安乐果；
真谛之妙说，
是则味之上；
贤圣智慧命，
是为寿中最。

《杂阿含经》卷三六
第1013经

佛陀极其尊重个人，尊崇人的理性，认为每个人都有如实认识真理、获得自己解救自己的智慧和能力，乃至每一众生都具有如来藏、佛性，都可以成佛。他提倡依靠自己的智慧自己解救自己。《长阿含·游行经》佛告阿难：

> 自当炽燃，炽燃于法，勿他炽燃；
> 当自皈依，皈依于法，勿他皈依。

这段话亦译“以自为灯”、“以法为灯”，强调人应该以自己的智慧光明照亮自己前进的道路，以真理为究竟的皈依处。《杂阿含经》卷二五佛告阿难：

当作自洲而自依，当作法洲而法依。

一译“以自为洲”、“以法为洲”，意谓应依靠智慧自己解救自己，以真理为归宿之处。

佛陀反对各种迷信，《经集·迅速经》载，佛教导弟子不可迷信咒术、巫术、相面、星命、占卜等。《中阿含·多界经》佛说：若卜问吉凶、求咒术脱苦，终无是处。《杂阿含》卷四四第1181经佛甚至说：“幻法，若学者，令人堕地狱！”幻法，即魔术、咒术。《长阿含·梵动经》中佛以不可从事看相、占卜、厌祷、咒病、安胎、解梦、预言等为比丘应严守的大戒。大乘《般舟三昧经》规定佛教徒“不得拜于天，不得祀鬼神，不得视吉良日”。《大般涅槃经》卷十一将不看相、不卜筮、不观星宿算命列入僧尼应持的“息世讥嫌戒”。对婆罗门教传统的杀牛祭天、三火烧施、入水洗罪等信仰，佛陀多次进行批判，认为这些信仰并不能获福消罪，并指出能真正获福灭罪的正道。

佛陀还具有超前的平等、民主的性格，他虽然被徒众尊为导师，而强调“佛入僧数”，以僧团集体中的一员自居。《增一阿含经》载：在众僧结夏安居而按律制行“自恣”（随意进行批评和自我批评）时，佛问众僧：我有什么过咎错误，欢迎大家揭发！《长阿含经·游行经》载，佛临终前，身体欠安，阿难请他为僧众作教令（指示），佛言：

今如来不言：我持于众，我摄于众，岂当于众有教令乎！

他从来不把自己看作教主或僧团的领导者，也反对别人这样看待他。南传《大般涅槃经》第六诵品载佛告诸比丘：汝等不要因为尊崇如来而不好意思请教佛，“应以友人与友人请问！”将佛陀看作自己的朋友。《中阿含·瞿昙弥经》载：佛姨母以新衣施佛，佛令她施与众僧，并说：

施比丘众已，便供养我，亦供养大众。

《五分律》载频婆娑罗王以竹园施佛，佛言：“但以施僧，我在僧中。”

佛陀热爱家国，主张和平，关心民众，以身作则，留下了许多佳话：诸如自己建房、洗衣、扫地，亲为亡父扶棺送葬，看护重病比

佛言精粹

若有于此圣法之中，无信于善法，无禁戒，无博闻，无布施，无智慧于善法，彼虽多有金银、琉璃、水精、*摩尼、白珂、螺璧、珊瑚、琥珀、玛瑙、玳瑁、砗磲、碧玉、赤石、旋珠，然彼故贫穷，无有力势。

《中阿含经·贫穷经》

*水精：即水晶。赤石：红宝石。此句所列举皆为当时人所认为极其贵重的珍宝

丘，为盲比丘穿针补衣，亲手为弟子裁衣，调节为水而争斗的村民，劝阻阿阇世王侵略跋耆国和迦毗罗卫国，冒着被传染的危险看护麻风病人，等等。据佛典记载，当时见到佛陀的人，都是先被他的庄严相貌、安祥超凡的气质和人格魅力所倾倒，当下便稽首皈依。池田大作在《我的释尊观》一书中说得好：

> 释迦固然是一位哲学家，他所获取的睿智闪现出熠熠光辉；但是，当我们读到各种佛教经典时，就会知道他决不是单纯的哲学家。与其说他是哲学家，不如说他是宗教实践家；作为后者，他被视为有史以来罕见的人物。可以说，即便把他说成是卓越的“人生教育家”、“人类的导师”，也不会过分吧！同时，我们也可以把他看作是医治人生百病的名医吧！因而，如果不认真领会释迦的这种实践家的形象及其本质，那么对于释迦的悟究竟表现在哪里，即使以大量文献为依据，也会感到不很了然。[1]

佛言精粹

汝不应由尊敬如来故，而接受如来的教法，要像用火来检验金子一样，先行分析，然后再做决定。

《中部》第47经

佛陀不仅是位人格高尚完美、知行如一的楷模，而且是智慧超凡、能“正遍知”，并具有许多超常能力——神通——的超人、神人，与纯粹为哲人的孔子、苏格拉底、柏拉图等颇有不同。《阿含经》中，佛陀常自言他于法无所不知，具“十力”、“四无所畏”，大乘更说佛具“一切智”、“一切种智”，后人或解释为佛圆满觉知依法性理所能知晓的一切，或解释为佛于全法界之一切无不觉知之“全知”。

《阿含经》中不回答佛死后是有是无的问题，大乘《中阴经》则说佛灭度后转名妙觉如来，为一切中阴众生说法。[2]佛灭度前不久说的大乘《法华经·如来寿量品》中，明确说佛灭度后仍然“常住此不灭”，在灵鹫山及其余诸住处继续说法，并自言：“我实成佛以来，无量无边百千万亿那由他劫”，暗示他是古佛的化现。《大般涅槃经》卷二、卷四也说释迦牟尼成佛乃至灭度是一种“示现”，佛其实久住涅槃，寿命无量。《杂阿含》卷二二第583经佛自称毗卢遮那（意为光明遍照），大乘《观普贤经》中更明言释迦牟尼为遍一切处的毗卢遮那佛（大日如来），住常寂光（常住不灭的智慧光明）。大乘诸宗据此认为佛有三身：释迦牟尼为应化身，佛的真身为法身毗卢遮那

[1] 池田大作：《我的释尊观》，潘桂明译，四川人民出版社出版，1987，页104。

[2] 中阴：一译中有，死后到再生之间的存在状态。

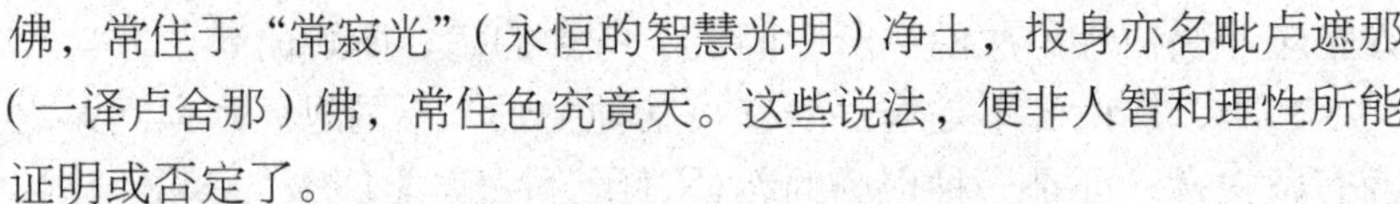

佛，常住于“常寂光”（永恒的智慧光明）净土，报身亦名毗卢遮那（一译卢舍那）佛，常住色究竟天。这些说法，便非人智和理性所能证明或否定了。

佛陀还具有最圆满的“六通”、“三明”等超人的神通自在，《阿含经》中多处描述佛放光、令少变多多变少、此没彼现、水上行走、变化、分身、化身度人等神迹。如《杂阿含》卷八第187经说佛为一千名比丘作三种示现教化：

第一“神足示现”，即现飞行虚空、在虚空中行住坐卧、身出火光及水等神通，使人折服，或用以说明心的妙用，至于以宿命通讲述自他前生宿世的业因，说明业因果报等道理，更是常事。同经卷二三第605经说佛入城之时现种种“未曾有法”：

> 地下即成平，高地反为下，
> 由佛威神故，荆棘诸瓦砾，
> 皆悉不复见。聋盲及瘖哑，
> 即得见闻语。城郭诸乐器，
> 不击妙音出。世尊身光明，
> 普照城邑中，民人蒙佛光，
> 凉若旃檀涂。

第二“他心示现”：即以他心、天耳等神通，感知他人心念，揭其心思，或针对其心思说法，使对方心悦诚服。

至于第三种“教诫示现”，即用语言讲说佛法的道理，也与一般思想家之演说、讲演颇有不同。首先，佛陀说法乃“应病与药”，绝大多数是对弟子和来人提问的回答，他善于针对听法者的问题和接受能力，说与相应的法，祛除其疑惑和执着，因人们的根机不同，故所说法有种种差别。佛经中常把佛说法比喻为治病，《杂阿含》卷十五第389经佛说，一个好医生应善知病症、善知病源、善知对症下药、善知治愈后如何保健不令复发之法，佛便是成就此四德、善于治疗众生诸病尤心病的“大医王”。《法华经·方便品》佛总结其四十九年说法的实质，是针对种种执着，“无数方便，引导众生，令离诸着”。善解佛说法本义的禅宗六祖慧能，将自己的教学方法称为“随方解缚”、“解粘去缚”，正是应病与药、令离诸着之义。我们阅读佛经，

佛言精粹

如实知一切法，故名为佛。

《摩诃般若波罗蜜经》卷二十二

诸佛世尊，欲令众生开佛知见，使得清净故，出现于世；欲示众生佛之知见故，出现于世；欲令众生悟佛知见故，出现于世；欲令众生入佛知见道故，出现于世。舍利弗，是为诸佛以一大事因缘故，出现于世。

《法华经·方便品》

首先应弄明白佛此次说法所对的机、所治的病、所解的缚。

其次，佛说法不是作讲演宣布某种主张，不同思想家学问家之著书做文章，而是一种现场的教学，所说法不同于教科书和纯粹的理论说教，如苦、空、无常、无我、万法唯心等基本理论，虽然也可以当作哲学思想来研究，实则原本是一种就现场听众之机解粘去缚的手段，是修行方法，甚至听法的当场即是修行，你看佛经末尾，大多都记载佛说法已，多少人得“法眼净”乃至证某某果。如《杂阿含》卷十八第497经舍利弗言：

> 我闻世尊说法，转转深、转转胜，转转上，转转妙。我闻世尊说法，知一法即断一法，知一法即证一法，知一法即修习一法，究竟于法。

称赞佛说法随弟子修行的进度而逐步加深，弟子听法后当场修证，都能品尝到法味。只把佛陀的说法当作建立某种哲学，是对佛说法的曲解。

佛言精粹

祠祀火为上，
诗书颂为最，
人中王为尊，
众流海为源，
星中月最明，
光明日为上，
上下及四方，
一切有形类，
诸天及世间，
佛为最第一。
欲求其福者，
当供养三佛。

《增一阿含经》卷四一

第三，佛陀虽然说法诲人滔滔不倦，却更强调超越言说。经载，悉达多太子成佛后，因考虑到其所证法极难言说，一度想要即刻灭度，南传《相应部·梵天相应》载佛初成道后告天帝曰：

> 我所证法甚深，难见难解，超寻思境，深妙智者之所能知。……众生于此缘性、缘起难见；一切诸行寂止，一切依弃舍，爱尽、离、灭、涅槃，亦甚难见。若我为众生说法，不能解了，徒自疲劳、困惑。

后来经天帝一再劝请，才住世说法。《五分律》等也有同样的记载。佛所证的真理及涅槃法，实质是一种性灵的体验，根本上是不可言说的，禅宗人谓之“开口即错”。《法华经》称佛法“非思量分别之所能解”，《无量义经》说“一切诸法不可宣说”，只有按佛说的方法，通过修行去自己体证。佛陀常把他的说法比喻为载人度过生死苦海的舟筏，渡河之后，应该舍弃，不用再将它背在身上。（见《经集》、《中阿含经》卷五四等）又将其说法比喻为“标月之指”——指示人看月亮（喻真理）的手指，而非月亮。《金刚经》佛言：

> 若人言如来有所说法，即为谤佛，不能解我所说故！

《楞伽经》卷四佛告大慧菩萨：

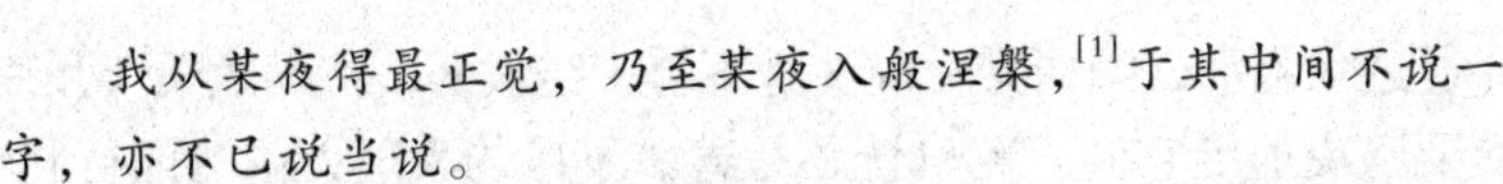

我从某夜得最正觉，乃至某夜入般涅槃，[1]于其中间不说一字，亦不已说当说。

竟然否认他一生说了那么多的法，意思是反对人们把他看作一位用思维建构学说的思想家、哲学家，反对把他说的法误解为一种思辨哲学，强调佛法超离语言文字、意识思量，应该按佛所说，如法修行，自己去实证本来不可言说的真理。

四、以佛说的原则对待佛说

佛陀虽然自信并多次声言他“知如实，见如真”，但并不要人们因为尊敬他、信任他而对他随便盲信盲从，而要人们以自己的智慧去思考、理解，并通过修行实践，证明他所说佛法确实是真理，才宜“信受奉行”。南传《中部》卷一载，佛教导弟子优婆离：“对真理要认真地检验。”《相应部》卷一佛言：

信是人的助缘，事实上，理解才应正确地左右人。

承认信仰的正面作用，而更强调信仰应该建立在对所信真理理解的基础之上。虽然由深信佛或师父也可能证得道果，但这种“随信行”人为钝根，不如依靠自己智慧证得道果的利根“随法行”人。《大般涅槃经》卷三六佛说信有二种，纯出信仰而不进行思考推求的人尽管有信仰，而名为“信不具足”。又说：

若人信心，无有智慧，是人则能增长无明；若有智慧，无有信心，是人则能增长邪见。

《增支部·迦摩罗经》载：憍萨罗国迦摩罗镇的人们，因见各宗教的修行者都说唯有自家为正道、排斥其他，怀疑迷惘，就此请教佛陀：究竟谁说为真理？佛陀告言：你们对可疑的事怀疑，是正当的，不要轻信流言、传说，不要轻信历代相传的传统，不要盲目遵从宗教教典，不要轻信猜测，不可仅凭逻辑推论，不可只看事物的表象，不可溺好由揣测而得的臆见，不要轻信事物的表面，不要轻信与先入为主之见一致的观点，不要轻信好像应该被接受的似是而非之事，也不可因为是尊长、耆旧、名流大德乃至佛陀所说，便予信受，应该以自己的智慧和实践，去鉴别一种说法是邪是正。如果

佛言精粹

于正法中生起药想，于和尚阿阇黎所生起佛想，* 于自身所起病人想，于说法者起明医想。

《集一切福德三昧经》

若欲礼佛者，
当来及过去，
当观空无法，
此名礼佛义。

《增一阿含经》卷二八

* 和尚阿阇黎：善于说法、精通佛教轨范的大法师。

[1] 般涅槃（梵），意译“圆寂”，即圆满究竟的涅槃，这里指逝世。

经过这样鉴别，明白某种说法是不善、错误的，将导致毁灭和痛苦，便要坚决拒绝它们。若确认为是善、不谬的真理，依之而行将导致利益和幸福，就应该坚决信受奉行。大乘《大宝积经》卷五七佛对堂弟难陀的教诫，表达了同样的意思：

> 汝莫信我，莫随我欲，莫依我语，莫观我相；莫随沙门所有见解，莫于沙门而作恭敬，莫作是语："沙门乔答摩是我师。"然而但可于我自证所得之法，独在静处思量观察，常多修习，随于用心所观之法，即于彼法观想成就，正念而住。

在《大般涅槃经》、《大集经》等大乘经中，佛提出对待佛法的四条原则，称"法四依"，又称"四依四不依"，这些原则，都是佛在《阿含经》中所多次提到的。四依为：

1、依法不依人。

亦译"随法不随人"、"归于法而不取人"。只依从真理，而不管是什么人所说，即便是权威者乃至佛所说，也要检验其言是否为真，不能因为出于佛菩萨或德高望重的祖师大德之口，便盲目信受，更不能轻易相信自称所说绝对为真正佛法及自称为圣人者之言。《增一阿含经·声闻品》佛教导众比丘：如果有人自称"我能诵经、持法，奉行禁戒，博学多闻"，"不应承受，不足笃信"，应该"取彼案法共论"（共同讨论其所说），若与佛所说的经、律一致，才可以受持；若不与经律论一致，应当明言："此非如来所说！"

2、依义不依语。

亦作"随义不随字"、"取义不取语"，义，指语言所表达的实义、义理，语或字，指表述实义的语言，只是工具。学习经论的目的，是通达其中所表述的实义，不可拘执语言文字。要看语言所表述的理是否正确，而不能因为词藻华丽、有文采、有诗意，便认其说为真理，也不能因为文词质朴无华或口才不佳而轻视其言，认为其所说一定非真。《楞伽经》卷三佛说学习佛法应"以语入义，如灯照色"。

3、依智不依识。

亦作"随智不随识"、"归慧不取所识"。智，指依法修证所得如实知见的智慧，识，谓依感知经验建立的知识、常识。按《楞伽经》卷三、《大宝积经》卷三七等，修得的"智"，与不离感知符号因而

佛言精粹

当自燃法灯，
自归已法，
莫燃余灯，
莫归余法。

《中阿含经·转轮王经》

深信：佛、法、众僧是常，十方诸佛方便示现，一切众生及一阐提悉有佛性；不信：如来生老病死及修苦行，提婆达多真实破僧、出佛身血，如来毕竟入于涅槃，正法灭尽。是名菩萨信心具足。

《大般涅槃经》卷三一

着相、有碍、生灭不住，不能了知不生不灭之真如、涅槃的“识”相比较，有超一切相、无碍、不生不灭、无取无执，及如实了知生灭与不生不灭等特点。佛法智慧所了达的究竟真实，不是用一般以感知符号、语言概念为工具，主客二元化的认识方式，及由这种方式所得的“识”所能了知，只有依法修证，得到超越寻常“识”的“智”，方堪作为能渡人超出生死苦恼的可靠舟航。

4、依了义经不依不了义经。

即便是亲出佛口的经教，也未必句句都能作真理的标准。佛经有开示佛法究竟义的“了义经”，及应机方便而说，未显示佛法究竟义的 “不了义经”。关于哪些是了义经，后世诸宗派的看法有别，大体而言，一般以只讲人天乘善法的经为不了义，以讲出世间、得涅槃，开示三法印、实相、佛性等高深义理的经为了义经。

佛陀所示佛法之心要——也是他全部教法的立足点和出发点，是禅宗所谓佛心、涅槃妙心，源出他修证的体验，而这体验终归是不可言说的，说出来的并不是他自内证的体验，也非全部的佛法，他只是针对不同根基的听众，指出各自如何证得涅槃妙心的道路。我们在阅读佛陀的言教时，应依他所说“四依”的合理原则，结合他的身教，对照自他的心理现象和社会人生的样相，对照现代科学知识，多少做依法修证的实验验证，透过其言教的字里行间，去体味佛陀言说所指之“月”和他在言说时的用心，用禅宗人的话来说，即“朝释迦老子未开口之前看”，这样才能真正读懂佛陀，准确理解佛语经言，从中发现对自身、对人类社会有积极效益的精华。这大概也是佛陀对他身后的读者所寄的深望吧。

佛言精粹

若欲自正行，
应修如来常，
常观如是法，
长存不变易，
复应生是念：
三宝皆常住。
是则获大护，
如咒枯生果。

《大般涅槃经》卷十

你们自己应当努力，诸佛只是导师而已。

南传《法句经》第276偈

佛所说经选读

1

《杂阿含经》第100经

刘宋 求那跋陀罗译

如是我闻。一时。佛住舍卫国祇树给孤独园。时，有异婆罗门来诣佛所，[1]面前问讯，相慰劳已，退坐一面，白佛言："瞿昙，所谓佛者，云何为佛？为是父母制名？为是婆罗门制名？"时婆罗门即说偈言：

"佛者是世间，　　超渡之胜名，[2]
为是父母制，　　名之为佛耶？"

尔时，世尊说偈答言：

"佛见过去世，　　如是见未来，
亦见现在世，　　一切行起灭。
明智所了知，　　所应修已修，
应断悉已断，　　是故名为佛。
历劫求选择，[3]　　纯苦无暂乐，
生者悉磨灭，　　远离息尘垢，
拔诸使刺本，[4]　　等觉故名佛。"[5]

佛说偈已，彼婆罗门闻佛所说，欢喜随喜，从座起去。

[1]异婆罗门：婆罗门教徒。婆罗门，意为清净，四种姓之首，祭司。

[2]超渡：超出、渡过生死大流。

[3]求选择：指轮回，今译"寻求窟宅"。

[4]诸使：贪、嗔、痴等烦恼，有十使、七使等分别。使，谓古代衙门中的公差，随逐、驱使犯人，不令自由。

[5]等觉："无上正等正觉"之略。如实觉知一切、至高无上的觉悟者，即佛。

佛所说经选读

2

《杂阿含经》第404经

如是我闻。一时，佛在摩竭国人间游行。王舍城波罗利弗，是中间竹林聚落，大王于中作福德舍。[1]尔时，世尊与诸大众于中止宿。尔时，世尊告诸比丘："汝等当行。共至申恕林。"尔时，世尊与诸大众到申恕林，坐树下。尔时，世尊手把树叶，告诸比丘："此手中叶为多耶，大林树叶为多？"比丘白佛："世尊手中树叶甚少，彼大林中树叶无量，百千亿万倍，乃至算数譬类不可为比。"

"如是，诸比丘！我成等正觉，自所见法，为人定说者，如手中树叶。所以者何？彼法义饶益、法饶益、梵行饶益，[2]明、慧、正觉、向于涅槃，如大林树叶。如我成等正觉，自知正法，所不说者，亦复如是。所以者何？彼法非义饶益、非法饶益，非梵行饶益、明、慧、正觉、正向涅槃故。是故，诸比丘，于四圣谛未无间等者，[3]当勤方便，起增上欲，[4]学无间等。"

佛说此经已，诸比丘闻佛所说，欢喜奉行。

[1]大王于中作福德舍：指摩揭陀国王频婆娑罗为佛所建竹林精舍，精舍，谓精进修行者所居的房舍。

[2]梵行：离欲清净之行。梵（brahmana），即婆罗门，为清净之义。

[3]无间等（巴abhisamaya）：与真理没有间隔，一般译为"现观"、"证"，指见道（直觉到佛法的真理），真理直接呈现于心中。

树下诞生

第一章

生死事大

中国高僧大德常爱说："生死事大"，意谓生死乃做人应予以极大关怀、不容轻忽的人生根本问题，而人们却往往只知埋头计较眼皮底下那些鸡毛蒜皮的小事，忘了这应予考虑的头等大事。此言可谓抓住了佛陀思想的核心。佛陀从开始思考自身、接触社会起，便将生死苦恼问题作为他深心关怀的大事。佛经讲他做太子时，乘车巡游都城，在城的东、南、西三门分别看到老态龙钟者、重病呻吟者、死亡送葬者三种人，在城北门看到一个出家修道的沙门，深受触动，想到自己将来也难免老、病、死，终日闷闷不乐，唯以生老病死大事为念。此事称"四门游观"，成为促使他出家求道的一大契机。此后他以全部生命投入对生死问题的解决，"了生死"因而成为佛陀思想及其所创立的佛教之核心宗旨。

佛言精粹

佛出世难，人身难得；值佛生信，是事亦难；能忍难忍，是亦复难；成就禁戒具足无缺，得阿罗汉果，是事亦难，如求金沙、优昙钵花。*

《大般涅槃经》卷二

＊优昙钵花：一种极难一开、开后很快即谢的花，即昙花。

一、《箭喻经》的故事

世界诸宗教中，佛教哲学气味最为浓厚，哲学思想最为丰富深刻，乃举世所公认。晚近国内外学者因而颇有说佛教非宗教而为哲学者。这种说法大概不无适应理性化的时代思潮，提高佛教地位的用意。然按佛陀的一贯思想来看，这种说法实际上贬低了佛教，佛陀大概不会承认自己的学说为哲学尤其是近现代思辨哲学。《中阿含经》卷六十的《箭喻经》，被认为集中表达了佛陀对哲学的态度及佛

教的宗旨，此经有东晋异译本名《佛说箭喻经》。

经中说：佛住舍卫国祇树给孤独园。一天，有位叫鬘童子（今译"结发童子"）的青年佛弟子拜见佛陀，请教了十四个问题：

1、世界恒常存在（"世有常"）吗？

2、世界不会恒常永在（"世无常"）吗？

3、世界既恒常而又不恒常（"世有常无常"）吗？

4、世界非恒常非非恒常（"世非有常非无常"）吗？

5、世界有边际（"世有边"）吗？

6、世界无边际（"世无边"）吗？

7、世界有边际而又无边际（"世有边无边"）吗？

8、世界非有边际非无边际（"世非有边非无边"）吗？

9、生命即是自我（"命即身"）吗？

10、生命与自我并非同一（"命异身"）吗？

11、佛死后还存在（"如来死后有"）吗？

12、佛死后不存在（"如来死后无"）吗？

13、佛死后存在而又不存在（"如来死后亦有亦无"）吗？

14、佛死后非存在非不存在（"如来死后非有非无"）吗？

这十四个问题，佛经中称为"十四无记"——即十四个无意义或不应予以解答的问题。[1]这大概是当时印度思想界所经常讨论的不解之谜，它们牵涉到世界的本质、身心关系、人死后续存与否等重大哲学问题。这些问题长期折磨着鬘童子那尚好玄思的心灵，他觉得这些问题关系重大，非弄清不可，而佛陀对别人提的这类问题总是置而不答，使他很不满意。这次去请教佛陀之前，他作好了打算：如果佛陀能给予令人满意的回答，说明这些命题中哪些是真理，我便继续跟随他修道；如果佛陀不给我明确回答，我便向他提出诘难，然后舍他而去。他把他的问题和想法直截了当地说给佛陀后，佛陀没有立即回答他的问题，而先反问他说："鬘童子，是我先给你讲好：我为你解说世界是常等命题中何者为真理，便答应你跟随我修道的吗？"鬘童子回答："不是这样，世尊。"佛于是批评他："鬘童子，我从未向你承诺过我要为你解说这些问题，你也从未对我说过我给你讲清这些问题后你才跟我修学，你为何要这样提问题呢？"鬘童

佛言精粹

人命危脆，
朝夕有变，
无常宿对，
卒至无期。

《法句经》

对于受到死亡逼迫的人，儿子父亲朋友皆非凭藉，其他与自己亲近者亦然，亲人中无真正的依靠处。

南传《法句经》288偈

[1] 无记：记，为判断、标记之义，无记谓不能判断或不予判断。

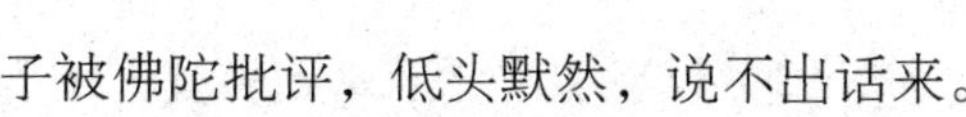

子被佛陀批评，低头默然，说不出话来。

这时佛告众比丘："若有人这样想：如果佛陀不给我回答世界是常抑或无常等问题，说清何为真理的话，我便不跟随他修道，这是十分愚蠢的想法！此等愚人，不晓得不等他弄清这些问题，死期便会到来啊！"

接着，佛陀讲了这样一个譬喻："就像有人身中毒箭，极感痛苦，他的亲人眷属深怀怜爱，赶紧为他寻找箭医，治疗箭伤。然而，这个中箭者却认为：不能急着拔箭疗毒，我应该首先弄清：要请的箭医姓甚名谁？高矮胖瘦如何？肤色是黑是白抑或不黑不白？出身于何等种姓家庭？是婆罗门、刹利还是贱种？其籍贯属东还是在南、在西、在北？那把射我的弓是用桑木、柘木抑或牛角制成的？弓弦是牛筋还是鹿筋抑或丝制？弓的颜色是黑是白？是赤是黄？箭杆是竹制还是木制？箭羽是鹤翎还是鸡毛？箭头的形状像矛还是像刀？制箭头的工匠姓甚名谁？高矮胖瘦如何？肤色是黑是白抑或不黑不白？出生地是南还是北？……此愚人坚持先弄清这些再拔箭医治，殊不知等不到他弄清，便毒发身亡。那些认为佛不给他讲清世界常或无常等问题的人，就和这中箭者一样愚痴。"

佛陀又说："世界常恒存在，我从来不这样说，世间万物，各类众生，皆悉无常，众生谁都免不了生、老、病、死，以及由此而生的种种忧悲苦恼，从这些忧苦中解脱，才是摆在我们面前亟需着力解决的迫切问题，就像那身中毒箭者，赶紧找箭医拔箭疗毒，方是当务之急。至于世界常恒存在乃至佛死后是非有非无等玄奥问题，我从来不予讲说，因为这些问题的探讨与真理不相应，与正法不相应，非清净梵行之本，不能使人达到智慧、觉悟和不生不灭的涅槃。因此，我从来都讲：这些玄奥问题乃不可说者，不宜解说，而应该讲解那应该讲说的正道——四圣谛，因为这是真理，为梵行的根本，能使人得大智慧、大觉悟，达到永恒安乐的涅槃。"

关于佛陀对世界有常无常等"十四无记"不予置答的故事，佛经所载并非仅此一例。《杂阿含》卷十六第408经言：佛住王舍城迦兰陀竹园时，一日以天耳遥闻众比丘在食堂讨论世间有常无常等十四个问题，便往食堂教诫众比丘：

佛言精粹

有三法世间所不爱、不念、不可意，何等为三？谓老病死。世间若无此三法不可爱、不可念、不可意者，如来应正等觉不出于世间。*

《杂阿含经》卷十四
第346经

* 应正等觉：应为"应供"（阿罗汉）之略。正等觉：具云正等正觉，最高最正确的觉悟，为佛的德号。

> 汝等莫作如是论议，所以者何？如此论者，非义饶益，非法饶益，非梵行饶益，非智，非正觉，非正向涅槃。

应该讨论的，是那能使人得到实益、趋向涅槃解脱的四圣谛。《长阿含·布吒婆楼经》载，布吒婆楼梵志向佛提出世间有常无常等十六问题，佛告梵志：这些问题我不予解答，因它们“不与义合，不与法合”。南传《中部》经中，载有耆那教游方僧瓦恰向佛陀请教十六个哲学问题（“十四无记”加命与身亦一亦异、命与身非一非异），佛陀也拒绝回答，而说这些问题都是毫无意义的“戏论”，[1]都是惑人的迷魂阵，它们就像傀儡戏，像热带森林，像荒芜的沙漠，是束缚人的枷锁，使人困惑、沮丧、忧悔、痛苦，而不能使人得到寂静、智慧和解脱，对修道及消除烦恼，是毫无用处的。瓦恰听后接着又问：“您既然否定这些问题，那么您是否有自认的哲学主张呢？”佛陀回答：“我不受任何理论问题的束缚，已从一切理论中超越解脱。”《中阿含经·见经》言，佛入灭后不久，有一婆罗门教徒向佛的侍者阿难请教世间有常、无常等十四个问题，阿难回答说：“世尊对此类问题从来不予置答，不作讲说。”可见对“十四无记”不予解答，是佛陀一贯坚持的态度。

佛言精粹

如有大石山，
高广无缺坏，
周遍四方来，
磨榨此大地，
非兵马咒术，
力所能防御。
恶劫老病死，
常磨榨众生。

《杂阿含经》卷四二
第1147经

佛陀拒绝回答世间有常无常等“十四无记”问题，并非表明他根本否定哲学。他在说法中处处运用哲学，可谓哲学大家。不过他认为哲学应将解决人类生老病死等痛苦的切身问题列为首要课题，将哲学运用于解决这一问题的实践，对人生起到实际有益的重大作用，而不应不顾人生切身的根本问题，去在那些用思辨不可能解决的问题上钻牛角尖。佛陀的究竟意趣，是通过修行实践超越思辨哲学或理性的极限，去体证超越言语思虑的终极真实。

二、“诸受皆苦”

佛陀教诫人们应予极大关怀的人生根本问题，是从人生的诸般痛苦中得到解脱。他从小便对人生之苦有极深的感触、细致的观察。《佛本行经》等载，他少年为太子时，曾出游郊外，看到农夫在田野

[1] 戏论：不如实知见、没有实际用途、不能解决终极关怀问题的理论游戏、概念游戏。

里赤身耕作，炎炎烈日炙烤其脊背，满身尘土，喘息流汗，犁柄研磨着肩颈，犁绳勒破了皮肉，鲜血直流。泥土下藏身的无数昆虫，被犁头翻出，暴露于光天化日之下，成群的鸟雀跟着犁沟争相啄食。太子见此情状，为众生的辛劳痛苦而深心忧伤。他摒退随行者，独自来到一株阎浮树下，于草地上端坐，思考众生的悲惨境地、人生的意义。后来又“四门游观”，更加深了他对人生诸苦的思考，他出家时的誓言将他舍弃一切、精勤求道的目的表达得十分清楚：“我是因为畏惧生老病死，为除断生老病死忧悲苦恼而出家，不达目的，誓不还宫！”他成道后所讲“四圣谛”的第一圣谛——“苦圣谛”，便是对人生诸苦的反省和确认。佛经中多处描述人生苦况，将世间众苦归纳为八苦、六苦、十苦或三苦，说八苦最精彩者，当数晋译《佛说五王经》。

这部经中说：佛在世时，有五个相邻的国家，互相友好，其中最大国的国王名普安王，为释迦佛弟子，其余四小国国王皆不知信佛，唯知及时行乐。普安王为教化四小王，请他们来到自己宫中，歌舞娱乐。普安王问四王：“你们认为什么是人生最大的乐事？”

四小王之一回答：“阳春三月，花开景明，出外郊游踏青，观赏明媚春光，此乃人生第一乐事。”

小王之二回答：“我愿长做国王，服饰豪华，鞍马精美，居于壮丽的楼阁殿堂，百官围绕左右，出入鸣钟击鼓，威风凛凛，臣民敬服，路人倾目，此乃人生最大乐事。”

小王之三回答：“我以为，与贤良美貌的妻妾、活泼可爱的儿女共相娱乐，尽享天伦之乐，乃人生第一乐事。”

小王之四回答：“我愿父母常在，兄弟成行，妻儿成队，锦衣美食，琴瑟相和，共同娱乐，这才是人生第一乐事。”

四小王说完后，齐禀普安王：“我们各自讲了私下所认为的人生最大乐事，王兄您意中的人生最大快乐是什么呢？”

普安王回答：“让我先对诸位王兄所说的人生乐事发表一番意见，再讲我自己所认为的人生最大乐事吧！”

“春游之乐，此乐不可常保。秋天一到，万木凋落，原野上风凄草黄，无有可乐。为王之乐，此乐也不可常保。一朝敌国来攻，面

佛言精粹

夫物应尽，欲使不尽者，此不可得；夫物应灭，欲使不灭者，此不可得；夫老之法，欲使不老者，此不可得；复次，病法，欲使不病者，此不可得；复次，死法，欲使不死者，此不可得。

《增一阿含经》卷二四

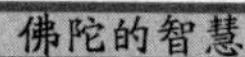

临亡国丧家之患，即便幸免此难，也终有福尽驾崩的一天。美妇爱子共相娱乐，此乐也不可常保。一朝有了疾病，难免忧愁痛苦。父母妻儿兄弟相聚娱乐，此乐也不能常保。一朝出了事，有被官府拘捕、囚禁下狱之患。”

四小王异口同声地问：“那么，在王兄看来，什么是可以常保的最大乐事？”

普安王答言：“我所乐者，不生不死，不恼不苦，不饥不渴，不寒不热，存亡自在，这才是堪以常保的真正快乐。”

四小王问：“这种乐事到哪里去找呀？”普安王回答：“我师佛陀，现住祇园精舍，我等可去向他请教。”四王闻言，欢喜非常，一齐赶到祇园精舍，见了佛陀，稽首作礼。普安王长跪合掌禀告佛陀：“我等痴暗无智，不知罪福，愿佛为我等解说苦圣谛！”

佛言精粹

日夜常迁流，
寿亦随损减，
人命渐消亡，
犹如小河水。

《杂阿含经》卷三九
第1084经

佛言：“人生在世，常有无量众苦逼身，今天为你们简略地说说八苦。何谓八苦？生苦、老苦、病苦、死苦、恩爱别离苦、所求不得苦、怨憎相会苦、忧悲恼苦，是为八种苦。”

“何谓生苦？人临命终时，不知精神去向何处，死后先受中阴之形，至三七二十一日，见来世的父母交合，便投生入胎。在母胎中，一七日如薄酪，二七日如稠酪，三七日如凝结的酥油，四七日如肉末，五七日形如肉瘤，六七日开始有感觉。母亲食热，胎亦觉热，如入热水锅；母亲食冷，胎亦觉冷，如冰触身；母亲饱食，食物压迫胎体，痛不可言；母亲饥饿，胎亦感饿。及至十月胎满，将生之时，头向产门，犹两石夹山。欲生之时，母危父怖。初生堕于草上，细软的身体触及那垫着的草，如被刀剑所刺，忽然失声大叫。这是苦吗？”众人齐声答言：“这是大苦！”

“何谓老苦？人靠父母养育，渐渐长大，年青健壮，未几何时，垂垂渐老，头白齿落，皮松面皱，目昏耳聋，骨节疼痛，老态龙钟，颤颤巍巍，举步无力，坐立呻吟，记忆衰退，百病丛生，涕泪不收，坐起须人扶持看护。这是苦吗？”众人答言：“实为大苦！”

“何谓病苦？人身由地、水、火、风四大元素和合而成。其中每种元素不调和，能生一百零一种病，四大元素不调，共生四百零四种病。地大不调，浑身沉重；水大不调，浑身肿胀；火大不调，浑身蒸热；风大不调，浑身僵硬，百节疼痛，如被杖刑。四大不调，[1]使人手足无力，气力虚竭，唇干口燥，筋断鼻坼，目不见色，耳不闻声，屎尿失禁，身卧其上，心中苦恼，六亲在旁昼夜看护，为之忧悲，纵有美食，入口皆苦。这是苦吗？”众人齐答：“实为大苦！”

“何谓死苦？人临死时，四百零四种病同时发作，四大欲散，魂魄不安，风刀解体，[2]无处不痛。遍体流汗，两手扪空，家眷亲属在其左右悲痛哭泣。痛彻骨髓，不能自胜。及至断气，遍体僵冷，尸体挺直，失去觉知。不过几日，肉坏血流，肿胀烂臭，极为可恶可怖，弃之旷野，众鸟啄食，肉尽骨干，髑髅异处。这是苦吗？”众人答言：“实为大苦！”

“何谓恩爱别离苦？妻儿兄弟、亲人眷属，相亲相爱，一朝被人抄劫，家破人亡，各自分散，父东子西，母南女北，为人奴婢，各自悲呼啼泣，病彻心脾，无有相见之期。这是苦吗？”众人回答：“实为大苦！”

“何谓所求不得苦？家有钱财，犹不知足，千方谋求，百计钻营，以求富贵。或时得逞，被任为边境官吏，仍不知足，贪赃枉法，以求巨富，被人告发，打入囚车，不知死活，忧苦无量。这是苦吗？”答言：“实为大苦！”

“何谓怨憎相会苦？世人共居爱欲之中，民风浇薄，争权夺利，争强斗胜，结成仇人怨家，互相仇恨，各自磨刀带箭，挟弓持杖，唯恐怨家相见。路途相逢，各自操弓搭箭，拼个你死我活。当尔之时，恐怖万端。这是苦吗？”众人齐言：“实为大苦！”

“何谓忧悲恼苦？人生在世，短命者伤胞堕胎，早产夭亡，长命者难过百岁。即便活到百岁，一半在夜眠中渡过，实际有用的一半，醉酒、害病、婴幼不晓人事时减去五岁；小时愚痴，十五岁以前不知礼仪；年过八十，老迈胡涂，耳聋目昏，又减去二十年；仅剩下强健明白的十年中，还难免有种种忧愁：天下将乱时忧愁，旱时忧愁，涝时忧愁，霜灾忧愁，歉收忧愁，家室内外多灾多病忧愁，唯恐财物丧失、经营失败忧愁，官府的租税缴纳不起忧愁，家中有人吃官司下牢狱不知出期忧愁，兄弟妻儿远行不归忧愁，家境贫寒衣食不给忧愁，村镇邻里有事忧愁，社稷不安忧愁，家中死人无钱殡

佛言精粹

一切众生命，
如电、旋火轮，
如乾达婆城，*
速过不暂停。

《正法念处经》卷六一

*乾达婆城：海市蜃楼。乾达婆意译香阴神，“天龙八部”之一。

[1]四大：亦译“四界”，印度古代哲学所说构成物质世界的地、水、火、风四大元素。大，为普遍于一切（物质）之意。

[2]风刀：人临终时身中风大（气或生命能量）动摇收摄，产生痛苦感，有如刀割，故名。

葬忧愁，春耕时缺少耕牛、犁耙、种子忧愁，……如是种种忧愁，使人难得欢乐舒心。良辰佳节，亲朋集聚，本当欢乐，而常愁颜相对，涕泪滂沱。这是苦吗？”答：“实为大苦！”

这次说法的结局，是五王及同会数千人皆于苦圣谛心开意解，当下得须陀洹果。[1]普安王付王位于其弟，出家修行。

此经所说八苦中的第八“忧悲恼苦”，其他经中多作“五阴盛苦”或“五取蕴苦”、“五阴炽盛苦”，意谓五蕴（身心、生理与心理活动）为丛生诸苦的渊薮，不断地制造种种苦，如《正法念处经》卷五八佛偈所说：

于人世界中，有阴皆是苦。[2]

《四十二章经》佛言：

天下之苦，莫过有身，……夫身者，众苦之本，患祸之元。

此所谓“身”，指五蕴，佛经中将五蕴的活动比喻为不断燃烧的烈火，逼灼人躁动不宁、热恼不安。或说前七种苦总称五取蕴苦、五蕴炽盛苦。此外，贫穷，也被认为是一种大苦，《金色王经》佛言：

何苦最为重？所谓贫穷苦。

《中阿含经》卷二九《贫穷经》佛偈描述穷人被债主逼迫的痛苦说：

世间贫穷苦，举贷他钱财，举贷钱财已，他责为苦恼。

贫穷既然甚苦，则与之相反的富贵应该是乐了，然而在佛陀看来仍然是苦：求取富贵时有营谋辛劳之苦，求之不得时有所求不得苦，得后有操心守护及畏惧丢失之苦，失去后有坏苦。

《阿含经》中，佛又将人生一切苦归纳为三苦：

第一“苦苦”，即纯粹的苦，老、病、死等所生之苦。

第二“坏苦”，谓快乐幸福被破坏，或难免失去、逝去后必然产生的怅惘、空虚、失落感等苦。《正法念处经》卷五七谓“乐者必受苦”，即指坏苦；又说“苦者苦转胜”，意谓苦苦、坏苦有能自行增长的特性。

第三“行苦”，谓身心的一切活动皆无常变易，从根本上来说即是苦。

《正法念处经》卷五八佛列举天、人中有十六苦：中阴苦、住胎

佛言精粹

四时不暂停，
命亦日夜尽，
壮年不久住，
恐怖死来至。
见于死生苦，
而生大怖畏，
舍世五欲乐，*
当求于寂灭。

《别译杂阿含经》卷八

* 五欲：对色、声、香、味、触的贪欲。

[1] 须陀洹果：意译“预流果”，亦称“初果”，佛教四圣果之最初。

[2] 有阴：有五蕴（色受想行识），阴即蕴。

苦、出胎苦、希求食等苦、怨憎会苦、爱别离苦、寒热等苦、病苦、他给使苦（被他人管辖驱使）、追求营作苦、近恶知识苦、[1]妻子亲里衰恼苦、饥渴苦、为他轻毁苦、老苦、死苦。

佛经中把人心理上的感受、情绪等称为“受”，说“受”有乐受、苦受、不苦不乐受三种。三受说当然承认了人生有乐，如《五王经》中四小王各自所认为的人生乐事，佛陀也并未说那不是乐。《杂阿含》卷三第75经佛言：

> 以识非一向是苦非乐，随乐、乐所长养、不离乐。是故众生于识染着。

承认人生并非纯苦无乐，肯定追求乐、享受乐，需要快乐的营养，是人类心识的本性。南传《增支部》经中，佛陀曾列举过人生的种种乐，如天伦之乐、五欲之乐、身体之乐、心灵之乐、厌离之乐、染着之乐、无着之乐等。明显可见，佛陀并不否认人生的种种乐，并不认为人生纯苦无乐。佛经上还常常赞叹佛教内外修习禅定的人，可以得到比世间的五欲之乐深细绵永得多的“禅乐”、“三昧（定）乐”，尤其是第三禅由深心源源不断涌现的乐，被称为三界中诸乐的顶巅，《杂阿含经》谓之“无食乐”。佛经中对人类苦乐的总体评价，是苦乐间半。

然而，按“三苦”说，从更深的层次来观察人生诸受，则应说，佛陀不仅认为人生老病死等诸苦（“苦受”、“苦苦”）是苦，而且不苦不乐受和乐受，包括禅定之乐，同样也是苦。《阿含经》中多次数说的“诸受皆苦”，可谓佛陀所说“苦圣谛”内容的集中概括，为佛陀人生价值观的重要结论，被列为鉴别是否符合佛法的“四法印”之一。

为什么说人生诸乐也是苦、诸受皆苦或一切皆苦？佛经中所举的理由有三条：

第一、苦乐不相舍离故，乐受亦苦。乐不会单独产生、存在，总是与苦纠缠不离，如因饥寒而有饱暖之乐，因别离相思而有重逢欢聚之乐等；快乐之后，往往有苦接踵而至，如乐极生悲、欢聚后必有寂寞失落感等。《大般涅槃经》卷十三佛言：譬如世人生活所必须的女色、美酒、美食、衣服璎珞、象马车乘、奴婢僮仆、金银琉璃

佛言精粹

一切众生类，
有命终归死，
各随业所趣，
善恶果自受。
恶业堕地狱，
为善上升天。
修习胜妙道，
漏尽般涅槃，
如来及缘觉，
佛声闻弟子，
会当舍身命，
何况俗凡夫！

《杂阿含经》卷四六第1127经

[1] 恶知识：恶友。知识，为熟人、朋友之义。

珊瑚真珠、仓库谷米等物，及渴时得水、寒时遇火等，“能为乐因，故名为乐。”然“如是等物，亦能生苦”，如男子因为女人而忧愁悲泣乃至自杀，饮酒、享用美食乃至库藏钱财等，亦能令人生大忧恼。“以是义故，一切皆苦，无有乐相。”又说：

> 生死之中，实有乐受，菩萨摩诃萨以苦乐性不相舍弃离，是故说言一切皆苦。

生死之中虽然有乐，然乐与苦总是互相依存，有乐必然有苦。快乐失坏，必生忧苦，此即“三苦”中的“坏苦”。

第二，乐必依因缘而生故，实际也是苦。乐不能无条件自生，总是要依赖足以产生它的诸多条件，如饱暖之乐必需依赖可意的、充足的衣食，爱情之乐必需依赖于所爱者的回爱，乃至禅定之乐需要依赖于入定所须诸条件等。既然依赖其他条件（依他），则此乐实属于他，非自主自在，依他而不自主自在，即是苦。《大般涅槃经》卷十佛言：

> 一切属他，则名为苦；一切由己，自在安乐。

第三，诸乐无常故，本质是苦。依赖一定条件产生的诸乐，产生后皆不能常恒久驻，伴随人一生，总是时过即无，乃至转瞬即灭。不仅一般人总是依赖物质条件所生的种种乐是无常，即修道者在禅定中所享受到的从自己深心中所生深细绵长之禅乐，似乎是寂静不动，超越了时空，实际上也仍属无常：既有入定，便必有出定而失去定乐之时。无常，不仅是诸种乐受不可逆转的自性，也是诸种苦受、不苦不乐受共同具有的自然本性。无常变易，不能常保，与人内心深处希望永恒安乐的本性需求相违逆，所以人生一切诸受，从本质上来讲都是苦。此即三苦中的“行苦”。行，谓迁流变易或活动、运动。《杂阿含》卷十六第437经佛言：

> 我以一切行无常故，一切诸行变易法故，说诸有所受悉皆是苦。

一切诸行，也包括被称为“现法乐住”，一般认为纯乐无苦的色界、无色界禅定之乐。佛接着说：“我以诸行渐次止灭故说，以诸行渐次止息故说，一切诸受悉皆是苦。”然后佛解释了从初禅到想受灭定渐次寂灭，止息言语、觉观、喜心、出入息、色想、空入处想、识

佛言精粹

第一觉悟，
世间无常，
国土危脆，
四大苦空，
五阴无我。
生灭变异，
虚伪无主，
心是恶源，
形为罪薮。
如是观察，
渐离生死。

《佛说八大人觉经》

入处想、无所有处想、非想非非想的境界，既然有寂灭、有止息，有次第提升，则亦属行，亦无常、有变易，故也是行苦。

一切诸行因无常故为苦，一切诸受皆不离行苦故为苦，是佛陀所说苦圣谛的深义所在。这一说法，关系到人性及苦乐观、情绪学的最深问题：人为什么厌苦趋乐？厌苦趋乐是否为人的本性？什么是真正的快乐？人所追求的快乐有无极限？佛陀的解答大概是：人性中有追求无限常乐的本能性意欲，或人性以追求常乐为极限、为归宿，此乃众生心之本性，三界六道众生的一切心理活动及感受，皆无常、非常恒故，本质是苦，或起码不离苦。

在古今中外诸家学说中，像佛陀这样大讲特讲人生诸苦，乃至说一切诸受皆悉是苦，并以此为其全部学说之基础者，大概很难找出第二家来。现代人尤其是幸福快乐的富贵中人，听佛陀如此盛说人生之苦，大概会有如冰入炭之感，认为佛陀全盘否定人生价值，是悲观主义者，若按佛陀之说，人生苦不堪言，毫无价值，那么早点自裁以离开人间苦海，不就成为高明之举了吗？或者认为：佛陀所说的人生诸苦，只是他当时身处的古代奴隶社会的现实，在文明高度发达的现代社会，应是过时之论了。这实在是误解了佛陀说苦圣谛的本义和用心。

苦圣谛看似平常，实际是颇难准确领会的。《杂阿含》卷十五第404经佛陀比喻说：在百步之外，用箭去射钥匙孔，射一百次而箭箭皆中，对神箭手来说已是很难了，要射中如一根毛发百分之一大的小孔，箭箭皆中，则更为困难，而理解一切诸行、诸受皆苦，要比射中这样小孔更困难百倍！特别是行苦，须在深禅定中仔细观察心识的微细生灭及深心趋向常乐的无意识冲动，才能觉察到。

正确理解佛陀说苦圣谛的深义，必须注意如下几个方面：

首先，说“有受皆苦”、“一切皆苦”“有生皆苦”，只是佛陀人生价值观的一个方面，而非其人生观的全面。若就世间一般意义上的人生价值观而言，佛陀实际持人生苦乐间半的人生价值观，他把人类归于“善道”（其特点是苦少乐多或起码是苦乐间半），不仅说人生诸苦，也说人生诸乐，绝非全盘否定人生价值的悲观主义者，与西哲叔本华的悲观主义人生观很是不同。说人生苦乐间半或乐多苦

佛言精粹

人生不足贵，
天寿尽亦丧，
地狱酸痛苦，
唯有涅槃乐。

《增一阿含经》卷九

人间和天上，
有乐有美妙，
比起涅槃乐，
微小不足道。

《即兴自说·王经》

少，可谓客观持平之论，与现代心理学家们调查研究的结果基本相符。佛陀不但说人生苦乐间半，而且更说人类有诸多殊胜，生而为人，是幸运之事，强调“人身难得”，极为宝贵，这是他的人生价值观中不可忽视的、更为重要的一面。

第二，只要以客观冷静的态度反省人生，便应承认佛陀所揭露的人生诸苦，并无扩大渲染，可谓对人生的如实观。在人间诸苦中，佛陀说得最多的是老、病、死三苦，他称这三大件为世人所“不爱、不念、不可意”之物，不仅古人，即现代社会中的富贵人，恐怕也没有几个认为这是乐事，而希望自己早老、多病、早死的。老、病、死三者，实际上都是人类现有的生命型态天生便具有的缺陷，它们所带给人们的痛苦，属自然压迫或自然苦难，是超时代、超阶级而存在的，只要人类不能成功地变革自身的生命型态，老病死苦便不可避免，不可改变。现代养老设施、医疗技术尽管比古代发达，火葬也要比古印度人的天葬干净得多，但也只是减轻了老病死苦，不能从本质上改变、根绝老病死苦。即当代科学家所设想的通过基因技术提高人的体质、智能，延长寿命至1200岁，就算实现，也仍然免不了死亡之苦。佛陀所说恩爱别离、怨憎相会、所求不得、忧悲恼苦等，虽然基本属社会苦难，可以随社会的进步和改善而减少，恐怕也不易完全根除。起码在今天，这几种苦难在生活中还触处可见，很少有人能避免它们的逼迫。对于人生诸苦，佛陀所说，正像经中所言，只是举其大略而已。若要细数，则仅就现代人而言，我们还可列举出：心理失衡之苦、自我迷失之苦、酗酒嗜烟吸毒自戕之苦、纵欲之苦、失业之苦、破产之苦、炒股赌博亏跌之苦、人情冷漠之苦、失恋情变之苦、被人欺骗利用之苦、受人排挤诬谤之苦、遭劫盗之苦、战祸之苦、学习考试压力过重之苦、挨“宰”之苦、环境污染之苦、恐怖活动威胁之苦、激烈竞争逼迫之苦、水旱地震火山爆发灾害之苦、通货膨胀之苦、知识爆炸之苦、信息轰炸之苦……等等，不胜枚举。现代人的苦，未必比古人少多少，而且还增加了许多古人未曾尝受过的新苦。至于说诸受包括乐受皆悉无常，更是不可移易的事实，而无常是否即是苦，牵涉到苦乐观的甚深内涵，若深作内省，并对人性作深入的研究，便会发现常乐乃人内心深处的

佛言精粹

母子更相忧，
牛主忧其牛，
有余众生忧，
无余则无忧。

《杂阿含经》卷三六
第1004经

离法常愚痴，
有命亦如死，
虽有人皮覆，
愚痴同畜生。

《正法念处经》卷五十

根本趋求，实为人类文明创造活动的本源动力，与此根本趋求相悖的无常，当然应说是苦。

第三，应理解佛陀说法的根本原则，是“应病与药”，为人心、社会弊病开药方。世间文化，多数是为人生唱赞歌，有意无意地掩饰人间的苦难和缺陷。按有些西方学者的看法，这其实是人类无意识地缓解其盘踞内心的死亡焦虑之“移情”手段，好让自己陶醉于眼前短暂浮浅的快乐，忘了心底深刻的创痛。这种意义上的世俗文化，有如浪漫诗、轻音乐和美酒，虽不无安慰、激发人心，使人较多快乐的效用，而终无补于对老病死等大苦的彻底解决，而且能使人忘记正视人生的苦难缺陷，甚至有引诱人腐化堕落的消极作用。佛陀有见于此，才大谈特谈世间诸苦、人生缺陷，旨在提醒众生如实认识自己的境遇，重视对人生根本问题的解决。如果将世俗文化比作浪漫诗和轻音乐，那么佛陀的苦圣谛便是医学书或医疗诊断单。做人不能只靠浪漫诗和轻音乐，健全的人类文化不能少了苦圣谛这样如实揭露人生缺陷、人类弊病的医学书。特别在现代商业社会中，各种商业广告式的文化不择手段地诱引、挟迫人们追星逐利、骋情纵欲、非理性消费、扩张自我，使世人眼花缭乱，把不稳人生的方向盘，从而制造出许多社会问题、心灵问题，像苦圣谛这样力揭人间缺陷、促人清醒的文化，大概并非多余，并无过时。

佛言精粹

观乐作苦想，
苦受如剑刺，
于不苦不乐，
修无常灭想。
是则为比丘，
正见成就者。
寂灭安乐道，
住于最后边，
永离诸烦恼，
摧伏众魔军。

《杂阿含经》卷十七第467经

第四，佛陀盛说苦谛，不是教人消极地诅咒人生、厌恶人生，而是对症下药，如实诊断人生痼疾，唤醒世人对自身地位、人生缺陷的如实认识，唤起对解决人生根本问题的高度重视，鼓励人们奋起抗争，征服苦难，根除诸苦。若连苦难都不敢正视、承认，谈何征服战胜？日本学者木村泰贤在其《大乘佛教思想论》一书中说：

> 苦对我们来说成为征服的对象时，便发挥其伟大的道德价值。反之，任己被苦征服，人便可谓无价值的存在，这即是佛教的根本精神。

此言可谓善体佛陀的本意。

第五，佛陀说苦的出发点，其实是乐——解脱乐、涅槃乐，这种乐超过世间一切无常之乐，是能彻底满足人本性最深趋求的常乐、大乐、真乐。《杂阿含》卷十七第474经中，佛讲完一切诸受悉皆是苦，

及从初禅到灭尽定的诸行寂灭、止息后，告诉阿难：复有超过一切止息的胜、奇特、上、无上止息——从贪恚痴等烦恼系缚中得到解脱，证得涅槃。佛陀通过自己亲身修行，证到了这种真乐，从这种真乐的无上享受中和对比中看世人的苦，是为甚苦。其对苦的体验甚为细微，与没有尝受过涅槃大乐的凡夫对世间诸苦的感受自是大有不同。《大般涅槃经》卷八佛言，就像处于高山顶上的勇健者俯瞰平地一样，佛登上大智慧山顶，"既自除忧患，亦见众生忧。"佛陀出于同体大悲，不愿独享涅槃之乐，亟欲让众生与他同享，故而大讲诸受皆苦，用意实在引导人反省苦、厌离苦，追求常乐涅槃。

第六，特别应该注意的是：佛陀所主要着眼的，并非爱别离、怨憎会等可由社会改革逐步解决的社会苦难，而是人类现有的生命形态天生的缺陷。根绝老病死苦，应该注重自觉变革生命型形态、提高存在境界，这是世俗文化很少考虑而其实应予高度重视的问题。佛陀显然认为，人类的现有生命形态是不完满、不理想的，除了力揭其具有老病死等诸苦之外，佛经中还多处说人类"寿命甚短促"（《别译杂阿含经》卷八等），说人的肉体由四大合成，危脆不坚，臭秽不净，腥秽屎尿内充，九孔长流，生处臭秽，常与诸虫共在一处，食物亦多不净，有如"革囊盛粪"或"庄严宝瓶，内盛粪尿"。依此人身，尽管可以现前证得涅槃，而即便证得，乃至即身成佛，缺陷、障碍甚多的人类肉体，也不是适宜永恒安居的家园。像道教那样追求肉体长生，显然非佛陀所主张。经中佛多次说：肉体庄严，具三十二相八十种好的佛身，也不值得贪着，佛也终会舍弃肉身入般涅槃。意味永恒的家园，应是超越肉体拘碍、超越物质世界的"法身"，人应进行生命的自我变革，以法身为究竟的安身立命之处。

第七，说一切皆苦，只是从佛法"世俗谛"的角度讲，[1]若进一步如实观察苦，或就"真实谛"而言，则应说苦性本空故，苦终非苦。这是如实观察诸苦之本性，从而消灭诸苦的诀要。《大般涅槃经》卷十二佛言：

诸菩萨等解苦无苦，是故无苦，而有真谛。

而涅槃常乐，也应说无苦无乐，所谓"无苦无乐，乃名大乐"。无苦无乐，谓超越世间的苦乐。

佛言精粹

命如花果熟，
常恐会零落，
已生皆有苦，
孰能致不死？

从初乐爱欲，
可淫入胞胎，
受形命如电，
昼夜流难止。

是身为死物，
精神无形法，
作令死复生，
罪福不败亡。

终始非一世，
从痴爱久长，
自作受苦乐，
身死神不丧。

《法句譬喻经》卷五

[1]世俗谛：亦称俗谛、世谛，就世间意义、从众生的认识角度而言的真实，非从出世间的、终极真理的意义上而讲的"真实谛"。

三、流转三界，苦无了期

佛陀说有受皆苦，尚不仅仅是就人生而言，而涵盖了全宇宙各种种类、各种形态的所有众生。众生，为梵语萨埵（sattva）意译，又译“有情”，指一切有情、有心识的生命形类。佛经中常说众生无边，不可计量，并非仅居于我人所处的地球。各类众生的共同特点，一是皆有生有死，二是“皆依食住”——都要通过各种方式吸收食物、能量、符号、信息、心意等以维持自身的生存。佛经中将形形色色的众生按其生存形态分为三界、六道（五道）、四生、九有、二十五有等类别。

三界，谓众生生存的三大种类：一、欲界，此类众生的共同特点是有男女、雌雄、牝牡或阴阳之别，有饮食、男女、睡眠三种最基本的需求，地球人和动物皆属此类。二、色界，虽有固定形状的物质身体（色），却无饮食、男女、睡眠等需要，常住于安乐恬静的禅定中，按禅定浅深分为四禅十八天。三、无色界，没有固定形态的物质身体，寂定的心常住于甚深禅定之中，按禅定的浅深分为空无边处、识无边处、无所有处、非想非非想处四重天。三界的划分，盖依据修禅定者身心由浅至深的变化而建立。

五道或六道，谓众生死后的五或六种去处。一天道，天的梵语提婆（Deva），有光明、自在、最胜等义，此类众生生活于人间之上，分为三界，共二十八重天。欲界、色界二天的众生形貌似人而比人美貌庄严，其身体由微细的物质构成，非人的肉眼所能见。三界诸天的共同特点是纯乐无苦（或少苦）、寿命极长、道德高尚、神通自在。诸天的寿命，由低向高逐级倍增，寿命最短的四天王天，寿数也长达人间的900多万年，寿命最长的非想非非想处天，寿长达8万大劫（宇宙从生成到毁灭为一大劫），长得令地球人难以想象。《本事经》卷七佛言：诸天胜于人类者有三：长寿、端严、快乐，“天胜于人百千万倍，不可算计。”《长阿含经·世记经》佛言：天有飞来飞去无限数、来去无碍、其身无皮肤筋骨肉及大小便、无疲倦、不

佛言精粹

一切诸世间，
生者皆归死；
寿命虽无量，
要必当有尽。
夫盛必有衰，
合会有别离。
壮年不久停，
盛色病所侵。
命为死所吞，
无有法常者。
诸王得自在，
势力等无双，
一切皆迁动，
寿命亦如是。
众苦轮无际，
流转无休息；
三界皆无常，
诸有无有乐。
……
此身苦所集，
一切皆不净，
扼缚痈疮等，
根本无义利。
上至诸天身，
皆亦复如是。

《大般涅槃经》卷二

从胎生、目不眨、形貌随意而变等十种自在，比我等地球人是要高级多了。

二人道，我等人类属之，佛世时的人寿约为百岁。佛经中说我等人类仅为我们所居一小世界四大部洲（四个有人住的地区）中南赡部洲人，其余三洲也有人类，其寿命要长些，北洲人寿命最长，可达千岁。

三阿修罗道，阿修罗意译“非天”、“无酒”，为一种近似于欲界下层天而受用和德行不如诸天的神道，以多嫉妒、好战斗，常与诸天争权而著称。其寿命与欲界四天王天相当。

四鬼道，多称“饿鬼”，种类极多，按其贫富有多财、少财、无财之分，多财鬼享用近于人、天，略当于中国人所说的神，较少，多数为饥寒交迫的饿鬼。其形色各异，多近似于人而较人丑陋，身体由微细物质构成，非肉眼所能见。其寿命从 1 万余岁长达 180 余万岁。此类的共同特点是“他作自受” ——依赖他人的施舍生活，不自己劳作。

五畜生道，动物皆属此类，其种类极多，形色各异。佛经说此类众生除了人肉眼能见者外，还有大量形体微小、肉眼不可见的微虫等，其数极多，寄居我人身中者也数以万户计。此外还有身体由微细物质所构成、肉眼难见的龙、金翅鸟等。畜生类的基本特点是愚痴、不自在，或为人类所奴役宰杀，或互相食啖，常怀怖畏。畜生与鬼类，总的说来都是苦多乐少。

六地狱道，为三界中最苦之处，其特点是纯苦无乐而且寿命特长，略等诸天。其中众生恒被拘系于黑暗之处，常受火烧、水煮、扒皮、抽筋、锯解、油炸、上刀山、下火海等种种苦刑，呼号悲啼，惨不忍睹。有八大地狱、十六小地狱、孤独地狱等处，佛经中对其情状描述甚多。其中众生的形体，亦非肉眼所能见。

在佛眼看来，三界各类众生，虽不无纯乐无苦、乐多苦少、苦乐间半、苦多乐少、纯苦无乐之差别，但总的来说，统统都不脱苦网，在佛眼里都是可怜悯者。为什么？因为皆有生死，皆于三界六道中升沉流转无休无止故，其一切诸受皆悉无常故。即便贵为尊荣至极的人王、寿长经劫的天王，乃至恒常住于凡人难以想象的禅定快乐

佛言精粹

盲目陷情爱，
必被欲网覆，
被魔罗擒捉，
如鱼被筌捕。

《即兴自说·贪欲经二》

芭蕉生实死，
芦竹苇亦然。
贪利者如是，
必能自损伤。

《别译杂阿含经》卷一

中寿长达八万大劫的非想非非想处天，也难免有寿尽之时，都面临死苦的威胁。《法华经·譬喻品》佛偈言：

三界无安，犹如火宅，众苦充满，甚可怖畏，常有生老病死忧患，如是等火炽燃不息。

只要不从这个可怕的大火宅中跳出去，便难免生老病死烧身之患。

三界众生之苦，更在于死亡并非苦的结束，死后皆难免依生前的作为，再生于六道中，然后再死，再生，再死……永远没完没了，这被称为"轮回"（Samsara），意谓像轮子一样转动不停，亦译"流转"、"轮转"。《杂阿含》卷十二第294经佛言：众生"身坏命终，还复受身"，故不得解脱生老病死忧悲恼苦。同经卷三四第955经佛言：

众生转五趣轮，或堕地狱、畜生、饿鬼及人天趣，常转不息。

将众生轮转五道比喻为转动不息的轮子。《本事经》卷五佛说，生与死如光明与黑暗互不相离，偈云：

才死生便续，中间无缺时。

《正法念处经》卷五八佛言："有生毕归死，有死必有生。"《涅槃经》卷二九将死后续生不断，比喻为"如灯生暗灭，灯灭暗生"。《佛说孛经》喻轮回有如种谷，种子在泥土中消蚀，生出根茎叶，结出新的谷子。又如点燃的灯烛，火焰展转相续，捻子虽然被不断燃尽，火焰却相续不灭。人虽死亡，肉体腐烂消灭，而心识随即转生别处。轮回无穷尽，受苦也无穷尽。轮回的恶性循环中，若再生于人、天等善道倒罢了，但这须行善修道方能，而能行善修道者总是少数，多数众生皆多作恶、少行善甚至纯作恶不行善，在轮回中多时堕于畜生、饿鬼、地狱"三恶道"中，其所受苦要比人间惨重、长久百千万倍。即使贵为人王天主，命终后也往往有堕落于驴胎马腹中之患。《杂阿含》卷十六第421经、《大般涅槃经》卷三三等载，佛用他小指的指甲从地上挑起一点土，问众弟子："我指甲上的土多，还是大地的土多？"弟子们当然回答：大地上比佛指甲上土，多得难以为喻，难以数计。佛乃说：三界众生，从人中命终还生人中、从天上命终还生天上者，少如佛指甲上土；从人中、天上命终堕于三恶道者，多如大地土；从地狱、畜生、饿鬼命终得生人中者，少如

佛言精粹

爱为网、为胶、为泉、为藕根，此等能为众生障碍；为盖、为胶、为守卫、为覆、为闭、为塞、为暗冥、为狗肠、为乱草、为絮，从此世至他世，从他世至此世，往来流转，无不转时。

《杂阿含经》卷三五第985经

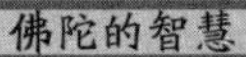

指甲上土，从地狱、畜生、饿鬼命终，还生于地狱、畜生、饿鬼者，多如大地土。得遇佛法，生信修行获解脱者，少如甲上土，不遇佛法，或虽遇而不信不修，从而流转生死者，多如大地土。

每一众生，无始以来在三界六道中昏头昏脑地轮转不停，"独生独死，独往独来"(《无量寿佛经》)，受苦无量，没有停息之时，不得自知自明，这在佛陀看来是一件极为可悲的事，是毫"无义利"（没有意义和价值的）。那些因愚痴不明作恶多端而长期沦堕三恶道，于生死中"从冥入冥、从厕入厕，以血洗血"的众生，[1] 则最为可悲。有一次，佛指着阶前爬过的一只蚂蚁，告诉侍者阿难说："我以慧眼观这只蚂蚁的前生，见它从七佛以来一直做蚂蚁。"《杂阿含经》卷三三、三四载：佛陀在恒河边说法，指着恒河水告诸比丘："你们长夜轮转生死，所出的血甚多无数，多于恒河水及四大海。所流的泪、所饮的母乳，也多于恒河水及四大海水。"又说：将此大地上所有的草木都裁为四指长的筹码，将此大地所有的土都和成泥，做成婆罗果大小的泥丸，用以计数，也难以算计你们长夜轮转生死中所曾经依怙过的父母之数。另一次，佛陀在王舍城郊毗富罗山说法时，告诸比丘：

一人一劫中，积聚其身骨，常积不腐坏，如毗富罗山。

一劫中积骨尚如此多，何况无始以来，轮回无量劫数，所曾受身的骨骸，多得无法计量！

早在佛陀降生之前，轮回说便在印度宗教界广泛流传，是当时人普遍的信仰。晚近学者因而有认为佛陀大讲轮回，乃是顺应民俗信仰而施行教化的权便之策，犹如中国古代圣贤以神道设教，未必是佛陀真的认为确有轮回。有人解释说，轮回只是指人的心理状态或人们的六种人格类型。但轮回之说，广见于早晚所出多种佛经中，佛陀说此事时是很认真、很带感情的，而且常以他自己多劫轮回的故事教诫徒众。按他讲，三界六道轮回不息，是他用超越常人的"宿命智明"、"天眼智明"所明见，显然非顺应民俗的权巧之策。何况佛陀所讲轮回说内容独特，与婆罗门教的传统轮回说颇有不同。

当然，从心理学的角度，可以说人间具足六道：高尚快乐者即是天神，仁义礼信者即是人类，崇拜权力、好斗多嫉妒者即是修罗，愚

佛言精粹

欲能缚世间，
调伏欲解脱，
断除爱欲者，
说名得涅槃。

《杂阿含经》卷三六第1010经

这轮回是无始的。为无明蒙蔽、为渴爱束缚的诸有情的轮回的起点是不可知的。

南传《相应部·因缘品·泪水经》

[1] 见《杂阿含》卷四二第1146经等。

痴无智只知吃喝玩耍者即是畜生，只知索取者、饥寒交迫者、患食道癌等水米不得进者即是饿鬼，凶暴残忍的罪犯及患重病极痛苦者即是地狱。我人一生乃至每天的心理活动，念念都在六道中轮回，慧能、日莲等祖师，都曾如此解释轮回。

轮回转生，是古代埃及、欧洲及亚洲的诸多宗教所共同数说的，毕达哥拉斯、柏拉图等西方大哲也盛谈轮回，前者还有记得自己多次转生的体验。古今中外有大量关于轮回事件的记载，近现代的超心理学研究者搜集到许多记忆前生、死后续存等事例。生死轮回，绝不仅仅是先民的迷信和宗教的神道设教。在这一有关众生最切身利益、有关生命秘机的重大问题上，应慎重对待佛陀等圣哲们的智慧。当代脑科学权威艾克尔斯根据多年研究，认为自我意识精神“在大脑死亡后依然存在，并仍然拥有生命活动的形态，而且可以永生不灭”。持此观念的西方科学家、心理学家还有多位。

四、人身难得，当度生死

众生在生死轮回的苦海中没完没了地出没浮沈，堕落易而上升难，生为人类中的一员，尤其是有佛教流传的人类社会中的一员，据佛所说是极为难得的事。机会之难遇，佛陀常以“盲龟值浮木孔”来比喻——谓如一只瞎眼的海龟，在无边无际的大海中，偶而碰到一根不知从何处飘浮来的木头，上面正好有一个不大不小的孔洞，得以做窝栖身，其机遇率之低，难以为譬。“人身难得”，因而成为佛陀发自深心的沉重感叹，如《杂阿含》卷十五第405经佛言：

> 盲龟浮木，虽复差违，或复相得；愚痴凡夫漂流五趣，暂复人身，甚难于彼！所以者何？彼诸众生不行其义、不行法、不行善、不行真实，……造无量恶故。

佛陀一面力揭人生诸苦，一面又热情赞叹人生，说生于人中尤其是生于我等所在的南赡部洲地球人类中，是值得庆幸之事。佛陀自己颇以降生于人间、于人间成佛而自豪，自称“我是人类中的一员”。《增一阿含经》卷二八载：天帝释提桓因听佛说法后，[1] 欲供

佛言精粹

于色、声、香、味，
触、法六境界，
一向生喜悦，
爱染深乐着，
诸天及世人，
唯以此为乐。
变易灭尽时，
彼则生大苦。
唯有诸贤圣，
见其灭为乐。

《杂阿含经》卷十三第321经

人在爱欲之中，独生独死，独去独来，苦乐自当，无有代者。善恶变化，追逐所生，道路不同，会见无期。何不于强健时努力修善，欲何待乎！

《佛说无量寿经》卷下

[1]释提桓因：亦称因陀罗、帝释，欲界第二忉利天之主。

养佛饭食，问佛喜欢用人间的饮食还是天上极为美味的“苏陀”，佛陀回答：“我用人间之食。”并说：

我身生于人间，长于人间，于人间得佛。

表明他对人间极为珍重。同经卷二六〈等见品〉说：有一比丘问佛：三十三天的天人命终后，[1]如何生到善处呢？佛答言：“人间于天则是善处。”意谓三十三天的天人以人间为其往生的最佳去处。佛还说：

请佛世尊皆出人间，非由天而得也。

《本事经》卷七佛说，诸天临死时，其余天人共来教诫，教其往生于人中，学佛修行，“得人同分，名往善趣。”

以上几句佛言．常被时贤引为“人间佛教”乃佛陀原旨的经典依据，其中明显反映出佛陀以人间为本位的思想。

佛陀看重人生，以人间为善处，主要是从修学佛道以超越生死的诸条件着眼。超越生死，一方面须要身受生死之苦的逼迫，从而激发起超越生死的希求；另一方面，须要有反思自身处境的闲暇、理性和自强自救的意志力。在三界六道众生中，地狱众生虽受剧苦，而终身被痛苦和饥渴所逼迫煎熬，没有反思自身处境的闲暇，大概只是被动地接受苦刑而已，谈不上自己解放自己的意志力；饿鬼道众生终日饥寒交迫，或互相杀伐争斗，亦无暇反思生死问题；畜生道众生虽多痛苦，然皆愚痴无智，如牛羊等“但念水草，余无所知”（《法华经》），终日只知进食和逃避强者侵吞，缺乏反思自身的理性；阿修罗常被嫉妒、仇恨所恼乱，多时考虑的是争权、战斗之事，亦无多少余暇用以思考超生脱死的问题；诸天虽然长寿快乐，但被五欲乐和禅定乐所陶醉，殊少老病死等大苦临头的紧迫感，也难以认真慎重地考虑生死大事。只有人，特别是我等地球人，寿命较短，苦乐间半，最容易产生从老病死等诸苦中获得解脱的迫切需求，也有余暇思考这一问题，实为学佛修道的最佳材料。就此而言，老病死等众苦，从另一角度来看，实在是我人值得庆幸之事，它们是滋养智慧之花、结成佛果不可或缺的土壤和肥料。佛称老病死为三位教化世人的天使，又称之为三位教导世人超出生死苦恼的明师，或称八苦为“八师”。

佛言精粹

如河驶流，
往而不返，
人命如是，
逝者不还。

是日已过，
命亦随减，
如少水鱼，
斯由何乐！

当勤精进，
如救头燃，
但念无常，
慎勿放逸！

《法句经·无常品》

[1]三十三天：欲界第二重天，名“忉利天”，以有33个天国而得名。

我等地球人在佛陀看来值得庆幸的一大资本，是自身禀赋的“勇猛强记”的特性。“勇猛强记”，谓具有很强的意志力、进取力、记忆力和理性能力，因而堪以拥有知识和智慧。《长阿含经·起世经》佛言：我等南瞻部洲人在三大方面胜过六欲天、鬼道和其余三大部洲人：“一者勇猛强记，能造业行”，谓具有很强的创造能力和自宰力；“二者勇猛强记，勤修梵行”，谓具有甚强的自律、自控能力，能自觉按道德规范约束自己，自控人欲，自己净化自心；“三者勇猛强记，佛出其土”，这是地球人学佛修道的最重要助缘，佛陀出世，为地球人类智慧和意志力高度发达的集中表现。地球人类的这三大长处，都以“勇猛强记”为前提，意谓意志力和理性是人类最根本的特性，是人类得以自我解放、超出生死苦海的根本资粮。

遗憾的是，人类自古以来，不能理智地认清自己在宇宙中的地位，不能如实认识三界六道轮回不已的事实，不知生死之“本际”（真实本面），不仅不能发挥自身的三大长处以向善向上，谋求自我解放，超出生死，而且恣情纵意作恶造孽，增厚痴暗黑壳，繁殖罪恶苦苗，在生死苦海中越陷越深，为佛陀所深心悲悯。

从《阿含》等经中关于人类发生发展的述说来看，佛陀从智慧和道德两个角度着眼，认为人类从古到今基本上走着一条退化的道路。《长阿含·世记经》说，人类最初从光音天降堕，[1]“以念为食，身光自照，神足飞空，安乐无碍”。后来因对自身和外界的执着渐渐加深，贪食地上的食物，失去光明和飞行本领，有了男女交合之事，随可供食物之渐少渐粗，产生了疆界田宅等私有观念，发生骄慢、诤讼、打斗、怨仇等事，有了国家和政治，人民的道德水平逐渐下降，生存越来越辛劳艰难。《中阿含·苦阴经》中，佛陀描述当时人们的普遍生存方式是：倚仗种种技术谋取钱财，以养活身家性命，或种田，或经商，或学书算工艺，或刻印章，或作文章，或教授经书，或作兵将官吏，莫不冲寒冒暑，忍耐饥渴疲劳和蚊虫叮咬，辛勤工作。求财难得，便生忧苦愁恼。求得钱财，又担忧散失劫夺。为了钱财利害，母与子争，子与母争，父子兄弟姊妹亲族各相争夺算计，互憎互谤，何况他人。大则王与王争，民与民争，国与国争。争斗转剧，先是拳打石掷，次则杖打刀斫，乃至着铠披甲，手执刀矛弓

佛言精粹

耳目不防护，
贪欲从是生，
是名为苦种，
生臭汁潜流，
诸觉观气味，
依于恶贪嗜。
聚落及空处，
若于昼若夜，
远离修梵行，
究竟于苦边。

《杂阿含经》卷三九
第1081经

[1] 光音天：色界二禅第三重天，意谓以光为交流符号。

箭，步兵、骑兵、车兵混战，打鼓吹角，高声呐喊，攻城略地，杀人放火，死伤无数，尸陈遍野。具有三大长处的堂堂人类，演出此等惨剧，做出种种丑行，自尝苦果，实为可悲！

《阿含经》中，佛称我人生存的这个世界为“五浊恶世”，生当斯世，犹如身堕混浊的污水坑中，难免被污染。五浊是：一劫浊，谓时逢“减劫”，人寿渐减，有疾疫、饥荒、刀兵等全球性的灾难；二见浊，谓种种邪见流布增盛，遮蔽慧眼；三烦恼浊，谓众生甚多贪欲、仇恨、谄曲、嫉妒、虚诳、傲慢等烦恼，人欲横流；四众生浊，谓斯世众生身心粗劣，道德水平低，不忠不孝，作恶者多，行善者少；五命浊，谓人们寿命短促，多夭少寿，至多不过百岁。

《无量寿经》中，佛陀叹惜世人“共诤不急之事”，“共忧钱财”，处心积虑，忙碌紧张，终身无安然之日。求到田宅又思车马，有了车马还求奴婢，有了奴婢更求玩物，与人比富，挥霍无度，“身心俱劳，坐起不安”，“不信作善得善，为道得道，不信人死更生，惠施得福，善恶之事，都不信之，谓之不然，终无有是。”虽然亲族夫妻恩爱缠绵，希求长久幸福，而不明正道，作恶多端，共堕恶道，“从冥入冥”，无有出头之日。该经中将世人的恶行，总结为五恶、五痛、五烧。

第一恶者，以强凌弱，互相残害杀戮，恶逆无道。

第二恶者，奢淫骄纵，恣心快意，互相欺惑，心口不一，谄佞不忠，巧言献媚，嫉贤谤善，君昏臣奸，妄损忠良，贪赃枉法，结怨成仇，悭吝不施，“常怀盗心，希望他利”。

三恶者，贪恋美色，厌憎自妻，乱爱乱交，破损家财。

四恶者，恶口相伤，妄言相诳，挑拨离间，嫉贤妒能，不孝父母，不敬师长，无信无义，骄纵横行，互相侵欺。

五恶者，懒惰懈怠，忤戾父母，耽酒嗜毒，不听忠言，不思父母之恩，不存师友之义，不信圣贤及诸佛经教，不信善恶报应、生死轮回，谤圣破僧，无恶不作。

这五类恶，犹如瘟疫传布世间，犹如大火烧炙人身，使人们难得安宁，难得以清醒的理智思考人生的根本问题，追求超出生死苦海之道。据佛经中预言，人类非理性活动和种种恶行发展的必然结果，是将于未来发生的“刀兵劫”，当此劫难来临之时，七日之内，人类

佛言精粹

无有如欲火，
无有如恚毒，
无有如痴网，
无有如阴苦。
如实知此已，
涅槃第一乐。

《舍利弗阿毗昙论》卷十五引佛言

互相残杀，草木土石尽为兵器，全人类几乎同归于尽，只留下一万人作人种子。劫难过后，这一万人对过去的人类历史作了深刻的反思，总结了导致自我毁灭的教训，大家竞相行善，人类社会将一步步走向理智化、净化。

佛陀的人类起源说，与近代科学进化论的说法颇为不同。但其以私有制为万恶之源，及由私有制产生政治、国家、战争之说，与近代社会历史学说甚多相符，而其进一步追溯私有制的根源，较近现代社会学说更见彻底。佛陀所揭露的众生诸恶、人生丑态、社会百病，在今天高度发达的科技社会里，未必比古代社会少了多少，其例证在生活中俯拾皆是，新闻媒介在天天揭示报道，每个人都难以避免社会污染的侵扰。战争的硝烟炮火在这个地球上从未有过消散停歇的日子，人类自相残杀的技术随着科技的发展在不断提高。能源枯竭、生态失衡、人口膨胀及各种社会矛盾的激化，恐怖活动的猖獗，在酝酿着使全人类同归于尽的第三次世界大战，佛经中预言的刀兵劫，大概便是指此而言。

正如汤因比、池田大作等当代著名思想家所说：人类面临的种种危机，终归是自己创造的文化或文明之危机。在佛陀看来，人类的文化危机和种种社会人心的弊病，病根在于人类缺乏清醒的文明自觉，不能如实认识自身在宇宙中的地位和自身生命的实相，抓住自身存在的根本问题而理智地校正文明走向，理智地驾驭自身的文化创造活动。较之佛陀那个时代，现代社会在科技和物质生活方面尽管进步、文明了许多，但在文明自觉性和精神、道德方面未必有多大进步。现代各种文化的宣传浸润，使人们竞相追星逐利，迷醉于物质和信息符号刺激的浮浅欲乐中，较古人更少认真考虑超出生死的根本大事，更少直面老病死等苦难，更少反省人生缺陷和社会弊病。

佛陀所集中解决的生死问题，确实是不容回避、应予慎重考虑的大事。人类学家和心理学家认为，智慧可比神祇，而又终归不免成为蛆虫口中食的命运，是人之存在的根本悖论。人有乐生、畏死、趋乐、避苦的本性，对死亡的畏惧，是潜藏在每个人内心深处的蛀虫，人们为了驱除死亡焦虑，无意识地用爱情、事业、信仰、科技、艺术、娱乐等英雄主义手段战胜死亡焦虑，实则至多只能暂时自我

佛言精粹

唯有罪福业，
若人已作者，
是则己之有，
彼则常持去。
生死未曾舍，
如影之随形。
如人少资粮，
涉远遭苦难，
不修功德者，
必经恶道苦。
如人丰资粮，
安乐以远游，
修德淳厚者，
善趣常受乐。

《杂阿含经》卷四六
第1233经

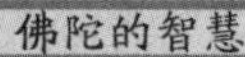

麻醉，不可能从根本上解决问题。死亡焦虑若不从无意识上升为有意识并予以妥善解决，按心理学之说，肯定会导致种种精神的、社会的疾病。在古代，死亡焦虑问题一直由宗教负责解决，随着宗教贬值、信仰淡化，人们当然只有以追求金钱、事业、成功、自我实现、尽情享受人生等英雄主义举动抗拒死亡，拜金主义、个人主义、享乐主义、纵欲主义于是盛行，虽然刺激了科技的发展、物质的丰富，而难免造成人欲横流、道德沦丧、自我迷失等公害。《杂阿含经》卷三八第1076经佛言：

不计于后世，无恶而不为。

人死断灭论的泛滥，使不少人不顾后果，不择手段，在过重的欲望驱使下，疯狂地攫取，沦为贪官、骗子、盗贼、毒枭、毒贩、色狼，当下堕入三恶道中。心理承受力稍低者，则导致种种心理问题和抑郁症等精神心理疾病；缺乏正信者则容易上人魔骗子的当，误入邪教的陷阱。这一问题，有随着社会发展而日益严重的趋势。追究其最深层的原因，应该说在于生死问题没有得到正确解决，人们缺乏以了生死为本而安身立命的可靠信仰。

从伦理学看，生死观决定人生观、人生态度，慎重考虑人必死亡的下场，是决定如何积极生活的前提，存在主义哲学家因而主张“先行到死”。佛陀直面人存在的根本问题，将对死亡的无意识焦虑变为有意识，冷静地省视人生，揭示人生缺陷和社会弊病，并力图用清澈的智慧开辟出了生脱死的大道，以此为中心，提供给人足以安身立命的信仰。在今天这个“财富增长、意义丧失”的时代，这种智慧，无论对每一个人，还是对整个人类社会，都特别具有现实意义。

佛言精粹

人身难得，如优昙花，我今已得；如来难值，过优昙花，我今已值；清净法宝难得见闻，我今已闻。犹如盲龟值浮木孔，人命不停过于山水，今日虽存，明亦难保，云何纵心令住恶法？壮色不停犹如奔马，云何恃怙而生憍慢？犹如恶鬼伺求人过，四大恶鬼亦复如是，常来伺求我之过失，云何当令恶觉发起？譬如朽宅、垂崩之屋，我命亦尔，云何起恶！

《大般涅槃经》卷二三

《佛说八师经》

吴月支国居士支谦译

闻如是。一时佛在舍卫国祇树给孤独园。时有梵志，[1]名曰耶句，来诣佛所。阿难白佛言："有异学梵志，今来在外，欲咨所疑。"天尊曰：[2]"现之。"[3]梵志乃进，稽首佛足。天尊曰："就座。"梵志就座。须臾退坐曰："吾闻佛道厥义弘深，汪洋无涯，靡不成就，靡不度生。巍巍堂堂，犹星中月。神智妙达，众圣中王，诸天所不逮，黎民所不闻。愿开盲冥，释其愚痴，所事何师，以致斯尊？"

天尊叹曰："快哉斯问！开发大行。吾前世师，其名难数。吾今自然神耀得道，非有师也。然有八师，从明得之。一谓杀生，害人性命。或为刑戮，或为王法所见诛治，灭及门族，死入地狱，烧煮搒掠，万毒皆更，求死不得，罪竟乃出，或为饿鬼，或为畜生，屠割剥裂，死辄更刃，魂神展转，更相残贼。吾见杀者，其罪如此，不敢复杀。是吾一师。"佛时颂曰：

"杀者心不仁，强弱相伤残，
杀生当过生，结积累劫怨，
受罪短命死，惊怖遭暴患，
吾用畏是故，慈心伏魔宫。"

佛言："二谓盗窃，强劫人财。或为财主刀杖加刑，应时瓦解。或为王法收系着狱，拷掠榜笞。五毒并至，戮之都市，宗门灰灭。死入地狱，以手捧火，烊铜沃口，求死不得。罪竟乃出，当为饿鬼。意欲饮水，水化为脓，所欲食物，物化成炭。身常负重，众恼自随。或为畜生，死辄更刃，以肉供人，偿其宿债。吾见盗者其罪如此，不敢复盗。是吾二师。"佛时颂曰：

"盗者不与取，劫窃人财宝。
亡者无多少，忿恚怀忧恼。
死受六畜身，偿其宿债负，
吾用畏是故，弃家行学道。"

佛言："三谓邪淫，犯人妇女。或为夫主边人所知，临时得殃，刀杖加刑。或为王法收系着狱，酷毒掠治，戮之都市。死入地狱，卧之铁床，或抱铜柱，狱鬼燃火以烧其身。地狱罪毕，当更畜生。若复为人，闺门淫乱；违佛远法，不亲贤众；常怀恐怖，多危少安。吾见是故，不敢邪淫。是吾三师。"佛时颂曰：

"淫为不净行，迷惑失正道，
精神魂魄驰，伤命而早夭。
受罪顽痴荒，死复堕恶道。
吾用畏是故，弃家乐林薮。"

佛言："四谓恶口、两舌、妄言、绮语，谮人无罪，谤毁三尊。舌致捶杖，亦致灭门。死入地狱，狱中鬼神拔出其舌，以牛犁之。烊铜灌口，求死不得。罪毕乃出，当为畜生，恒食草棘。若后为人，言不见信，口中恒臭，多逢谮谤、骂詈之声，卧辄恶梦，有口不能得含佛经之至味。吾见是故，不敢恶口。是吾四师。"佛时颂曰：

"欺者有四过，谗佞伤良贞。
受罪痴聋盲，蹇吃口臭腥。
痴狂不能言，死入拔舌图。
吾修四净口，自致八音声。"[4]

佛言："五谓嗜酒。酒为毒气，主成诸恶。王道毁，仁泽灭。臣慢上，忠敬朽，父失礼，母失慈，子凶逆，孝道败，夫失信，妇奢淫，九族诤，财产耗。亡国危身，无不由之。酒之乱道，三十有六。吾见是故。绝酒不饮。是吾五师。”佛时颂曰：

“醉者为不孝，怨祸从内生。

迷惑清高士，乱德败淑贞。

吾故不饮酒，慈心济群生。

净慧度八难，自致觉道成。”

佛言：“六谓年老。夫老之为苦，头白齿落，目视眊眊，耳听不聪，盛去衰至，皮缓面皱。百节痛疼，行步苦极，坐起呻吟，忧悲恼苦。识神转灭，便旋即忘。命日促尽，言之流涕。吾见无常、灾变如斯，故行求道，不欲更之。是吾六师。”佛时颂曰：

“吾念世无常，人生要当老。

盛去日衰羸，形枯而白首。

忧劳百病生，坐起愁痛恼。

吾用畏是故，弃家行学道。”

佛言：“七谓病瘦，肉尽骨立，百节皆痛，犹被杖楚。四大进退，手足不任。气力虚竭，坐卧须人。口燥唇燋，筋断鼻坼。目不见色，耳不闻音。不净流出，身卧其上，心怀苦恼，言辄悲哀。今睹世人年盛力壮，华邑暐晔，[5]福尽罪至，无常百变。吾睹斯患，故行求道，不欲更之。是吾七师。”佛时颂曰：

“念人衰老时，百病同时生。

水消而火灭，刀风解其形。

骨离筋脉绝，大命要当倾。

吾用畏是故，求道愿不生。”

佛言：“八谓人死。四百四病，同时俱作。四大欲散，魂神不安。风去息绝，火灭身冷。风先火次，魂灵去矣。身体挺直，无所复知。旬日之间，肉坏血流，膖胀烂臭，无一可取。身中有虫，还食其肉。筋脉烂尽，骨节解散。髑髅异处，脊、胁、肩、胑、胫、足指，各自异处。飞鸟走兽，竞来食之。天、龙、鬼、神、帝王、人民，贫、富、贵、贱，无免此患。吾见斯变，故行求道，不欲更之。是吾八师。”佛时颂曰：

“我惟老病死，三界之大患。

福尽而命终，气绝于黄泉。

身烂还为土，魂魄随因缘。

吾用畏是故，学道升泥洹。”

于是梵志闻佛所说，心开意解，即得道迹。前受五戒，为清信士，[6]不杀、不盗、不淫、不欺，奉孝不醉。欢喜而去。

---

[1] 梵志：即婆罗门（brahmana），一译梵士、净裔、净行者，谓志求清净而得生梵天者，也泛指一切外道出家修道者。

[2] 天尊：即“世尊”，梵名薄伽梵。

[3] 现之：同意接见，现，同“见”。

[4] 四净口、八音声：四净口，谓口业清净，不作妄语、恶口、两舌、绮语，而作实语、谛语、柔软语、和合语。八音声，亦称八梵音、八种清净音，谓佛说法的声音美妙动听，具有极妙、和适、尊慧、不女、不误、深远、不竭等特点。

[5] 华邑：豪华的住处，指年轻美貌的身体。暐晔：光彩照人。

[6] 清信士：梵语优婆塞，受三归五戒的男性在家佛教徒。

佛所说经选读

4

《本事经》第103经

唐三藏法师玄奘译

吾从世尊闻如是语：[1]

“苾蒭当知，有二种法，虽共乖违，未尝和合，然于其中，无缺无间。云何为二？谓生与死。

譬如世间光明、影暗，虽共乖违，未尝和合，然于其中，无缺无间，光明发时，影、暗便灭，影暗起时，光明便谢。生死亦尔，恒共乖违，未尝和合，然于其中，无缺无间。生法有时，死法便没，死法有时，生法便谢。”

尔时世尊重摄此义而说颂曰：

“如光明影暗，虽恒共乖违，然于二法中，未曾有间缺。

生死亦如是，虽恒共乖违，然于二法中，未曾有间缺。

无明根所生，爱水所滋润，才死生便续，中间无缺时。”

[1] 如是语：本经皆以“吾从世尊闻如是语”起头，今译《如是语》。

佛所说经选读

5

《法句经·无常品》[1]

三国维祇难译

睡眠解寤，宜欢喜思，
听我所说，撰记佛言：

“所行非常，谓兴衰法，
夫生辄死，此灭为乐。

譬如陶家，埏埴作器，
一切要坏，人命亦然。[2]
如河驶流，往而不返，
人命如是，逝者不还！

譬人操杖，行牧食牛，
老死犹然，亦养命去。
千百非一，族姓男女，
贮聚财产，无不衰丧。
生者日夜，命自攻削，
寿之消尽，如荥穿水。[3]
常者皆尽，高者亦堕，
合会有离，生者有死。
众生相克，以丧其命，
随行所堕，自受殃福。

老见苦痛，死则意去，
乐家缚狱，贪世不断。
咄嗟老至，色变作耄，

少时如意，老见蹈藉。
虽寿百岁，亦死过去，
为老所厌，病条至际。

是日已过，命则随减，
如少水鱼，斯有何乐！

老则色衰，所病自坏，
形败腐朽，命终自然。
是身何用，恒漏臭处，
为病所困，有老死患。

嗜欲自恣，非法是增，
不见闻变，寿命无常。
非有子恃，亦非父兄，
为死所迫，无亲可怙！

昼夜慢惰，老不止淫，
有财不施，不受佛言，
有此四弊，为自侵欺。

非空非海中，非入山石间，
无有地方所，脱之不受死。

是务是吾作，当作令致是，
人为此躁扰，履践老死忧。
知此能自净，如是见生尽，
比丘厌魔兵，从生死得度。”

---

[1] 法句经：新译《法句》，法救辑，分类辑录了《阿含经》中的佛偈七百余颂。

[2] 埏埴(shān zhí)：和泥制作陶器。

[3] 荥穽（xíng jǐng）：只有极少水的坑洼。

《杂阿含经》第1162经

如是我闻。一时，佛住舍卫国祇树给孤独园。世尊晨朝着衣持钵，入舍卫城乞食。尊者阿难从世尊后。时有二老男女，是其夫妇，年耆根熟，偻背如钩，诸里巷头，烧粪扫处，[1]俱蹲向火。世尊见彼二老夫妇年耆愚老，偻背如钩，俱蹲向火，犹如老鹄，[2]欲心相视。见已，告尊者阿难：“汝见彼夫妇二人，年耆愚老，偻背如钩，俱蹲向火，犹如老鹄，欲心相视不？”阿难白佛：“如是。世尊。”

佛告阿难：“此二老夫妇，于年少时盛壮之身，勤求财物者，亦可得为舍卫城中第一富长者。若复剃除须发，着袈裟衣，正信、非家、出家学道，精勤修习者，亦可得阿罗汉第一上果。于第二分盛壮之身，勤求财物，亦可得为舍卫城中第二富者。若复剃除须发，着袈裟衣，正信、非家、出家学道者，亦可得阿那含果证。若于第三分中年之身，勤求财物，亦可得为舍卫城中第三富者。若剃须发，着袈裟衣，正信、非家、出家学道者，亦可得为斯陀含果证。彼于今日，年耆根熟，无有钱财，无有方便，无所堪能，不复堪能。若觅钱财，亦不能得胜过人法。”

尔时，世尊复说偈言：

“不行梵行故，不得年少财。
思惟古昔事，眠地如曲弓。

不修于梵行，不得年少财，

犹如老鹄鸟，守死于空池。”

佛说此经已，尊者阿难陀闻佛所说，欢喜奉行。

---

[1] 粪扫：垃圾。

[2] 鹄：天鹅。

佛坛

《本事经》第125经

吾从世尊闻如是语：

“苾蒭当知，诸有智者，应以三种不坚之法，贸易三坚。云何为三？一者应以不坚之财贸易坚财，二者应以不坚之身贸易坚身，三者应以不坚之命贸易坚命。

云何应以不坚之财贸易坚财？谓有净信诸善男子或善女人，如法精勤，劳役手足，竭力流汗，所获珍财，应自供身，奉上父母，赈给妻子、奴婢、仆使、朋友、眷属，昼夜集会，欢娱受乐。而遇沙门或婆罗门，具净尸罗，[1]成调善法，勤修梵行，除去惰逸，忍辱柔和，履正道路，弃诸邪道，趣涅槃城。以净信心，欢喜恭敬，如应如时，持永布施，远求无上安乐涅槃，或希当来人天乐果。是名应以不坚之财贸易坚财。

云何应以不坚之身贸易坚身？谓有净信诸善男子或善女人，成就正见，能离杀生究竟圆满，无犯清净；离不与取究竟圆满，无犯清净；[2]离欲邪行究竟圆满，[3]无犯清净，离虚诳语究竟圆满，无犯清净；离诸饮酒生放逸处究竟圆满，无犯清净。如是等类，是名应以不坚之身贸易坚身。

云何应以不坚之命贸易坚命？谓我法中诸圣弟子，如实了知是为苦谛，如实了知是是苦谛集，如实了知是苦灭谛，如实了知是能趣向苦灭道谛，是名应以不坚之命贸易坚命。如是名为诸有智者应以三种不坚之法贸易三坚。”

尔时，世尊重摄此义而说颂曰：

“如世有智人，以贱而贸贵，正见者亦尔，以不坚易坚。知此财身命，不净不坚牢，求清净坚牢，世出世间乐。

天上财身命，是世净坚牢；证常乐涅槃，是真净坚法。”

---

[1] 尸罗：梵语音译，意译“戒”。

[2] 不与取：多译“偷盗”。

[3] 欲邪行：多译“邪淫”，不正当的性行为。

鹿本生

佛发供养

第二章

缘起法则与染净因果

佛言精粹

云何为因缘法？谓此有故彼有，谓缘无明行，缘行识，乃至如是如是纯大苦聚集。云何缘生法？谓无明行。若佛出世，若未出世，此法常住。

《杂阿含经》卷十二,第296经

与多数宗教都将终极关怀的解决托之于天降神授的教谕、以对天帝神明的绝对信仰为根本不同，佛陀解决生死问题的路线，是利用人类特长的理性，从现象中概括出具有普遍性的原理——缘起法则，运用这一法则如实观察人生，尤其是如实观察人心，追溯造成老病死忧悲恼苦的根源，从而发现解脱诸苦之道。后人用经中佛说“染净因果”四字概括佛陀教法，染净因果，谓人心如何被污染及如何得以净化的因与果。

一、佛陀的辩证法——缘起法则

缘起法或因缘法，乃佛陀思想、佛教教义之基石与纲宗，甚至被强调为即是佛法、即是佛的“法身”。《阿含经》中多处有“若见缘起即为见法，若见缘起即为见佛”之说。《造塔功德经》谓建造佛塔（佛陀墓的标帜）时，应在塔内安置概述缘起法义理的一偈：

诸法因缘生，我说是因缘，
因缘尽故灭，我作如是说。

将此偈作为佛陀的“法身”来供奉，此偈因称“法身偈”。并说：“若有众生解了如是偈义，当知是人即为见佛。”充分悟解了佛陀思想的核心，当然就如同与他晤面对谈、与他心灵相沟通了。据《初分说经》、《四分律》等载，舍利弗为外道师时，从佛弟子马胜比丘

处，听说介绍佛所说法的心要、与“法身偈”意思相同的一偈，当下大悟，得“法眼净”。后来摩诃目犍连从舍利弗处听说此偈，也当下顿悟。

缘起法的具体内容，在《阿含经》中用“此有故彼有，此生故彼生”（一译“缘是有是，此生则生”）或“此有则彼有，此无则彼无；此生则彼生，此灭则彼灭”一偈来表述，出现了上百次，表明它乃佛陀学说的要点。此偈意谓一切现象皆依相互依从的条件而成立，依赖一定的条件而产生、存在，随所依赖条件的消灭而消灭。诸现象所依存的条件，称为因缘，因，谓起主要、内在作用的条件，缘，指起次要、外在作用的条件。依赖一定条件（缘）而生起，故名缘起，亦名缘生。

缘起法所表述的纯属哲学原理，是用理性思维的方法从一切现象中抽象出来的基本法则或普遍规律，其中闪现着古代辩证法思想的熠熠光辉。佛陀在多次说法中强调：

> 缘起法者，非我所作，亦非余人作，然彼如来出世及未出世，法界常住。[1]

说缘起法并不是他和其他圣人的臆造，而是客观存在、本然如是的真实，不管佛陀出世不出世，缘起法则都永恒常在，不会变更，佛陀只不过是彻悟这一法则而成正觉，依据自己的证悟为诸众生显示、讲说这一法则，乃这一法则的发现者、解说者而非创造者。这一说法，充分表明了佛陀的理性主义精神。佛陀思想的基本特征，是充分发挥人类所禀赋的理性之能，去发现普遍规律，如实认识宇宙人生的真实本面，从中觅得解脱老病死等苦难的正道。这在对神的崇拜迷信笼罩全社会、君临思想界的当时，无疑具有反传统、崇理性的革命精神，是适应社会发展趋势的进步思想、积极思想。

关于缘起法则的义理，《杂阿含经》譬喻说：就像三捆芦苇互相依靠立于空地，如果取掉其中一捆，其余二捆便立不住，如果去掉其中两捆，剩下的一捆也立不住，只有三捆互相依靠才能站立。另外的比喻是：就像车子是由众多的零件合成，一切现象都是诸多因缘的集合体。又如钻木取火，火不从木出，亦不离木，劈木生火，亦不能得。如同两手拍掌出声，离则无声。

佛言精粹

缘爱故，则有受；阿难，是为缘爱有求，缘求有利；缘利有分；缘分有染欲；缘染欲有着；缘着有悭；缘悭有家；缘家有守；缘守故，便有刀杖、斗争、谀谄、欺诳、妄言、两舌，起无量恶不善之法。有如此具足，纯生大苦阴。*

《中阿含经》卷二四

《大因经》

* 苦阴：苦的五蕴。

[1] 见《杂阿含》卷一第12经等。

缘起法作为极其简明的辩证法原理，可以运用于多个方面，可以演绎出多条法则，其中蕴含着极为深刻的义理。在《了本生死经》中，佛陀将缘起法运用于两大方面的观察：一是观内缘起，即向内观察自身，尤其是观察自心，观感觉、知觉、感情、欲望、行为等如何生起，观忧悲苦恼和生死的根源；二是观外缘起，即向外观察世界上万事万物的因缘，如观察从种子、土壤、水、阳光等诸缘生植物的苗、茎、叶、花、果等。内外二缘起共同具有四种重要特性：一"非常"（非恒常不变），二"不断"（非断灭），三"不步"（无动作），四"相像非故"（不断相似相续，然非永保原样）。

大乘《分别缘起初胜法门经》卷下，佛定义缘起为"各自因缘和合无缺、相续而起"，并将缘起法的义蕴分为三相、八门、十一义。

三相，谓缘起法的三大性质：一、"无动作"，没有所谓的"第一启动者"和造物主，只有各种条件的集合。二、"性无常"，凡因缘和合而生起、存在的现象，皆处于生灭变易中，不能永恒常住，这是一切现象常住不变的本性。三、"有堪能". 因缘和合，便产生特定的作用、功能。

八门，系从八个方面观察缘起法或将缘起法运用于八个方面：

1、"有受用世俗境界缘起"，观察感觉、知觉等受用由眼与"色"（视觉所识别的对象）等因缘和合而生眼识等。

2、"任持缘起"，观众生依靠食物等的摄入来维持生命。

3、"食因缘起"，观察食物如谷子从种子、水、田、人工等因缘而生。

4、"一切生身相续缘起"，观察众生的生命活动依诸因缘而相续不断。

5、"一切生身依持缘起"，观察众生所依止的世界依诸因缘而生成坏灭。

6、"一切生身差别缘起"，观察各类众生形态、受用差别的因缘。

7、"清净缘起"，观察如何净化自心而得解脱的因缘。

8、"自在缘起"，观察如何达到心念自在、所愿皆成的因缘，如禅定等。

以上八门观察，涉及认知论、生命论、营养学、轮回观、世界观、

佛言精粹

此缘起甚深，明亦甚深。阿难，于此缘起不知如真、不见如实，不觉不达故，令彼众生如织织相锁，*如蔓草多有稠乱，匆匆喧闹，从此世至彼世、从彼世至此世往来，不能出过生死。

《中阿含经》卷二四

《大因经》

解脱论、超心理学等多方面的问题。

十一义，为缘起法则内蕴的十一种要义：

1、“无作者义”，没有造物主。

2、“有因生义”，一切现象必有其产生的原因。

3、“离有情义”，一切众生实际上只是各种因缘的和合，因缘之外别无一个实体叫做众生。

4、“依他起义”，一切现象必须依赖其他条件才能生起和存在。

5、“无动作义”，因缘和合中没有启动者。

6、“性无常义”，一切因缘所生现象的本性是无常。

7、“刹那灭义”，即便分析到最短的时间单位，事物都处于即生即灭中。

8、“因果相续无间断义”，虽然刹那灭尽，然因果相续，没有间断。

9、“种种因果品类别义”，各种现象的因果各自不同。

10、“因果更互相符顺义”，什么因生什么果，因与果永远相一致。

11、“因果决定无杂乱义”，因果之间的关系为自然法则，有条不紊，不会错乱。

这十一义，实际上可大体分为两大方面：从第一到第七义，即无作者、有因生、离有情、依他起、无动作、性无常、刹那灭七义，讲的是一切现象普遍共具、不变不动的本性、本质，即佛学所谓“法性”，法性内涵的真理，称为“真谛”。从第八到第十一义，即因果相续无间断、种种因果品类别、因果更互相符顺、因果决定无杂乱四义，讲的是现象中表现出的因果关系，佛学称为“法相”，此中内涵的真理，名为“俗谛”。

《分别缘起初胜法门经》卷下又分能缘起一切或有为法生起所须的缘为四种：一、因，能引发结果的种子；二、缘，作依、作持而令果得以生起的条件；三、等无间缘，相续不间断的关系；四、增上缘，起特别重要作用的条件，十二缘起中作为根本因的无明，即是就增上缘而言。

缘起虽分内外，涵盖宇宙间一切现象，但佛陀所说的缘起，并非如自然科学那样用于观察研究物质现象，而主要在内缘起，主要运

佛言精粹

爱、不爱者，
因欲缘欲，
从欲而生，
由欲故有；
若无欲者，
则无爱、不爱。

欲者，
因念缘念，
从念而生，
由念故有；
若无念者，
则无有欲。

念者，
因思缘思，
从思而生，
因思故有；
若无思者，
则无有念。

《中阿含经·释问经》

用缘起法则来观察众生生老病死忧悲苦恼的因缘、因果，从中觅求解脱众苦之道。观察的对象，实际上主要是人心，是从人心中去找生死苦恼的根源，从而将生死苦恼的根源归结于自心的污染和迷昧，将解脱生死苦恼的诀要归结于自心的净化和觉悟，此即所谓“染净因果”，乃佛陀教法的纲宗。木村泰贤《大乘佛教思想论》说得对：

佛教的根本精神，可以说在基于一心的缘起法则。

华严宗将佛陀所说的全部教法，归纳为“缘起论”，按其义理的浅深和观察角度的不同，有业惑缘起论、阿赖耶识缘起论、如来藏缘起论（真如缘起论）、法界缘起论之分，日本佛教又加上真言宗的“六大缘起论”，共为五种缘起论。五种缘起论，实际上都是用缘起法则就自心观察生死根源、染净因果而建立，从哲学角度看，其思辩由浅入深，层次分明，《大乘佛教思想论》说：

同一缘起观的逐渐深化、复杂化，是种种佛教教理展开的主要思路。贯穿其中的根本立足点是：一、一切皆成立于关系之上，故离了关系，便无实体存在；二、其根本谛义终归结于心，这是佛教世界观和人生观的真髓，是佛教区别于其他宗教之最大特质。

此言可谓抓住了佛教思想的特质，而佛教思想，包括印、中、日、韩佛教诸宗的教义，都是依佛陀的缘起法阐释推演的结果。

佛言精粹

不如实知故，于色爱乐赞叹、摄受染着；缘爱乐色故，取；缘取故有；缘有故生；缘生故，老病死忧悲恼苦增，如是纯大苦聚斯集起。受、想、行、识，亦复如是。是名有流。

《杂阿含经》卷六第108经

二、四圣谛

四圣谛，略称“四谛”，即四条圣智所见、真实不虚、不可移易的真理，乃佛陀从“初转法轮”开始所多次宣说，为其思想之纲宗和核心。《中阿含经》卷七《象迹喻经》佛言：

无量善法，彼一切皆四圣谛所摄，来入四圣谛中。

第一苦圣谛，简称“苦谛”，是对人生诸苦、人生缺陷的揭露，具有人生价值评判的意味。其内容即本书第一章所说，谓人生有生老病死、怨憎相会、恩爱别离、所求不得等苦，此等诸苦确确实实，并非虚饰夸大，的确是苦，故称苦谛。

第二苦集圣谛，简称“集谛”，“集”的梵、巴利语原为“生起”

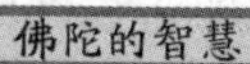

之意，一译“习”(恶习)。集谛的内容，是阐明老病死忧悲苦恼等苦果如何生起，以何为因。佛陀的回答是：人生诸苦，非关天帝鬼神，非由种种外力，而以人自心所起的诸“烦恼”为根源，从诸烦恼而生起。烦恼，为扰乱人心令不得安宁、安静之义，有“惑”、“漏”、“垢”、“缠”“使”、“缚”、“结”、“系”、“随眠”、“杂染”、“尘劳”等异称和别名。集谛所说造成诸苦的烦恼，《阿含经》所举有三毒、四倒、五盖、四漏、七结、八魔军、十使、十六心垢、二十一心秽等，以三毒最为根本。

三毒，亦称“三垢”、“三火”、“三惑”，指贪、瞋、痴三种根本性的烦恼，因其如毒药，能毒害众生，令极痛苦，断其智慧生命，有如今海洛因等毒品之害人性命，故名为毒。贪，指与占有欲相连系的贪欲、渴求、贪求，希图占有某种所喜欢的东西而获得满足的欲望。从对食物的贪馋、对异性的贪占，对生活用品、玩物器具等的贪爱，对烟酒茶等的嗜好，到贪名、贪财、贪权位、贪驾御他人，乃至贪霸占国土、称雄世界等，皆属贪欲所摄。但对食物、睡眠、衣被等生活必须品的需求和对可意事物的感觉，尚不属于贪欲，由可意的感觉生起的贪占、渴求等贪欲，才是属于烦恼的贪。

瞋，即仇恨、愤怒、愤懑、嫉妒、毒害等心理活动。如果说贪的本质是对所喜欢的外物的占有欲，为阴性的、翕纳性的心理活动，瞋则正与之相反，其本质为对不喜欢的外物之排斥、破坏欲，为阳性的、拒辟性的心理活动。贪如水，瞋如火，瞋恨时怒火中烧，能使人失去理智，做出种种破坏性的、损害他人的行为。

痴，即痴暗、愚痴，指不明善恶因果、染净因果，缺乏明察生死因缘和合理地过好生活的智慧，或者是迷信、坚执与真理不相符的错误见解。三毒烦恼中，贪、瞋二者皆以痴为根本，皆与痴同时生起，相伴不离。

四倒，具称“四倒见”、“四颠倒”，即四种颠倒是非的错误见解，属痴所摄。谓将实际上是无常、苦、无我、不净的世间，误认为常、乐、有我、清净。

四漏，谓欲漏(欲界所有烦恼)、有漏(色界、无色界所有烦恼)、见漏(所有属见解方面的烦恼)、无明漏(痴)。漏为漏泄、流出义，

佛言精粹

若无世间爱念者，
则无忧苦尘劳患，
一切忧苦消灭尽，
犹如荷莲不着水。

《杂阿含经》卷三二第913经

世间杂五色，
彼非为爱欲，
贪欲觉想者，
是则士夫欲。
众色常住世，
行者断心欲。

《杂阿含经》卷二八第752经

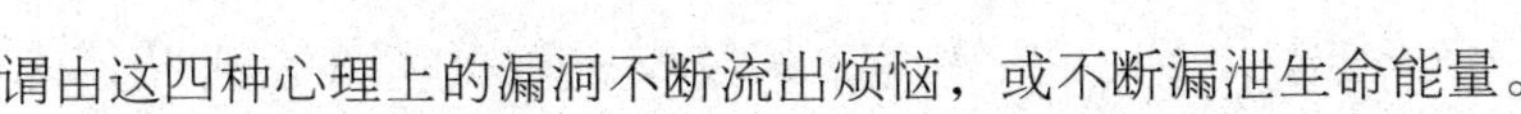

谓由这四种心理上的漏洞不断流出烦恼，或不断漏泄生命能量。

五盖，谓五种遮盖心灵令其不得明净的东西：贪欲、瞋恚、睡眠（指贪睡）、掉悔（散乱不定及后悔作了善事）、疑（对佛法僧的功德及善恶因果等狐疑不信）。它们主要针对障碍修禅定而言。《杂阿含》卷二六第707经佛言：

> **如是五种盖，增长诸烦恼，此五覆世间，深着难可度，障蔽于众生，令不见正道。**

结，意为缠结，谓能缠结、捆缚人流转于生死，不得解脱。结有三结、五下分结、五上分结等说。三结，为见结（身见）、戒取结、疑结。身见，音译“萨迦耶见”，指执着身心为常一自主的自我的见解，又译“我见”或“慢”；戒取结又称“戒禁取见”、“戒取见”，谓执某种不合理的戒律、禁忌如自淹、自饿、不食三白（米盐面）等为正道的见解；疑结，谓对佛法僧的功德及佛法的义理怀疑不信。五下分结为欲界之烦恼，有五种：贪、瞋、身见、戒取见、疑；五上分结为色界、无色界之烦恼，有五种：色爱（对色界的贪爱）、无色爱（对无色界的贪爱）、掉举（心念动荡不定）、慢（傲慢自大）、无明（痴暗不明）。

佛言精粹

若现世欲及后世欲，若现世色及后世色，彼一切是魔境界，则是魔饵，因此令心生无量恶。

《中阿含经·净不动道经》

使，意思是随逐系缚，如公差跟随、系缚罪犯，喻烦恼随逐众生使不得出于三界；又为驱役义，谓烦恼能驱役人流转于三界。《阿含经》多说十使，《本事经》卷一佛所举十使为贪、瞋、痴、覆（掩盖错误）、忿、嫉、悭（吝啬）、耽嗜、慢、害（害人之心）。一说为贪、瞋、痴、慢、疑、身见、边见、邪见、见取见、戒取见。其中边见（边执见）指执着断、常等的片面、极端的见解；“断见”谓确认人死永灭、无因果报应，“常见”谓确认有常住不变的灵魂、自我、上帝等；邪见主要指认为无因果业报，无善恶报应；见取见谓执着某种错误、片面、下劣的见解为殊胜。十使之中，前五种根深难断，称“五钝使”，后五种浅而易断，称“五利使”。

八魔军，谓魔王用以攻击求解脱者的八支军队，据《经集·精进经》说，为爱欲、饥渴、贪欲、昏沉、怯懦、疑惑、虚伪自私。

十六心垢，为十六种能污染自心的烦恼：不法欲（不合理的贪欲）、忿（暴怒）、恨（怨恨、仇恨）、覆（掩盖错误）、恼（恼怒）、

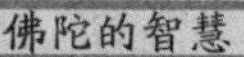

嫉、悭（吝啬）、谄、诳、刚愎、报复心、慢、过慢（自认为比实际上和自己同等者强）、憍（骄傲、自负）、放逸（不约束自己）。

二十一心秽或心结，见《中阿含》卷二三等，为二十一种污染心灵的脏物：邪见、非法欲、恶贪（作恶的贪欲）、邪法、贪、害、睡眠、掉悔、疑惑、瞋、覆、悭、嫉、欺诳、谄谀、无惭、无愧、慢、大慢、慢傲、放逸。《增一阿含》卷六说二十一心结为：瞋、恚害、睡眠、调戏、疑、怒、忌（猜忌）、恼、嫉、憎、无惭、无愧、幻（虚假）、奸、伪、诤、憍（骄傲）、慢、妒、增上慢（未得言得）、贪。

《杂阿含》卷十四第346经中，佛层层进逼，穷追造成老病死的根源，谓贪、瞋、痴不断故，有老病死；身见、戒取见、疑不断故，有贪瞋痴；不正思惟、习近邪道、懈怠心不断故，有身见、戒取见、疑；失念（忘失正念）、不正知、乱心不断故，有不正思惟、习近邪道、懈怠心；掉举（心动荡不定）、不律仪（不守戒）、不学戒不断故，有失念、不正知、乱心；不信（佛法僧）、难教、懈怠不断故，有掉举、不律仪、不学戒；不欲见圣、不欲闻法、常求人短不断故，有不信、难教、懒惰；不恭敬、违戾语、习近恶友不断故，有不欲见圣、不欲闻法、常求人短；无惭、无愧、放逸不断故，有不恭敬、违戾语、习近恶友。

佛言精粹

当知若诸众生所有苦生，一切皆以爱欲为本。

《杂阿含经》卷三二第913经

在如此众多的烦恼心垢中，《阿含经》特别注重的是贪爱或渴爱，以之为生死苦恼之本。《分别圣谛经》讲苦集谛的具体内容是：于妻子奴婢、给使眷属、田地屋宅、店肆财物、借贷利息及眼耳鼻舌身意六处“有爱有腻、有染有着”。《经集·爱欲经》说，人贪求田地、财产、金银、牛马、仆人、妇女、亲属，使痛苦追随着他，如河水涌入漏船，有智者应避开爱欲，如不踩蛇头。《杂阿含》卷三二第913经佛言：

众生所有苦生，一切皆以爱欲为本。

此爱欲，指贪欲。《分别缘起初胜法门经》卷上，佛谓爱能造作贪着系缚、发起诸取、先所引行、死后续生四种业，作用最大，“由是因缘，唯说此爱以为集谛。”

由贪爱等烦恼引起生死苦恼的三大程序是：由“惑”（烦恼）起“业”（身、口、意的活动），由业感苦，惑、业、苦三者，循环往复，如车轮转动，永无停息之时。

第三苦灭圣谛，简称“灭谛”。其要义是：只要从自心中止息、消灭造成诸苦的根源——烦恼，便会从生老病死等众苦中获得解脱，超越生死。烦恼止息，诸苦永灭，名为“涅槃”，乃佛陀的理想境地，也是当时印度多种宗教向往的最终归宿。梵语和巴利语的涅槃（nirvana），古译泥洹，意为息灭、止灭或吹灭之功能、境界，其涵义具有消极与积极或否定与肯定两个方面。就消极或否定的一面来讲，涅槃具有止息、灭尽之意，指烦恼的灭尽，生死轮回之永息，喻如火焰（炽燃的烦恼）被大风吹灭。《杂阿含》卷一第18经佛言：

贪欲永尽，瞋恚永除，愚痴永尽，一切烦恼尽，是名涅槃。

大乘南本《涅槃经·四相品》佛言：“灭烦恼火，便入涅槃。”烦恼之火的熄灭，靠的是如实正观诸行无常、诸法无我的出世间智慧，所谓“烦恼为薪，智慧为火，以是因缘，成涅槃食，谓常乐我。”《楞伽经》卷二从更深一层的意义上解释说：“妄想识灭，名为涅槃。”“离二烦恼（知见上的烦恼、本能性的烦恼），净除二障（烦恼障、所知障），永离二死（“分段生死”、“变易生死”）……离心、意、意识，说名涅槃”。妄想识、二烦恼、心意识，都是对烦恼的更细密分析。总之，涅槃，指所有能引起各种生死、苦恼的烦恼之止息。

就积极或肯定的一面讲，涅槃具有不死、无生、无病、无恼、解脱、清净、清凉、彼岸等功德或异称。南传《相应部》说涅槃超越种种无常变化、痛苦殷忧，是不凋谢、宁静、不坏、无染、和平、福祉、岛洲、依怙、皈依处、目标、彼岸。涅槃并非有些人根据俗称和尚之死为“涅槃”而理解的“死亡”之美称，亦非空洞无物的可怕境界，而是一种在息灭了烦恼之后所达到的无生无死、不生不灭、永恒安乐的心灵或生命境界。涅槃只是息灭了心中所起躁动不已的烦恼，并非息灭了全部生命活动，并非息灭了心的全体，因而它绝不会是生命的死亡和心识的断灭，而是生命的升华和心灵的净化，就像海面上动荡不停的波浪之停息，并非大海的消灭，而是大海本有的清澈明净之功能的显现。《杂阿含》卷二第33经佛说入涅槃者“彼识”不至任何方所，“无所至趣，唯见法”，意谓其净化了的心识超越时空，住在明见法界的境界中，这净化了的心识或“解脱心”、“阿

佛言精粹

譬如两木相磨和合生火，若两木离散，火亦随灭。如是，诸受缘触集，触生、触集，若彼彼触集故，彼彼受亦集；彼彼触集灭故，彼彼受集亦灭、止、清凉、息没。

《杂阿含经》卷十二第271经

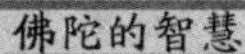

摩罗识"（无垢识），即是涅槃。《佛说未曾有因缘经》卷下佛言：

戒慎究竟，定慧明了，慧明了故，游诸万行，通达无碍；行无碍故，名为解脱；解脱心者，即涅槃也。

说明涅槃即是因智慧明了而于万行中通达无碍的解脱心。《大般涅槃经》卷五佛说：

烦恼虽灭，法身常存。

有如灯焰随油尽而熄灭，但灯具犹存。法身，实际即是完全净化了的净心阿摩罗识 ，或是被烦恼无明遮蔽的本来"自性清净心"的显现。

从心理学、伦理学的角度看，涅槃的修证，完全具有可能性、现实性：人类有自治其心的性能，可以制伏乃至断除烦恼，一切伦理教化、道德修养、心理治疗和心理锻炼，皆教人制伏、克服属于负面情绪、人欲的烦恼，而且皆颇有成效，自古以来，有不少人由自治其心，臻于崇高的精神境界。烦恼乃因缘所生，非本来实有的实体，故可以断灭，而人自治其心的能力及智慧的发展，是不可设限的。依靠佛法如实知见的智慧，人若将自己自治其心的功能不断发挥、发展，应该能完全断灭烦恼，自铸成清净无染的涅槃型心理结构。

佛言精粹

涅槃之体非本无今有，若涅槃体本无今有者，则非无漏常住之法。有佛无佛，性相常住，以诸众生烦恼覆故，不见涅槃，便谓为无；菩萨摩诃萨以戒定慧勤修其心，断烦恼已，便得见之。当知涅槃是常住法，非本无今有，是故为常。

《大般涅槃经》卷二一

涅槃，作为不符合于客观真实（实相、真如）的种种主观的烦恼、妄念的止息，即是主体心灵与客观真实之契合一致或回归本真，所以又是客观的绝对真实"实相"或"真如"的别名。据佛陀讲，涅槃是一种超越了人们从来未能超离过的烦恼妄心的境界，是经过修习正道止息了烦恼的圣者所"内自证"（内心体验），无法用人造的语言概念等符号来表述描写，用语言向未证到涅槃者讲述涅槃，是一件极为困难的事，勉强讲说，难免引起对它的误解，从根本上来说都是错误的。佛陀常用否定人们所有概念分别的方法描述涅槃，这种方法在佛典中叫做"遮（否定）诠"。如南传《即兴自说·第八波吒尼村人品·涅槃经》描述：

那里无地、无水、无火、无风；无空无边处，无识无边处，无无所有处，无非想非非想处；无此世，无彼世；无日月。诸比丘！那里无来，无去，无住，无死，无生；无依，无存；无缘，

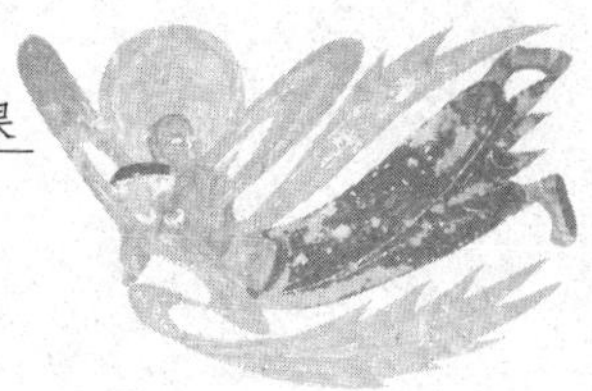

无求，是苦之终结。

涅槃之法确有，它不生、不现、不作、不造。诸比丘，此不生、不现、不作、不造之涅槃，不可睹见。但以不生、不住、不造乃至不作，而仍是有。以是之故，弃不生、不住、不造乃至不作，诸种种法乃出现于世。[1]

大意是说：涅槃不是任何物质状态，不是任何禅定体验，不在任何时间内，不在任何空间中，不是开始，不是终结，不是来、不是去、也不是住，不是生、不是灭，不依赖任何条件，而确实是有。总之，任何语言文字都无法描述涅槃，任何概念范畴都不堪规定涅槃。涅槃也不是任何主观上的感觉，因为任何感觉都是刹那生灭的，而涅槃是不生不灭的。

涅槃在有些场合也用正面肯定的字眼来描述（“表诠”）。如《杂阿含》卷二第33经称涅槃“寂灭清凉，清净真实”，《本事经》说涅槃“无上安乐”、“实极安乐”、“毕竟寂静”、“究竟清凉”。大乘经中，更多说涅槃有常（永恒）、乐（纯乐无苦）、我（自在）、净（清净不染）四大功德。《大般涅槃经》卷三说涅槃有常、恒、安、清凉、不老、不死、无垢、快乐“八味”，就像食物中味道最美的甜酥，具足八味。又说涅槃具八大自在，具五种无乐之乐：一断诸乐，二无苦无乐，三大寂静，四一切知，五身不坏。涅槃“灭已不生，故名曰常”。“涅槃之中，无有日月星辰诸宿、寒热风雨、生老病死、二十五有，[2]离诸忧苦及诸烦恼。”同经《迦叶菩萨品》说“涅槃是有，可见可证”，“寂静、光明、安隐、彼岸”，超越过去、现在、未来三世。

但此类表述（佛典中名“表诠”），严格来讲也都是“强名”。涅槃虽有，然非因非果，非可以用凡夫认识中的一切名相、经验、语言来描述。《佛陀的启示》一书中说得好：

认为涅槃是绝灭贪爱的自然结果，那是错误的。涅槃不是任何东西的结果。如果它是一个结果，它就是由某种因缘所得的效应，那它就是缘生的而为有条件的存在。但是涅槃既非因亦非果，它是超越因果的。真理不是一个结果，也不是一种效应，它不是一种神秘的心灵或思想的状态，犹如禅定一般。真理就是真理，涅槃就是涅槃。你唯一想知道它的方法是亲见亲证。

佛言精粹

无有如欲火，
无有如恚毒，
无有如痴网，
无有如阴苦。
如实知此已，
涅槃第一乐。

《舍利弗阿毗昙论》卷十五引佛言

以智慧火烧烦恼薪，数数添于烦恼薪木，如是添已，智慧之火转更增明，无有尽灭。

《大宝积经厝·发胜志乐会》

[1]《藏外佛教文献》第五辑，页116－117。

[2]二十五有：三界凡25种存在：三恶道、阿修罗、四大洲人、欲界六天、色界四禅天、大梵天、无想天、净居天、无色界四天。

有路可通涅槃，但是涅槃并不是这条路的结果。你可以沿一条小径到达一座山，但那山却不是那条路的结果或效应。你可以看见一道光明，但是光明并不是你目力的结果。

因此，对人们提出的已证涅槃的阿罗汉、佛死后到哪里去、是有是无，涅槃之后又如何、涅槃有何作用等问题，佛陀皆不予置答，称为“戏论”，意谓此类问题的提出本身就是错误的、悖理的。涅槃既是超越逻辑、超越理性的，那么便不能用逻辑和理性去推测已证涅槃者的境况，他们死后既非有亦非无；涅槃既是终极之真理，它之后就不能再有别的。涅槃并非死后才证得，而是现前即可进入、现前即得亲身受用的现实。佛经中描述佛陀那些证得涅槃的弟子，外观上看来极为快乐安祥，“颜貌鲜洁”，无所担忧畏怖，面临厄难死亡，毫无惧色，从容不迫，有时不禁自称快乐，并用偈颂表述其快乐，与世俗常人迥然不同，因此而引起人们的尊敬佩服。对此，佛典中有不少记述。

佛言精粹

智慧多闻者，
非不觉诸受，
若于苦乐受，
分别谛明了，
当知坚固事，
凡夫有升降，
于乐不染着，
于苦不倾动，
知受不受生，
依于贪恚觉，
断除斯等已，
其心善解脱。

《杂阿含经》卷三七
第1029经

涅槃又分为有余依、无余依两种。《本事经》卷三佛偈云：

漏尽心解脱，任持最后身，名有余涅槃，诸行犹相续；
诸所受皆灭，寂静永清凉，名无余涅槃，众戏论皆息。

有余依涅槃，谓现前虽已断尽烦恼，解脱诸苦，但还有过去世的业所感的余报——肉体——存活并有身心的活动相续，因而还未能免得了由此肉身所生的病痛等身苦。无余依涅槃，梵语曰般涅槃（完全的涅槃），谓不仅心得解脱众苦，由过去世的业所感遗余之身苦亦完全灭尽，永住于寂静清凉的涅槃中，这一般指寿终后的归宿。这种涅槃容易被误认为一死永灭，《杂阿含经》卷五焰摩迦比丘宣称“漏尽阿罗汉身坏命终，更无所有”，被大众判为“恶邪见”，经舍利弗教诲，而悟正确的说法应该是：漏尽阿罗汉“苦者寂静，清凉、永没”。永远消灭了诸苦。舍尔巴茨基《大乘佛学——佛教的涅槃观念》说：入无余依涅槃，类似现代科学所假设的一种宇宙灭尽而形成它的本体能量犹存，只是不起作用的状态，此能量与大乘经论中的法性、真如有所类似。据有些大乘经中的描述，进入无余依涅槃的阿罗汉并非不存在，有的住于出三界外或人间深山的净土中，或入受想灭尽定而寄住于非想非非想天界。

大乘经中说佛菩萨虽入涅槃，而非无所作为，还在不断发挥着度化、利乐众生的功用。《大般涅槃经》卷十四批评认为佛入涅槃如薪尽火灭为不了义，了义的说法应是“如来入法性”。同经卷三九说佛灭无常之色而“获得解脱常住之色”，灭无常之受想行识而“获得解脱常住之识。”《法华经·如来寿量品》佛言：他无量劫来为度众生故“方便现涅槃，而实不灭度”，度化众生永无休息。这种究竟的、积极的涅槃，称为“无住处涅槃”，简称“无住涅槃”，谓自已超出生死，然不住于独享安乐的涅槃，而积极发挥清净心的功用，不断入生死苦海中度化、利益众生，无有休息，既不住于生死，又不住于涅槃。这种涅槃乃大乘佛教的最高理想。

第四苦灭道圣谛，简称“道谛”。讲息灭诸烦恼、达到涅槃的路径、修行方法，主要为“八正道”，详则为“三十七道品”，略则为戒、定、慧“三学”。

关于四谛，《正法念处经》卷三四、《分别缘起初胜法门经》卷下等将每一谛的内容分为四点，共十六义，称“四谛十六行相”：

苦谛，有苦、空、无常、无我四义。

集谛，有因、集、生、缘四义。

灭谛，有乐、静、妙、离四义。

道谛，有道、如、行、出四义。

四圣谛从总体上看，是运用“此有彼有，此无彼无”的缘起法则，观察众生现实苦难、探寻解脱众苦之道的结果。其中苦谛为染缘之果，集谛为染缘之因，灭谛为净缘之果，道谛为净缘之因，四谛，为一染净因果。《分别缘起初胜法门经》卷下佛言：

> 如是四谛，普摄一切染净因果差别。

日本学者水野宏元以医生治病比喻四圣谛：苦谛为知病症，集谛为知病因，灭谛为治疗目的——健康，道谛为疗法。四谛，被西方心理学家看作一个完整的心理治疗体系。

对于四圣谛，大乘经中进行了种种深入阐释发挥，深化了其哲理和修行之道。佛教诸宗诸派，几乎都以四谛为佛陀教诫和全体佛法的纲宗。中国天台宗智者大师据《涅槃经》、《方等大集经》之说，将大小乘经中佛所说所有教理归纳为四种四谛：

佛言精粹

至于涅槃，不着涅槃，不起涅槃之想。

《增一阿含经》卷四四

佛告梵天：我不得生死，不得涅槃。如来虽说生死，实无有人往来生死；虽说涅槃，实无有人得灭度者。

《思益梵天所问经》卷一

我入于涅槃，
已经无量劫，
常受最胜乐，
永处安隐处。

如来视一切，
犹如罗睺罗，
常为众生尊，
云何求涅槃？

假使一切众，
一时成佛道，
远离诸过患，
尔乃入涅槃！

《大般涅槃经》卷十

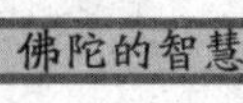

1、生灭四谛：即上述四谛义，乃《阿含经》和所有小乘部派所说。大义为止息苦因、断灭苦果而证得涅槃解脱。以灭止生，有生有灭，而且其作为指导思想的智慧，重在观察一切生灭无常，故名生灭四谛。

2、无生四谛：为大乘《般若》等诸多经典所说，乃大乘四谛的通义。重在以世间、出世间一切现象本来无生（无实体出生）的智慧观察一切，谓诸苦本来无生，无能受、所受的实体，名为苦谛；诸烦恼本来无生，无有其本有常住的实体，名为集谛；涅槃即诸法本来无生的本性，无能入所入，名灭谛；修行者与所修之道本来无生，无能修所修的实体，以无修无证的智慧修行诸道，名为道谛。《思益梵天所问经》卷一佛言：

> 知苦无生，是名苦圣谛。
>
> 知集无和合，是名集圣谛。
>
> 于毕竟灭法中，知无生无灭，是名灭圣谛。
>
> 于一切法平等，以不二法得道，是名道圣谛。

3. 无量四谛：《菩萨本业璎珞经》等所说。重在以万有、真如本来无量的智慧观察一切，谓苦有无量相，不仅有人生诸苦、三界诸苦，还有超出三界而未断无明的种种苦，有无量众生的无量苦，是为苦谛；集有无量相，不仅有三界分别、俱生二种烦恼，而且有出三界外种种烦恼——不能尽知宇宙一切之烦恼，不能成功度化一切众生之烦恼等，是为集谛；灭有无量相，灭尽无量无边的烦恼，证得无量无尽的涅槃功德，是为灭谛；道有无量相，不仅需修八正道、三十七道品，而且还须于长劫中遍修无量度化、利益众生的法门，是为道谛。大乘佛教徒常诵的“四弘誓愿偈”：

> 众生无边誓愿度，烦恼无尽誓愿断，
>
> 法门无量誓愿学，佛道无上誓愿成。

便是无量四谛内容的集中概括。

4. 无作四谛：乃《华严经》、《法华经》、《维摩经》等大乘经所说。无作谓不假造作，本来现成。谓众生本来是佛，自性具足一切佛果功德，万有皆真如故无苦可舍，烦恼皆菩提故无集可断，本来涅槃故无法可灭，本来即佛故无道可修，无修无证，彻悟本来如是

佛言精粹

苦依于业，业依于结，而苦、业、结都无所依，以心性常净故。如是当知一切诸法无有根本，都无所住。

《大集经》卷十五

我虽说涅槃，
是亦非真灭，
诸法从本来，
常自寂灭相。

《法华经·方便品》

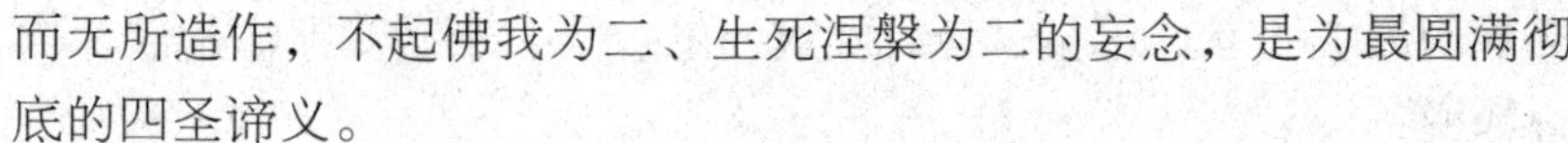

而无所造作，不起佛我为二、生死涅槃为二的妄念，是为最圆满彻底的四圣谛义。

三、十二因缘

用缘起法则观察染净因果的另一种说法，是十二因缘或十二缘起法。据多种佛经记载，佛陀自称：他与过去诸佛，都是由观十二因缘而成正觉。在讲“此有彼有，此生彼生”的缘起法时，往往紧接着便讲十二因缘，谓缘起法的具体内容便是十二因缘。十二因缘，是用“此有彼有，此生彼生”的法则一步步穷追造成老病死等苦的因缘，一共追究出十二个互为条件的因果链环：

1、老病死忧悲恼苦，现实的苦果。

2、生，生于三界六道中。

3、有：三界的生命形态，分欲有（欲界生命）、色有（色界生命）、无色有（无色界生命）“三有”。

4、取：执着、追求某种东西，有欲取（对三界中一切所有的欲望）、见取（持某种见解）、戒禁取（执某种戒条、禁忌为正）、我语取（执身心为实常自我）“四取”。

5、爱：贪爱，对三界中事物之贪爱。

6、受：内心对外界刺激的领纳、感受，有苦、乐、不苦不乐三种受。

7、触：感知器官开放，接触外境，从而形成感知。

8、六处（六入）：眼、耳、鼻、舌、身、意六种感知器官开放，使色声等“六尘”进入内心。

9、名色：名指感觉、知觉、思维等心理活动，色，意为质碍，主要指具物质结构的身体，名色即身心统一体。

10、识：心理活动的根本、深层意识。

11、行：生的意志及行为、语言、思虑等活动，行的语义为有目的的活动。

12、无明：痴暗不明，不知真实，具体指不明缘起、无常、无我及善恶因果等真理。《杂阿含》卷十一第256经佛解释无明为“于此

佛言精粹

若见缘起便见法，若见法便见缘起。

《中阿含经》卷七《象迹喻经》

所谓此有故彼有，此起故彼起：谓缘无明行，缘行识，乃至纯大苦聚集；无明灭则行灭，乃至纯大苦聚灭。

《杂阿含经》卷十四第349经

五受阴如实不知、不见、无无间等，愚、暗、不明”。《缘起经》佛解释说：

云何无明？谓于前际无知，于后际无知，于前后际无知；于内无知、于外无知、于内外无知；于业无知、于异熟无知，于业异熟无知；于佛无知、于法无知、于僧无知；于苦无知、于集无知、于灭无知、于道无知；于因无知、于果无知、于因已生诸法无知；于善无知、于不善无知、于有罪无知、于无罪无知；于应修习无知、于不应修习无知；于下劣无知、于上妙无知；于黑无知、于白无知；于有异分无知、于缘已生或六触处如实通达无知。如是于彼彼处如实无知，无见无现观，愚痴无明、黑暗，是谓无明。

以上十二个环节，称为“十二有支”，即生存形态的十二个分支或环节。十二有支的因果关系是：老死因生而有，生因有而有，有因取而有，取因爱而有，爱因受而有，受因触而有，触因六入而有. 六入因名色而有，名色因识而有，识因行而有，行因无明而有。追根溯源，发现无明乃造成老病死忧悲苦恼的根源。《杂阿含》卷二八第749经佛言：

诸恶不善法生时，一切皆以无明为根本。

据“此无则彼无，此灭则彼灭”的缘起法则，无明灭则灭，行灭则识灭，识灭则名色灭，名色灭则六入灭，六入灭则触灭，触灭则受灭，受灭则爱灭，爱灭则取灭，取灭则有灭，有灭则生灭，生灭则老病死忧悲愁叹诸苦恼皆灭。要之，只要斩断生老病死忧悲恼苦的总根子无明，则其余因果皆悉崩溃，犹如斩断毒树之根，则其枝叶悉皆枯死。灭无明，只在如实知见而达到“明”，《杂阿含》卷十一第256经佛言：

于此五受阴如实知见，明、觉、慧、无间等，[1]是名为明。

这叫“逆、顺观十二因缘”，前一种逆观法（从现实逆溯其源）称十二因缘之“流转门”，后一种顺观法（从源头顺流而下）称十二因缘的“还灭门”。若与四谛相比较，则流转门相当于苦、集二谛，还灭门相当于灭、道二谛。

十二因缘在追究老病死苦的根源方面，比四谛更为深细，后来

佛言精粹

若如实知苦，
亦知众苦因，
及一切诸苦，
永灭尽无余；
若复如实知，
息苦之道迹，
意解脱具足，
慧解脱亦然。
堪能越众苦，
究竟得解脱。

《杂阿含经》卷十五第392经

佛三反告大众：我以佛眼遍观三界一切诸法，无明本际性本解脱，于十方求了不能得，根本无故，所因枝叶皆悉解脱。无明解脱故，乃至老死皆得解脱。

《大般涅槃经后分·应尽还源品》

[1] 见本书第24页注[3]。

一般称此法为对中等根器的人所说“缘觉乘”法，谓依此法修行，可证“辟支佛”（缘觉）果，其所断烦恼要比依四谛法修到的极果阿罗汉所断烦恼更深一层，因而其智慧、神通也胜过阿罗汉一筹。

十二因缘可作多种观察、多种解释。佛经中最常见的是“三世二重十二因缘”：若不局限于今生观世，将目光投向前生后世，则无明可解释为前生宿世的贪瞋痴等烦恼；行可解释为前世所造的身、口、意三业，这两支为过去世。识可解释为前世命终后投生托胎的神识；名色指在胎中逐渐成形；六入为感知器官形成将出胎时；触指出胎后婴儿期开始有了对外境的感觉；受指幼儿期后逐渐接触外境而分别苦乐等感受，有了情绪、感情；爱指少年期后对人间的东西渐生贪爱；取谓成人后世界观形成，执着追求某些东西；有谓因贪爱追求而造业，造成来世必定再生于三界六道的因。以上八支为现在世。生指来世必然再生，既然再生，则必有来世的老病死等苦果，此二支为未来世。依此还可追溯于多生多世、久远以前，这种观法称“远续十二因缘”。

十二因缘的最切实观法，是就当下一念而观。《大集经》卷二四佛言：

> 因眼见色而生爱心，爱者即是无明。为爱造业即名为行。至心专念名之为识。识共色行是名为色。六处生贪是名六入。因入求受名之为触。贪着心者即名为爱。求是等法名之为取。如是法生是名为有。次第不断是名为生。次第断故名之为死。生死因缘众苦所逼名之为恼。乃至识、法因缘生贪，亦复如是。是十二缘，一人一念皆悉具足。

比如一名男子强暴一名女子，犯罪的起因是对女色的贪爱，为无明；因此而非礼强暴，为行；此行出于对女色的注意分别，为识；分别的对象及分别时自身所生性生理反应为色；注意分别时眼观其形貌姿态，耳聆其莺声燕语，鼻嗅其脂粉香水味，身触其纤纤玉体，心思其可爱迷人，为六入；因此而追求与之交合的快乐，为触；贪爱占有之心为爱；追求占有为取；求取时身心的活动为有；求取的身心活动连续不断直到变成行为，为生；事毕罪成，淫心亦息，为死；因此身败名裂，犯法服刑，现前受诸苦恼，并种下了以后重犯

佛言精粹

诸不善法生，
为因能感苦，
皆意为前导，
与烦恼俱生。
意为前导法，
意尊意所使，
由意有染污，
故有说有行，
苦随此而生，
如轮因手转。

诸净善法生，
为因能感乐，
皆意为前导，
与善法俱生。
意为前导法，
意尊意所使，
由意有清净，
故有说有行，
乐随此而生，
如影随形转。

《本事经》卷一

此罪和来世再生的种子，是为老死忧苦。总之，犯罪的根源是自心的无明，若时时以智慧、理性为念，充分认识到非礼贪占的害处和色相本空实不足贪恋之实性，便不会做出强暴的罪行，是为无明灭则老病死忧悲苦恼灭，得以永褒健康、安乐、宁静的心态。

此外，还有于刹那间观十二因缘之法。

十二因缘，被大小乘多种佛经强调为佛法的心要，说它即是法、即是佛、即是佛性，南本《涅槃经·狮子吼品》佛言：

若有人见十二因缘，即是见法，见法者即是见佛。

又说："十二因缘名为佛性。""十二因缘，下智观故成声闻菩提，中智观故得缘觉菩提，上智观故得菩萨菩提，上上智观故得佛菩提。"同观十二因缘，因观察者的慧根不同，所得的觉智随之不同，其关键主要在对十二有支中作为生死渊薮的无明，理解有浅深之差。而对无明理解之不同，在于对所不明之"真实"解释不同。小乘多将无明解释为前世所有烦恼，将所不明的真实释为无常、无我，大乘则通说不知诸法无我之真实为无明。大乘法相唯识系经典多说不知一切唯心识变造、心识亦空为无明；大乘般若系经典多说不了"第一义谛"（第一真理、绝对真理）超离言语心行为无明；大乘如来藏系经典多说不了"一法界"（法界一相）或如来藏为无明。大乘《分别缘起初胜法门经》分无明为下（无色界）、中（色界）、上（欲界）三品；又分为四种：一缠缚无明，现行的烦恼；二随眠无明，潜在的烦恼种子；三相应无明，与烦恼同时生起的深层自我执着；四不共无明，最根本的"法执"，《胜鬘经》谓之"心不相应无始无明"，这种无明是心识深层无意识的无明之本，是无始以来本有的，由不了"法界一相"而有，为生起三界"起烦恼"的根本，极为深细难断。大乘对无明的解释，从哲学认识论或心理学的角度看，要比小乘阐发得深彻。

至于无明如何生起，《稻竿经》佛说："无明缘不正思"，《分别缘起初胜法门经》说："无明亦缘非理作意。"不正思、非理作意为同义语，意思是不符合客观的真实、真理而生起不如实的认识，或心思不符合真实、真理。与之相反的"如理作意"，因此成为了生脱死的诀要，被佛所反复强调。

佛言精粹

若以断业因缘力故得解脱者，一切圣人不得解脱，何以故？一切众生过去本业无始终故，是故我说修圣道时，是道能遮无始终业。

《大般涅槃经》卷四十

大乘观十二因缘而获解脱的诀要，以《大般涅槃经后分·应尽还源品》中的一段话最为精采。经言：佛陀在临逝世前的半夜，重复三遍而告徒众：

我以佛眼遍观三界一切诸法，无明本际性本解脱，于十方求了不能得。根本无故，所因枝叶皆悉解脱。无明解脱故，乃至老死皆得解脱。以是因缘，我今安住常灭寂光，名大涅槃。

这段话的大意是：得到大解脱、大涅槃的秘诀，在直观生死之本——无明——的实性，观其本来无实体可得，本来解脱（实际上本来无系缚），如此则行、识乃至老死皆悉解脱。这可谓佛陀思想的要中之要。

四谛、十二因缘，被佛陀称为“古仙人道”，古仙人，指过去诸佛，他们都经由此道到达涅槃，释迦牟尼并非这一古道的第一开辟者，只是在探寻途中发现了这条被荒烟蔓草埋没的古道。未来的众生，也只有沿着这条已经前人探明的道路，才能顺利地趋向涅槃大城。

佛言精粹

抛弃所得，无所执着，甚至也不依赖知识；不追随宗教团体，甚至也不采纳任何观点。

不制造任何观点，不推崇任何观点，不接受万物，不依赖德行戒行，这样的婆罗门走向彼岸，不再返回。

《经集·至高八颂经》

四、中道及对诸邪见的批判

缘起法、十二因缘法，在《阿含经》中被多次称为“中道”，中道，即不偏向任何极端、邪径，不片面、不偏执的中正之道，它既是一种哲学观，又是一种方法，为佛陀及佛教诸宗诸派观察任何问题的根本立场。

中道所指不能偏向的种种极端和邪执，多针对当时印度多种“外道”（佛教以外的其他宗教、学派）之观点和做法而言，也涵括佛教内外的一切极端化和偏执。据《阿含经》载，佛陀针对当时流行的以顺世外道为代表的享乐主义和以耆那教为代表的苦行主义两种极端，倡导离苦、乐两极而行于中道，此所谓中道，指既非纵欲、又非苦行的“八正道”。这是宗教实践、生活态度上的中道。《中阿含》卷五六《罗摩经》佛言他初转法轮时曾告五比丘：

当知有二边行，诸为道者所不当学：一曰着欲乐下贱业，凡人所行；二曰自烦自苦，非圣贤法，无义相应。五比丘！舍此二

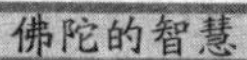

边，有取中道。

既反对一般人的纵欲生活，也反对有些宗教徒的修苦行。修种种苦行自我折磨以求解脱，在当时颇受世人尊重，佛陀对此举的批判颇多。如《长阿含 · 裸形梵志经》载，有一姓迦叶的裸体梵志（耆那教修行者）来向佛陀请问他对苦行的看法，佛陀在列举了形形色色的苦行方式后说：人们以无数方式苦役此身，而无正见与正戒，无从得到解脱，因为苦行不能消灭造成痛苦的根源，只是现前自找苦吃。《中阿含》卷四《尼犍经》记述佛批驳苦行为下贱业，非是圣道，苦行并不能转变和消灭各种业报。《大般涅槃经》卷四十佛说：若受苦行便能得道，一切畜生悉应得道。但佛也不骂苦行者为弊恶污秽，不说他们死后统统要下地狱，苦行者死后如何，不由其苦行而定，唯依其所造的善恶业和今生的心理状况而定。

佛言精粹

封滞者不解脱，不封滞则解脱。云何封滞不解脱？比丘，攀援四取阴识住。……于色界离贪，受想行识离贪，乃至清凉真实，是则不封滞则解脱。

《杂阿含经》卷二第34经

《阿含经》中，中道常被说成是缘起法、四谛、十二因缘，如《杂阿含》卷十二佛多次说：“离此二边，处于中道而说法。”二边，指有无、断常等不符合缘起之片面的、极端化的见解。经中所举二边有：我即老死、老死属我；命即是身、命与身异（生命与自我是一或非一）；自作自觉之常见、他作他觉之断见（果报是自我创造还是神等所造）；取有、取无；苦因自作、因他作、因自他共作、无因作等。佛指出，应该“离此诸边，说其中道”，此中道即“此有彼有、此无彼无”的缘起法、十二因缘法。

立足于缘起法则的中道观，是批判各种错误思想的根本武器。《阿含经》中，多处记述佛陀依缘起法则，批判外道及一般人堕于有无、断常、一异、自他作等多种极端、片面、错误的见解，倡导依缘起而行于中道。《长阿含 · 梵动经》中，佛列举了当时印度流行的各种“见”约六十二种，谓六十二见皆由世间的禅定体验及禅定中所发宿命通等的直观，构想世界的本原、实性而建立，皆为不符合中道的邪见。六十二见分为本劫本见、末劫末见两大类。本劫本见是依宿命通回想过去而形成世界观，共有五类、十八种见：第一类遍常论，有四种；第二类半常半无常论，有四种；第三类有边无边论，有四种；第四类不死矫乱论，有四种；第五类无因论，有两种。末劫末见是依对未来的推测而形成世界观，凡有五类、四十四种见：

第一类有想论，有十一种；第二类无想论，有八种；第三类非有想非无想论，有八种；第四类断灭论，有七种；第五类现在涅槃论，有五种。大乘经如《大品般若经·佛母品》等，也说六十二见。六十二见大体不出有无、断常、一异、自他作四大类极端、片面的见解（“边见”）。

有无二端，有见，如说世界和众生是实有，或认为构成物质世界的基本元素地、水、火、风是实有，或认为世界的本原是某种物质元素或精神实体如实（实体）、德（功能）、业（造作）、梵天等。这种见解不符合万物皆由因缘而生的实际。无见，如说世界和众生纯属幻觉，或说世界和众生的本原是虚无，或说世界和众生本无今有、没有其起因，违背了有现果必有前因的缘起法则。

断常二端，断见，如认为人死如灯灭，没有来世，一切永灭，这种见解根本违背缘起法则虽念念生灭而因果相续、不会断灭的规律。常见，如认为我与世界常住，或认为我人身中有常住不灭的自我、灵魂，世界有常住不变的实体，或认为有大梵天等造物主“常住不变，为众生父”，我等众生乃此天主所造；或认为造物主、天父是常，所造的我等众生无常，世界半常半无常。各种常见，根本上违背了一切从因缘生、其中无常住不变的主宰者的规律。认为有常住不变的造物主、天父的见解，乃婆罗门教及所有一神教的信仰核心，在当时社会上流传颂广，佛陀对此类信仰在多处作了批判。

一异二端，一见，如认为生命与精神或肉体与灵魂是一个东西（一元论）；异见，如认为生命与精神或肉体与灵魂是两个东西，各有其实体（二元论）。这是有关心身关系的重大问题，历来为中西诸大哲人所着力探讨，争论不休。佛陀认为两端见解都属错误，身心是互为依存的关系，非一非异。

自作他作二端，自作见，如认为各人今生的命运全由自己前世所造业决定了的宿命论（“宿作因论”），这种偏见违背了因果相续无间断、念念皆有新因能感新果的缘起法则。他作见，如认为人的命运全由神意决定、人乃上帝所造，或命运由星宿、生辰等决定，其错误也是根本上违背缘起法则万物皆由多种因缘成立的规律。《大集经》卷二十佛批评星宿仙人执一切人的命运由其星象（出生时所属

佛言精粹

远离二边，
住于中道。

《华严经》卷五二

有及非有二俱远离，法相所摄真实性事，是名无二。由无二故，说名中道。

《瑜伽师地论》卷三六

虽知众生实无有我，而于未来不失业果；虽知五阴于此灭尽，善恶之业终不败亡；虽有诸业，不得作者；虽有至处，无有去者；虽有系缚，无受缚者；虽有涅槃，亦无灭者。是名甚深秘密之义。

《大般涅槃经》卷二十一

世间集如实正知见，若世间无者不有；世间灭如实正知见，若世间有者无有，是名离于二边说于中道。所谓此有故彼有，此起故彼起。

《杂阿含经》卷十二

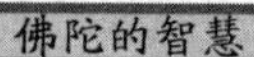

的星宿）决定之见说：

> 星宿虽好，亦复生于牛马猪狗。亦有同属一星生者，而有贫富贵贱参差。是故我知是不定法。

只要调查一下同一星命的人现状、命运千差万别，命运由星象决定之说便会不攻自破。

佛陀一针见血地指出：种种边、邪之见的要害，都在于违背缘起法则，悖离中道，属于臆测偏见，与真实不相应，与正法不相应，应坚持用缘起法则观察一切，“离于诸边，行于中道”。《大般涅槃经》卷十三佛总结诸外道与佛法的区别说：

> 诸外道等有苦、集谛，无灭、道谛，于非灭中而生灭想，于非道中而生道想，于非果中生于果想，于非因中生于因想。

诸外道虽然也多承认世间苦，欲图断灭烦恼，但因为不能用缘起的中道观观察生死、苦乐因缘，皆将并非涅槃的某种定境错认为是涅槃，将并非正道的苦行等误为是正道，将尚未证果误认为证果，将并非世界及解脱之因的自在天等误认为是世间及解脱之因。

诸不符合中道的见解中，认为人的命运由宿命、神意决定，或无因无缘、纯由机运决定三种，佛陀认为害处最大，可使人失去责任心、放弃主观能动性，对自己行为不负责任，称为“邪见”（不正的见解）。《中阿含经》卷三《度经》等对这三种邪见进行了批判。《长阿含·三明经》佛指出，那种“奉事日月水火，唱言扶接我去梵天”的信仰“无有是处”。认为能否生于梵天，决定于自己能否修清净梵行，不由天神恩赐。外道宰杀生灵献祭以求生天，乃作恶造地狱之因，《杂阿含》卷四第93经等，佛斥责这种愚痴行为说：“如是布施供养，实生于罪”，岂能生天！不赞同婆罗门教用三种火烧施祭祀，谓佛法之三火为供养父母、妻儿眷属、沙门婆罗门。同经卷四四佛批评婆罗门焚烧干草木祭祀（火供），以“心意为束薪，嗔恚黑烟起，妄语为尘味，口舌为木勺，胸怀燃火处，欲火常炽然”，此为“恶供养”，指出正确的火供应该是：

> 当善自调伏，消灭士夫火。

应善于调伏自心，熄灭烦恼之火。又批评婆罗门信仰在孙陀利河中沐浴“悉能除人一切诸恶”为邪见，指出人若作恶，非在一切

佛言精粹

假使有世间，
正见增上者，
虽复百千生，
终不堕恶趣。

《杂阿含经》卷二八第788经

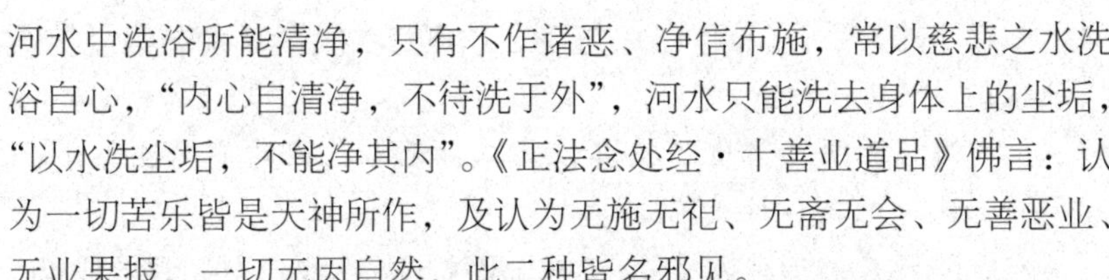

河水中洗浴所能清净，只有不作诸恶、净信布施，常以慈悲之水洗浴自心，“内心自清净，不待洗于外”，河水只能洗去身体上的尘垢，“以水洗尘垢，不能净其内”。《正法念处经·十善业道品》佛言：认为一切苦乐皆是天神所作，及认为无施无祀、无斋无会、无善恶业、无业果报，一切无因自然，此二种皆名邪见。

《即兴自说·种种外道经》、《长阿含经·世记经》及大乘《涅槃》等经中，佛将诸外道的种种边邪之见比喻为“生盲摸象”：一群生来即盲者共同摸大象，结果摸到象头的说象如大石头，摸到象耳的说象如蒲扇，摸到象腿的说象如柱子，摸到象尾的说象如拂子……互相争论不休。《长阿含经·世记经》佛偈云：

> 诸盲人群集，于此竞诤讼，象身本一体，异想生是非。

《大般涅槃经》卷三二佛言：

> 如彼盲人各各说象，虽不定实，非不说象。

又比喻为盲人说乳色如贝、如米、如雪、如天鹅，终不能令其知乳之真色，“诸外道等亦复如是，终不能识常乐我净。”实际上，人类对世界的整个认识，至今也未必能超出瞎子摸象与盲人说乳色。

佛言精粹

自作自觉则堕常见，他作他觉则堕断见，义说法说，离此二边，处于中道而说法。

《杂阿含经》卷十二第300经

大乘经中，对中道的诠释在哲学上更深了一层，中道多时是终极真理“实相”、真如、空性乃至佛性等的同义语，常用“非有非无、非常非断、非一非异”等否定两极端的遮诠语句表述中道，如《大般涅槃经》卷二五佛说：

> 诸佛菩萨显示中道。何以故？虽说诸法非有非无，而不决定。所以者何？因眼、因色、因明、因心、因念，识则得生，是则决定不在眼中、色中、明中、心中、念中，亦非中间，非有非无。从缘生故，名之为有；无自性故，名之为无。是故如来说言：诸法非有非无。

大乘经中否定的两极端，更扩展到世间与出世间、性与相、空与有、真与妄、真谛与世俗谛、生死与涅槃、无明与明、无我与我、众生与佛、能证与所证等，如《大涅槃经》卷二七佛言：

> 见一切空不见不空名为中道，乃至见一切无我不见我者，不名中道。中道者名为佛性。

大乘经中强调：我与无我、空与有、生死与涅槃等对立双方，都

为“不二”的关系，《维摩经》等谓之“不二法门”。《大涅槃经》卷八佛言：

明与无明，智者了达其性无二，无二之性即是实性。

我与无我，性无有二。

此所谓无二，指其体性同一，皆为缘起、无我、空之真如实性，或曰：所有两极的、矛盾的、对立的现象，皆统一于同一缘起性空的真如。《小品般若经·昙无竭品》佛言：

是诸法如，诸如来如，皆是一如，无二无别。

大乘认为，悖离本来无二的真实，起“二”（二元化的人为分裂），是造成生死苦恼的根本原因，或最根本的无明。《摩诃般若经·通学品》佛言：

一切相，皆是二；一切二，皆是有法；适有有法，便有生死；适有生死，不得离生老病死忧悲苦恼。

同经《三慧品》佛言：

诸有二者，是有所得；无有二者，是无所得。

眼见色至意知法为二，乃至（所证的）无上菩提与（能证的）佛为二，皆是有所得。欲求解脱，唯在无二、无所得。后来三论宗将小乘宗要归结为“无得正观”，将大乘宗要归结为“不二正观”，可谓准确。

大乘中道观的究极义，是离一切名言概念的分别，离一切不符合“不二”的心识活动，与本来不二的真实完全相应（契合一致）。如《大宝积经·普明菩萨会》佛言：

若无心识，亦无心数法，是名中道、诸法实观。

遵循佛陀的思想原则，后世的佛教理论家们，对当时流行的各种片面、错误的见解，各家学说中的漏洞，运用缘起法则、中道方法进行了更为深刻、更具逻辑力量的批判。

历史列车虽已驶入电子时代，人类理性思维较佛陀时代有了长足的进展，但佛典中批判过的种种邪见如宿命论、神意论、机运论、断灭论、无因论及以此为本的种种迷信，在社会上仍流行不断。当今世界的种种学说、理论，从宏观上来看，多未能出于佛陀所说的有无、断常、一异等“边见”，其偏失，根本上仍在有违于缘起法则。

佛言精粹

十二因缘名为佛性，佛性者即第一义空，第一义空名为中道，中道者即名为佛，佛者名为涅槃。

《大般涅槃经》卷二七

佛陀坚持缘起的朴素辩证法原理以观察一切现象、避免片面偏邪的中道，对现代人仍具深刻的启迪意义。中道的原则，可以运用于指导自然科学、人文科学、人体科学的研究，避免陷入理论误区；中道的原则，可以运用于指导个人生活，使人们能正确掌握人生的方向盘，在商潮澎湃、人欲横流中免于沉沦坠陷。

佛言精粹

三界有情无情，一切人、法，悉皆究竟无系缚者，无解脱者，无主无依，不可摄持，不出三界，不入诸有，本来清净，无垢无烦恼……如是法相，名大涅槃。

南本《大般涅槃经·应尽还源品》三一

祇园布施

《佛说三转法轮经》[1]

唐三藏法师 义净 译

如是我闻。一时薄伽梵在婆罗奈斯仙人堕处施鹿林中。[2]尔时，世尊告五苾蒭曰[3]：“汝等苾蒭，此苦圣谛，于所闻法，如理作意，能生眼、智、明、觉。汝等苾蒭，此苦集、苦灭、顺苦灭道圣谛之法，如理作意，能生眼、智、明、觉。[4]

汝等苾蒭，此苦圣谛是所了法，如是应知。于所闻法，如理作意，能生眼、智、明、觉。

汝等苾蒭，此苦集圣谛是所了法，如是应断。于所闻法，如理作意，能生眼、智、明、觉。

汝等苾蒭，此苦灭圣谛是所了法，如是应证。于所闻法，如理作意，能生眼、智、明、觉。

汝等苾蒭，此顺苦灭道圣谛是所了法，如是应修。于所闻法，如理作意，能生眼、智、明、觉。

汝等苾蒭，此苦圣谛是所了法，如是已知。于所闻法，如理作意，能生眼、智、明、觉。

汝等苾蒭，此苦集圣谛是所了法，如是已断。于所闻法，如理作意，能生眼、智、明、觉。

汝等苾蒭，此苦灭圣谛是所了法，如是已证。于所闻法，如理作意，能生眼、智、明、觉。

汝等苾蒭，此顺苦灭道圣谛是所了法，如是已修。于所闻法，如理作意，能生眼、智、明、觉。

汝等苾蒭，若我于此四圣谛法未了三转十二相者，[5]眼、智、明、觉皆不得生。我则不于诸天、魔、梵、沙门、婆罗门一切世间，舍离烦恼，心得解脱，不能证得无上菩提。

汝等苾蒭，由我于此四圣谛法解了三转十二相故，眼、智、明、觉皆悉得生。乃于诸天、魔、梵、沙门、婆罗门一切世间，舍离烦恼，心得解脱。便能证得无上菩提。”

尔时，世尊说是法时，具寿憍陈如及八万诸天，[6]远尘离垢，得法眼净。[7]佛告憍陈如：“汝解此法不？”答言：“已解。世尊。”“汝解此法不？”答言：“已解。善逝。[8]”

由憍陈如解了法故，因此即名阿若憍陈如。[9]

是时地居药叉闻佛说已，[10]出大音声，告人、天曰：“仁等当知：佛在婆罗奈斯仙人堕处施鹿林中，广说三转十二行相法轮。[11]由此能于天、人、魔、梵、沙门、婆罗门一切世间为大饶益，令同梵行者速至安隐涅槃之处，人天增盛，阿苏罗减少。”[12]

由彼药叉作如是告，虚空诸天四大王众皆悉闻知。[13]如是展转，于刹那顷尽六欲天，须臾之间乃至梵天，普闻其响。梵众闻已，复皆遍告，广说如前。因名此经为“三转法轮”。

时五苾刍及人天等，闻佛说已，欢喜奉行。

---

[1]三转法轮：本经为佛成道后最先所说。从闻、修、证三个不同角度讲三次四谛，称三转法轮。

[2]薄伽梵（bagavat）：一作薄伽伐地，意译世尊，指佛陀。

[3]苾蒭：梵语音译，即比丘，意译“乞士”，乞食为生的男性出家修道者。

[4]眼、智、明、觉：　直觉亲见、决定、照了、大彻大悟，指亲见真理、获得觉悟的四进程，一释为依次得苦法智忍（对欲界苦谛的接受）、法智（证知欲界苦谛）、类智忍（对色界、无色界苦谛的接受）、类智（证知色界、无色界苦谛），集、灭、道三谛亦如是。

[5]三转十二相：每一次说四谛皆有四义，三次所说共十二义。

[6] 具寿：一译尊者、慧命、大德，对佛弟子的尊称。

[7] 法眼净：打开了直观佛法真理的智慧眼，指见道。

[8] 善逝：梵语苏揭多，一译好去、善解，佛的德号之一，意为善能如实去到彼岸。

[9] 阿若：善解佛法之义。

[10] 夜叉：梵语音译，为一种能飞行空中的鬼神，为听佛说法的“天龙八部”之一。

[11] 仁等：仁者，对别人的尊称。行相：所说的内容。

[12] 阿苏罗：多译阿修罗，意译非天、无酒，一种好战斗、能与诸天争权的鬼神，“天龙八部”之一。

[13] 四大王：欲界第一重天，以分四大区，有四大天王，故名。四大天王为佛的大护法。

云童子本生

《杂阿含经》第296经

如是我闻。一时，佛住王舍城迦兰陀竹园。尔时，世尊告诸比丘：“我今当说因缘法及缘生法。云何为因缘法？谓此有故彼有。谓缘无明行、缘行识，乃至如是如是纯大苦聚集。

云何缘生法？谓无明、行，若佛出世，若未出世，此法常住，法住法界。[1]彼如来自所觉知，成等正觉，为人演说，开示显发。谓缘无明有行，乃至缘生有老死。若佛出世，若未出世，此法常住，法住法界。彼如来自觉知，成等正觉，为人演说，开示显发。谓缘生故，有老、病、死、忧、悲、恼苦。此等诸法。法住、法空、法如、法尔。法不离如，法不异如。[2]审谛真实，不颠倒。如是随顺缘起，是名缘生法。谓无明、行、识、名色、六入处、触、受、爱、取、有、生、老、病、死、忧、悲恼苦，是名缘生法。

多闻圣弟子于此因缘法、缘生法，正知善见，不求前际，言：我过去世若有、若无，我过去世何等类，我过去世何如。不求后际：我于当来世为有、为无，云何类，何如。内不犹豫：此是何等，云何有此，为前谁，终当云何之；此众生从何来，于此没，当何之。若沙门、婆罗门起凡俗见所系：谓说我见所系、说众生见所系、说寿命见所系、忌讳吉庆见所系，尔时悉断、悉知，断其根本，如截多罗树头。[3]于未来世，成不生法。是名多闻圣弟子于因缘法、缘生法如实正知，善见、善觉、善修、善人。”

佛说此经已。诸比丘闻佛所说。欢喜奉行。

[1] 法住法界：真理常住，法界，谓常住不灭的终极实在。

[2] 如：与本来一模一样，亦译如如、真如，指原本、真实。

[3] 多罗树：树名，棕榈科，高达七十余尺，截头即死，其叶即用以书经之贝叶。

逾城出家

《杂阿含经》第287经

如是我闻。一时，佛住舍卫国祇树给孤独园。尔时，世尊告诸比丘：我忆宿命，未成正觉时，独一静处，专精禅思，作是念：何法有故老死有？何法缘故老死有？即正思惟，生如实无间等。生有故老死有，生缘故老死有。如是有、取、爱、受、触、六入处、名色。何法有故名色有？何法缘故名色有？即正思惟，如实无间等生。识有故名色有，识缘故有名色有。我作是思惟时，齐识而还，不能过彼。[1]谓缘色，缘名色六入处，缘六入处触，缘触受，缘受爱，缘爱取，缘取有，缘有生，缘生老、病、死、忧、悲、恼苦。如是如是纯大苦聚集。

我时作是念：何法无故则老死无？何法灭故老死灭？即正思惟，生如实无间等。生无故老死无，生灭故老死灭，如是生、有、取、爱、受、触、六入处、名色、识、行广说。

我复作是思惟：何法无故行无？何法灭故行灭？即正思惟，如实无间等。无明无故行无，无明灭故行灭，行灭故识灭，识灭故名色灭，名色灭故六入处灭，六入处灭故触灭，触灭故受灭，受灭故爱灭，爱灭故取灭，取灭故有灭，有灭故生灭，生灭故老、病、死、忧、悲、恼苦灭。如是如是纯大苦聚灭。

我时作是念：我得古仙人道、古仙人径、古仙人道迹。[2]古仙人从此迹去。我今随去。譬如有人游于旷野，披荒觅路，忽遇故道，古人行处。彼则随行。渐渐前进，见故城邑、古王宫殿、园观浴池、林木清净。彼作是念：我今当往白王令知。即往白王：大王当知，我游旷野，披荒求路，忽见故道，古人行处，我即随行。我随行已，见故城邑、故王宫殿、园观浴池、林流清净。大王可往，居止其中。王即往彼，止住其中。丰乐安隐，人民炽盛。今我如是，得古仙人道、古仙人径、古仙人迹、古仙人去处。我得随去。谓八圣道：正见、正志、正语、正业、正命、正方便、正念、正定。我从彼道，见老病死、老病死集、老病死灭、老病死灭道迹。见生、有、取、爱、受、触、六入处、名色、识、行，行集、行灭、行灭道迹。我于此法，自知自觉，成等正觉。为比丘、比丘尼、优婆塞、优婆夷，及余外道沙门、婆罗门，在家、出家，彼诸四众，闻法正向，信乐，知法善，梵行增广，多所饶益，开示显发。

佛说此经已，诸比丘闻佛所说，欢喜奉行。

[1] 齐识而还不能过彼：以识为界限，从识说起，不能超过名色 。

[2] 古仙人：指过去诸佛。道迹：道的路线，指见道、修道。

《中阿含经 · 业相应品 · 度经》

东晋　僧伽提婆译

我闻如是。一时，佛游舍卫国，在胜林给孤独园。尔时，世尊告诸比丘："有三度处，异姓、异名、异宗、异说，谓有慧者善受、极持，而为他说，然不获利。云何为三？或有沙门、梵志如是见、如是说：谓人所为一切皆因宿命造。复有沙门、梵志如是见、如是说：谓人所为一切皆因尊佑造。[1]复有沙门、梵志如是见、如是说：谓人所为一切皆无因无缘。

于中若有沙门、梵志，如是见、如是说，谓人所为一切皆因宿命造者，我便往彼。到已，即问：诸贤，实如是见、如是说：谓人所为一切皆因宿命造耶？彼答言尔。我复语彼：若如是者，诸贤等皆是杀生。所以者何？以其一切皆因宿命造故。如是，诸贤皆是不与取、邪淫、妄言，乃至邪见。所以者何？以其一切皆因宿命造故。诸贤，若一切皆因宿命造，见如真者，于内因内、作以不作，都无欲、无方便。[2]诸贤，若于作以不作，不知如真者，便失正念，无正智，则无可以教。如沙门法，如是说者，乃可以理伏彼沙门、梵志。

于中若有沙门、梵志，如是见、如是说：谓人所为一切皆因尊佑造者，我便往彼，到已，即问：诸贤，实如是见、如是说：谓人所为一切皆因尊佑造耶？彼答言尔。我复语彼：若如是者，诸贤等皆是杀生。所以者何？以其一切皆因尊佑造故。如是。诸贤皆是不与取、邪淫、妄言，乃至邪见。所以者何？以其一切皆因尊佑造故。诸贤，若一切皆因尊佑造，见如真者，于内因内作以不作，都无欲，无方便。诸贤，若于作以不作，不知如真者，便失正念，无正智。则无可以教。如沙门如是说者，乃可以理伏彼沙门、梵志。

于中若有沙门、梵志，如是见、如是说：谓人所为一切皆无因无缘者，我便往彼。到已，即问：诸贤，实如是见、如是说，谓人所为一切皆无因无缘耶？彼答言：尔。我复语彼：若如是者，诸贤等皆是杀生。所以者何？以其一切皆无因无缘故。如是，诸贤皆是不与取、邪淫、妄言，乃至邪见。所以者何？以其一切皆无因无缘故。诸贤，若一切皆无因无缘，见如真者，于内因内作以不作，都无欲，无方便。诸贤，若于作以不作，不知如真者，便失正念，无正智，则无可以教。如沙门法，如是说者，乃可以理伏彼沙门、梵志。我所自知、自觉法，为汝说者。若沙门、梵志，若天、魔、梵及余世间，皆无能伏，皆无能秽，皆无能制。

云何我所自知、自觉法，为汝说，非为沙门、梵志，若天、魔、梵及余世间所能伏、所能秽、所能制？谓有六处法，我所自知、自觉，为汝说，非为沙门、梵志，若天、魔、梵及余世间所能伏、所能秽、所能制。复有六界法，我所自知、自觉为汝说。非为沙门、梵志，若天、魔、梵及余世间所能伏，所能秽，所能制。

云何六处法，我所自知、自觉为汝说？谓眼处，耳、鼻、舌、身、意处。是谓六处法。我所自知、自觉，为汝说也。

云何六界法，我所自知、自觉为汝说？谓地界，水、火、风、空、识界，是谓六界法。我所自知、自觉，为汝说也。以六界合故，便生母胎。因六界，便有六处。因六处，便有更乐。[3]因更乐，便有觉。比丘，若有觉者，便知苦如真，知苦习、知苦灭、知苦灭道如真。

云何知苦如真？谓生苦、老苦、病苦、死苦、怨憎会苦、爱别离苦、所求不得苦，略五盛阴苦。是谓知苦如真。

云何知苦习如真？谓此爱受，当来有乐欲共俱，[4]求彼彼有。是谓知苦习如真。

云何知苦灭如真？谓此爱受，当来有乐欲共俱，求彼彼有，断无余。舍、吐尽、无欲、灭、止、没。是谓知苦灭如真。

云何知苦灭道如真？谓八支圣道：正见，乃至正定。是为八。是谓知苦灭道如真。比丘，当知苦如真，当断苦习，当苦灭作证，当修苦灭道。若比丘知苦如真、断苦习、苦灭作证、修苦灭道者，是谓比丘一切漏尽，[5]诸结已解，能以正智而得苦际。”[6]

佛说如是。彼诸比丘闻佛所说，欢喜奉行。

---

[1] 尊佑：至上神、造物主。

[2] 于内因内作以不作：内心决定当为与否。

[3] 更乐：即受，感受、情绪。

[4] 当来有乐欲共俱：来世自然会有追求三界中存在的欲望。

[5] 漏尽：烦恼断尽，即证到阿罗汉果。漏，即烦恼。

[6] 苦际：苦的边际、尽头。得苦际，谓永断诸苦。

《杂阿含经》第474经

如是我闻。一时佛住王舍城迦兰陀竹园。尔时，尊者阿难独一静处禅思，念言：世尊说三受——乐受、苦受、不苦不乐受，又复说诸所有受悉皆是苦，此有何义？作是念已，从禅起，诣世尊所，稽首礼足，退住一面，白佛言："世尊，我独一静处禅思，念言：如世尊说三受——乐受、苦受、不苦不乐受，又说一切诸受悉皆是苦，此有何义？"

佛告阿难："我以一切行无常故，一切行变易法故，说诸所有受悉皆是苦。又复阿难，我以诸行渐次寂灭故说，以诸行渐次止息故说，一切诸受悉皆是苦。"

阿难白佛言："云何世尊以诸行渐次寂灭故说？"

佛告阿难："初禅正受时，[1]言语寂灭；第二禅正受时，觉观寂灭；[2]第三禅正受时，喜心寂灭；第四禅正受时，出入息寂灭；空入处正受时，色想寂灭；识入处正受时，空入处想寂灭；无所有处正受时，识入处想寂灭；非想非非想入处正受时，无所有处想寂灭；想受灭正受时，[3]想、受寂灭。是名渐次诸行寂灭。"

阿难白佛言："世尊，云何渐次诸行止息？"

佛告阿难："初禅正受时，言语止息；第二禅正受时，觉观止息；第三禅正受时，喜心止息；第四禅正受时，出入息止息；空入处正受时，色想止息；识入处正受时，空入处想止息；无所有处正受时，识入处想止息；非想非非想入处正受时，无所有处想止息；想受灭正受时，想、受止息。是名渐次诸行止息。"

阿难白佛："世尊，是名渐次诸行止息。"

佛告阿难："复有胜止息、奇特止息、上止息、无上止息，诸余止息无过上者。"

阿难白佛："何等为胜止息、奇特止息、上止息、无上止息，诸余止息无过上者？"

佛告阿难："于贪欲心不乐、解脱，恚、痴心不乐、解脱，是名胜止息、奇特止息、上止息、无上止息，诸余止息无过上者。"

佛说此经已，尊者阿难闻佛所说，欢喜奉行。

---

[1] 正受：亦译"正心行处"，意谓正的、善的觉受，禅定的别名之一。

[2] 觉观：正译"寻伺"，思维。寻较粗浅，伺谓深度思察。

[3] 想受灭正受：即想受灭尽定，简称灭尽定，息灭一切知觉、情绪活动的禅定，唯三果及六地菩萨以上的圣者方可进入。

佛所说经选读 13

《杂阿含经》 第750经

如是我闻：一时，佛住舍卫国祇树给孤独园。尔时世尊告诸比丘：

“诸恶、不善法生，一切皆以无明为根本，无明集、无明生、无明起。所以者何？无明者，无知，于善、不善法不如实知，有罪、无罪、下法、上法、染污、不染污、分别、不分别、缘起、非缘起不如实知。不如实知故，起于邪见。起于邪见已，能起邪志、邪语、邪业、邪命、邪方便、邪念、邪定。

若诸善法生，一切皆以明为根本，明集、明生。[1]明起，于善、不善法如实知，有罪、无罪，亲近、不亲近，卑法、胜法，秽污、白净，有分别、无分别，缘起、非缘起，悉如实知。如实知者，是则正见。正见者，能起正志、正语、正业、正命、正方便、正念、正定。正定起已，圣弟子得正解脱贪恚痴。贪恚痴解脱已，是圣弟子得正智，见我生已尽，梵行已立，所作已作，自知不受后有。[2]”

佛说此经已，诸比丘闻佛所说，欢喜奉行。

---

[1] 明：无明的反面，即如实知见。

[2] 不受后有：不再轮回。后有，即后世三界中的生存。

佛所说经选读 14

《本事经》第107经

吾从世尊闻如是语：

“苾蒭当知，有二正见，应谛寻思、称量观察，能得未得，能触未触，能证未证，能超愁叹，能灭忧苦，能得如理，能触甘露，[1]能证涅槃。云何为二？所谓一切世间正见、出世正见。

云何名为世间正见？谓有一类，起如是见，立如是论：决定有施，有受有祠，有善恶业，有异熟果；[2]有此世间，有彼世间；有父有母，有诸有情化生种类。[3]于其世间，有诸沙门、婆罗门等，正至正行，于此世间及彼世间，自然通达，作证领受。如是名为世间正见。诸圣弟子于此所说世间正见，应谛寻思，称量观察。依此所说世间正见，能令众生毕竟解脱生老病死、愁叹忧苦热恼等法。

不谛观察已，便正了知，依此所说世间正见，不令众生毕竟解脱生老病死、愁叹忧苦热恼等法。所以者何？如是所说世间正见，非真圣见，非出离见，非能究竟证涅槃见，非厌非离，非灭非静，不证通慧，非成等觉，非得涅槃，而能感得生老病死、愁叹忧苦热恼等法。

如是知已，于世间法生怖畏想，于出世法生安静想。以于世间生怖畏故，都无执受；无执受故，无所希求；无希求故，于内证得究竟涅槃。如是证已，便自了知：我生已尽，梵行已立，所作已办，不受后有。如是汝等，于此所说世间正见，应谛寻思称量观察。

云何名为出世正见？谓知苦智、知苦集智、知苦灭智、知能趣向苦灭道智，如是名为出世正见。诸圣弟子于此所说出世正见，应谛寻思，称量观察。依此所说出世正见，能令众生毕竟解脱生老病死、愁叹忧苦热恼等法。

审谛观察已，便正了知，依此所说出世正见，能令众生毕竟解脱生老病死、愁叹忧苦热恼等法。所以者何？如是所说出世正见，是真圣见，是出离见，是能究竟证涅槃见，能厌能离，能灭能静，能证通慧，能成等觉，能得涅槃，能超一切生老病死、愁叹忧苦热恼等法。

如是知已，于出世间法生珍宝想，于世间法生下贱想。以出世法生珍宝想故，便生欢喜；生欢喜故，其心安适；心安适故，身得轻安；身轻安故，便受悦乐；受悦乐故，心得寂定；心寂定故，能实知见；实知见故，能深厌背；深厌背故，能正离欲；正离欲故，能得解脱。得解脱已，便自了知：我生已尽，梵行已立，所作已办，不受后有。如是汝等，于此所说出世正见，应谛寻思称量观察。

如是名为二种正见，应谛寻思称量观察，能得未得，能触未触，能证未证，能超愁叹，能灭忧苦，能得如理，能触甘露，能证涅槃。"

尔时世尊重摄此义而说颂曰：

"正见有二种：世间出世间，智者谛寻思，能正尽众苦。

谛思于世间，便生怖畏想，由无执受等，究竟证涅槃。

谛思出世间，便生珍宝想，欢喜心安适，从此获轻安。

轻安故受乐，乐故心寂定，心定生觉支，知见四如实。

见实断诸疑，疑除无所取，解脱一切苦，证无上涅槃。"

[1] 能触甘露：触及不死之道。甘露，长生不死药，犹如道教所言金丹。

[2] 异熟果：在后世成熟的果报。异熟谓异时异地而成熟。

[3] 化生：四生（出生方式）之一，变化而生，这里主要指诸天、鬼神。

佛坛

苦行

第三章

业、因果与伦理教化

运用缘起法则观察世界的诸现象及其因果关系——“法相”，观察生死苦恼之因果，首先推衍出佛法二谛中之“俗谛”，俗谛是佛法真理非常重要的一个方面，其主要内容，是表现于“业”中的因果法则。正观俗谛的智慧，《阿含经》中称“法住智”、“世间正见”，是应该首先得到的，《杂阿含》卷十四第347经佛言修学佛法智慧的次第应该是：

先知法住，后知涅槃。

法住智所讲的业、因果，是佛陀学说中道德教化的理论基础，也是持戒行善等的修持的基本指导思想。

佛言精粹

当知一切有情，皆由自业，业为伴侣，业为生门，业为眷属，业为依趣，业能分定一切有情下中上品。

《本事经》卷一

一、“业力不可思议”

如果用惑→业→苦三者的恶性循环，来综括众生的生存现实及四圣谛中苦、集二谛的内容，那么，与人生诸苦直接关连的“业”，当然应成为集圣谛探讨的重点。与多数宗教将人生苦难和命运的主宰乃至世界和人类的创造者说成是神明不同，佛陀明确指出：三界一切，业力所造，人生诸苦，以业为因。

“业”的梵语“羯磨”(karma)，意思是造作、行动，“业”的概念源出于婆罗门教圣典《吠陀经》，是当时婆罗门教、耆那教、佛教等多种宗教共同讨论的一个极为重要的观念。佛陀运用缘起法则观

察业，提出了具有独自特色的佛教业论。

对业的思想极为重视的耆那教尼犍陀派（“苦行外道”），把一切行为、造作都称为业，说一切业，不管是否有意识地发起，都必然引起决定不移的果报。与这种完全机械运动式的业论不同，佛陀所说的业，着重从个人的伦理心理、行为动机着眼，主要指有意识地或故意、有心发起的行为、语言、思考，发起业的前提是“思”——即考虑、思索、决意等心理活动。《阿含经》中，一般说业有三种：身体所做的动作、行为名“身业”；开口讲话、念咒、撰文著述等名“语业”或“口业”；思虑、思维等心意的活动名“意业”，此即是“思”。实际上，身、口二业中，也必然有思或意业，是意业之果，名“思已业”。思，可谓佛所说业的最重要特性，因而有“业即是思”的说法。只有经过思的业，佛经说才会引生果报，才是佛经所讲述的业。未经过思，无意识或非故意造作的业，佛陀认为不引生果报。《中阿含》卷三《思经》佛言：

佛言精粹

罪业因缘，自身所造，非父母为，非从天堕。人行善恶，受苦乐报，如响应声。贪现前利，心行邪谄，不知后世累劫受殃。夫恶从心生，反以自贼，如铁生垢，销毁其形。

《佛说未曾有因缘经》卷上

若不故作业，我说此不必受报。

对这种非故意作、不必受报的业，佛经中很少论述。

《阿含经》中，主要从业所引起的果报之伦理性质着眼，将身、口、意三业分为善、恶、无记三类。

善业，指对自己及他人现世、后世有益无害，起码是利己不损他，因而被认为在道德上属于善的业。《阿含》等经中佛陀常说的善业有十种，称“十善”：

1、不杀生，不杀害从人至微虫等一切有情识的众生，积极的表现则是护生、放生。

2、不偷盗，偷盗亦译“不与取”，不管以何种方式将属于别人（包括公众）的东西不经物主许可而取为己有，或予以破坏，皆属“不与取”，如今日常见不鲜的收受贿赂、贪污、挪用公款、借贷不还、勒索钱财、吃回扣等，按佛经的说法，都应看作偷盗行为。不偷盗的积极表现，是保护属于他人和公众的东西，乃至布施。

3、不邪淫，即不发生不正当的性关系。佛经中所指不正当的性行为（邪淫），系据当时当地的国法民俗而判定，有非人、非处、非时三说，非人，指依国法民俗，不属于自己配偶的异性，或是他人

的夫、妻而为他所护，或虽未结婚而受父母、法律所保护，与这些属他或为他所护者，以及同性、动物等发生性关系，进行性侵犯，皆属邪淫；非处，指在男女自然的性器官之外的口、肛门等处，以及按国法民俗不许性交的寺庙、公共场所等处性交；非时，指按国法民俗及生理规律不应进行的时间（如妇女经期）进行性交。非处、非时而交，亦属邪淫。

4、不妄语，妄语即说假话骗人（诳言），诈骗、作伪证等，皆属妄语之列。不妄语的积极表现是常说“实语”。

5、不两舌，两舌亦作“离间语”，即挑拨离间，不两舌的积极表现是常作“和合语”。

6、不恶口，恶口亦作“粗言”，指以恶言粗语骂詈、中伤、诽谤别人，不恶口的积极表现是常作“柔软语”、“可意语”。

7、不绮语，绮语指矫饰乖巧、虚夸不实，使人听了不得好处的废话，及描摹色情、编造黄色故事等，有诲淫诲盗负面效果的言语文字，不绮语的积极表现是常作“义（有意义）语”、“如法语”。

8、不贪欲，指不贪图属于别人的东西。

9、不瞋恚，不暴怒、不发火，不嫉妒，不怨恨别人。

10、不邪见，邪见指否认三宝功德、否认善恶因果、坚执人死断灭等不符真实，能导致错误行为的错误见解，不邪见的积极表现是正见。

十恶业，略称“十恶”，指与十善业相反的十种业：杀生、偷盗、邪淫、妄语、两舌、恶口、绮语、贪欲、瞋恚、邪见。恶，谓对自己和他人今生后世有害无益，或为利己而损他，在伦理上属于恶、不善。饮酒（包括服用鸦片大麻等有害的麻醉品）也被看作一种重大恶业，因为它能伤身并令人失去理智。

十种善恶业中，杀、盗、淫三种属身业，妄语、恶口、两舌、绮语四种属口业，贪、瞋、邪见三种属意业，故有“身三、口四、意三”之说。《杂阿含》卷三七第1062经佛说十善十恶皆有自作、教他作、随喜作三种。自作，谓自己行杀生等业；教他作，谓虽非自身去作，而教唆、指使、诱使他人行杀生等业；随喜作，谓在他人作杀生等业时，表示赞许、同意、庆贺。教他作的罪责或功德，仅次

佛言精粹

谓手自杀生、教人令杀、赞叹杀生、见人杀生心随欢喜，乃至自行邪见，教人令行、赞叹邪见、见行邪见心随欢喜，是名四十法成就，如铁枪投水，身坏命终，下生恶趣泥犁中。

《杂阿含经》卷三八第1061经

凡人犯戒有五衰耗，何谓为五？一者求财所愿不遂，二者设有所得日当衰耗，三者在所至处众所不敬，四者丑名恶声流闻天下，五者身坏命终当入地狱。

《长阿含经·游行经》

于自己作，随喜作的罪责或功德，又小于教他作，但也是要承担果报的。《正法念处经》卷一佛说还有“他教作”，即受别人教唆、指使、引诱、劝勉而做，其功过要比自作小。

最重大的恶业，是所谓“五逆”，《增一阿含经》卷四六佛说五逆为：杀母、杀父、杀阿罗汉、恶心出佛身血（以恶心伤害佛导致出血）、破僧（破坏僧众的团结）。这五种恶业极违逆天理，罪大恶极，故称五逆，又称“五无间业”。大乘《大萨遮尼干子所说经》中佛所说五逆罪为：一、破坏佛教塔寺，烧毁经书佛像，夺占三宝之物；二、毁谤声闻、缘觉圣人及大乘佛法；三、杀害出家僧尼，或妨碍其修行。四、犯前小乘五逆罪之一。五、坚持善恶无报的邪见，肆意作十恶业。

无记业，指从伦理关系上难以区分是善还是恶，即非善非恶的中性业。

《阿含经》中，佛陀还用黑、白二色来区分各种业。黑业，意谓其造业的心是被污染的、黑暗肮脏的，其所引生的果报是黑暗不光明的，此即是恶业。白业，意谓其造业的心是清净的，其所引生的果报是光明的，此即是善业。又欲界之恶业，引生极为黑暗的三恶道果报，称为“黑黑业”；色界、无色界之善业，果报殊胜，称为“白白业”；欲界之善业，总是与恶业相杂，称“黑白黑白业”。《分别缘起初胜法门经》分业为福（善）、非福（恶）、不动三种，不动业指修习禅定进入寂静不动的境界。

从造业的心是否有烦恼、造业的人是凡是圣的角度，业还被分为有漏、无漏两大类。有漏业，指以有烦恼污染的心所作的善、恶业。未断烦恼的凡夫，不要说难免以烦恼心作恶了，即便是广行诸善，其善心也往往难以与烦恼划清界限：行善积德，终归出于立身扬名或升天成仙的想望，帮助别人，往往免不了获得别人帮助或感谢的期求，总归是不出于一个贪恋三界的贪欲心、自私心、有漏心。与有漏业相反，出了三界的圣人，以超离烦恼的清净心所作的身口意三业，叫做无漏业，亦称“非黑非白业”，意谓这种业超越了有漏的善恶，非善非恶。《正法念处经》卷一佛从造业的心，分业为因贪作、因嗔作、因痴作三大类。

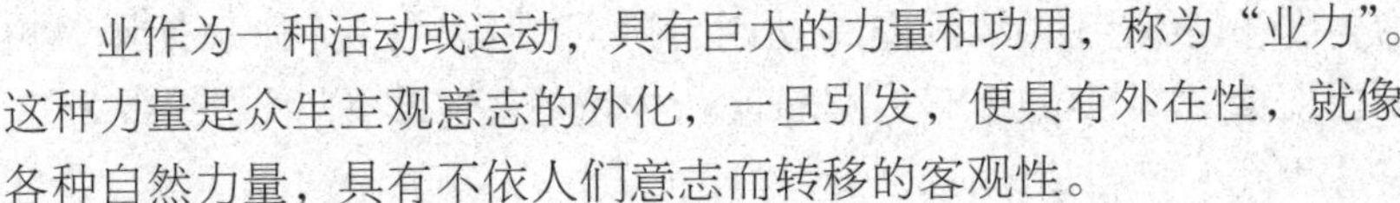

业作为一种活动或运动，具有巨大的力量和功用，称为“业力”。这种力量是众生主观意志的外化，一旦引发，便具有外在性，就像各种自然力量，具有不依人们意志而转移的客观性。

《增一阿含经》卷十八，佛说世间有四种不可思议的力，业力居其首（其他三种是龙力、禅定神通力、佛力），佛经中常有“业力不可思议”之语。不可思议，谓其作用极其复杂，其力量极其巨大，其功用极为神秘、奇特、玄妙，不可以心思较量算计，极难以说清其终极的原理和本质。《佛学今诠》因称“业力是一种神秘”，是一个神秘的谜，其究竟终非人智所能穷了。因为不仅千差万别、形形色色的众生生命形态，各自的受用、苦乐、寿夭、贫富、愚智等皆是业力的作品，即宇宙间万事万物，皆为业力所造作。业力的这种神秘功用，集人类全部知识的成果，恐怕也难以穷其底蕴。《增一阿含经》佛偈说：

业力为最大，世界中无比。[1]

世间没有哪种力量可以跟业力相比。业力逼迫、驱逐人们轮回于三界六道中，尝受种种苦果，就像枯叶被大风吹刮而飘散抛落，不能自主，因而名为“业风”。业力能生六道中受乐、受苦之果报，就像土壤能生长种种植物，因而名为“业田”。善恶之业，能驱迫众生死后再生于六道中，就像摆在人们面前的条条道路，或通向好地方，或通向坏地方，称为“业道”。业力虽然终究不可思议，但它遵循一定的规律而运作，人能以智慧如实观察，掌握业力因果规律，从而达到自主其业，超越业力。

佛言精粹

此三业如是相似，我施设意业最重。

《中阿含经》卷三二《优婆离经》

譬如有人，于百年中积聚薪草，以火焚之，须臾还灭。是故当知：少时修善，能灭无量恶业重罪。

《佛说未曾有因缘经》卷上

二、业力因果定律

业力作为一种自然力量，其运作当然遵循宇宙间一切现象所共同遵循的规律——缘起法则。《分别缘起初胜法门经》所说缘起法的十一义中，因果相续无间断、种种因果品类别、因果更互相符顺、因果决定无杂乱四义，主要讲业力规律，四义的轴心是“因果”二字。质言之，佛陀所说业力规律，即是业力因果法则，其基本内容，是业一旦造成，便成为因果相续连环中的一个环节，一个“业因”，必

[1]《大智度论》卷一引。

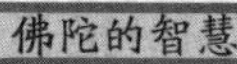

然要受任何缘生法因果相续等法则的制约。因必生果，业必受报，即常言所谓“因果报应”。这是佛陀业力论的基本思想。《中阿含》卷三《思经》佛告诸比丘：

若有故作业，我说彼必受其报。

佛经中多处强调：因必生果、业必受报，乃铁定的自然规律，不以人们意志而转移，亦非出于神意。一切众生，不论高低贵贱，在这无情的自然法则面前一律平等，所谓“福德之反报，不问尊与卑。”(《法句经》) 即便贵为天帝，只要造了业，便要受因果报应法则的制裁。业虽然刹那生灭，但它作为一种力量，绝不会消灭、转变，它随逐造业者，如影随形，不管你躲到哪里去，不管经多长的时间，都无法躲过自己所造业果的报应，如《有部毗奈耶》卷四十佛偈所言：

不思议业力，虽远必相牵，果报成熟时，求避终难脱。

此类说法，见于多种佛经，如大乘《大宝积经 ·入胎藏会》佛偈云：

诸业六和集，造者自逐去，譬如债物主，追逐人不置，是诸业果报，无有能转者，亦无逃避处，非求哀可免。假使百千劫，所作业不亡，因缘会遇时，果报还自受。

即便求神供祭，祷祝哀告，也无法逃脱该受的业报，就像哀求祷告公正的法官，并不能免去犯法应受的刑罚。即便修成禅定，上生于寿长八万大劫的非想非非想处天，也不能消灭应受的业报，至天寿终尽之日，业报还会现前。即便修成随心如意的大神通，能上天入地、隐显自在，也不能消灭业报之小分，神通力虽不可思议，业力更不可思议，所谓“神通不能敌业”。《增一阿含经》卷二三佛讲了一个“四仙避死”的故事：有兄弟四人精勤修炼，成就仙果，得大神通，以神通知业报成熟，死期将至，乃各自施展神通，以图逃避，老大凌空升腾，老二潜入大海底，老三钻进须弥山岩石中，老四钻入地下，结果四人的神通都敌不过业力，一个也未能逃脱死亡业报的追逐，都死于所藏身之处。佛乃说偈：

非空非海中，非入山石间，
无有地方所，脱之不受死。

佛陀所说业力因果法则的基本规律，是业报与业因一致，《佛学

佛言精粹

行善者在今生与来世都感到喜悦。当忆及自己清净的善业时，他感到喜悦，非常的喜悦。

造恶者在今生与来世都受苦。想到‘我造了恶业’时，他感到痛苦。再者，当投生至恶道时，他会遭受更多的痛苦。

南传《法句经》第16偈

今诠》称为“同类相应”原理。具体而言，善有善报，恶有恶报，有漏业得有漏报，无漏业得无漏报，善恶相杂业得善恶相杂报，非善非恶的无记业无报。就如种瓜得瓜，种豆得豆，什么业因得什么业果，没有错乱。这可摄于缘起十一义中的“因果更互相符顺”、“因果决定无杂乱”二义。佛经中对此有许多述说，如《增一阿含经》卷五十佛偈所言：

为善获其善，作恶受恶报；为恶及其善，随人之所习，如似种五谷，各获其果实。

《旃檀越国王经》佛言：

罪福响应，如影随形。未有为善不得福，为恶不受殃者。

《中阿含》卷三《伽弥尼经》中，佛比喻说：作十恶业必堕恶道，如村民以大重石丢于深渊水中，即便如何祝愿它浮上水面，也不可能；行十善生天，则如以酥油瓶丢于渊中，即便瓶破下沉，而酥油必定浮在水面上。同经卷四四《鹦鹉经》中，佛陀告诫摩纳：

作短寿相应业，必得短寿；作长寿相应业，必得长寿；作多疾病相应业，必得多疾病；作少疾病相应业，必得少疾病；作不端正相应业，必得不端正；作端正相应业，必得端正；作无威德相应业，必得无威德；作威德相应业，必得威德；作卑贱族相应业，必得卑贱族；作尊贵族相应业，必得尊贵族；作无财物相应业，必得无财物；作多财物相应业，必得多财物；作恶慧能相应业，必得恶智慧；作善智能相应业，必得善智慧。

总之，业果与业因总是相应（一致），众生的一切受用、贫富、贵贱、美丑、寿夭、愚智等，都是自己所造业的果报。因此说：

众生因自行业，因业得报，缘业依业，业处众生，随其高下，处妙不妙。

一切责任全在自己，自己的境遇好坏，唯由自己所造的业所决定，非由神意，非关命运，非出无因偶然，不应怨天尤人。《佛说自爱经》佛言：

为善福随，履恶祸追，响之应声，善恶如音。非天、龙、鬼神所为，非先灵所为，造之者心，成身口矣。

善恶业作为一种作用于众生的伦理行为、社会行为，其必受同

佛言精粹

一切畏刀杖，
无不爱寿命，
恕己可为喻，
勿杀勿行杖。

北本《大般涅槃经》卷十

类果报，大概出于众生有恩必报、有仇必复的本性，可从众生处理互相之间关系的惯例去观察。《佛说自爱经》说：人作恶业，以加众生，“众生被毒，即结怨恨，誓心欲报”。《出曜经》载佛言：

害人得害，行怨得怨，骂人得骂，击人得击。

你给予别人的是什么，别人回报给你的便是什么，这是从社会生活中随处都可观察到的事实。俗话说：“人不打虫，虫不咬人。”多种动物，都有报复性，高等些的动物如犬、猫、牛、马等，常能与人亲善，感恩报恩。人和动物的这种同类相应而回报的本性，应该说是被一种更深层次的自然规律所支配。

因果报应虽属必然，但也未必是造了业马上就会受报。业报，作为一种因缘所生法，须得条件具备，方能成熟，就像植物的种子须得合宜的土壤、光照、湿度，经过相当时间的发芽、生长、开花，到时候才结出果实。《光明童子因缘经》佛言：

因缘和合于一时，果报随应自当受。

条件不具备，时机未成熟，便不会受报应。从时间上看，释迦所说的因果报应，是贯穿于轮回的漫长程途的，并不限于现前今生，而是从前世、今生、来世三世去观察。《阿含经》中，佛陀说因果报应，从时间上看有现报、生报、后报三种报应方式。《佛说自爱经》谓业报“或现世获，或身终后魂灵升天，即下报之。”《中阿含》卷四四《大业经》佛言：

若故作业，作已成者，我说无不受报，或现世受，或后世受。

现报，亦称“现世报”、“现法报”，谓现在造业现在受报，或今生造业今生受报。《中阿含》卷五三《痴慧地经》说，造善、恶业者，现前都难免身受或苦或乐的报应。如造杀生、偷盗、邪淫、妄语等恶业者，“彼愚痴人于现法中身心则受三种忧苦”：

第一，其恶行被众人所知，要被众人责骂、蔑视、离弃，或激起众怒公愤，因而身败名裂，难以堂堂正正地生活于人众中，即便不被人知，也难免心怀被揭发暴露的忧惧。

第二，作恶犯罪者要遭到国法的责罚处置，或被革职降级，或坐牢服刑乃至斩杀击毙，即便能逃脱法网，也常怀忧畏，眠寝难安。

第三，作恶者常怀畏罪之心，心理包袱难卸，及至病重临死，害

佛言精粹

作恶不即受，
如乳即成酪，
犹灰覆火上，
愚者轻蹈之。

《大般涅槃经》卷九

所谓淫欲及饮酒，是谓二法无厌足，若有人习此二法，终无厌足。缘此行果，亦不能得无为之处。

《增一阿含经》卷九

怕会因作恶堕入地狱，难以死得安然。还有，作恶者想要作恶及正作恶时，身心便已受苦恼，如杀人时瞋恨至极，偷盗时贼心畏惧，邪淫时欲火中烧，当时便受自心热恼逼迫之苦。

而善业则与恶业相反，“彼智慧人于现法中身心则受三种喜乐”：受人称誉尊重，无受刑伏法等忧畏，临死坦然善终。利乐他人，尽职守分，造福社会，无作恶时热恼逼迫之苦，自然心平气和，做时、做后，往往自觉欢喜快乐，获得轻松感、充实感。《增一阿含》卷三九载：阿阇世王听外道师不兰迦叶宣扬行善修福无报，而生迷闷，请教佛陀“现世造福得受现报否？”佛三番反诘，通过臣民效忠得王赏赐、出家学道得人们供养、修行证果得国王礼敬之事例，说明“现在世作福得受现报”。《大般涅槃经》卷四十佛告须跋陀：一切众生既有过去业，又有现在因。现在因可以得现在报。如“众生虽有过去寿业，要赖现在饮食因缘”，才能生存；又如有人为国王除去怨敌，因而受赏赐多得财宝，受现在乐，是为现作乐因，现受乐报；若有人杀王爱子，以是因缘丧失身命，是为现作苦因，现受苦报。“一切众生现在因于四大、时节、土地、人民，受苦受乐”，故“若说众生受苦受乐定由过去本业因缘，是事不然”，“是故我说一切众生不必尽因过去本业受苦乐也。”那种认为现在的境遇纯属前世业报的宿命论，是佛陀所批判的片面之见。

《中阿含》卷三《盐喻经》中，佛陀说作善恶业身受现法之报，还有一种情况，那就是：“修身修戒，修心修慧，寿命极长。”这种人即便作了些恶业，但不必像不修身修戒、修心修慧、寿命极短的人那样，要等死后才会到地狱等三恶道中去受恶报，而是今生现世受疾病、灾厄、被人轻谤等比地狱刑罚轻得多的现报，即便了结。因为他多行善业，善业力大，经中比喻说，就像有人欠了一百乃至一万个铜钱，也不遭债主绑缚拷打，因为此人“产业无量，极有势力”，现前就还得起这笔债，如数偿付，就此了结。

生报，谓死后受报。行十善者，死后升天或再生于人间，受幸福快乐之报。《增一阿含经》卷三九佛告阿阇王：若为王者以正法治国，不仅“身坏命终，生善处天上”，而且“名誉远布，周闻四方，后人共传：昔日有王，正法治化，无有阿曲。”行十恶者，死后则堕于地

佛言精粹

不作贩卖轻秤小斗欺诳于人，因他形势，取人财物，害心系缚，破坏成功。

《大般涅槃经》卷十一

旃檀等诸香，
所熏少分限，
唯有戒德香，
流熏上升天。

《杂阿含经》卷三八
第1073经

狱、饿鬼、畜生中受苦报。《中阿含·盐喻经》说，有一种人若造十恶业，即便作恶并不很多，也必受苦果地狱之生报，这种人是指“不修身、不修戒、不修心、不修慧，寿命甚短”之人，这种人善根本钱极少，寿命又短，所作恶业来不及受现报，只有死后到地狱里去尝受恶果了。就像以一两盐投于少许水中，便可令这少许水咸得不能喝。又如有人虽然只欠了一个铜钱，也难免被债主逼债，绑缚拷打，或执之赴官府问罪。

佛言精粹

慧者独修善，
如王严治国，
如象独在野，
独行莫为恶。

《中阿含经·本起经》

后报，谓死后业报的条件也不得成熟，须到他生后世，乃至极为遥远的后世，方能具足条件而受报。

若因行善升天或因作恶堕入地狱，天寿或地狱寿终，再生于人间后，还会受到原善恶业的报应，如杀生者再生于人中寿命短促、遭被人所杀的回报等，经中名为“余报”。

众生所造的善恶业，不仅决定其主体的生存状态，包括美丑、贫富、寿夭、愚智等《菩萨本业璎珞经》称为“正报”者，还决定造业众生所依止的外在环境如山河大地、气候、果木庄稼等“依报”。《增一阿含经》卷四三佛告比丘：

由十恶之本，外物衰耗。

十恶之业感得所居之处污秽、多砾石、土地瘠薄、风雨不调、五谷不能成熟等依报。《业报差别经》佛言：

若有众生于十恶业多修习故，感诸外物悉不具足。

反之，多行十善者，则感得优美舒适、物品丰足的好环境。

据多种佛经中记载，佛陀在多种场合，向许多人详细讲述了各种善、恶业因所得的果报。述说最多者为十善与十恶的果报，一般的说法是：行十善者升天，作十恶者入地狱，具体而言：

不杀生者，现前得无病、长寿、无怨无仇、心常慈安、夜无恶梦、为鬼神所保护而吉祥平安等现报，命终得以升天；能感得生存环境美好庄严、草木莹润、果实饱满；若天寿终尽再生于人间，得长寿少病之余报。反之，杀生者现前多病、短命，心常不安，有怨家报复之虞，感得生存环境恶劣，饮食粗陋，茶果不熟，命终堕于三恶道中，罪毕后再生为人，受短命、多病之余报。

不偷盗者，现前资财丰足，善名流布，受人尊重信任，感得风调

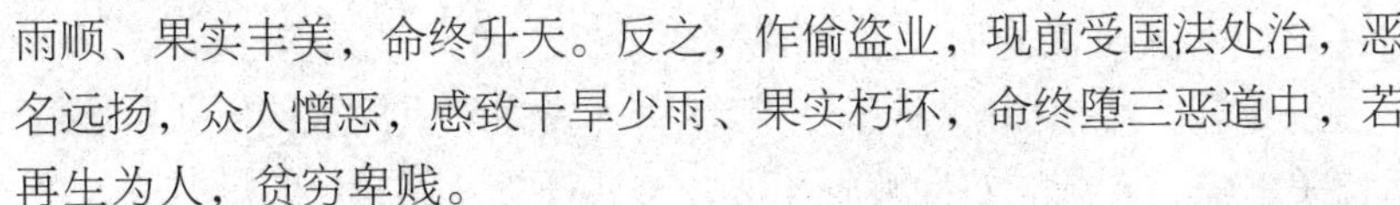

雨顺、果实丰美，命终升天。反之，作偷盗业，现前受国法处治，恶名远扬，众人憎恶，感致干旱少雨、果实朽坏，命终堕三恶道中，若再生为人，贫穷卑贱。

不邪淫者，现前心安理得，举止安祥，受人尊敬称赞，夫妻和谐，家庭幸福，生存环境洁净可人，命终升天，若再生于人中，能得佳偶，妻妾贞良。反之，作邪淫恶业，现前家庭不和、身体羸弱，妻不贞洁，恶名流布，所居之处污秽不净，命终堕三恶道，若再生于人中，受眷属不和、妻妾不贞、为人所图之余报。

不妄语者，现前为人所信任尊敬，所居之处土地平正，命终升天，后生人中，得人信敬。反之，妄语恶业，现前不得人信赖尊敬，难得可靠亲友，往来之处地不平正，命终堕于三恶道，再生为人，口气臭弊，常被人诳骗、诽谤、讥论，做事常不顺利，人事关系不谐。

不两舌者，现前眷属和睦，多有良朋益友，受人拥戴，所居之处平正光明，命终升天。反之，两舌恶业，受人缘不佳、多有恶友等现报，行住之处多险阻坑坎，命终堕三恶道，若再生于人中，受眷属乖离、亲友弊恶、土地生荆棘等余报。

不恶口者，现前为人所爱乐，人际关系融洽，所居之处安稳称心，命终升天。反之，恶口之业，现前不被人们喜爱，多有怨仇，行止之处多有荆棘毒刺、砂石瓦砾、碱滩涸地，命终堕三恶道，再生于人中，受常闻恶言、多有诤讼的余报。

不绮语者，现前为智者所爱，出语为人所重，居处多果树园林，命终升天。反之，绮语恶业，令人现前被智者所弃，无有感德，居止之处不可人意、土地不平正，命终堕三恶道，再生为人，受言无人受、语不明了的余报。

不贪欲者，现前诸事顺遂，安祥自在，谋事易成，命终升天。反之，贪欲恶业，现前热恼不安，所求难遂，多有怨家，命终堕三恶道，再生为人，贪欲无厌，谋事难成，福德渐减，所居之处多秽恶之物。

不瞋恚者，现前心常仁慈柔和，受人尊敬爱戴，无有怨家，所居恒安，命终上升梵天。反之，瞋恚恶业，令人现前身心不宁，多有怨憎，不为人所敬爱，多逢天灾人祸、毒虫猛兽盗贼，命终堕三恶

佛言精粹

出家而破戒，二俱无所成：谓失在家仪，及坏沙门法。宁吞若铁丸，烊铜而灌口，不受人信施，而毁犯尸罗！

《本事经》卷四

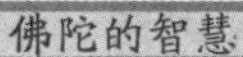

道，再生为人，面貌丑陋，常被他人恼害。

正见者，现前福德增长，常行诸善，受人敬重拥戴，所处环境舒适优美，命终升天，趋向解脱涅槃，常遇贤圣。反之，邪见恶业，令人现前增长诸恶，减损福德，贤圣离弃，所处环境难得清净，命终堕三恶道，再得为人，生邪见之家，其心谄曲，坚执邪见，或天生盲聋喑哑，目斜口歪。

后汉安世高译的《佛说分别善恶所起经》中，记述佛陀为弟子众讲说各种善恶业的果报，颇为详悉，诸如：

不饮酒至醉，得语不谬误、仕宦如意、常有余财、借贷易得、命终升天再生人中、黠慧晓事等五种善报；而喜饮酒至醉者，有人伦失序、言多乱误、两舌多口、揭人隐私、不避忌讳、醉卧道路、不能自正、堕坑落水、贻误正事、耗损财物、不避王法、妄入人家、调戏妇女、摔破器物、醉吐污秽、或得酒病、贤者远离、恶友亲近等三十四种现见的过失，命终堕入地狱，烊铜灌口，再生为人，愚痴无智，总共有三十六失。

不持刀杖恐吓人，不对人拳打脚踢，不斗乱离间他人，己所不欲不施予人，能得身体强健、起卧常安、天神所护、命终升天、再生为人身体完具无诸疾病等五种善报。反之，喜以刀杖拳脚加通于人、喜斗乱离间他人、己所不喜强加与人者，得被人怨恨、常怀恐怖、多病、死入地狱、再生为人多有疾病等恶报。

能听善言，善心好意，敬事尊老，礼节兼备，得仕宦顺利、买卖得利、人见欢喜、命终升天、再生人间为王侯公卿之子等善报。而不敬尊老、无有礼节、骄纵傲慢者，得亡失职位、不为人敬、死入地狱、再生为人下贱丑陋等恶报。

孝顺父母，敬事师长，恭敬谦卑，常教恶人改恶从善，得受人敬爱、美名远扬、心常欢喜、命终升天，再生为人受人敬爱等善报。反之，不孝父母，不敬师长，亦不喜别人孝顺恭敬，不善行善，得为人所憎、恶名远扬、常得恶梦、死入地狱、再生为人被人嫌憎等恶报。

乐善好施，关心周济亲属及贫穷者，得财产日增、人所称誉尊敬、命终升天、再生人中富乐之报；反之，为人吝啬，不给乞丐衣食，得人不敬爱、呼为守财奴、死堕饿鬼恒受饥渴、再生为人贫穷

佛言精粹

若人依止恶，
不名自爱身，
既不自爱身，
世间更何爱？

《正法念处经》卷五七

弹指之顷发善意，其福难喻。

《增一阿含经》卷四六

冻饿等恶报。

喜欢亲近尊敬贤明之人、沙门道士，请教作人度世之道，得多智多识、命终升天、再生为人明经晓道、世人归仰等善报；反之，不近贤达之士、沙门道人，不乐闻做人度世之道，嫉妒高才，诽谤贤人，得无智少知、不为人敬、死入地狱、再生为人愚痴无智之恶报。

与中国儒、道两家传统的善恶要报应于其子孙的说法不同，佛陀的业力说，强调一切业报皆自作自受，只能由造业的个体及从其身心相续而生的个体所承当，不能由别人代替或转移于别人。《正法念处经》卷三三佛言：

> 自作之业，决定受报，无有他作我受其果，无有自作他受其报。

《佛般涅槃经》载佛言：

> 父有过恶，子不获殃，子有过恶，父不获殃。各自之死，善恶殃咎，各随其身。

《佛说泥犁经》等也有同样的说法。大乘《地藏菩萨本愿经》中佛言：若造了恶业，“死后有报，纤毫受之，父子至亲，歧路各别，纵然相逢，无肯代受。”

说一切业报皆自作自受，难免要面对这样的诘难：既然说报在三世，未必便在眼前现世，那么，如说今生的张三造业，却由来世的李四受报，张三与李四显非一人，李四也不记得曾有前世，这岂不是等于自作他受或“异作异受”？而且，按佛陀的说法，众生身心念念生灭，本无实常自我，即便是今天造业明天受报，明天之我已非今天之我，岂非等于自作他受、此作彼受？

对这个问题，大乘南本《涅槃经·狮子吼品》、《优婆塞戒经·业品》设比喻作了解答：就像置一种药于牛乳中，当时并不能显出毒性，但当把牛乳提炼成醍醐时，那种药便会显示出毒性，能毒死人，醍醐虽非牛乳，毒死人时也非置药于牛乳之时，但醍醐是从原牛乳次第而生，相续不断。众生的身心也是这样，“虽复有异，次第而生，相续不断。”佛陀说因果报应，自作自受，这个“自”是从佛法所谓“世俗谛”，即世人的认识惯例而言，指世间共认的相似相续而生的身心（五缊）为造业、受报的自我。从这个角度来讲，明天之我实

佛言精粹

如负少物者，
度水则不没，
少恶业之人，
上升不下沉。
如鸟翅坚牢，
行空无障碍，
持戒坚固者，
则生于天中。

《正法念处经》卷三六

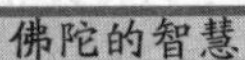

际虽非今天之我，而是今天之我身心的相似相续，今天造业明天受报，按世间的认识惯例，当然应说是自作自受而非自作他受。依此理推论，来世的李四虽非今生的张三，实际上是从今生张三的身心相续而生，李四承担张三的业报，按世间的认识惯例，也只能说是自作自受，而非自作他受或异作异受。

业必受报，因必生果，虽然乃铁定的法则，但众生所造业十分复杂，业报的方式也极为复杂，尚非“故意作业此必受报”一句话所能尽其义蕴。《正法念处经》卷一，佛分十恶等业为具足与不具足两类，业具足，谓作后随喜（自以为得意并赞许别人作同类业）、乐作多作、作后向别人夸耀、教他人作，这种业一般说来决定要受报。业不具足，谓造业后专心忏悔、不随喜并能制止他人造同类业并指示以善道、修心持戒决不再作，如此之业，所得恶果报要小，不决定受报。

在大乘经中，佛陀对业力因果法则作了更为深细的论述，《大涅槃经》卷三二佛言：

> **非一切业悉定得果，虽不定得，亦非不得。**

按业因之是否必定受果报，将业分为定业、不定业两大类；再细分为时定果报不定、报定时不必定、时定果报有定、时果二俱不定四种。定业，谓作后决定要受果报的重业，“若定心作善恶等业，作已深生信心欢喜，若发愿愿供养三宝，是名定业。”除此之外的业，悉属不定业，并非决定或定时必受决定的果报。而“一切众生不定业多，决定业少”，所以不能简单地说造了什么业就必定要什么报。是故佛言：

> **诸业有定、不定，定者现报、生报、后报，不定者缘合则受，不合不受。**

甚至说：若仅简单地说诸业定得报，实际上便否定了修道获得解脱的可能性，“当知是人非我弟子，是魔眷属！”造业是否必然受报，应根据造业者及所造业的具体情况作具体分析。

人们一生造业无数，业因复杂，南本《涅槃经·迦叶品》佛言：

> **亦非一因生一切果，非一切果从一因生。**

若从业如种子能生习气果的角度看，可以说一因能生多果，如

佛言精粹

若言诸业定得报者，则不得有修习梵行、解脱涅槃，当知是人非我弟子，是魔眷属。若言诸业有定、不定，定者现报、生报、后报；不定者缘合则受，不合不受；以是义故，应有梵行解脱涅槃。当知是人真我弟子，非魔眷属。善男子，一切众生不定业多，决定业少，以是义故，有修习道，修习道故，决定重业可使轻受，不定之业非生报受。

《大般涅槃经》卷三一

前心作恶，
如云覆月，
后心起善，
如炬消暗。

《佛说未曾有因缘经》卷下

现在杀人，形成习性，以后、来生乃至多生多世自然恶习不改，继续杀人，可出生无数现报、生报、后报。从今生现世的角度看，一个人的禀赋、遭遇、愚智、寿夭、美丑等果报，往往非由前世的某一个业所决定，而是前世所造多种业的果报，此可谓多因能生一果。一生所造的重业及临终一念，能决定死后去向，《业道经》佛言：

业道如秤，重者先牵。

总之，业力果报的方式极为复杂，不可一概而论。

佛陀业力论的另一个极为重要的论点，或者说业力因果的一大定律，是业由心造，故可由心回转。对掌握了这一法则的人来讲，不慎作恶，已造之恶业及无量数的前世所造数不清的恶业，也非决定要受报，可以转变，乃至消灭其业报。转、消恶业果报的方法，据《阿含经》等说，主要是至诚忏悔，改恶从善。《增一阿含经·马血天子品》佛告曾造弑父恶业的阿阇世王：有两种人无罪而命终，“如曲伸臂顷，得生天上”，一种是不造罪而纯行善者，另一种是虽然作恶而至诚悔改者，偈言：

人作极恶行，悔过转微薄，
日悔无懈怠，罪根永已拔。

即出家众不慎犯戒作恶，若至诚依法忏悔，也可以消罪，僧尼戒律有多种忏悔的“出罪法”。《中阿含·波罗牢经》佛告伽弥尼比丘：

若有悔过见罪，发露守护，不更作者，则长养圣法而无有失。

《阿含经》中载有杀人魔王央崛摩罗放下屠刀、悔过修道，即身证得阿罗汉果的例证。大乘经中，更多说忏悔能转、灭罪业。如《金光明经》卷一：

千劫所作极重恶业，若能至心一忏悔者，如是重业悉皆灭尽。

《大集经》卷四十比喻说：就像百年积垢的衣服，可以一日洗涤干净，百千劫中所积集的恶业，“以佛法力故，顺善思惟，于一日一时，能尽消灭。”但若造了重大恶业，即便忏悔，一般也只能重罪轻受，难得一下子便灭尽业报，而且会障碍证道。如《长阿含·沙门果经》、《阿阇世王问五逆经》等经载：佛接受弑父篡位而来悔过的阿阇世王忏悔，谓其“今于贤圣法中能悔过者，即自饶益”，“罪咎

佛言精粹

凡人有罪，自见自知而悔过者，于当来世律仪成就，功德增长，终不退灭。

《杂阿含经》卷十四第347经

损减，已拔重咎。”得重罪轻受，命终后暂时入地狱，犹如拍球，很快当生四天王宫。“若阿阇世王不杀父者，即当于此座上得法眼净。”因造弑父恶业，虽然忏悔，现生不能证得道果。

大乘转、消恶业的又一方法，是依佛法修行，力行诸善，礼拜供养诸佛菩萨圣众，读诵大乘经典，念佛持咒，以佛法的正见如实修观等。《大般涅槃经》卷三一佛言：

> 修习道故，决定重业可使轻受，不定之业非生报受。

又说坚持邪见、不知悔改、怖修善业的无智之人，使现受轻报转为地狱极重恶果，如同往小小器具所贮水中置盐一升，其味咸苦难以入口；而能修身、修戒、修慧的有智之人，如实观诸法空性，“是人能令地狱果报现世轻受，是人设作极重恶业，思惟观察，能令轻微”，犹如往恒河中投盐一升，水无咸味。《优婆塞戒经·业品》佛言：

> 智者若能修身、修戒、修心、修道，是人能坏极重之业。

就像佛书所说一种能治百病的“阿伽陀药”和闻者即死的“涂毒鼓”，佛法智慧具有转、消恶业的不思议力量。

但消灭业报，是有条件的，并非一学佛修行便能立时转、消一切业报。四种业中，报定时定的极重业，很难转消，有佛亦不能卒灭定业之说。

大乘经中所说威力最大的转、消恶业之法，是以诸法无我、自性本空的佛法实相观观察业性本空，行“实相忏悔”。《观普贤菩萨行法经》佛偈：

> 一切业障海，皆从妄想生，若欲忏悔者，端坐念实相。众罪如霜露，慧日能消除。

大乘、密乘经中多处说代表实相力用的佛菩萨经、咒、光明、名号等，有如同实相一样不可思议的巨大力量，虔诚持诵礼忏者，可以转、消多劫重业。这种说法，给佛教徒指出了一条转消宿业、放下包袱，安心行善修道以超越业力束缚的可行之路，现代心理学家普遍认为，这些方法有很好的心理治疗之效。

佛言精粹

如草木丛林，
亦如风火等，
物各以类聚，
有情界亦然。
愚者狎于愚，
智者亲于智。
体知明侣别，
应亲有智人。

《本事经》卷六

世间聪慧人，
能防身语意，
令不造诸恶，
名真健丈夫。

《本事经》卷五

先自除恶，
后教人除。
若不自除，
能教他除，
无有是处。

《优婆塞戒经》卷二

三、佛陀业力因果论的伦理教化价值

业力因果、善恶报应，是佛在众多佛经中反复宣说的重要思想，可谓佛陀四谛、十二因缘等学说的一大基础。佛陀高度重视、反复宣讲业力因果，其目的显然在社会教化，他自觉担任伦理导师，谆谆教诫世人知因识果，止恶修善。佛陀为佛教徒制定的各类行为规范——戒律，以业力因果为理论根据，其意旨被总摄于一偈：

诸恶莫作，众善奉行，自净其意，是诸佛教。

此偈被称为“七佛通戒偈”，意谓十方三世诸佛共通的行为规范，见于多种经律。具体而言，诸恶，主要指十恶业，众善，主要指十善业，离十恶而行十善，乃各种佛教戒律的核心内容。

佛言精粹

若人本无恶，
亲近于恶人，
后必成恶因，
恶名遍天下。

《增一阿含经》卷四五

佛陀业力论作为一种伦理道德体系的理论基础，与人们了生死的终极关怀、宗教信仰联结一体，具有巨大的社会教化功能。近三千年来，随佛教的广泛流传，因果报应说在东方佛教文化圈内深入人心，对社会秩序的稳定、文明程度的提高，及国民的道德品位和民族性格的形成，起过或仍然在起着极其重要的作用。在中国，因果报应是佛教思想中社会影响最为深广巨大者，它与儒、道两家的因果报应说互相影响，互相融合，广布社会，渗透中华传统文化之全体，“善有善报，恶有恶报，不是不报，时候不到”，“善恶到头终有报，只争来早与来迟”等表达佛家业力因果理论的民谚，广传民间，妇孺皆知；不含因果报应思想的文艺作品尤其是俗文学作品，还很难找出一部半部来。所谓“中华文明礼义”之殿堂，若缺了佛教因果报应说的梁柱，便有崩塌之虞。

与古今中外多家伦理教化体系相比较，佛陀业力论作行为规范、道德信条的理论根据，有其独具的殊胜之点。

首先，佛陀业力论具有高度理性化的特质。佛陀坚持以朴素辩证法的原理缘起论为前提，运用缘起法则观析人的心理活动和行为，进行理性的论证，阐明善恶有报，乃一种不依人主观意志而转移的自然法则。这种法则不仅可经由理性思维而认同，而且可以从人际关系、生活经验中去反复体认，以大量事实来证明。一部二十四史，

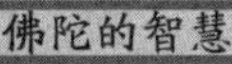

可以说充满了因果报应的例证，曾有人挑选其中的典型事例二千余则，辑为《历代感应统纪》一书。现代身心医学、心理学等学科的成果，在不断提供善行利益身心、恶行及不良情绪（皆属“烦恼”）损害身心，亦即佛陀所说“现报”的科学证据。即便用科学方法对社会生活作量化的研究，因果报应法则，恐怕也经得起检验，能获得确凿的证据。与历来实际起主要教化作用的各种神教以神意为行为规范的最终依据相比，佛陀理性化的业力论，更容易为普遍理性化的现代人所接受，也更容易用科学方法作进一步的论证而现代化。

其次，从个人的利害关系着眼，并紧密结合人们的终极关怀问题而施设伦理教化，乃佛陀业力论的又一重要特质。从个人的切身利益，眼前今后的苦乐、损益出发，考虑当为不当为、当言不当言，实际上是社会上尤其是现代商业社会绝大多数人言行的基本出发点，抓住人们的这一言行出发点宣扬行为准则、道德规范，只是作为一种合理生活的智慧提供于人，不借助神意和社会契约、政治权力等外在力量的强加，无疑较易被人们接受，较少借契约、神意、习俗等外力施行社会教化难免产生的抗阻性，因而应具有最佳的社会教化功能。尤其是将“诸恶莫作，众善奉行”与了生死的大事相结合，作为获得现前、后世、究竟的利乐，了脱生死永享常乐的必行之道时，更能引起人们的深切关注，起到法律和世俗文化所难以起到的社会教化作用。佛陀业力论还说，人们的生存环境与人们的行为、心理息息相关，优化生存环境必须从人人弃恶行善、净化自心着手，这对越来越引起全人类重视的生态环境保护，尤其是社会生态环境保护问题，特具现实意义，对社会精神文明建设，能起到积极的促进作用。

第三，只把业报的责任归于造业者自身，倡言人可自主其业，是佛陀业力论的又一特质。佛陀强调一切悉由自作自受，非由神意，非出偶然，非由他力，人只应自己承担自己造业的责任，避免了神意论、宿命论、机运论等伦理学说的弊端。佛陀说善恶业因必生果报，但业由心造，人心有能自主其业的自由意志，可以智慧掌握业力定律，力行众善，忏悔宿业，自铸良善人格，提高生命境界，从不可思议的业力束缚中获得自由。其鼓励人发挥主观能动性、做自己命

佛言精粹

菩萨摩诃萨于恶象等心无怖惧，于恶知识生畏惧心，何以故？是恶象等唯能坏身，不能坏心，恶知识者，二俱坏故。是恶象等唯坏一身，恶知识者坏无量善身、无量善心……是恶象等能坏肉身，恶知识者坏于法身。* 为恶象杀，不至三恶，为恶友杀，必至三恶。

《大般涅槃经》卷二二

持戒则为乐，
身不受众苦。
睡眠得安隐，
寤则心欢喜。

《大般涅槃经》卷十二

* 恶知识：恶友。三恶：地狱、饿鬼、畜生三恶道。

运主宰的精神，十分积极，能发生良好的社会教化功能。佛陀制定的持戒、忏悔、观心等自主其业的操作技术，具有切实的道德实践效用，可以运用于社会教育、罪犯改造、心理治疗等方面，获得净化人心、安定社会的良好效益。

至于佛陀所倡导的护生、不偷盗、不邪淫、不妄语、不饮酒、不两舌等善行，乃自古以来多家教化体系所共谈的“伦理底线”，与现代社会的道德观念也大多吻合，提倡奉行，当然极有利于社会民众。而佛陀所制止的杀生、偷盗、邪淫、妄语、饮酒、不孝等恶业，在现代社会中仍然层出不穷。现代社会的各种犯罪现象和社会弊病、不良社会风气，大致不出佛陀所举十恶业的范围。劝导人们力除十恶，乃社会民众所共同需要。

佛陀业力论蕴涵甚深，甚难全面准确地理解。当对佛陀业力论理解宣传不全面准确时，也容易产生一些消极的教化作用。如过分宣讲三世业报，强调“欲知前世事，今生受者是”，会使人倾向于宿命论、定命论一边，将造成现实苦难的原因悉委诸于前世业报，取逆来顺受的生活态度，懒得积极改造社会、自主命运，从而导致佛陀多次批判过的宿命论使人“于内因内作以不作都无欲、无方便”[1]的弊端。过去中国佛教界宣传因果报应，便有这种偏向。这大概与封建统治者有意利用以麻痹民意有关，但应知这并非释迦牟尼学说本身的问题，而是后人有意或无意地曲解、错解佛陀遗教所造成的弊端。这种可能产生的消极作用，可通过深入研究，如实阐释佛学，以提高佛教徒和民众的佛学水平而避免。

佛言精粹

自见断十恶道，念十善道已，便生欢悦；生欢悦已，便生于喜；生于喜已，便止息身；止息身已，便自觉乐；身觉乐已，便得一心。

《中阿含经》卷三《波罗牢经》

[1] 见《中阿含经》卷三《度经》。

佛陀传道

《佛为首迦长者说业报差别经》

隋瞿昙法智译

如是我闻。一时佛住舍卫国祇树给孤独园。尔时佛告忉提耶子首迦长者言："首迦长者，我当为汝说善恶业报差别法门，汝当谛听，善思念之。"是时首迦即白佛言："唯，然，世尊。愿乐欲闻。"

佛告首迦："一切众生系属于业，依止于业，随自业转。以是因缘，有上、中、下差别不同：或有业能令众生得短命报，或有业能令众生得长命报，或有业能令众生得多病报，或有业能令众生得少病报；或有业能令众生得丑陋报，或有业能令众生得端正报；或有业能令众生得小威势报，或有业能令众生得大威势报；或有业能令众生得下族姓报，或有业能令众生得上族姓报；或有业能令众生得少资生报，或有业能令众生得多资生报；或有业能令众生得邪智报，或有业能令众生得正智报；或有业能令众生得地狱报，或有业能令众生得畜生报，或有业能令众生得饿鬼报，或有业能令众生得阿修罗报，或有业能令众生得人趣报，或有业能令众生得欲天报，[1]或有业能令众生得色天报，或有业能令众生得无色天报；或有业能令众生得决定报，或有业能令众生得不定报；或有业能令众生得边地报，或有业能令众生得中国报；[2]或有业能令众生尽地狱寿，或有业能令众生半地狱寿，或有业能令众生暂入即出；或有业作而不集，或有业集而不作，或有业亦作亦集，或有业不作不集；或有业能令众生初乐后苦，或有业能令众生初苦后乐，或有业能令众生初苦后苦，或有业能令众生初乐后乐；或有业能令众生贫而乐施，或有业能令众生富而悭贪，或有业能令众生富而能施，或有业能令众生贫而悭贪；或有业能令众生得身乐而心不乐，或有业能令众生得心乐而身不乐，或有业能令众生得身心俱乐，或有业能令众生得身心俱不乐；或有业能令众生命虽尽而业不尽，或有业能令众生业虽尽而命不尽，或有业能令众生业命俱尽，或有业能令众生业命俱不尽、能断诸烦恼；或有业能令众生生于恶道，形容殊妙，眼目端严，肤体光泽，人所乐见；或有业能令众生生于恶道，形容丑陋，肤体粗涩，人不喜见；或有业能令众生生于恶道，身口臭秽，诸根残缺。或有众生习行十不善业，得外恶报；或有众生习行十种善业，得外胜报。

复次，长者，若有众生礼佛塔庙，得十种功德；奉施宝盖，得十种功德；奉施缯幡，得十种功德；奉施钟铃，得十种功德；奉施衣服，得十种功德；奉施器皿，得十种功德；奉施饮食，得十种功德；奉施靴履，得十种功德；奉施香华，得十种功德；奉施灯明，得十种功德；恭敬合掌，得十种功德。是名略说世间诸业差别法门。"

佛告首迦："有十种业，能令众生得短命报。一者自行杀生。二者劝他令杀。三者赞叹杀法。四者见杀随喜。五者于恶憎所，欲令丧灭。六者见怨灭已，心生欢喜。七者坏他胎藏。八者教人毁坏。九者建立天寺，屠杀众生。十者教人战斗，互相残害。以是十业，得短命报。

复有十业，能令众生得长命报。一者自不杀生。二者劝他不杀。三者赞叹不杀。四者见他不杀，心生欢喜。五者见彼杀者，方便救免。六者见死怖者，安慰其心。七者见恐怖者，施与无畏。八者见诸患苦之人，起慈愍心。九者见诸急难之人，起大悲心。十者以诸饮食，惠施众生。以是十业，得长命报。

复有十业，能令众生得多病报。一者好喜打拍一切众生。二者劝他令打。三者赞叹打法。四者见打欢喜。五者恼乱父母，令心忧恼。六者恼乱贤圣。七者见怨病苦，心大欢喜。八者见怨病愈，心生不乐。九者于怨病所，与非治药。十者宿食不消，而复更食。以是十业，得多病报。

复有十业，能令众生得少病报。一者不喜打拍一切众生。二者劝他不打。三者赞不打法。四者见不打者，心生欢喜。五者供养父母及诸病人。六者见贤圣病，瞻视供养。七者见怨病愈，心生欢喜。八者见病苦者，施与良药，亦劝他施。九者于病苦众生起慈愍心。十者于诸饮食，能自节量。以是十业，得少病报。

复有十业，能令众生得丑陋报。一者好行忿怒。二者好怀嫌恨。三者诳惑于他。四者恼乱众生。五者于父母所，无爱敬心。六者于贤圣所，不生恭敬。七者侵夺贤圣资生田业。八者于佛塔庙，断灭灯明。九者见丑陋者，毁呰轻贱。十者习诸恶行。以是十业，得丑陋报。

复有十业，能令众生得端正报。一者不瞋。二者施衣。三者爱敬父母。四者尊重贤圣。五者涂饰佛塔。六者扫洒堂宇。七者扫洒僧地。八者扫洒佛塔。九者见丑陋者，不生轻贱，起恭敬心。十者见端正者，晓悟宿因。以是十业，得端正报。

复有十业，能令众生得小威势报。一者于诸众生起嫉妒心。二者见他得利，心生恼热。三者见他失利，其心欢喜。四者于他名誉，起嫉恶心。五者见失名誉，心大忻悦。六者退菩提心，毁佛形像。七者于己父母及贤圣所，无心奉侍。八者劝人修习少威德业。九者障他修行大威德业。十者见少威德者，心生轻贱。以是十业，得少威势报。

复有十业，能令众生得大威势报。一者于诸众生，心无嫉妒。二者见他得利，心生欢喜。三者见他失利，起怜愍心。四者于他名誉，心生忻悦。五者见失名誉，助怀忧恼。六者发菩提心，造佛形像，奉施宝盖。七者于己父母及贤圣所，恭敬奉迎。八者劝人弃舍少威德业。九者劝人修行大威德业。十者见无威德，不生轻贱。以是十业，得大威势报。

复有十业，能令众生得下族姓报。一者不知敬父。二者不知敬母。三者不知敬沙门。四者不知敬婆罗门。五者于诸尊长，而不敬仰。六者于诸师长，不奉迎供养。七者见诸尊长，不迎逆请坐。八者于父母所，不遵教诲。九者于贤圣所，亦不受教。十者轻蔑下族。以是十业，得下族姓报。

复有十业，能令众生得上族姓报。一者善知敬父。二者善知敬母。三者善知敬沙门。四者善知敬婆罗门。五者敬护尊长。六者奉迎师长。七者见诸尊长，迎逆请坐。八者于父母所，敬受教诲。九者于贤圣所，尊敬受教。十者不轻下族。以是十业，得上族姓报。

复有十业，能令众生得少资生报。[3]一者自行偷盗。二者劝他偷盗。三者赞叹偷盗。四者见盗欢喜。五者于父母所，减撤生业。六者于贤圣所，侵夺资财。七者见他得利，心不欢喜。八者障他得利，为作留难。九者见他行施，无随喜心。十者见世饥馑，心不怜愍，而生欢喜。以是十业，得少资生报。

复有十业，能令众生得多资生报。一者自离偷盗。二者劝他不盗。三者赞叹不盗。四者见他不盗，心生欢喜。五者于父母所，供奉生业。六者于诸贤圣，给施所须。七者见他得利，心生欢喜。八者见求利者，方便佐助。九者见乐施者，心生忻悦。十者见世饥馑，心生怜愍。以是十业，得多资生报。

复有十业，能令众生得邪智报。一者不能谘问智慧沙门、婆罗门。二者显说恶法。三者不能受持修习正法。四者赞非定法以为定法。五者吝法不说。六者亲近邪智。七者远离正智。八者赞叹邪见。九者弃舍正见。十者见痴恶人，轻贱毁呰。以是十业，得邪智报。

复有十业，能令众生得正智报。一者善能谘问智慧沙门、婆罗门。二者显说善法。三者闻持正法。四者见说定法，叹言善哉。五者乐说正法。六者亲近正智人。七者摄护正法。八者勤修多闻。九者远离邪见。十者见痴恶人，不生轻贱。以是十业，得正智报。

复有十业，能令众生得地狱报。一者身行重恶业。二者口行重恶业。三者意行重恶业。四者起于断见。五者起于常见。六者起无因见。七者起无作见。八者起于无见。九者起于边见。十者不知恩报。以是十业，得地狱报。

复有十业，能令众生得畜生报。一者身行中恶业。二者口行中恶业。三者意行中恶业。四者从贪烦恼，起诸恶业。五者从瞋烦恼，起诸恶业。六者从痴烦恼，起诸恶业。七者毁骂众生。八者恼害众生。九者施不净物。十者行于邪淫。以是十业，得畜生报。

复有十业，能令众生得饿鬼报。一者身行轻恶业。二者口行轻恶业。三者意行轻恶业。四者起于多贪。五者起于恶贪。六者嫉妒。七者邪见。八者爱着资生，即便命终。九者因饥而亡。十者枯渴而死。以是十业，得饿鬼报。

复有十业，能令众生得阿修罗报。一者身行微恶业。二者口行微恶业。三者意行微恶业。四者憍慢。[4]五者我慢。六者增上慢。七者大慢。八者邪慢。九者慢慢。十者回诸善根向修罗趣。以是十业，得阿修罗报。

复有十业，能令众生得人趣报。一者不杀。二者不盗。三者不邪淫。四者不妄语。五者不绮语。六者不两舌。七者不恶口。八者不贪。九者不瞋。十者不邪见。于十善业，缺漏不全。以是十业，得人趣报。

复有十业，能令众生得欲天报。所谓具足修行增上十善。

复有十业，能令众生得色天报。所谓修行有漏十善，与定相应。

复有四业，能令众生得无色天报。一者过一切色想，灭有对想等，入于空处定。二者过一切空处定，入识处定。三者过一切识处定，入无所有处定。四者过无所有处定，入非想非非想定。以是四业，得无色天报。

复有业，能令众生得决定报者。若人于佛法僧及持戒人所，以增上心施，以此善业，发愿回向，即得往生，是名决定报业。

复有业，能令众生得不定报者。若业非增上心作，更不修习，又不发愿回向受生，是名不定报业。

复有业，能令众生得边地报者。若业于佛法僧净持戒人及大众所，不增上心施，以此善根，愿生边地，以是愿故，即生边地，受净不净报。

复有业，能令众生得中国报者。若作业时，于佛法僧、清净持戒梵行人边，及大众所，起于增上殷重布施，以是善根，决定发愿求生中国，还得值佛及闻正法，受于上妙清净果报。

复有业，能令众生尽地狱寿者。若有众生，造地狱业已，无惭无愧，而不厌离，心无怖畏，反生欢喜，又不忏悔，而复更造重增恶业，如提婆达多等。以是业故，尽地狱寿。

复有业，能令众生堕于地狱，至半而夭，不尽其寿。若有众生，造地狱业，积集成已，后生怖畏，惭愧厌离，忏悔弃舍，非增上心，以是业故，堕于地狱，后追悔故，地狱半夭，不尽其寿。

复有业，能令众生堕于地狱，暂入即出。若有众生，造地狱业，作已怖畏，起增上信，生惭愧心，厌恶弃舍，殷重忏悔，更不重造，如阿阇世王杀父等罪。暂入地狱，即得解脱。"

于是世尊即说偈言：

"若人造重罪，作已深自责，

忏悔更不造，能拔根本业。

复有业，作而不集。若有众生，身口意等造诸恶业，造已怖畏，惭愧远离，深自悔责，更不重造，是名作而不集。[5]

复有业，集而不作。若有众生，自不作业，以恶心故，劝人行恶，是名集而不作。

复有业，亦作亦集。若有众生，造诸业已，心无改悔，而复数造，亦劝他人，是名亦作亦集。

复有业，不作不集。若有众生，自不造业，亦不教他，无记业等，是名不作不集。

复有业，初乐后苦。若有众生，为人所劝，欢喜行施，施心不坚，后还追悔。以是因缘，生在人间，先虽富乐，后还贫苦。是名先乐后苦。

复有业，初苦后乐。若有众生，为人劝导，挽仰少施，施已欢喜，心无吝悔。以是因缘，生在人间，初时贫苦，后还富乐。是名初苦后乐。

复有业，初苦后苦。若有众生，离善知识，无人劝导，乃至不能少行惠施。以是因缘，生在人间。初时贫苦，后还贫苦，是名初苦后苦。

复有业，初乐后乐。若有众生，近善知识，劝令行施，便生欢喜，坚修施业。以是因缘，生在人间，初时富乐，后亦富乐。

复有业，贫而乐施。若有众生，先曾行施，不遇福田，[6]流转生死，在于人道，以不遇福田故，果报微劣，随得随尽。以习施故，虽处贫穷，而能行施。

复有业，富而悭贪。若有众生，未曾布施，遇善知识，暂行一施，值良福田。以田胜故，资生具足。先不习故，虽富而悭。

复有业，富而能施。若有众生，值善知识，多修施业，遇良福田。以是因缘，巨富饶财，而能行施。

复有业，贫而悭贪。若有众生，离善知识，无人劝导，不能行施。以是因缘，生在贫穷，而复悭贪。

复有业，能令众生得身乐而心不乐。如有福凡夫。

复有业，能令众生得心乐而身不乐。如无福罗汉。

复有业，能令众生得身心俱乐。如有福罗汉。

复有业，能令众生得身心俱不乐。如无福凡夫。

复有业，能令众生命尽而业不尽。若有众生，从地狱死，还生地狱、畜生、饿鬼，乃至人、天、阿修罗等，亦复如是。是名命尽而业不尽。

复有业，能令众生业尽而命不尽。若有众生，乐尽受苦，苦尽受乐等。是名业尽而命不尽。

复有业，能令众生业命俱尽。若有众生，从地狱灭，生于畜生，及以饿鬼，乃至人、天、阿修罗等。是名业命俱尽。

复有业，能令众生业命俱不尽。若有众生，尽诸烦恼，所谓须陀洹、斯陀含、阿那含、阿罗汉等。是名业命俱不尽。

复有业，能令众生虽生恶道，形容殊妙，眼目端严，肤体光泽，人所乐见。若有众生，因欲烦恼，起破戒业。以是因缘，虽生恶道，形容殊妙，眼目端严，肤体光泽，人所乐见。

复有业，能令众生生于恶道，形容丑陋，肤体粗涩，人不喜见。若有众生，从瞋烦恼起破戒业，以是因缘，生于恶道，形容丑陋，肤体粗涩，人不喜见。

复有业，能令众生生于恶道，身口臭秽，诸根残缺。若有众生，从痴烦恼，起破戒业。以是因缘，生于恶道，身口臭秽，诸根残缺。

复有十业，得外恶报。若有众生，于十不善业多修习故，感诸外物悉不具足：一者以杀业故，令诸外报，大地咸卤，药草无力。二者以盗业故，感外霜雹螽蝗虫等，令世饥馑。三者邪淫业故，感恶风雨，及诸尘埃。四者妄语业故，感生外物皆悉臭秽。五者两舌业故，感外大地高下不平，峻崖崄谷，株杌槎菜。六者恶口业故，感生外报，瓦石沙砾，粗涩恶物，不可触近。七者绮语业故，感生外报，令草木稠林，枝条棘刺。八者以贪业故，感生外报，令诸苗稼，子实微细。九者以瞋业故，感生外报，令诸树木，果实苦涩。十者以邪见业故，感生外报，苗稼不实，收获尠少。以是十业。得外恶报。

复有十业，得外胜报。若有众生，修十善业，与上相违，当知即获十外胜报。

若有众生，礼佛塔庙，得十种功德：一者得妙色好声。二者有所发言，人皆信伏。三者处众无畏。四者天人爱护。五者具足威势。六者威势众生，皆来亲附。七者常得亲近诸佛菩萨。八者具大福报。九者命终生天。十者速证涅槃。是名礼佛塔庙得十种功德。

若有众生，奉施宝盖，得十种功德：一者处世如盖，覆护众生。二者身心安隐，离诸热恼。三者一切敬重，无敢轻慢。四者有大威势。五者常得亲近诸佛菩萨大威德者，以为眷属。六者恒作转轮圣王。[7]七者恒为上首，修习善业。八者具大福报。九者命终生天。十者速证涅槃。是名奉施宝盖得十种功德。

若有众生，奉施缯幡，得十种功德：一者处世如幢，国王大臣、亲友知识，恭敬供养。二者豪富自在，具大财宝。三者善名流布，遍至诸方。四者形貌端严，寿命长远。五者常于生处，施行坚固。六者有大名称。七者有大威德。八者生在上族。九者身坏命终。生于天上。十者速证涅槃。是名奉施缯幡得十种功德。

若有众生，奉施钟铃，得十种功德：一者得梵音声。二者有大名闻。三者自识宿命。四者所有出言，人皆敬受。五者常有宝盖以自庄严。六者有妙璎珞以为服饰。七者面貌端严，见者欢喜。八者具大福报。九者命终生天。十者速证涅槃。是名奉施钟铃得十种功德。

若有众生，奉施衣服，得十种功德：一者面目端严。二者肌肤细滑。三者尘垢不着。四者生便具足上妙衣服。五者微妙卧具覆盖其身。六者具惭愧服。七者见者爱敬。八者具大财宝。九者命终生天。十者速证涅槃。是名奉施衣服得十种功德。

若有众生，生施器皿，得十种功德：一者处世如器。二者得善法津泽。三者离诸渴爱。四者若渴思水，流泉涌出。五者终不生于饿鬼道中。六者得天妙器。七者远离恶友。八者具大福报。

九者命终生天。十者速证涅槃。是名奉施器皿得十种功德。

若有众生，奉施饮食，得十种功德：一者得命。二者得色。三者得力。四者获得安无碍辩。五者得无所畏。六者无诸懈怠，为众敬仰。七者众人爱乐。八者具大福报。九者命终生天。十者速证涅槃。是名奉施饮食得十种功德。

若有众生，奉施靴履，得十种功德：一者具足妙乘。二者足下安平。三者足趺柔软。四者远涉轻健。五者身无疲极。六者所行之处，不为荆棘瓦砾损坏其足。七者得神通力。八者具诸给使。九者命终生天。十者速证涅槃。是名奉施靴履得十种功德。

若有众生，奉施香华，得十种功德：一者处世如花。二者身无臭秽。三者福香戒香，遍诸方所。四者随所生处，鼻根不坏。五者超胜世间，为众归仰。六者身常香洁。七者爱乐正法，受持读诵。八者具大福报。九者命终生天。十者速证涅槃。是名奉施香花得十种功德。

若有众生，奉施灯明，得十种功德：一者照世如灯。二者随所生处，肉眼不坏。三者得于天眼。四者于善恶法，得善慧。五者除灭大暗。六者得智慧明。七者流转世间，常不在于黑暗之处。八者具大福报。九者命终生天。十者速证涅槃。是名奉施灯明得十种功德。

若有众生，恭敬合掌，得十种功德：一者得胜福报。二者生于上族。三者得胜妙色。四者得胜妙声。五者得胜妙盖。六者得胜妙辩。七者得胜妙信。八者得胜妙戒。九者得胜妙多闻。十者得胜妙智。是名恭敬合掌得十种功德。”

尔时世尊说此法已，首迦长者于如来所，得净信心。尔时首迦头面礼佛，作如是言：“我今请佛，往舍婆提城，到我父所忉提长者家。愿令我父及一切众生，长夜安乐！”尔时世尊为利益故，默然受请。尔时首迦闻佛所说，心大欢喜，顶礼而退。

---

[1]欲天：欲界六天。色天：色界十八天。无色天：无色界四天。

[2]中国：指有佛法流传的文明发达地区，如当时的中印度。

[3]资生：生活所需要的财物等。

[4]憍慢：因自己能行而骄傲自负。大慢：亦称过慢，自认为比实际与自己同等者强。邪慢：实际无德而自认为有德。慢慢：亦作慢过慢，自认为胜过实际上比自己强者。

[5]不集：不积累。

[6]福田：能生长福报的田地，《阿含经》中主要说为佛、法、圣僧，大乘经中有说八福田，包括病人、畜生、贫穷孤独之人等。

[7]转轮圣王：统理四天下的圣王，有金轮、银轮、铁轮等分别，以乘轮宝巡行天下而得名，亦译“飞行皇帝”。

佛所说经选读

16

《杂阿含经》第1044经

如是我闻。一时，佛住在拘萨罗，人间游行，至毗纽多罗聚落北身恕林中住。毗纽多罗聚落婆罗门长者闻世尊住聚落北身恕林中，闻已，共相招引，往诣身恕林，至世尊所，面相慰劳已，退坐一面。

尔时，佛告婆罗门长者：

我当为说自通之法，[1]谛听！善思！

何等自通之法？谓圣弟子如是学：我作是念：若有欲杀我者，我所不喜；我若所不喜，他亦如是，云何杀彼？作是觉已，受不杀生，不乐杀生。

如上说，我若不喜人盗于我，他亦不喜，我云何盗他？是故持不盗戒，不乐于盗。

如上说，我既不喜人侵我妻，他亦不喜，我今云何侵人妻妇？是故受持不他淫戒。

如上说，我尚不喜为人所欺，他亦如是，云何欺他？是故受持不妄语戒。

如上说，我尚不喜他人离我亲友，[2]他亦如是，我今云何离他亲友？是故不行两舌。我尚不喜人加粗言，他亦如是，云何于他而起辱骂？是故于他不行恶口。

如上说，我尚不喜人作绮语，他亦如是，云何于他而作绮语？是故于他不作绮饰。

如上说，如是七种，名为圣戒。

又复于佛不坏净成就，于法、僧不坏净成就，是名圣弟子四不坏净成就。[3]

自现前观察，能自记说：[4]我地狱尽、畜生尽、饿鬼尽，一切恶趣尽，得须陀洹，不堕恶趣法，决定正向三菩提，七有天、人往生，究竟苦边。

时毗纽多罗聚落婆罗门长者闻佛所说，欢喜随喜，从座起而去。

---

[1]自通法：推己及人而自通达的方法。

[2]离：离间、挑拨。

[3]四不坏净：对佛法僧三宝及戒的坚信，不坏净，意为没有污点的净信。一般指证初果而得。

[4]自记：自己给自己下判断、作预言。

调伏醉象

《法句经·言语品》

恶言骂詈，憍陵蔑人，兴起是行，疾怨滋生。

逊言顺辞，尊敬于人，弃结忍恶，疾怨自灭。

夫士之生，斧在口中，所以斩身，由其恶言！

诤为少利，如掩失财，从彼致诤，令意向恶。

誉恶、恶所誉，是二俱为恶，好以口快斗，是后皆无安。

无道堕恶道，自增地狱苦，远愚修忍意，念谛则无犯。[1]

从善得解脱，为恶不得解，善解者为贤，是为脱恶恼。

解自抱损恶，不躁言得中，义说如法说，是言柔软甘。

是以言语者，必使己无患，亦不克众人，是为能善言。

言使投意可，亦令得欢喜，不使至恶意，出言众悉可。

至诚甘露说，如法而无过，谛如义如法，是为近道立。

说如佛言者，是吉得灭度，为能作法际，[2]是谓言中上。

佛坛

[1] 念谛：思念佛法的真理。

[2] 法际：究竟的真理。

初转法轮

第四章

"如实知见"

当追寻染净因果时，佛陀发现："不如实知"（不能如实地认识）宇宙人生的本来面目，主观的心理活动与客观真实"不相应"（不相一致），乃生起贪嗔邪见等烦恼、造作善恶业、招致生死苦恼果报的渊源。"如实知见"，被佛陀强调为超出生死、获得自由的诀要，在《阿含》等经中反复宣说，成为佛陀哲学观乃至其全部思想的心髓。如《杂阿含》卷六第107经等，佛将造成老病死忧悲恼苦的原因归结于对五蕴的集、灭、味、患、离 "不如实知"，以对五蕴的集、灭、味、患、离"如实知"，为圣弟子老病死忧悲恼苦灭的根本原因。《正法念处经》卷三二佛言：

> 若如实见，则到彼岸。

如实知见的对象，可以"真实"二字总括之。正如吕澂先生在《印度佛学源流略讲》中所说：佛学对象的中心范畴是"真实"。

真实(梵 tathata)，意为"如实"，亦译"真如"、"真性"等，主要指从认识论角度看，未经主观认识歪曲的客观真实，所谓"如本不异"者。如本不异者从实体论角度看，具有常恒不变、不依于他的本性。"真"、"实"二义，互相涉入，真者必实，实者必真。总之，真实，指如本不异、常恒不易之本然、实在。佛陀所说全部佛法的内容，后人概括为所观的"境"、所修的"行"、所证的"果"三大部分，其中"境"所观的对象，便是真实。而"行"（修行）的实质，无非是修正心理活动和言行令符契于真实，"果"则是符契于真实的结果。全部佛法，可以说皆以"真实"为轴心。

佛言精粹

佛告诸比丘：我以知见故得诸漏尽，非不知见。

《杂阿含经》卷十第249经

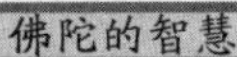

从真实论的角度看，佛陀观察宇宙人生的哲学出发点是：确信宇宙间有绝对不变的真实，确信人类有认识、体证此真实的能力。佛陀认识真实的方法，是从理性思维出发，运用简明的缘起法则如实综观宇宙人生的本质、本性，揭示和批判有违于真实的世俗知见，发现超越理性思维而体证绝对真实之道。

佛言精粹

不如实知故，于色爱乐赞叹、摄受染着；缘爱乐色故，取；缘取故有；缘有故生；缘生故，老病死忧悲恼苦增，如是纯大苦聚斯集起。受、想、行、识，亦复如是。是名有流。

《杂阿含经》卷六，第108经

一、“三科”、“六大”——佛陀的宇宙结构论

与世间大多数哲学皆先预设一个客观外在的本体、实体等不同，佛陀观察宇宙人生，是从缘起论着眼，将世界看作一种与我人密切联结，由诸多条件集合而成的现象，综观集起世界的诸多因缘，如实地把握宇宙的基本结构。从《阿含经》到众多大乘经中反复讲述的“三科”、“六大”，其实应看作佛陀宇宙结构论、宇宙要素论的基本框架。

“三科”，即三类，指“蕴”、“处”、“界”三类观察世界的方法或宇宙要素、宇宙结构说。

“蕴”，指“五蕴”，又译“五阴”、“五众”、“五聚”。“蕴”为巴利语犍陀（kandna）意译，意为积聚、品类，五蕴即色、受、想、行、识五类东西的积聚，五种东西积聚在一起必然有荫蔽、遮盖的作用，因而译为“五阴”，含有这五种东西能荫蔽本性光明、使人心阴暗不明的意味。

色蕴之“色”. 比现代汉语中“色”字的含义要宽泛得多，泛指一切有质碍、能显现、必变坏的东西，大略相当于今所言“物质”。色的主要特点是占有一定的空间，具有特定的体质，表现为特定的形相。如人和动物的肉体、感知器官，及山河大地、光电石火等。色蕴由地、水、火、风四大元素集合而成，称“四大”或“四界”，意谓普遍于一切的四种基本要素。地大的特性是坚固，指一切固体的物质；水大的特性是润泽、流动，指一切液态的物质；火大的特性是暖热；风大的特性是动转，指一切虽未必为肉眼所见而有作用的

运动。《中阿含·分别六界经》中，佛说四界皆分内外：内地界者，我人身上的发、毛、爪、齿、皮肤，及身内的骨、筋、肉、心、肾、肝、肺、脾、肠等物，与外界一切具坚固性的物质，总称地界。内水界者，我人身中的脑髓、眼泪、汗水、涕唾、脓、血、涎、痰、小便等，与外界水、油等液态物质，总称水界。内火界者，我人身中的体温、发烧、饮食消化等，与外界的火、日光、闪电等外火界，总称火界。内风界者，我人的呼吸、下风（放屁）、内气、痉挛、动作等，与外界风、电等运动，总称风界。

受蕴之“受”，意为领纳，指人主观上或心理上因接受外界刺激而生的感受，包括感觉之一部分及情绪、感情等心理活动。《阿含经》中将受分为乐、苦、舍（不苦不乐）三种。

想蕴之“想”，意为“取相”，指与感觉、知觉、名言概念等符号相联系的种种心理活动，想蕴则包括构想、想象、回忆、做梦等。

行蕴之“行”，意为“造作”，指有目的、有意向的活动，就像人赶路，在不断地动，而其动作有特定的目的、方向。行蕴的行，主要指除受、想之外的意志、动机、自我感觉等心理活动。《阿含经》说行有身行、心行、意行三种，《杂阿含》卷二第50经说：“若见我者，是名为行”，谓执着性的自我意识名行。同经卷三第52经又说“思”（意志、决意）为行。大乘经中的行蕴，多泛指一切变迁不息的活动，大乘唯识学以深层自我意识“我执”为行蕴的主要内容。

识蕴之“识”，意为“了别”，即觉了分别的心理功能。在《阿含经》中识蕴主要指受、想、行之外的眼、耳、鼻、舌、身、意六识的功能，及六识表层之下的深层心理功能、各种心识活动的内核，即大乘《解深密经》等所说阿陀那识、阿赖耶识。

五蕴中，色蕴属物质现象，受、想、行、识四蕴为心理现象，色（物）、心结合，集起我人及我人所依止的世界，可谓五蕴说所表示的佛陀宇宙结构论。佛陀及原始佛学的哲学观，因而被近现代学者判为二元论。实际上，五蕴说与其判为二元论，无宁说为心、物缘起论，它与西方哲学史上的心物二元论颇有不同，其着眼点重在心、物相互依存、一体不二，而不在建立“二元”。《阿含经》中，常以“名色”二字为五蕴的总称，“色”即色蕴，“名”指受、想、行、识

佛言精粹

观色如聚沫，
受如水上泡，
想如春时焰，
诸行如芭蕉，
诸识法如幻。……
无实不坚固，
无有我、我所。

《杂阿含经》卷十一，第265经

四蕴，因其皆属内在的心理活动，无物质实体可指陈，唯有设概念以表示其作用，故称为“名”（概念）。狭义的名色，则为“十二有支”中的一支。《杂阿含》卷十二第298经佛为诸比丘解释说：

云何名？谓四无色阴——受阴、想阴、行阴、识阴。云何色？谓四大、四大所造色，是名为色，此色及前所说名，是为名色。

同经第288经以三捆芦苇立于空地，“展转相依，而得竖立”为喻，说明识（当指六识之下的深层心识）与名色“展转相依，而得生长”。此中蕴含有深层心识与物质互相依存、不可分离的意味。

三科中第二类“处”，又译“入”，意谓内心与外境交涉、产生心识的处所或门户，系从认识活动着眼观察宇宙人生。有“六处”、“十二处”二说。六处（六入），为眼处、耳处、鼻处、舌处、身处、意处，眼处为眼识（视觉）发生的处所，耳处为耳识（听觉）发生的处所，鼻处为鼻识（嗅觉）发生的处所，舌处为舌识（味觉）发生的处所，身处为身识（触觉）发生的处所，意处为意识（知觉）发生的处所。《中阿含·分别六处经》中，佛告众比丘：眼见色已分别色，耳闻声已分别声，鼻嗅香已分别香，舌尝味已分别味，身觉触已分别触，意知法（概念）已分别法，名为六处、“内六处”，或译“六更乐”。眼、耳、鼻、舌、身、意六处所感知的对象，为色、声、香、味、触、法“六境”，亦称“六尘”（六种能污染人心的尘垢），名为“外六处”。内六处与外六处合称为“十二处”、“十二入”。《杂阿含》卷十三第331经佛言：六外入处中，色外入处为“四大造、可见、有对”色，声香味触四外入处为“四大造、不可见、有对”色，意识了别的对象“法”外入处，为“不可见、无对”色（没有可见的实物，仅为符号概念）。六处（六入）与十二处（十二入）的义蕴实际相同，说明从眼耳鼻舌身意六大门户接收、分别色声香味触法六种境相，心、境相涉，构成我人生命及我人认识中的世界。

三科中的第三类“界”，有界限、范围、种类、种子、因等涵义。《中阿含·分别六界经》中，佛告比丘：

人有六界聚，此说何因？谓地界、水界、火界、风界、空界、识界。

此六界，后来多译为“六大”，指构成宇宙万有的六大基本要素。

佛言精粹

谓眼色、眼识、眼触，眼触因缘生受，内觉若苦若乐、不苦不乐，耳、鼻、舌、身、意法，意识意触，意触因缘生受，内觉若苦若乐、不苦不乐，是名世间。

危脆败坏，是名世间。

《杂阿含经》卷九第219、220经

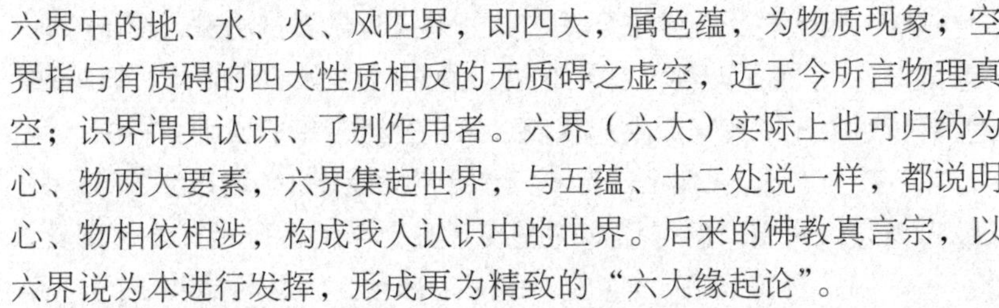

六界中的地、水、火、风四界，即四大，属色蕴，为物质现象；空界指与有质碍的四大性质相反的无质碍之虚空，近于今所言物理真空；识界谓具认识、了别作用者。六界（六大）实际上也可归纳为心、物两大要素，六界集起世界，与五蕴、十二处说一样，都说明心、物相依相涉，构成我人认识中的世界。后来的佛教真言宗，以六界说为本进行发挥，形成更为精致的“六大缘起论”。

经中所说属三科的界，更多指十八界，分三大类：第一类为眼界、耳界、鼻界、舌界、身界、意界六界，大略相当于十二处中的眼耳鼻舌身意内六处，称“六根界”——即六种应看作生死之根的感知机制，为外境六尘进入的窗口、门户，故称“六窗”、“六根门”。十八界中的第二类为色界、声界、香界、味界、触界、法界六界，相当于十二处中的色声香味触法外六处或六境、六尘，乃六根分别感知的对象。十八界中的第三类为眼识界、耳识界、鼻识界、舌识界、身识界、意识界六界，为六种认识或感知的功能，属心理、精神要素，称“六识界”。六根、六尘、六识相结合，构成十八界。与十二处说一样，十八界也是从认识论的角度着眼观察世界，说明根、尘、识三缘和合，产生我人认识中的世界，较十二处说更见精细。界与处的区别，是界除处所外，还有因、种子之义，能贯通现在、过去、未来三世，如十二入中的眼识，只指产生视觉的心理、精神作用，而十八界中的眼识界则还包括产生视觉的种子——无始以来的视觉习气。意识界，就有能产生意识的机制之意味，可以解释为更深层的末那识。

多种佛经中强调：根、尘、识三缘，不可分割，只有三者具足才能生起感知，形成世界。

三科、六大之说虽然貌似简略，而其中蕴含着对现代哲学、科学具深刻启迪意义的智慧。其中所体现的基本哲学精神，是坚持用朴素辩证法原理缘起法则综观宇宙万有，将主观认识、感知方式和认识对象看作相互依从、密切相关的缘起，从三者的关系着眼，考察宇宙万有，而不像自然科学那样，以有不依赖于意识的实在为出发点，去片面考察物质世界；也不像多家哲学，预设一种不依赖主观意识的本体、实体。

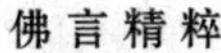

佛言精粹

犹如大石山，四风不能动，色声香味触，及法之好恶，六入处常对，不能动其心。心常住坚固，谛观法生灭。

《杂阿含经》卷九第240经

三科、六大说，在佛陀那里，并非是从哲学思辨出发，提出一种宇宙结构论，而是从染净因果着眼，通过对认识形成的解析，说明众生不能如实知见真实而生起烦恼、感招生死苦果的原委。经载，佛说五蕴、十二处、十八界，无不归结于染净因果，指出因不知从眼耳鼻舌身意六大窗口所得感知的虚妄不实，而于所得感知生起贪爱、憎恶等烦恼，污染自心，心被境缚，造有漏业，从而流转生死。若欲解脱生死苦恼，必须从根本下手，在六根门户用功，如实知见认知现象本来的缘起性、空无我性，看破六尘，不受污染，不被其所缚，才能安然自在。

佛言精粹

假使有世间，
正见增上者，
虽复百千生，
终不堕恶趣。

《杂阿含经》卷二八第788经

二、三法印——佛法的宗要

三法印，被公认为佛陀及原始佛教教义之宗要，佛教界历来以三法印为鉴别是否佛法的衡准。法印之“印”，梵语母陀罗（Mudra）或优檀那（udana），意为印鉴、标志。法印，即佛教正法的标志，犹如国玺为国王权威的标志。

三法印的确定，虽然未必出于《阿含经》，但其内容确为《阿含经》中反复宣讲的宗要。《杂阿含》所摄《佛说法印经》（一译《佛说圣法印知见清净经》）以如实观察苦、空、无常、无我而入空、无相、无作三种三昧（定），为“圣法印知见”。《杂阿含经》卷十诸比丘谓“一切行无常，一切法无我，涅槃寂灭”为佛所说正法的三大要点，后来这三大要点被称为三法印。《莲花面经》中说：

一切行无常，一切法无我，
及寂灭涅槃，此三是法印。

另有加“诸行皆苦”为四法印或四优檀那者，其义出于《增一阿含经》卷十八〈四意断品〉佛所总结其所说法的“四法本末”：一切诸行皆悉无常、一切诸行苦、一切诸行无我、涅槃永寂。后世多以三法印为佛教诸乘教义的宗要、旗帜，认为三法印乃万世不移、不可能被证伪的真理。南传佛教界则以诸行无常、苦、无我为三法印，但也肯定涅槃寂灭义。

三法印是运用缘起法则观察宇宙万有而得出的结论，从逻辑上

看，三印环环相扣，层层深入，构成一个三段推理论式。

（一）诸行无常印

诸行，指一切处于运动、变化中的事物，即一切因缘所生、有所造作的“有为法”——我人认识中的一切现象。此一切不可能常恒不易，无不处于生灭变迁之中，先有今无，今有后无，故说无常。如果说宇宙间有恒常不变者的话，那么只有这诸行无常的本性，才是可由经验和理性认识到的永恒不变的真理、真实。

诸行无常，大概是所有成年以后的正常人都深有感触的人生体验，可谓古今中外文艺作品的永恒题材。人生无常的感叹，无论何时何地，都能引起世人心弦的共振。从《阿含经》到大乘经，充满了佛陀教诫人们反省生死无常的言句。如《佛说无常经》前的偈颂所说：

> 生者皆归死，容颜尽变衰。强力病所侵，无能免斯老。
> 假使妙高山，劫尽皆坏散；大海深无底，亦复皆枯竭；
> 大地及日月，时至皆归尽。未曾有一事，不被无常吞！
> 上至非想处，下至转轮王，七宝镇随身，千子常围绕，
> 如其寿命尽，须臾不暂停，还漂死海中，随缘受众苦。

少壮者难免衰老，生者难免死；爱妻娇儿，富贵荣华，难以常保，积金百亿，死时也无法带去。即便是寿长八万大劫的非想非非想处天，到头来也难免一死。就是那貌似无情、似乎亘古不变的山河大地、日月星辰，劫灾到来时也会散坏。生者必死，有者必无，依缘而起者必然无常变易，此乃铁定的自然法则，谁也无法改变。

若从哲学角度综观宇宙万有，则五蕴皆悉无常，乃不可证伪的定论。《杂阿含》卷一第9经佛告诸比丘；

> 色无常。若因、若缘，生诸色者，彼亦无常。无常因，无常缘，所生诸色，云何有常？

肉体和一切物质皆悉无常，此乃显而易见的事实。肉体有婴、幼、少、壮、老、死之变异，周身细胞日日夜夜在新陈代谢；草木有荣枯，器物有新旧，山川有沧海桑田之变，日月星球在不停地运转。究其实质，物质现象莫不依因缘而产生、存在，莫不由地、水、火、风四大集成，而地、水、火、风也在互相转变，永处于运动变化中。

佛言精粹

一切诸法皆从自业因缘力故而得生起，而是因缘念念不住，犹如电光。

《无字法门经》

至于受、想、行、识四蕴，作为心理活动，其无常性更为显著。《杂阿含》卷十二第289经佛言：

心意识日夜时刻须臾转变，异生异灭。犹如猕猴游林树间，须臾处处攀捉枝条，放一取一。

人的心念，总是此起彼落，此生彼灭，忽而患此，率而念彼，没有一刻停止不动，就像调皮的猴子在树林中跳跃戏耍，刚放开这根树枝，又抓住那根树枝，躁动不已。

佛言精粹

在这世上，没有属于自己的东西，不为消逝的东西而悲伤，不陷入万物，这样的人称为平静者。

《经集·毁灭以前经》

诸行无常，从价值观的角度看，与众生趋求常乐的本性意向相违，因而为人生最根本的苦。诸行皆苦，被列为四法印之一。但诸行皆苦义，可以摄于诸行无常印中，是从人生价值观着眼观察诸行无常而得出的结论。

大乘经中，进一步深化了无常的义蕴，强调一切有为法悉皆绝对无常。《般若经》中，佛常用日出即消的露水、转瞬即灭的水泡、刹那间一现的闪电等比喻一切无常，《金刚经》偈云：

一切有为法，如露亦如电，
如梦幻泡影，应作如是观。

这种以直觉体察无常的方法，称“体空观”。若深入体察，必然发现众生的生命，每一刹那都处于生灭变易或生死中，如南本《涅槃经·迦叶品》所说：

一息一瞬，众生寿命四百生灭。

不仅生命现象，一切处于时空中的现象，莫不如此。《仁王般若经》卷二佛言：

是法即生、即住、即灭，即有即空，刹那刹那，亦如是法生、法往、法灭。何以故？九十刹那为一念，一念中一刹那经九百生灭。

若能在刹那中不变易，则长劫亦应不变易。然穷尽人智，也找不到一个能在刹那间寂静不动的当下。从微观层次，追索到肉体和物质的最小构成单位细胞、分子、原子、电子等佛书称为“微尘”、“极微”、“邻虚尘”者，也是刹那生灭无常，从中难以发现永恒不变、寂静不动的东西。《楞伽经》卷二佛告大慧菩萨：

然不实一切法，速灭如电，是则如幻。

近现代物理学的发现证实，构成一切物质的电子，绕核疾转，正是“速灭如电”。无常，乃任何事物绝对恒定的本性。有的事物在一个阶段乃至相当长的时间内呈现貌似稳定的状态，人在认识上常以之为不变者，实际上只是一种“相似相续”的变化，南本《涅槃经·狮子吼品》佛言：

如是等法，虽念念灭，犹故相似相续不断。

这使许多东西看起来好像是稳定不变的，然其稳定性是相对的、暂时的，其无常性是绝对的。如金玉宝石等虽然年经亿数而不变，然地球毁灭时，也难免跟着变灭。何况若深观其微观层次，也是无一刹那不在运动变化。

（二）诸法无我印

这一印中所否定的“我”，为梵语阿特曼（dtman）的意译，源出婆罗门教典，是当时印度多家哲学共谈的一个重要范畴。阿特曼的涵义，是“自在”——即不依赖任何条件而存在、常恒不变的自主自宰者。南本《涅槃经·哀叹品》解释说：

若法是实、是真、是常、是主、是依，性不变易，是名为我。

《佛学今诠》第四章定义“我”：“那永恒、不变、独一和自主之不与他共之个体。‘我’必须具备四个特点：即永恒、不变、独一和自主。”[1]

从《阿含经》看，佛陀的无我论所否定破斥的“我”，主要指世人以五蕴等为常一自宰之阿特曼的执着，也破斥婆罗门教等所立的大我、神我观念。《杂阿含》卷二第39经佛言：

若诸沙门、婆罗门，见有我者，一切皆于此五受阴见我。

《本事经》卷五等载，佛将一般人的我见归纳为五蕴即是我、五蕴属于我、我在五蕴中、五蕴在我中四类，四类乘以五蕴之数5，共成20种我见。《杂阿含经》分为五蕴即是我、五蕴异我（我在五蕴之外）、五蕴与我相在（我在五蕴中、五蕴在我中）三种。世人总是有种下意识的自我感、自我意识，觉得身中有个能作主宰、独一常在的自我；在意识层面，往往认自己的身心、个性、潜能等为自我；涉世稍深者则以自己的社会角色、头衔、才干、名望等为自我，认属于这个自我的衣物、钱财、妻儿、作品等为自我的一部分，佛书称

佛言精粹

虽知众生实无有我，而于未来不失业果；虽知五阴于此灭尽，善恶之业终不败亡；虽有诸业，不得作者；虽有至处，无有去者；虽有系缚，无受缚者；虽有涅槃，亦无灭者。是名甚深秘密之义。

《大般涅槃经》卷二一

[1] 上册，台北慧炬出版社，1994，页204。

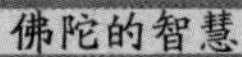

之为“我所”——即我所占有、属于我的东西。尽管从幼小到老死，自己和世界都在不断变化，但总是觉得这个“我”恒在不失。多数世人公认的这种自我，不出佛学所说五蕴的范围，可谓“五蕴即是我”及“五蕴属于我”论。

婆罗门教等则认为五蕴虽然未必是真常自我，但在自身中或自身外有一个常恒自在的自我（神我）、灵魂。由人身类推至宇宙，则宇宙大人身中，应有一永恒自在、主宰一切的大我，此即大梵、自在天或上帝。婆罗门教典《奥义书》中，对这种真我、大梵，作过种种描述和理论论证。有的说阿特曼住在人身内，为一有形相之物，如豆、如灯等，即“我在五蕴中”论。有的说自身中的阿特曼和宇宙间的大梵一体不二，所谓“梵、我一如”，小我五蕴在这大我之内，即“五蕴在我中”。还有说阿特曼在人身外者，即“离五蕴有我”（我异五蕴）论。

佛言精粹

有业有报，
不见作者，
如是空法，
名第一义空。

《大般涅槃经》卷十六

对五蕴即是我、五蕴属于我、我在五蕴中、五蕴在我中、我异（离）五蕴等我见，佛陀都有所批判，而破斥最多的，是常人所执五蕴即是我论。《阿含经》中，佛陀针对多数世人所持的蕴即是我见，力谈五蕴非我。其论证五蕴非我的理由，大略有三条：

第一，五蕴皆悉无常、苦故，非我。无我，乃依诸行无常推理而得出的必然结论。为什么？因为从“我”的定义看，堪称为“我”者，必具有常恒不变的特性。然世人执为实常自我的五蕴，皆悉无常，与“我”的特性正好相反。身心念念变迁，从其中找不到一个实常的自我。若说身体是我，究竟青年时的身体是我，抑或老年时的身体是我？若青年时的身体是我，则应永远青春强健，不应变为老朽衰迈。若说受、想、行、识等心理活动是我，则一日之中，念头百千次起灭，究竟哪一念是我？若前一念是我，则后一念生时，前一念已灭，自我应灭，灭则非我。若后一念是我，后念亦转瞬即灭，还同前念。若痛苦的感受是我，则应终生痛苦不已；若快乐的感受是我，则应终生快乐无央。然普天之下，难觅一终生常苦或常乐之人。《杂阿含》卷六第129经佛告比丘：五蕴皆悉无常、是苦故，轮回生死故，无我：

> 诸所有色，若内、若外，若粗、若细，若好、若丑，若远、若近，彼一切非我、非异我、不相在。……受、想、行、识，亦

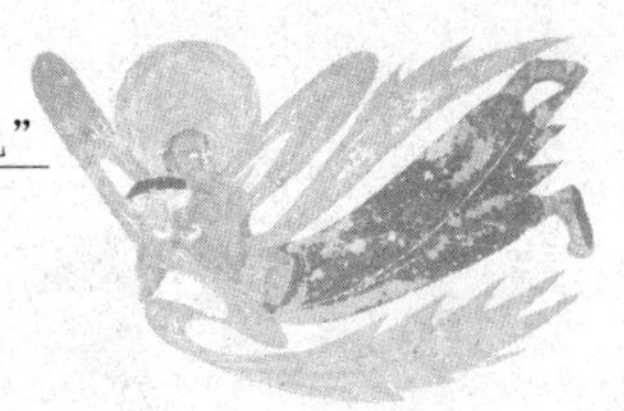

复如是。

无尽的轮回途中，哪一回、哪一生，不论高低贵贱大小美丑的身体，都非实常不易的我，即生即灭的受想行识等，更非实常自我，五蕴皆非实我，也非有异于五蕴的实我，实我不在五蕴中，五蕴也不在实我中（“不相在”）。同经卷十三第318经，佛陀从内外十二处的角度，说明身内、身外的一切皆生灭无常故，非我：

> 若有说言；眼是我，是则不然。所以者何？眼生灭故。若眼是我者，我应受生死。是故说眼是我者，是则不然。如是，若色，若眼识、眼触、眼触生受若是我者，是则不然。所以者何？眼触生受是生灭法……是故眼触生受非我。如是，耳、鼻、舌、身、意触生受非我。

眼耳鼻舌身意六大器官、六种感知功能，及从眼耳等六大窗口接触外境所生的种种感受、经验，无不是生灭变迁、转瞬即逝的无常之物，非真常自宰的我。从五蕴、十二入、十八界中，是找不见一个实常自我的。

第二，五蕴缘起故，非我。“我”的哲学涵义为“自在”，自在者，独立无依，自己为自己存在的原因，不依赖任何条件，能自作主宰，这样的东西才称得起“我”。而省察我等众生，实际上只见各种条件——五蕴的合集，是一种因缘和合、生灭相续的过程，其中找不到一个独立无依的自在者、自我。《杂阿含经》卷四佛言：

> 恰如支节集合而为车，如是，仅依蕴而有众生之名。

就像车子不过是各种部件按一定规则组合而成的东西，人们把它叫做车子，众生不过是五蕴的组合体，人们按自己的认识习惯把这个组合体叫做“某某”而已。五蕴之中，色蕴（肉体）最像车子，乃头、躯干、四肢、发、毛、齿等部件的组合体，这些部件若拆开来，哪一件都难以称得上自我。若头是自我，那末当罪犯的头颅被砍下后，那个头颅还应会思考、会说话；若说手足是我，那末手足被砍掉后，还应会做事、走路，而实际不可能。现在科学发达，除了脑之外的人体器官都能移植成功，若一个人被换上了别人的心肝五脏，那末这个人究竟是不是他原来常常体认的自我？何况组合成肉体的头目脑髓、躯干四肢等部件，若究其实质，又是由地、水、火、

佛言精粹

一切诸法本，
因缘生无主，
若能解此者，
即得真实道。

《过去现在因果经》

此身一切悉无有我，唯有心风因缘和合，示现种种所作事业，譬如咒力幻术所作，亦如箜篌随意出声。

《大般涅槃经》卷十二

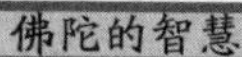

风等元素合成。

受、想、行、识等四蕴，也都是因缘和合而起，依境生心，由许多个形形色色的念头、心理活动所构成，其中并无一个精神实体能称得起自在者、实我。许多人能感受苦乐的 “受蕴”为我，人常说“我好幸福”、“我太苦了”，即属此类。《长阿含·大缘方便经》佛列举了计名色与受都是我、受非我而我是受、受非我我非受而受法是我、受非我我非受受法亦非我而受是我四种我见，批判说：乐、苦、不苦不乐三种受，皆因缘和合而生，有乐受时无苦及不苦不乐受，余二亦然；缘乐触之缘生乐受、缘苦触缘生苦受、缘不苦不乐触生不苦不乐受，乐触等缘灭时，乐受等受亦随之而灭。有如两木相揩，则有火出，若各置异处，则无有火，同理：

> 此三受，有为、无常，从因缘生，尽法、灭法，为朽坏法。彼非我有，我非彼有。

苦、乐等感受，皆生灭无常，非实我，自我也不能永远拥有它们。以感受为我，乃属错认。又，若乐受是我，当乐受灭时，此我亦应灭，灭则非我；若不灭，应有两个我，我若有二，则非是我，苦、不苦不乐二受亦然。故认为我是受，亦属错认。所受的苦乐等既非实我，能感受者及“受”本身，亦皆非实我。《杂阿含》卷十一第257经，佛陀从认知及情绪、意识缘起的角度比喻五蕴皆无常故非实我：

> 譬如两手和合相对作声，如是缘眼、色生眼识，三事和合触，触俱生受、想、思。此等诸法非我非常，是无常之我，非恒、非安隐，变易之我。所以者何？比丘，谓生老死没受生之法。比丘，诸行如幻如焰，刹那时顷尽朽，不实来实去。

还有以识(能了别的心识主体)为自我者，《中阿含》卷五四《茶帝经》载，有一叫茶帝的比丘，认为“识往生不更异”(识乃可以延续到后世而永不改异的轮回主体)，受到佛的严肃批评，谓“识因缘故起，识有缘故生，无缘则灭，识随彼缘生，即彼缘说”，如眼见面前电脑时，只有见电脑的眼识和明白这是电脑的意识，就此说我有心识，而并没有一个不依境缘而生、常不改易的识为常住不变的自我。

第三，五蕴不能自宰故，非我。“我”者，必具能自作主宰的特

佛言精粹

一切有为法，
如梦幻泡影，
如露亦如电，
应作如是观。

《金刚般若经》

一切诸法皆从自业因缘力故而得生起，而是因缘念念不住，犹如电光。

《无字法门经》

性。而集成众生的五蕴，皆不能自作主宰，故皆非自我。《佛说五蕴皆空经》中，佛陀告诸比丘：

> 色不是我，若是我者，色不应病及受苦恼，我欲如是色，我不欲如是色。既不如是随情所欲，是故当知，色不是我。受、想、行、识，亦复如是。

若这个物质身体是我，则它不应有我所不愿有的病苦，应该是随我的意愿而转变，我叫它怎样它就怎样，实际上并非如此。因为色身非我，所以色身才有我所不愿意有的病苦，才不随人意，不会我叫它如何它便如何。受、想、行、识，也是如此。省察身心，的确皆具有外在性、不自主性，肉体难免有人所不爱乐的衰老、疾病，心理活动往往有理性所不愿有的粗劣欲望，往往被境、事所扰而滋生明知对我不利的忧愁、焦虑、气恼等不良情绪。五蕴之中，的确难以觅到一个能自作主宰的实我。

《阿含经》中，佛陀不仅对执今生现世的五蕴为我的所谓“见现在世真实是我”的见解反复作了破斥，而且批判了死后灵魂不灭之类“命终之后亦见是我”的见解。佛陀虽常说众生轮回五道，生死相续，反对人死断灭论，但只是说人死后其五蕴的活动相续不断，并非认为有一个常恒独一、自作主宰的灵魂、自我出入于五道中。若说甲的前世是乙，则乙不应变为今生的甲；若说甲的来世将是丙，那么来世的丙，凭何而言他就是今生的甲？《杂阿含》卷十六第414经载：众比丘谈论各自的前生宿世如何如何，被佛陀批评了一顿，谓“如此论者，非义饶益，非法饶益”，乃非实、无益之论，因为它堕入了执五蕴为我的我见。

《大般涅槃经》卷十三佛还破析了外道以念、忆想、伴非伴、名字、生已求乳、相貌、见他食果口中生涎等知有我等种种我见。这些所执自我，皆不出五蕴的范围，念（记忆）、忆想（想象）属行蕴所摄心所法，名字、相貌乃意识所了别的对象，生来便知吃奶、见他食果口中自然流涎为识蕴所摄的异熟识。如此种种，皆因缘所生、无常、不自在，故非我。如许多人常以记得现在的自己还是以前自己的记忆（念）为自我，佛言：若以念为我，那么过去的事多有忘失，说明念不能常住不易，则非我。忆想亦如是。又，若以婴儿生

佛言精粹

可意不生欲，不可不憎恶……平等舍弃苦乐，不灭者令灭……觉悟彼诸恶，安住离欲心，善摄此六根，六境触不动，摧伏众魔怨，度生死彼岸。

《杂阿含经》卷十一第260经

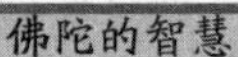

来便知吃奶为自我，如果这个自我是能自作主宰的实我，那么婴儿应当知晓不可以去拿粪秽不净之物及危险的火、毒蛇、毒药等，然事实并非如此。

对于婆罗门教等外道所说经历轮回而不变，有如从这间房子搬进那间房子之主人的阿特曼及常一自在的神我，佛陀也持否定态度，给予诘难。《中阿含》卷五四《阿梨吒经》中，佛批判认为神、时间及我来世常不变易、恒不消灭的观点说：过去、现在、未来的一切色等五蕴，“从此世至彼世，从彼世至此世，彼一切非我有，我非彼有，亦非是神”。没有可以从今生原封不动延续到后世的自我、神及其他东西。接受了我、时间、神在后世不灭的观点，悲哀、痛苦、烦恼并不会就此消失。同经卷二六《想经》中，佛批判了根据某种禅定经验，认为“一切即是神、一切是神所、神是一切所使”的见解，指出这种见解障碍如实知见，如实知一切非是神、非是属于神、非被神（驱）使，方能如实知一切。这里所谓“神”，指外道所计纯粹的精神主体“神我”（purusa），犹如道教所谓“元神”。如果说神我即是五蕴，那么五蕴皆悉无常、缘起、不能自宰，称不起真常的神我；如果说神我不是五蕴，那么它究竟在何处？所谓五蕴之内、五蕴之外别有一阿特曼、神我的说法，只不过是主观的臆测而已，难以经验事实予以证明；或者只是对禅定中的一种境界、感受的误认，不出意识所了“法尘”及受想行识的范围，皆属生灭变易的有为法，非实常自我。

佛言精粹

若言有我，我为有知？我为无知？我若无知，则同木石；我若有知，则有攀援，即有攀援，则有染着。……若能除我及以我想，一切尽舍，是则名为真解脱也。

《太子大善权经》

至于婆罗门教等所立能创造世界、主宰万物的宇宙大我——自在天或大梵，缺乏理性依据，因为一切皆由因缘生，便肯定没有造物主，如果有，请问这造物主之创造是否凭借因缘？若凭借，则落入因缘所生有为法，非自在；若不凭借因缘，那么就无所谓创造。信仰一切皆由自在天、大梵天或上帝、真主创造主宰，佛陀认为具有使人丧失主观能动性的消极作用。

能执之我既然是无，所执一切属于这个我的“我所”，自然成了空中楼阁，如《杂阿含》卷三第55经佛偈所言：

法无有吾我，亦复无我所，
我既非常有，我所何由生？

佛陀力说无我，其旨意主要在于破斥以五蕴为真常自我等错误知见，并非否认有分别你我他或人格意义上的自我。佛经之中，佛陀自己也常以“我如何如何”的口气讲话，多次谈论自己的前生夙世，对别人，也不是不分甲乙丙丁。世间共认的分别自他及人格意义上的自我，佛称为“俗我”，认为它并非子虚乌有，不过它只是一种五蕴相似相续的过程，人们按约定俗成的认识习惯，将其假名为你、我、他，因称“假我”。《杂阿含经》卷七第131经，佛既说见色受想行识“彼一切非我、非异我、不相在”为正慧，又说：

若有见言：有我，有此世有他世，常恒不变易，彼一切非我、非异我，不相在，是名正慧。

意谓俗我、假我并非没有，从社会生活及因果业报的角度，应肯定有这个自我，只不过它不是实常自我。既不否认俗我、假我，亦不错认俗我、假我为实常自我，也不在五蕴之内、之外设想一个灵魂、神我之类的实常自我，乃佛陀无我论的中道义。

我与无我，的确是一个容易引起误解、不好说清的问题，佛陀对此问题有时也采取沉默态度，《杂阿含》卷三四第961经载：有一叫婆蹉种的外道出家人问佛：“有我吗？”佛默然不答。如是三问，佛皆默然。婆蹉种走后，阿难问佛为何三问而不答，佛言：若答有我，岂非增益他本来就认为有实我的常见？若答无我，会使他困惑：原来有的那个我怎么没有了？如此则又堕入断灭见。“如来离于二边，处中说法。”在有我与无我的问题上，不落于断、常二极端，只是批判断、常二极端的错误而不作正面的肯定、否定。

大乘经中，佛陀对诸法无我义作了更为深刻的论述。如《金刚经》等说有我、人、众生、寿者四相，乃从浅至深、从小我到大我的四种我见、我执，四相即非四相，其中并无小我、人我、他我乃至大我的实体，只不过就众生的执着之见假名为四相，所谓：

如来说有我者，即非有我，而凡夫之人以为有我。

凡夫所以为的自我，乃认假为真，从佛眼观来并非真我。《楞伽经》等分无我义为人无我、法无我两大层次。人无我，主要就众生的生命、身心观五蕴非我、蕴中无我，离蕴亦无我，五蕴“如河流，如种子，如灯，如风，如云，刹那辗转坏，躁动如猿猴，乐不净处

佛言精粹

总一切法，谓色、非色。色非我也，何以故？可破可坏，可裂可打，生增长故。以是义故，知色非我。非色之法亦复非我，何以故？因缘生故。

《大般涅槃经》卷十三

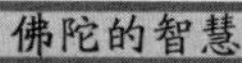

如飞蝇，无厌足如风火，无始虚伪习气因，如汲水轮，生死趣有轮，种种身色，如幻术神咒，机发像起”。法无我，广就宇宙万象，一切有为法、无为法而观无我。后世汉传佛教诸宗，多说小乘只言人无我，大乘说人、法二无我。实际上，诸法无我、五蕴皆悉无我，是《阿含经》所载佛陀言教的本义，佛陀所说的诸法，指五蕴、十二处、十八界，为宇宙万有的综括。

佛陀虽然力说无我，否定婆罗门教等所立的大我，但并非只是消极地否定自我，其旨趣，终归在破除众生误认假我为真我的执着，证得真正实常自在的真我。大乘《大般涅槃经》中，将这种真我称为“佛性真我”、“涅槃大我”，实即《阿含经》中所言“涅槃性”、“涅槃实际”、“涅槃界”。此大我即是如来藏、佛性，真正具有常一自在的特性，真实是有，“譬如金刚，不可毁坏”。“一切诸法悉无有我，而此涅槃真实有我”。至于在众多场合力说无我，据该经中佛陀的最后开示，是为了破斥凡夫、外道的我见。经载佛言：

> 世间之人虽说有我，无有佛性，是则名为于无我中而生我想，是名颠倒。佛法有我，即是佛性。世间之人说佛法无我，是名于我中生无我想。(卷七)
>
> 是诸外道所言我者，如虫食木，偶成字耳。是故如来于佛法中唱言无我，为调众生故，为知时故，如是无我。有因缘故，亦说有我。如彼良医，善知于乳是药非药，非如凡夫所计吾我。(卷二)

是则说无我与说有我，实际上并非矛盾，而是同一旨趣从不同角度的两种表述方式。如经中所说：“我与无我，性无有二。”(卷八)所谓佛性真我、涅槃大我，是指万有无我的本性及由如实观无我而证入的涅槃、法身、般若；说无我，旨在破斥误认五蕴等为实我的执见，令众生离此产生一切烦恼的根源，由如实观五蕴无我而证入涅槃大我。一破一立，破中有立，立中有破，乃佛陀常用的说法方式。

佛言精粹

涅槃之相，凡有八事，何等为八？一者尽，二善性，三实，四真，五常，六乐，七我，八净。是名涅槃。

《大般涅槃经》卷二五

（三）涅槃寂静印

这一印也作“寂灭涅槃”。寂静、寂灭，意谓止息烦恼的扰动和诸苦的逼迫后，呈现出一片不生不灭、寂静无扰的新天地。《阿含经》中用“涅槃是常”、“毕竟寂静”、“究竟清凉”、“实极安乐”等用语来描述涅槃，大乘《涅槃》等经中将涅槃的特性总结为常、乐、我、净四德，与世间之无常、苦、无我、不净正好相反。

涅槃乃如实观察诸行无常、诸法无我二印所达到的境界或所得到的成果。《杂阿含》卷五第104经佛言：

于此五受阴观察……无常、苦、空、非我、非我所，于此五受阴不着不受，不受故不着，不着故自觉涅槃。

由如实观无常无我，心超脱五蕴，不再执着，不受烦恼的污染，从而证得涅槃。同经卷一第1经佛言：

当观色无常，如是观者则为正规，正观者则生厌离，厌离者喜贪尽，喜贪尽者，说心解脱。如是观受、想、行、识无常；……如观无常，苦、空、非我，亦复如是。

如此观无常、苦、空、无我，而得心解脱者，“则能自证：我生已尽，梵行已立，所作已作，自知不受后有”。度过生死苦海，达于涅槃彼岸。这类教诫，在《阿含经》中多次宣说，乃佛陀所示导的解脱心要。

三法印虽被奉为鉴别是否佛法的衡准，但从实质上讲，与其说它是一种哲学观，无宁说它是一种瑜伽实践之道。《佛学今诠》一书说得好：

无我论根本不是一个哲学主张，而是一种宗教行持之实践方法。

无我是一个药方，用来治疗我执之疾病的，并不是一项哲学理论。[1]

如果说，仅有无常、无我二印，可以看作一个哲学命题的话，那么再加上涅槃印，便成了一个完整的瑜伽实证体系或宗教修行之道了。三法印作为一个三段论命题，便意味着它是一种修行之道，即佛教所谓“法门”：由如实正观诸行无常，必然成立诸受皆苦、诸法无我；由如实正观无常、无我，消除因执着六尘和假我为实常而生的贪爱等烦恼，断除烦恼之根“我执”，心与本来无常无我的真实“相应”（契合一致），从诸缘系缚中获得解脱，生死轮回之根被彻底斩断，从而抵达涅槃之乡，永享真常寂静之乐。如《杂阿含》卷十第255经佛言：

佛言精粹

以即无我，名为有我。即无我者，无彼外道虚妄神我。名有我者，如来有彼得自在我。

《究竟一乘宝性论》卷三

涅槃之体非本无今有，若涅槃体本无今有者，则非无漏常住之法。有佛无佛，性相常住，以诸众生烦恼覆故，不见涅槃，便谓为无；菩萨摩诃萨以戒定慧勤修其心，断烦恼已，便得见之。当知涅槃是常住法，非本无今有，是故为常。

《大般涅槃经》卷二十一

[1]上册，页199。

无常想修习、多修习，能断一切欲爱、色爱、无色爱、掉、慢、无明。

无常想者，能建立无我想，圣弟子住无我想，心离我慢，顺得涅槃。

任何人，只要正确理解三法印，如实正观无常、无我，特别是在寂定心中仔细观察，即使不能当下便证得涅槃，也不难发现身心会发生奇异变化，不难体会到佛法的真实不虚，不难感悟到三法印的巨大力量。

三法印的精神，集中表达于一偈：

诸行无常，是生灭法，生灭灭已，寂灭为乐。

此偈一译“一切行无常，起者必有灭，无生则无死，此灭最为乐”。意谓如实观照诸行生灭无常的真实，息灭生灭相续的烦恼妄心，寂静常乐的涅槃则自然显现。《涅槃经》卷十四佛陀自述，他前世为雪山大士时，得此偈之半，为得到下半，而不惜舍身，说明此偈所述的真理极其宝贵。

真常寂静之涅槃，终归是一种通过修行实践，由正观无常、无我而“自内证”的心灵境界。从逻辑上讲，涅槃也可由缘起法则推导出其必然存在。南传《小尼柯耶》中佛言：

若无此不生、不成、无作、无为，则无彼之生、成、作、有为之依处。（1，P 37；Ud P80）

若没有不生不灭、无为之涅槃，便没有了生灭无常的世间有为法依止之处。反过来说，既有此生灭无常、无我的世间有为法，则必应有一个不生不灭、常乐我净的涅槃。因为：根据缘起法则，任何现象，都必然依赖与其相对立、相矛盾的对象而存在（“凡有对法不相舍离”），既有无常、苦、无我、不净之世间，则必有常、乐、我、净之涅槃。

大乘经中，对三法印的义蕴作了更为深入的阐释。按大乘义理推论，诸法无常、无我故，本来不生（无本有不变之实体出生），不生故不灭，不生不灭，即是本来涅槃，称“本来自性清净涅槃”。证悟涅槃的诀要，不在于厌离世间，而在于如实正观本来涅槃之自性。中国佛学诸宗最切实的观修诀要，是就当下一念观念无常、无我、无

佛言精粹

应修不净观以除贪爱，应修慈悲观以除嗔恨，应修数息观以除疑惑，应修无常观以除傲慢。弥凯耶，得无常想者，则绝无我执；得无我想者，必可灭除我慢；如此当世可证涅槃。

《即兴自说·弥凯耶经》

涅槃境界中，
无地水火风，
无日月星光，
无暗亦无明。
婆罗门牟尼，
以智自觉醒，
离色离无色，
离乐离苦痛。

《即兴自说·婆希经》

自性、本不生。这是三法印按其理路深入思考、运用的必然结果。

三、空、无相

空、无相，乃从《阿含经》到大乘、密乘经典中反复宣讲的重要义理，被看作佛法的心髓，佛教因而有“空门”之称。

“空”的梵语舜若（sunya），有空洞无物及“零”之意。《阿含经》中，佛陀常说由正观无常、苦、空、无我而得心解脱、涅槃，空，实际上也应看作法印之一。空与无我，含义互相渗透，大乘经中往往将二者作为同义语。无我，主要从无自作主宰者角度着眼，而空，则主要从空洞无实体、无自性角度着眼。说空与说无我，理由大体相同，皆是如实观万物之缘起、无常而得出的结论。《杂阿含》卷十二第297经佛称所说为《大空法经》，大空法，指行于中道，如实观十二因缘，观其中没有谁生、老、死，因而离欲，生明，灭无明乃至众苦，说名大空法经。同经卷十四第335经佛言：

> 眼生时无有来处，灭时无有去处，如是，眼不实而生，生已尽灭，有业报而无作者。此阴灭已，异阴相续……耳、鼻、舌、身、意，亦如是说。

眼、耳、鼻、舌、身、意六根，及其了别的色、声、香、味、触、法六尘．乃至五蕴、六大、十二入、十八界等世间有为法，皆悉生灭无常，即生即灭，生时不知从何处来，灭时不见向何处去，虽然其现象和作用相续不断，表现为生死流转的众生及其所认识的世界，其中却没有一个能自作主宰的实体、实物。此义名为“第一义空”——应看作第一真理的空。同经卷九第232经佛言：眼耳鼻舌身意及从此六门所生的诸受空，“常、恒、不变易法空，我所空”，没有常恒不变易者，名为空。《中阿含经》卷四九《小空经》佛以鹿子母讲堂无象马牛羊财物谷米奴婢比喻空，而有比丘众比喻不空，说明空和有。该经及同经卷四九《大空经》中，以观内空、外空、内外空，不念一切，唯观无常、衰耗、无欲、断、灭，观空、行于空，为解脱法要。

空，在《阿含经》中还指如实观无常、无自性，从而舍弃了有常、有自性的执着而达到的一种解脱的心境。《杂阿含》卷三第80经佛告

佛言精粹

一切凡夫有二种想：一者世流布想，* 二者着想。一切圣人唯有世流布想，无有着想。一切凡夫恶觉观故，于世流布想生于着想；一切圣人善觉观故，于世流布想不生着想。

北本《大般涅槃经》卷三七

*世流布想：世间共认的、用以交流的认知。

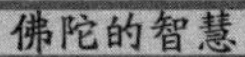

比丘：

若比丘，于空闲处树下坐，善观色无常、磨灭、离欲之法；如是观察受、想、行、识无常、磨灭、离欲之法。观察彼阴无常、磨灭、不坚固、变易法，心乐、清净、解脱，是名为空。

心与万有无常变易、空的本性相契合时，摆脱种种欲望的缠缚，空洞虚灵，无所挂碍，这种解脱、快乐的心境叫做空。

大乘经尤其是《般若》系经中，空，成为佛陀所反复宣讲的主题。此所言空，主要为“无自性”义，称“自性空”。所谓“自性”(svabhava)，简称“性”，指本来如是的第一性实体，具有自足、自立、自存之特性，不依赖任何条件而存在，不可更改，不会生灭变易。然纵观宇宙万有，无不为因缘和合，从中找不到一个不依因缘、不生灭变易的自性，故说无自性、空。这无自性、空，则为万有普遍共具、不变不易的本性，称“空性”。无自性（无性）即是空性。《摩诃般若经 ·道树品》佛言：

诸法和合因缘生，法中无自性，是名无法……一切法性空故，以是故，当知一切法无性。

《般若经》中，还说五蕴等“但有名字”故空。如《摩诃般若经 ·奉钵品》佛告舍利弗：

空中无色，无受、想、行、识；离色亦无空，离受、想、行、识亦无空。空即是色，色即是空，空即是受、想、行、识，受、想、行、识即是空。何以故？舍利弗……但有名字故谓为空……何以故？名字是因缘和合作法，但分别忆想假名说。

名字，即名称、概念，是用以表示因缘所生诸现象的人造符号，而非所表对象的实体、自性，故称“假名”，它们是经意识的作用，由知觉、联想、抽象等认识过程（佛经名“分别”）而产生。比如由各部部件组装而成的车子，人们用自己的认识符号把它假名为“车子”，总是误认为“车子”所表示之物有车子的实体、自性，实际上，“车子”只是人造的符号而已，与“车子”概念相联系的实体，只不过是一种误认，若究其实，则“车子”所表的实物，只是各种部件的组装而已，其中并无一个“车子”的实体，故说为空。《般若经》中，不但这样论述一切因缘和合的有为法空，而且说佛、涅槃、菩

佛言精粹

譬如两手和合相对作声，如是缘眼、色生眼识，三事和合触，触俱生受想思。此等诸法非我非常，是无常之我，非恒非安隐，变易之我。所以者何？比丘，谓生老死没受生之法。比丘，诸行如幻如焰，刹那时顷尽朽，不实来实去。

《杂阿含经》卷十一第257经

如来坐道场时，唯得虚妄颠倒所起烦恼毕竟空性，以无所得故得，以无所知故知。所以者何？我所得法，不可见、不可闻，不可取、不可着，不可说、不可难，出过一切法相，无语无说，无有文字，无言说道。

《思益梵天所问经》卷一

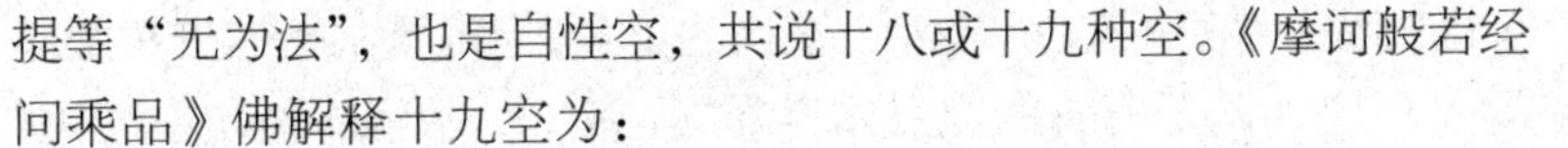

提等“无为法”，也是自性空，共说十八或十九种空。《摩诃般若经·问乘品》佛解释十九空为：

1、内空

内指众生自身，即眼、耳、鼻、舌、身、意“六内处”：

眼、眼空，非常、非灭故。何以故？性自尔。

耳鼻舌身意亦复如是。眼等六内处中，无眼等感知器官的自性，本性非常非断，无我，无我所，故说为空。

2、外空

外指众生身外，即色、声、香、味、触、法“六外处”，其中无色等认识对象的自性，非常非灭，无我，无我所，故说为空。

3、内外空

身内、身外之一切，即“十二处”中，无我，无我所，无有各自所本具的自性，故说为空。

4、空空

“一切法空，是空亦空”。“空”本身也是一种观念，这种观念由人的主观认识分别而生，也是因缘所生法，本身也是空。

5、大空

全宇宙十方世界，无不是空，人们认识中的方位、空间、远近、大小之分，也是一种依缘而立的假名，故说为空。

6、第一义空

又作“胜义空”、“真实空”。第一义（第一真理）即真实、实相、法性、涅槃，乃万有普遍共具、常恒不改的本性，此即是空性。离五蕴等的无自性空之外，别无一个真实、实相，故说第一义空。

7、有为空

有为法指三界内之一切，此一切皆因缘和合，皆悉无自性而空。

8、无为空

无为法，指不依因缘，无生、住、异、灭相之涅槃、菩提、佛等，它们不过是对本来无自性空的如实契证，其中亦无人们所执无为法的自性、实体，人们所认的无为法依有为法而成立，亦属因缘所生，故为空。

9、毕竟空

佛言精粹

眼色缘生眼识，生可意生不可意生可意不可意。彼圣弟子如是如实知：我眼色缘生眼识，生可意、生不可意、生可意不可意，此则寂灭，此则胜妙，所谓俱舍。得彼舍已，离厌、不厌。譬如力士弹指顷灭，如是眼色缘生眼识，生可意、生不可意、生可意不可意，俄尔尽灭，得离厌、不厌舍。

《杂阿含经》卷十一第264经

即究竟、绝对的空。“毕竟，名诸法至竟，不可得，非常非灭故。”空涵盖一切，此乃万有的究极本性（“至竟”），故说毕竟空。

10、无始空

又作“无限空”、“无际空”、“无前后空”。“若法初来处，不可得，非常非灭故。”不可能找到世界的初始，空涵盖时间，没有开始也没有终结。

11、散空

“散名诸法无灭，非常非灭故。”万有虽然终归散坏，但既没有生、住的实体，实际上也就没有能散灭的自性。

12、性空

即自性空，一切现象皆无本有的自性，故说为空。此空性即是法性（万有的本性），此法性“非佛所作，亦非余人所作”，本来如是。

13、自相空

亦作“相空”。相谓相状，有自相、共相之分，众生认识中的万有自相、共相，皆因缘和合而生，假名而立，故说为空。

14、诸法空

亦作“一切法空”。五蕴、十二处、十八界一切法，无不皆空。

15、不可得空

又作“无所有空”。“求诸法，不可得，是不可得空。”一切现象中，既没有所得的客体，也没有能得的主体，不可得，乃空的特性。

16、无法空

已经坏灭的一切，永远不得再现，永远是空。

17、有法空

尚未坏灭的一切，虽然暂呈住相，似乎为有，但其有是因缘和合的“假有”，并非常恒不变的实体有、实有，故说为空。

18、无法有法空

又作“无性自性空”。一切无法、有法、无为法、有为法，全宇宙十方三世一切现象，无不是自性空。

19、他法他法空

不论佛说与否，诸法的真实本来是空，经云：

若佛出，若佛未出，法相、法位、法性如、实际，过此诸

佛言精粹

譬如士夫持斧头入山，见芭蕉树，谓材堪用，断根、截叶、斫枝、剥皮，求其坚实，剥止都尽，都无坚处。如是，多闻圣弟子正观眼识，耳、鼻、舌、身、意识，当正观时，都无可取，无可取故，无所着；无所着故，自觉涅槃。

《杂阿含经》卷十第248经

法空，是名他法他法空。

大乘经中还有三空（所空空、空相空、空空亦空）、七空、十三空、十六空等多种说法。虽然力说诸空，但其所谓空，并非与“有”对立，在万有之外别有一个空，而即是万有当下的本性。《心经》所谓“色即是空，空即是色”，并不是离色等五蕴而别有个空。空的究极义，是“不可说”。《摩诃般若经》卷十七佛言：

一切法不可说相即是空，是空不可说。

因为表述空的概念言说终归为假名，万有本具的空性，非由主客二元对立的认识方式、凭借人造假名的符号，便能识其庐山真面，所以说“是空不可说”。

大乘《般若》等经中讲空，主要是从直观中、从修持的体验中去体认、证悟空，对于如何是空，只是点出“无自性故”、“缘起故”、“但名字故”，没有作更为详析的理论论证，更多借佛在《阿含经》中多次用以比喻五蕴的种种譬喻来描述空性及空与有的关系。如《摩诃般若经》多处说一切法如幻、如阳焰（水波反射之阳光）、如梦、如水中月、如响（回声）、如空中花、如镜中像、如光影、如变化事、如寻香城（犍闼婆城，即海市蜃楼）十喻。另有如聚沫、如芭蕉（中空不坚）、如浮云、如旋火轮（旋转的火轮）等比喻，说明经验世界中的一切现象，生灭无常，空无自性，虽宛然是有，而实际是空。尤以如梦喻最为常用，意谓一切唯心所现，心亦空无自性。不仅世间一切有为法如幻梦，即佛、涅槃等出世间的无为法，也如幻梦。《小品般若经·释提桓因品》佛言：

阿罗汉果、辟支佛道亦如幻如梦……我说佛法亦如幻如梦……涅槃亦如幻如梦……设复有法过于涅槃，我亦说如幻如梦。

如果说，空，是从实体论的角度破除众生实在论的执着，“无相”，则是从认识论的角度，阐明人们通过感知渠道认识到的相状非实，是空。相，即相状，指从感知器官所认知的万有相状。《楞伽经》卷三解释说：

相者，若处所、形相、色像等现，是名为相。

更具体地说：“眼识所照，名为色，耳、鼻。舌、身、意识所照，

佛言精粹

正使有真金，
如雪山王言，
一人得此金，
亦复不知足。
是故智慧者，
金石同一观。

《杂阿含经》卷三九第1098经

一切诸法不可得故，非方不离方，随所至处，即处自灭。

《集一切福德三昧经》卷二

法若无常，即是动相，即是空相。

《摩诃般若经》卷七

名为声、香、味、触、法，是名为相。”此所谓相，指感觉、知觉。无相，是对相的否定，有根本无自性、万有本无定相、不分别诸相等义。

《阿含经》中，将空、无相、无所有（或无愿、无作）立为“三解脱门”，观空、无相、无所有而进入的禅定称“空三昧”、“无相三昧”、“无所有（无作）三昧”。《杂阿含》卷三第80经佛告比丘：

> 复有正思惟三昧，观色相断，声、香、味、触、法相断，是名无相。

色、声、香、味、触、法相断，意谓心中没有对色等六相的分别、忆念。南本《涅槃经·菩萨品》佛言：

> 无有色声香味触等，是名无相。

执着色等六相为实，心粘着、胶着在六相上（“着相”），被六相所吸附，乃生起贪爱等烦恼、造作善恶业的根本，无相（不执着、不分别色等六相），则成为获得解脱的持心诀要。

大乘经中，从认识论的角度说诸所有相虚妄不实。如《金刚经》佛言：

> 凡所有相，皆是虚妄。
>
> 一切诸相，即是非相。

因为相依缘起，根、尘、识“三缘和合，幻相方生”，我人认识到的色声香味触等诸相，乃经我人特定的感知器官接收外境信息，经特定的方式分别而形成，是一种带有主观色彩的“影像”或符号，而非认识对象本来面目的直接呈现。但众生常误认自己的心就像镜子照物一样，感知到的色声香味触等相即是外境本相的直接呈现，佛陀为破此种执着，故说无相。我们所认知的是一个符号世界，具主观性，是当代认知科学的结论，与佛法的无相义颇为相符。

空、无相，与三法印一样，在佛陀那里，主要是作为一种修行法门、一种破执之“方便”而提出、讲说，未必是作为一种哲学观来论证。《阿含经》中佛陀说空，是就修“空三昧”、“无相三昧”的禅定和“如实观”而言，以观空、无相为入于禅定、心得解脱的诀要。大乘经中说空、无相，多是就菩萨修行的“六度”而言，将观空、无相，“心无所住”，不见能修、所修，所谓“三轮体空”，强调为六度

佛言精粹

色不是我，若是我者，色不应病及受苦恼，我欲如是色，我不欲如是色，既不如是随情所欲，是故当知色不是我。受想行识亦复如是。

《佛说五蕴皆空经》

佛所成就第一希有难解之法，唯佛与佛乃能究尽诸法实相。所谓诸法如是相、如是性、如是体、如是力、如是作、如是因、如是缘、如是果、如是报、如是本末究竟等。

《法华经》卷一

尤其是般若度的主导法则。从哲学角度论证空、无相，乃后世佛教理论家们所做的工作。

四、真如、实相、如来藏、心性

《阿含经》中反复宣说的无常、无我、空、涅槃等“真实”、“如实”、“真如”，在大乘经中被深化，归纳为实相、法性或真如，看作大乘的法印，称“一实相印”。实相印的说法，出自《法华经》，该经《方便品》佛说偈云：

我以相严身，光明照世间，无量众所尊，为说实相印。

实相、真如、法性、实际、法界、实性、真性等术语，在佛典中指的是同一个终极实在或真理，只是立义的角度有所不同而已。

实相（梵 dharmatd），义为真相、实体，指未经主观认识歪曲的真实本相，或实体所具之相、真实之理法。《大涅槃经》卷四十佛解释说：

一切诸法皆是虚假，随其灭处，是名为实，是名实相。

意谓寂灭了虚妄不实的认识后呈现的真实本面，称为实相。

真如（梵 tathatd 或 bhuta — tathatd），又作“如”、“如如”，意为如实，《杂阿含经》卷十二第 296 经称如“审谛真实，不颠倒”，指真实不虚妄、如本不异者；同经卷二一第 563 经说“得真如法”，亦作“得如实法”。

法性(梵 dharmada)，指一切法或万有本具的、不变的本性、体性。

法界（梵 dharmadhdtu）属十八界之一，为意识所了别的对象，指真实不变的最高实在、究极真性，它是佛法建立之因。《胜天王般若经》卷六佛解释说：

若佛出世，若不出世，性相常住，是名法界。

又谓法界“即是如实”，“即不变异”。

真际、真性、实际等，都指真实不变的究极理性或终极实在，与真如、法界、实相的含义大略相同。《大般若经》卷三六〇说真如有法界、法性、实际、不虚妄性、不变异性、平等性、离生性、法定、法住、虚空界、不思议界等十二个异名。《胜天王般若经》谓法界即

佛言精粹

真如名为无异、无变、无生、无诤，自性真实，以无诤故说名真如。如实知见诸法不生，诸法虽生，真如不动，真如虽生诸法，而真如不生，是名法身。

《大般若经》卷五六九

是如如（真如）。实相、法性、真如还被从佛所体证的角度，看作法身、涅槃、般若、菩提、佛性、阿摩罗识等的异称。

在《阿含经》中，佛陀所说的真如、如、法性、法界，具体指缘起法则，此真理如实不虚，万古不易，不论佛出世与否，真理常住，为理性所能知晓的最高真理。《杂阿含》卷十二第296经佛称如即是“因缘法及缘生法”，即是十二因缘法。《大缘生经》称因缘生起之法为法性，谓“于此法性无了悟故，造化推移，不免轮回。”

佛言精粹

一切法性，一切法相，有佛无佛，常住不异。

《佛严经》卷二十六

大乘经中，佛陀所说的真如、实相、法性，根本上仍指缘生性、无我性、空性、无相性。《解深密经》卷一佛言：

> 一切诸法法无我性，名为胜义，亦得名为无自性性。

胜义，意为真理，与“第一义谛”同义，为真如实相异称之一。《无量义经》佛言：“如是无相……名为实相。”《涅槃经》卷四十佛谓实相即是第一义谛、第一义空。第一义空，即究极的空性。大乘经中说实相、真如、法性，更多从已证真如者的体验出发，着眼于主体心契合于客观真实的境界，这使其所言实相、真如、法性等，有时具有哲学本体论的玄秘意味。

强调实相、真如、法性等不可言说，不可以思虑得知，唯是诸圣者“离言绝虑”所“自内证”，乃大乘经中的一致之谈。如《解深密经》卷一说胜义“是诸圣者自内所证”，“超过一切寻思境界相”，“不可言说”，“绝诸表示”，“绝诸诤论”。《胜天王般若经》卷五说真如“但唯智知，非言之能说”，“离诸戏论”，“绝诸分别”，“远离寻伺、过寻伺境”，“非识之所了”。《宝雨经》卷五佛言：

> 实义者，所谓不虚妄，即真如也。此法自内所证，非有文字能施设之。何以故？此法超过一切文字言说及戏论故。离诸出入，无有计度，非计所行，无相离相，远离一切诸魔境界及一切烦恼境界。其自性寂静故，无垢无染，清净微妙，最上无比，恒常不动，性不灭坏。若诸如来出现于世，若不出世，如是法界，自性安住。如是名为真如，亦名实际，名一切智，亦名一切种智，名不思议界，亦名不二界。

总之，真如、实相、法性乃是绝对的真实，它不是主客二元相对，用感觉、知觉、概念等具有主观性、间接性的人造符号为工具的认识方式所能认识者。要认识这绝对者，必须超离以语言文字为工具的理性思维，超越主客二元相对的认识立场，以绝对不二的心去契证，这种契证是能认识的心与所认识的真如合一不二的境界，本质上是一种“自内证” ——主观经验或神秘经验，这种经验只有依佛法修持才有可能发生，非终身浸泡于感觉经验与工具理性中的凡夫所曾经历，故无法用从凡夫经验中抽象出来的语言文字来表述。《解深密经》卷一比喻说，就像那惯尝辛味、苦味，从未尝过石蜜（冰糖）甘甜味的人，对冰糖的甘甜无法寻思比度，难以信解，对胜义、真如无自内证经验的众生，对胜义、真如无法寻思度量，难以信解。向此类众生讲解胜义、真如，是一件非常困难的事，就像对未尝过冰糖者描述冰糖的甜味一样困难。勉强解说，便只有用“遮诠” ——否定常人概念分别的方法，以“非”、“不”、“无”（梵语为“阿”）否定一切概念，说实相、真如非此非彼、非大非小、非垢非净、非实非虚、非东西南北、非过去非现在非未来……不生不灭、不来不去、不一不异、不变不动……无眼耳鼻舌身意、无色声香味触法，乃至无无明、无四谛十二因缘、无能证所证、无能觉所觉。真如、实相只能用我人本具而从未曾开发或修得的一种特殊的智慧去“自内证”。这种能证知实相、真如的智慧称“般若”、“本觉”、“自然智”。

人类以语言概念为符号的思维方式，被佛陀归纳为有（肯定）、无（否定）、亦有亦无（俱是）、非有非无“四句”，或一异（同一与差别）、俱及不俱（同时与否）、有无及非有非无、常及无常“四句”，称“四句”等概念分别为“戏论”（prapanca） ——概念游戏或思维游戏，虽然好玩，却无实用价值，不能解决契证真实、了脱生死的大问题。“离四句，绝百非”，“言亡虑绝”，于是成为大乘经中对实相、真如性相的描述，也是契证实相、真如的法要。

实相、真如虽然不可以人类通常认识渠道去证知，但可由理性思辨推导出其存在，可从以理性如实观察现象界中得到理解。实相、真如并非现象界之外的某种形而上者，而即是现象底里之实质、本性，即诸法空、无我之性。实相、真如、法性，实际上乃缘起性、空性、无我性之异称。真如与万有、现象界，是一表一里、一动一不动的关系，《大品般若经》卷五六九佛言：

佛言精粹

一切众生，贪欲恚痴诸烦恼中，有如来智、如来眼、如来身，结跏趺坐，俨然不动。

《大方等如来藏经》

诸法虽生，真如不动；真如虽生诸法，而真如不生。

万象虽生灭无常，而其体性——真如，却常恒不动，万物有生灭，真如无生灭。无生无相的真如、实相，无时不表现为生灭万变的世间、出世间万象。《无量义经》佛言：

如是无相，无相不相，不相无相，名为实相。

谓实相虽然无相，却并非有个无相之相，而是表现为纷纭万象，能现出一切形相，没有本身固定不可改变之相。

佛言精粹

对一件事的了解需要经过内在分析的发展，以及多种阶段。人们不应把某一阶段看成是终止，而应坚持到最终，看到真理为止。

《中部》175经

当经过佛法的修持，与真如、实相完全相应（契合、一致）时，便是成佛。佛并非天生神明，只是与真如合一或如本不异后所升华了的生命，常被看作真如的异称。《金刚经》云："如来者，即诸法如义。"《摩诃般若经》卷二七佛言："诸法如（真如）即是佛。"《涅槃经》佛言："是法性者，即是如来。"佛以真如、法界为身，称"法身"。佛与真如相契无间而自然证得正观真如乃至尽知遍宇宙一切的智慧，称"般若"、"无上菩提"、"一切智"、"一切种智"。《大般若经·巧方便品》：

何谓无上菩提？佛言；色等真如是。

同经《般若波罗蜜多品》佛言：

蕴等真如，不虚妄性、不变异性、如所有性，是谓般若。

与真如契合无间时，便同真如一样不生不灭，具常、乐、我、净等功德，即是涅槃。《大涅槃经》卷三佛言：

涅槃义者，即是诸佛之法性也。

涅槃、法身、般若、菩提等，也常被看作真如、实相的异称。若以真如为体，则涅槃、般若、菩提为用，乃真如本具的功用。南本《涅槃经·哀叹品》佛说涅槃与般若、解脱、佛身为非一非异的关系，或曰般若、解脱、法身，为涅槃的三个方面，有如梵文字母"伊"（字形为等边三角之三个点）之三点。

真如、实相、法性既为宇宙万有的体性，当然也是一切众生之体性，它乃一切众生得以成佛的本钱、可能性，或众生身中所蕴藏的佛之体性，从这一意义上称"佛性"（Bnddha－dhdtu），亦名"如来藏"（tathdgatarbha）——即众生身中孕育的佛胎或佛的功德在众生身中之潜藏，有如金矿所含藏的金，"藏"的梵文（garbha）原义为"胎"。

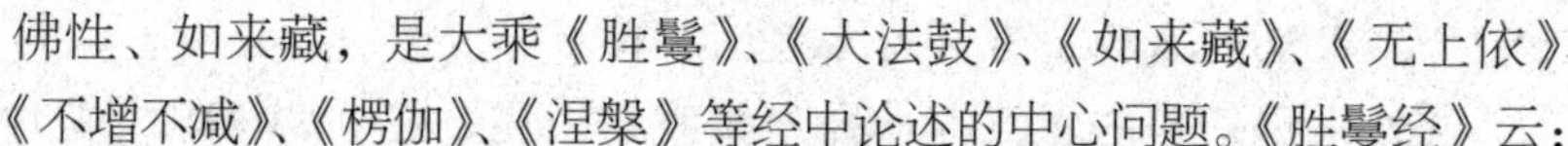

佛性、如来藏，是大乘《胜鬘》、《大法鼓》、《如来藏》、《无上依》、《不增不减》、《楞伽》、《涅槃》等经中论述的中心问题。《胜鬘经》云：

> 佛性者，是如来藏，是正法藏，是法身藏，是出世藏，是自性清净藏。

谓佛性、如来藏是变造一切的根本，是生死轮回与超生脱死的根本，众生虽被烦恼污染而流转于三界六道，但其身中的佛性、如来藏不受亏失，常恒清净，不增不减。《大方等如来藏经》以宝石被垢衣所裹、稻麦豆等精实被糠皮所包、真金堕于粪秽中、醇蜜在岩石蜂巢中为群蜂所围绕、金像被泥模所覆蔽、贫贱女身怀贵胎等，比喻佛性、如来藏在潜藏众中烦恼身中，清净不染。《大般涅槃经》中，更力说“一切众生皆有佛性”、“凡有心者皆有佛性”、“一切众生皆当定得阿耨多罗三藐三菩提”。该经《如来性品》谓“众生佛性住五阴中”；《菩萨品》佛言：

> 一切众生悉有佛性，以佛性故，众生身中即有十力、三十二相、八十种好。

同经《婴儿行品》说佛性有六大性质：常、净、实、善、当见、真，或加可证为七。《大方等如藏经》佛言：

> 一切众生虽在诸趣，烦恼身中，有如来藏，常无染污，德相具足，如我无异。

《大法鼓经》佛言：

> 一切众生悉有佛性，无量相好，庄严照明……诸烦恼藏覆如来性，性不明净。若离一切烦恼云覆，如来之性净如满月。

《华严经·如来出现品》佛言：

> 无一众生而不具有如来智慧，但以妄想执着而不证得。若离妄想，一切智、自然智、无碍智，即得现前。

此类说法，甚至可以理解为众生本来是佛，具足一切佛果功德，只不过被妄想、烦恼所迷，不自觉知而已。转迷为悟，即见本来是佛。这种思想，被后来的禅宗、华严宗、真言宗等引为理论依据。

佛性、如来藏虽然容易被看成一种实体，类似于婆罗门教等所立的大梵、大我，但其义蕴与大梵、大我等仍然有所不同。《楞伽经》卷二佛告大慧菩萨：

佛言精粹

如果一个人相对地放弃小乐，即见大乐。智者为了大乐而抛弃小乐。

南传《法句经》

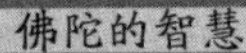

我说如来藏，不同外道所说之我。

说如来藏即是法无我性从另一角度的表述，建立如来藏，是为断除愚夫畏惧无我而说，是为“开引计我诸外道”而说，强调：

为离外道见故，当依无我如来之藏。

《胜鬘经》谓如来藏“即是如来空性之智”，《涅槃经》谓十二因缘、第一义空、无我性、中道为佛性。是则佛性、如来藏，终归为缘起性、无我性、空性，实际上是三法印中的诸法无我、涅槃寂静二印从另一角度的解说：佛等圣者如实观诸法无我而证入常乐涅槃，常乐涅槃也可以说本来潜在于众生身中，名为如来藏、佛性，即是众生本具的法无我性，或由正观法无我性而证得的本来空性。

从修证的角度来讲，法性、佛性主要是从心性着眼来观察。心性(tithada)，即自心之实性、真如，亦称心实相、心真如。《阿含经》中，佛主要从人能通过修行净化自心的角度，讲心性本来清净。南传《增支部·一法品》佛言：

此心极光净，而客尘烦恼杂染，离客尘烦恼而得解脱。

极光净，一译清净、明净、光明、明光、净光。《杂阿含》卷十第253经佛言：“心净故众生净”，意谓心有离烦恼污染而得以清净的可能性。《长阿含·坚固经》佛偈：“应答识无形，无量自有光。”（今译“心识无形，光明无量”。）有心的本性清净光明的意味。

大乘经中，更多从心缘起无自性、空，及心体不与烦恼和合的角度，讲心性本空、本净、本来无生，将心性比喻为没有物质实体的虚空。如《小品般若经·初品》云：

是心非心，心相本净故。

《摩诃般若经·往生品》佛言：

是心非心相，不可思议故，自性空故，自性离故，自性无生故。

因为一切法皆性空、无生、本来清净，故心性当然应本空本净。又说心与贪恚痴等烦恼乃至声闻心、辟支佛心不合不离故，“心相常净”。《大般涅槃经》卷二三也说心性不与贪等烦恼合一，烦恼不能染污心性，故说本净。

心性，与包括心在内的万有本性“法性”，应是一体。《大方广

佛言精粹

我依此清净真如法界，为众生故，说为不可思议法自性清净心。

《佛说不增不减经》

诸佛从心得解脱，
心者无垢名清净。
五道鲜洁不受色，
有解此者成大道。

《般舟三昧经》

如来秘密藏经》佛言“心之实性即是一切法之实性”。就自心观察心性，乃观察法性的快捷方式。《胜天王般若经》卷六佛言：

> 清净心性为诸法本，自性无本，……当知此心即是最胜清净第一义谛。

谓本净心性或“自性清净心”为佛法的第一要义。从这一见解出发，大乘如来藏诸经，尤其是后来宗依此类经而建立的中国佛教诸宗，都以通过观心见到自己心性或心真如、如来藏、佛性，为修行的枢要，禅宗谓之“明心见性”。大乘经中有多处讲观心的方法，基本上都不出正观心无常、无我、空无自性的路数。

大乘经记述的实相、真如论，尤其如来藏系经典中的佛性、心性论，较多哲学本体论的意味。从哲学角度看，它指出了人类理性的极限，论证了终极实在、本体不可言说，不可以理性证知，回答了西方近现代哲学方才着力探讨的重大问题。但佛陀不像近现代西哲那样，在发现了理性的极限后悲观地止步，宣布对本体、终极实在的探究毫无意义，而是满怀信心地肯定：人心潜在有能体证真如、实相的“自然智”或“自性清净心”，并将这种体证付诸修行实践，开辟出证悟真如、心性之道，形成了简而灵妙、切实可行的“明心见性”之技术，以之为打开宇宙奥妙、解决人生根本问题的总钥匙。这种技术，关系到人类心灵最重要的本质，而为各家心理学所缺如，应该看作人类文化宝库中最宝贵的超级技术。

佛言精粹

诸识随缘转，
不见本觉心。
自觉智现前，
真性常不动。
犹如金在矿，
处石不堪用，
销炼得真金，
作众庄严具。
赖耶性清净，
妄识所熏习，
圆镜智相应，
如日出云翳。
平等真法界，
佛与众生如，
非断亦非常，
大悲恒不尽。
诸佛法性身，
本觉自然智，
是真胜义谛，
唯佛方证知。

《大乘理趣六波罗蜜多经》卷十

桑志大佛塔

《杂阿含经》第265经

如是我闻。一时，佛住阿毘陀处恒河侧。尔时世尊告诸比丘："譬如恒河大水暴起，随流聚沫。明目士夫谛观分别。[1]谛观分别时，无所有、无牢、无实、无有坚固。所以者何？彼聚沫中无坚实故。如是诸所有色，若过去、若未来、若现在，若内、若外，若粗、若细，若好、若丑，若远、若近。比丘！谛观思惟分别。无所有，无牢，无实，无有坚固。如病、如痈、如刺、如杀。无常，苦，空，非我。所以者何？色无坚实故。

诸比丘！譬如大雨水泡，一起一灭。明目士夫谛观思惟分别。谛观思惟分别时，无所有，无牢，无实，无有坚固。所以者何？以彼水泡无坚实故。如是。比丘，诸所有受，若过去、若未来、若现在，若内、若外，若粗、若细，若好、若丑，若远、若近，比丘！谛观思惟分别。谛观思惟分别时，无所有，无牢，无实，无有坚固。如病、如痈、如刺、如杀。无常、苦、空、非我。所以者何？以受无坚实故。

诸比丘！譬如春末夏初，无云，无雨，日盛中时，野马流动。[2]明目士夫谛观思惟分别。谛观思惟分别时，无所有，无牢，无实，无有坚固。所以者何？以彼野马无坚实故。如是。比丘，诸所有想，若过去、若未来、若现在，若内、若外，若粗、若细，若好、若丑，若远、若近。比丘。谛观思惟分别。谛观思惟分别时，无所有，无牢，无实，无有坚固。如病、如痈、如刺、如杀。无常、苦、空、非我。所以者何？以想无坚实故。

诸比丘！譬如明目士夫求坚固材，执持利斧，入于山林。见大芭蕉树，佣直长大，即伐其根，斩截其峰，叶叶次剥，都无坚实。谛观思惟分别。谛观思惟分别时，无所有，无牢，无实，无有坚固。所以者何？以彼芭蕉无坚实故。如是。比丘。诸所有行，若过去、若未来、若现在，若内、若外，若粗、若细，若好、若丑，若远、若近。比丘。谛观思惟分别。谛观思惟分别时，无所有，无牢，无实，无有坚固。如病，如痈，如刺，如杀。无常，苦，空，非我。所以者何？以彼诸行无坚实故。

诸比丘！譬如幻师，[3]若幻师弟子，于四衢道头，幻作象兵、马兵、车兵、步兵。有智明目士夫谛观思惟分别。谛观思惟分别时，无所有，无牢，无实，无有坚固。所以者何？以彼幻无坚实故。如是。比丘。诸所有识，若过去、若未来、若现在，若内、若外，若粗、若细，若好、若丑，若远、若近。比丘。谛观思惟分别。谛观思惟分别时，无所有，无牢，无实，无有坚固。如病，如痈，如刺，如杀。无常，苦，空，非我。所以者何？以识无坚实故。"

尔时。世尊欲重宣此义，而说偈言：

"观色如聚沫，受如水上泡，
想如春时焰，诸行如芭蕉，
诸识法如幻，日种姓尊说。[4]
周匝谛思惟，正念善观察：
无实、不坚固，无有我我所。
于此苦阴身，大智分别说。
离于三法者，身为成弃物：
寿、暖及诸识，离此余身分，[5]
永弃丘冢间，如木无识想。

此身常如是，幻为诱愚夫。
如杀如毒刺，无有坚固者。
比丘勤修习，观察此阴身，
昼夜常专精，正智系念住。
有为行长息，永得清凉处。”
时。诸比丘闻佛所说，欢喜奉行。

[1]明目士夫：一作“具眼者”，贤明之人。士夫：梵语富楼沙（purusa）意译，一译丈夫、人，指成年男子。

[2]野马：山泽中水气蒸腾流动，远望如野马奔腾，语出《庄子》。佛经中多作“阳焰”。

[3]幻师：魔术师、咒术师。

[4]日种姓：亦称“甘蔗种”，释迦族姓氏之一，传说释迦牟尼之先祖由仙人所植甘蔗中出生，为日光所育。

[5]寿：命根，维持生命的动力；暖：体热。佛陀认为人的生命是寿、暖、识三要素的结合，三者分离即死。

鹿野苑达密克塔

《杂阿含经》第230经

如是我闻。一时，佛住舍卫国祇树给孤独园。时有比丘名三弥离提，往诣佛所，稽首佛足，退坐一面，白佛言：“世尊。所谓世间者，云何名世间？”

佛告三弥离提：“谓眼、色、眼识、眼触、眼触因缘生受，[1]内觉若苦、若乐、不苦不乐。耳、鼻、舌、身、意、法、意识、意触、意触因缘生受，内觉若苦、若乐、不苦不乐，是名世间。所以者何？六入处集则触集，如是乃至纯大苦聚集。

三弥离提，若无彼眼、无色、无眼识、无眼触、无眼触因缘生受，内觉若苦、若乐、不苦不乐；无耳、鼻、舌、身、意、法、意识、意触、意触因缘生受，内觉若苦、若乐、若不苦不乐者，则无世间，亦不施设世间。[2]所以者何？六入处灭则触灭，如是乃至纯大苦聚灭故。”

佛说此经已，诸比丘闻佛所说，欢喜奉行。

如世间。如是众生，如是魔，亦如是说。

[1]触：为十二有支之一，心所法之一，心识接触外境。

[2]施设：建立。

佛所说经选读 20

《杂阿含经》第232经

如是我闻。一时，佛住舍卫国祇树给孤独园。时，有比丘名三弥离提，往诣佛所，稽首佛足，退坐一面，白佛言："世尊。所谓世间空。云何名为世间空？"

佛告三弥离提："眼空。常、恒、不变易法空，我所空。所以者何？此性自尔。若色、眼识、眼触、眼触因缘生受，若苦、若乐、不苦不乐，彼亦空，常、恒、不变易法空，我所空。所以者何？此性自尔。耳、鼻、舌、身、意，亦复如是。是名空世间。"

佛说此经已，三弥离提比丘闻佛所说，欢喜奉行。

佛所说经选读 21

《杂阿含经》第199经

如是我闻。一时，佛住王舍城迦兰陀竹园。尔时，世尊告罗睺罗：[1]"云何知、云何见，于此识身及外一切相，无有我、我所、我慢使系着？"[2]

罗睺罗白佛言："世尊是法根、法眼、法依，善哉！世尊，当为诸比丘广说此义。诸比丘闻已，当受奉行。"

佛告罗睺罗："善哉！谛听，当为汝说。诸所有眼，若过去、若未来、若现在，若内、若外，若粗、若细，若好、若丑，若远、若近，彼一切非我、非异我、不相在。如实正观。罗睺罗，耳、鼻、舌、身、意，亦复如是。罗睺罗，如是知、如是见，我此识身及外一切相，我、我所，我慢使系着不生。罗睺罗，如是比丘越于二，[3]离诸相，寂灭解脱。罗睺罗，如是比丘断诸爱欲，转去诸结，究竟苦边。"

佛说此经已，罗睺罗闻佛所说，欢喜奉行。

---

[1] 罗睺罗：一译罗云，佛在家时所生之子，后出家证阿罗汉果，称"密行第一"。

[2] 识身：眼等六识。使：烦恼的异称，驱使人不得自在之意。

[3] 越于二：超越我、我所的相对。

《杂阿含经》第33经

如是我闻。一时，佛住舍卫国祇树给孤独园。尔时，世尊告诸比丘："有五种种子，何等为五？谓根种子、茎种子、节种子、自落种子、实种子，[1]此五种子不断、不坏、不腐、不中风，[2]新熟，坚实，有地界而无水界，[3]彼种子不生长增广；若彼种新熟，坚实，不断、不坏、不腐、不中风，有水界而无地界，彼种子亦不生长增广；若彼种子新熟，坚实，不断、不坏、不腐、不中风，有地水界，彼种子生长增广。

比丘，彼五种子者，譬彼取阴俱；[4]地界者，譬四识住；水界者，譬贪喜四取攀援识住。何等为四？于色中识住，攀援色喜贪润泽生长增广；于受、想、行中识住，攀援受、想、行贪喜润泽生长增广。比丘，识于中若、若去、若住、若没，若生长增广。

比丘，若离色、受、想、行，识有若来、若去、若住、若生者，彼但有言数，问已不知，增益生痴，以非境界故。[5]色界离贪，离贪已，于色封滞意生缚断；[6]于色封滞意生缚断已，攀援断；攀援断已，识无住处，不复生长增广；受想行界离贪，离贪已，于行封滞意生触断；于色封滞意生触断已，攀援断；攀援断已，彼识无所住，不复生长增广；不生长故，不作行；不作行已住；住已知足；知足已解脱。解脱已，于诸世间都无所取、无所着。无所取无所着已，自觉涅槃，我生已尽，梵行已立，所作已作，自知不受后有。我说彼识不至东南西北、四维上下，无所至趣，唯见法，欲入涅槃，寂灭清凉，清净真实。"

佛说此经已，诸比丘闻佛所说，欢喜奉行。

---

[1] 实种子：果实。

[2] 中风：因外在原因而坏。

[3] 地界：地大，指植物生长需要的土壤。水界，水大，指水。

[4] 取阴俱：与五蕴同时运作的心识，当指意识深层的阿赖耶识。

[5] 此句意谓"取阴俱识"非受想行，但也不离受想行。如果有人设想一个受想行心理活动之外，作为轮回主体而有来有去的灵魂之类，那只能是一种空言，无法证实，只增长愚痴。

[6] 封滞：执着。

六牙象本生

佛所说经选读

23

《本事经》第11经

吾从世尊闻如是语：

苾蒭当知，世间有情，一结断时，余一切结，[1]皆亦随断。云何一结？是谓我慢。所以者何？诸所有结，细、中、粗品，一切皆以我慢为根，从我慢生，我慢所长。是故我慢一结断时，余一切结皆亦随断。譬如世间楼观中心，普为楼观众分依止，中心若坠，余亦随坠。如是我慢，诸结所依，我慢若断，余亦随灭。若诸苾蒭已断我慢，当知即是已断余结；若诸苾蒭已断余结，当知即是已尽苦边，已修正智，心善解脱，慧善解脱，无复后有。

尔时，世尊重摄此义，而说颂曰：

如楼观中心，众分所依止，中心若坠堕，余分皆坠落。

如是我慢结，众结之所依，我慢结断时，诸结皆随灭。

苾蒭断我慢，余结悉随断，余结既已断，即得尽苦边，

既得尽苦边，名已修正智，心慧善解脱，后有毕竟无。

[1]结：烦恼异称之一。

佛所说经选读

24

《佛说大方等修多罗经》[1]

后魏　菩提流支译

如是我闻：一时婆伽婆在王舍城迦兰陀竹园，[2]与大比丘僧千二百五十人俱，及诸大菩萨摩诃萨众。尔时，摩伽陀国频婆娑罗王出王舍城，诣迦兰陀竹园精舍，至世尊所，头面礼足，绕佛三匝，退坐一面。

尔时，世尊即告频婆娑罗王言："大王，如人梦中见于众人，与诸婇女共相娱乐，此人觉已，忆念梦中众人、婇女。[3]大王，于意云何？如是梦中众人、婇女为有实不？"

频婆娑罗王答言："不也，世尊。"

佛告大王："于意云何？是人梦中见婇女与诸人等，共相娱乐，觉已忆念，如是之人，宁有智不？"

大王答言："不也，世尊，何以故？世尊，梦中毕竟无有众人及众婇女，众人婇女尚不可得，何况当有共相娱乐!"

佛告大王："凡夫之人亦复如是。眼见美色，便生爱着；既生爱着，便起欲心；既起欲心，起嗔恚业，或作身业，或作口业，或作意业。彼所作业，作已而灭，灭已不依东方而住，亦复不依南方而住，亦复不依西方而住，亦复不依北方而住，思维上下，亦复如是。至临终时，行识将灭，[4]其意现前。大王，如是行识自作之业，必尽受之。大王，如人梦觉，不见婇女及诸人众。行识灭已，初识次生，或升天中，或

生人中，或生地狱，或生畜生，或生饿鬼。大王，以初识不断，[5]自心相续，应受报处而生其中。

大王，观诸生灭，颇有一法从于今世至未来世耶？大王，如是行识终时，名之为灭，初识起时，名之为生。大王，行识灭时，去无所至，初识生时，无所从来。何以故？识性离故。大王，行识行识空，灭时灭业空，初识初识空，生时生业空。观诸业果，亦不失坏。大王当知，以初识心相续不断而受果报。”

尔时，善逝说此语已，而说颂曰：

“一切唯名字，唯住想分别，名字分别说，而说无所有。

以种种名字，而说种种法，法中无如是，此法诸法相。

名字名字空，命终离名字。诸法无名字，以名字而说。

此法非实有，以分别而生。彼分别亦无，空以分别说。

一切凡夫说，眼能见于色，世间妄分别，取之以为实。

佛之所说法，众缘集故见。此是行次第，为说第一义。

非眼见于色，意不觉诸法，此是第一谛，非世间所觉。”

尔时，世尊说此经已，摩伽陀国频婆娑罗王，一切世间天、人、阿修罗、犍闼婆等，[6]闻佛所说，皆大欢喜。

---

[1] 此经异译本有元魏佛陀扇多译《转有经》。修多罗，意译“经”。

[2] 婆伽婆：一作薄伽梵，意译世尊。

[3] 婇女：盛妆的美女。

[4] 行识：指人活着时的心理活动。其意现前之“意”，指作为心体的“有分心”，为人临终时的心识。

[5] 初识：最初受生时的心。

[6] 犍闼婆：亦译干达缚等，天龙八部之一，一种头上有角的乐神。

佛陀传道

说法

第五章

“心为法本”

佛陀所谓缘起，终是心的缘起。创造一切、不可思议的业，终归为心这个更不可思议的主人所造作。《本事经》卷一佛言：

诸有业、果，皆依心意。

业由心造，惑从心起，使人流转生死的罪魁祸首是心，能使人超出生死的枢机也在于心。心，于是被佛陀予以极大重视。世间一切学说中，像佛陀之学这样对心高度重视、全力探究者，可以说找不出第二家来。熊十力先生在其《佛家名相通释》序中说得对：佛家之学，“不妨说为心理主义”。释氏之学，确可说是专究心灵的“心学”、“内学”，其缘起、四谛、十二因缘等，无不依心而建立，其三学六度等修行道，无不归结于修心，被当今的许多心理学家们看作心理治疗和心理保健的完善体系。

佛言精粹

世及出世间，
一切由心造，
犹如工画师，
巧善皆成就。

《妙法圣念处经》卷四

一、从“心尊心使”到“万法唯心”

从《阿含经》到大乘、密乘众多经典所载的佛陀言教，自始至终散发出浓厚的重心、唯心的气味，“万法唯心”，被佛教各宗派公认为佛陀思想的心髓。佛陀所说的“心”，通常与色（物质）、尘（认知对象）、境、物相对而言，泛指精神、心理现象。在多数场合为梵语“质多”（citta）的意译，原意为“集起”，谓集合多种功能而表现为心的整体功用，质言之，心是思虑、觉知等多种功能的集合体或

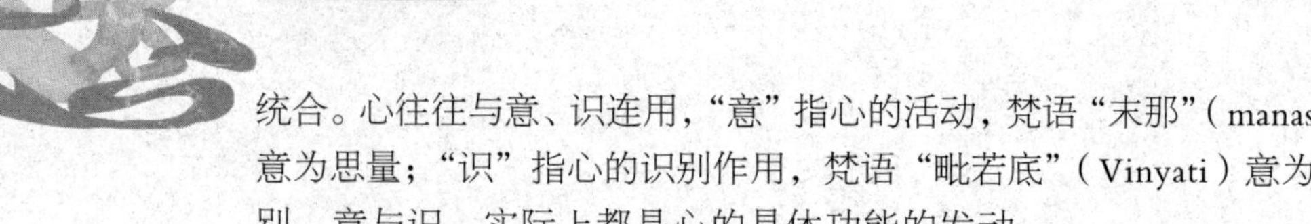

统合。心往往与意、识连用，“意”指心的活动，梵语“末那”（manas），意为思量；“识”指心的识别作用，梵语“毗若底”（Vinyati）意为了别。意与识，实际上都是心的具体功能的发动。

《阿含经》中，佛陀主要是从观察生死、染净因果，即所谓“业感缘起论”的角度，强调心为起惑造业的主子。在佛陀看来，众生流转生死、诸苦交攻的境遇，非由天帝鬼神所主宰，非由物质现象所决定，而是众生各自所造有漏善恶业的必然果报。善恶业中，不仅意业纯属心的活动，即使身、口二业，也由心的功能“思”（决意）所发起，其实质也是心的活动，其中都包含有意业。《中阿含·优婆离经》中，佛陀告诉苦行外道，三业之中，“意业为最重”，因为身口二业皆由意业发起，意业是造业的主人、司令官，当然应是造成生死苦果的主枢、责任承担者。而意业，终归是心的活动。心，是宇宙万物中最为神秘、奇妙的东西，具有世间最为重要的宰制、感知、发号施令等功用，其最大的机能，是随其所念所思而造作善恶诸业，随即产生出造业者所享用的苦乐果报，《本事经》卷一佛言：

心意所使，行如是行，趣如是道。

谓善业、恶业，皆以意（意识、思）为前导，“由意有染污”，“与烦恼俱生”，造善恶业，牵人向于诸道。《杂阿含》卷十六第445经佛言：当众生生善心时，与善界俱，生不善心时则与不善界俱。这里的界，有因、生命类型、心灵层次之义。《增一阿含经》卷五十佛偈云：

心为法本，心尊心使，心之念恶，即行即施，于彼受苦，轮轹于辙。

心为法本，心尊心使，中心念善，即行即为，受其善报，如影随形。

此偈亦见于《佛说自爱经》、《法句经》等。“心为法本，心尊心使”，意谓心是产生、建立一切的根本，心最为尊贵，心具有驱使、主宰众生的权力。是心这个握有巨大权力的主子，发号施令，起惑造业，驱使众生在生死海中浮沉流转，受五道六趣之身，生死死生，无有穷尽。《五苦章句经》载佛言：

心取地狱，心取饿鬼，心取畜生，心取天人。

佛言精粹

身缚尚可解，
心缚不可脱。
心既为欲缚，
常受诸苦恼。

《正法念处经》卷三二

心恼故众生恼，心净故众生净。

《杂阿含经》卷十，第267经

一切善、不善法，心为根本。

《正法念处经》卷六一

五道果报，唯是自心所取，非由于他。《正法念处经》卷一佛偈说：

由心故作恶，由心有果报，一切皆心作，一切皆由心。心能将众生，将来向恶趣。

心既能驱使众生轮回六道，堕于恶趣，也能自我净化而使人解脱，获得涅槃。如实知见，修行修道，全靠此心，心，是染与净、苦与乐、上升与堕落、生死与涅槃的枢机。《本事经》卷五佛言：

心杂染故有情杂染，心清净故有情清净，是故，杂染、清净二法，皆依止心，从心而起。

使众生被业力系缚而不得自在者，不是其他，而是自心，是自心所起的杂染烦恼，《增一阿含经》卷四八佛言：

众生长夜为心所缚，不为豪族所缚。

因此“当求方便，降伏于心”。心不被烦恼所缚，则获得自在，不被任何外力所缚。

众生的心理活动极为复杂，所造的业也极为复杂，感招的果报自然也就极为复杂。《杂阿含》卷十第253经佛问众比丘：“你们见过那羽毛色彩极为斑驳的嗟兰那鸟吗？”比丘回答见过。佛言：“心之斑驳复杂，更有过于那种鸟的毛色。那鸟因有种种心，所以有种种颜色的羽毛。”众生有种种类别，种种形貌，种种受用，即同属人类者，其形貌、族姓、贫富、贵贱、寿夭、习性等，也千差万别，这些全都是由各自千差万别的心意识所造作。就如同画师们调和种种色彩，在素色的布帛或墙壁上“随意图画种种像类”，心这个极为高明的画师，随意描绘出三界六道中的种种众生。污染与清净，皆由自心决定，故曰：“心恼故众生恼，心净故众生净。”大乘《华严经》中“心如工画师，能画诸世间”的名句，被视为佛法心要的高度概括，其意趣，可溯源于《杂阿含经》，无疑为佛陀亲口所说的重要思想。

业果既然由心所造，那么，按业力因果法则推论，则不仅众生所受身心之“正报”由心所造，即众生生命个体所依止、受用的世界或“依报”，作为业果之一，当然也应是由心所造了。世界由心所造，或者是众生所对的经验世界、价值世界由心所造，乃《阿含经》记

佛言精粹

一切众生之心，常自在行，为心所使，为心所缚。

《正法念处经》卷五

述的佛陀言教中明确具有的思想。《杂阿含》卷三六第1009经佛陀偈言：

心持世界去，心拘引世界，

其心为一法，能制御世间。

意谓心有宰制世间、牵引世界朝既定方向运动的巨大力量。心能执持、拘引、制御（管理）世界，当然可以说能造作世界了。起码，我们所面对的生存环境、经验世界何以如此，应该说是由我们的心所造作，由我们所造的业所招感。《原始佛教思想论》说得对：

盖谓此有价值的世界全为吾人心之所作，乃佛陀哲学之立场也。

实际上，我们所面对、认识、享用、探讨的世界，总是与我们的生命和感知息息相关，难以割离，总是一个有价值的世界、经验中的世界。离了能认识的主体心识，所谓“客观世界”的本来面目，大概只能是“不可言说”了。

按《阿含》等经的记述，佛陀的唯心说大体只是“业惑缘起”意义上的“由心所造”论，强调心造作众生、世界的主枢、宰制作用，并非说宇宙间只有心这一样东西，并非说万物的本质或本体是心。这从哲学观上讲，可名为“缘起心枢论”。“由心所造”意义上的唯心说，也见于多种大乘经记述的佛陀言句中，如《胜天王般若经》卷七佛言：

一切世间皆由心造。心不自见，若善若恶，悉由心起。

《大乘本生心地观经·厌舍品》佛言：

心清净故世界清净，心杂秽故世界杂秽。我佛法中以心为主，一切诸法无不由心。

同经卷一偈：“心有大力世界生，自在能为变化主。”谓心是世界的创造者。同经《观心品》将心比喻为能出生万物的大地，谓世间的三界五道，出世间的声闻、独觉、菩萨、佛，皆由心而出生，因此将心叫做“心地”。

除了这种由心所造、由心出生、以心为主枢意义上的唯心说外，大乘经中，更以由心所造义为出发点，沿着注重心的方向，从认识论、结构论、本体论等角度，深入阐发出唯心所现、唯识所变、唯

佛言精粹

若不为心使，
而能使于心，
则能除烦恼，
如日出无暗。

《正法念处经》卷五

心动摇时魔即随缚，
心不动摇魔即随解。

《杂阿含经》卷四三第1164经

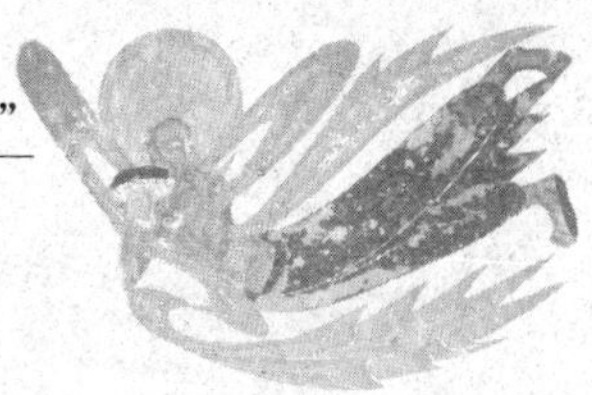

是一心等“万法唯心”义。

唯心所现或唯识所现，谓我人所能考察的宇宙万象，皆是依我人的心识而呈现出种种相状、性质，唯是我人心识中所显现，所现永远不能离却能现的心识，甚至可以说能现、所现都是心识。唯心所现的最佳譬喻，是梦，如梦，是《阿含经》和大乘《般若经》中常见的对整个经验世界的比喻，《正法念处经》卷六十佛偈云：

境界皆虚空，三界犹如梦。

如梦，意味众生所认为实有的一切，其实质，不过是由妄染的心识变现而成，如同梦境全属昧劣的意识变现而成。《般舟三昧经》佛言：堕舍利国有三男子，风闻罗越祇国某名妓美貌无比，各生恋慕之情，乃昼思夜想，于是各自梦见与彼美女交欢。梦醒后思量：她没有来我这里，我也没有去她那里，而美事得成。经佛点化，乃悟：一切诸法莫不如此。又如远方游子思乡，会在梦中回到家乡与亲属团聚。甚至行菩萨道、成佛、度众生，在大乘智慧看来也是如梦。《诸法无行经》佛偈云：

譬如人，于梦中，得佛道，度众生，此无道，无众生，佛法性，亦复然。

说明唯心所现的另一比喻，是修行禅定的观想（想象）。修习者由专心观想，能成功地制造出所想象的境相，如修不净观比丘，专心想象所见停尸场中正在腐烂的尸体，便会眼见所观想者；修习般舟（佛立）三昧者专心想念阿弥陀佛，也会看见所忆念的佛出现在眼前。此时当念：佛无所从来，我亦无所至，即悟“我所念即见，心作佛，心自见，心是佛”。《观无量寿佛经》也说：“是心作佛，是心是佛。”意谓是专精观想佛的心造成了所见到的佛，此念佛之心即是所见之佛，佛唯心现。《解深密经》卷三佛说：修禅定者所见的佛等影像，与自心无异：

由彼影像唯是识故，善男子，我说识所缘，唯识所现故。此中无有少法能见少法，然即此心如是生时，即有如是影像显现。

就像人对着明镜，便会自见其面。同理，整个经验世界，也可以所是心识所现，由长期的认知习惯观想而造成。

佛言精粹

种种世间皆由心造。心不自见，若善若恶悉由心起。心性回转如旋火轮，易转如马，能烧如火，暴起如水。作如是观，于念不动，不随心行，令心随己，若能伏心，则伏众法。

《胜天王般若经》卷二

如果说修不净观、念佛禅所见到的只是"影像"，那么修禅定达到神通自在的人，甚至可以随意转变外物，制造出可以触摸使用的物质，点石成金、指水成地、身出水火。《杂阿含》卷十八第494经载，佛指着他背后的一株枯树，告诸比丘：

> 若有比丘修习禅思，得神通力，心得自在，欲令此枯树成地，实时为地。……欲令此树成水、火、风、金银等物，悉皆成就不异。

同经卷二一第571经载，一日天气酷热，佛弟子中一出家时间不长、地位不高的摩诃迦尊者显现神通，入定后令"应时云起，细雨微下，凉风习习，从四方来至精舍门"。摩诃迦尊者又入火光定，只见火从窗棂中出，烧掉了堆在户外的柴薪，而预先覆盖在柴薪上面的一匹布，却完好无损，证明定心能制造物质。修行者的定心既然能制造物质，物质可以随定心变化，那么众生的经验世界，也未必不是众生的专注心所造、所现。

佛言精粹

心为工伎儿，
意如和伎者，
五识为伴侣，
妄想观伎众。

《楞伽经》卷四

说明唯心所现的一大例证，是经中佛所指出：同一认识对象，在不同类、不同感知机制的众生心中，呈现的相状与性质会有不同。如《杂藏经》等说：同一条河里的水，在人眼里是清水，在诸天看来是宝石水晶，在饿鬼看来却是脓血。又如诸天同就一餐具而食，各自所见的食物不同。这说明，我人认识中具某种性质相状的世界万物，并非世界万物本有的实相，不离我人的主观心识。

经中佛常用以说明唯心所现的比喻，还有"如旋火轮"——快速旋转的火把看起来是火轮，及目有翳者"见第二月"、"空中花"等幻觉。这些，都表明境不离心、心能造境，或境唯心现。这种唯心现所义，从心理学、认识论、超心理学的角度，提出了对心物、主客关系的独特见解，至今尚有深刻的启示意义。

唯识所变，主要从结构论的角度，阐明一切现象皆是心识变现，所谓"三界唯识"。《解深密》、《楞伽》等经说，在表层的眼耳鼻舌身意六种识的底层，有第七末那识（意）和第八阿赖耶识（藏识、心），或者还有第九阿摩罗识（无垢识），组成一个多层次、多功能的心识结构。心体第八"藏识"，具有储藏各种种子的作用，就像演技高超的演员，执藏识为内在自我的第七末那识是其助手，眼耳鼻舌身五种识是其伴侣，合作起来演出一场场人生活剧，第六意识的分别（知觉等认识）如同台下的观众，竟然认假成真，迷惑不觉。又比喻说：第八藏识作为心体，就像常住不灭的大海，众生的心被境界的风所吹动，从而兴起眼耳鼻舌身意等诸识的波浪，此起彼落，动荡不宁。实际上，境界乃心识所变现，不出八种心识。大乘瑜伽行派和法相唯识宗据此义理，具体阐述了八识如何变为众生的身心和所依止的世界。

唯是一心，谓宇宙万有，从本质上来说唯是一心。如《华严经》云：

> 三界所有唯是一心。（《问明品》）
>
> 知一切法，皆是自心。（《明法品》）
>
> 知一切法，即心自性。（《梵行品》）

《入楞伽经》卷十佛偈：

> 诸法无法体，而说唯是心。

这些说法，主要从本体论的角度，说万有从体、性上来说，终归为"一心"，可谓本体论的唯心论。此所唯之"一心"，并非等同于近世西方哲学的"意识"，非佛学所说的"妄心"，而是一种具实体、本体意味的绝对心。"一心"从客观上说，是一种超越时空、超越主客二元对立、超越心物、超越真妄的绝对者，不可名状，不可言说，只是因为它所具心的功用特为殊胜，它的存在也只好向众生的心识中去寻觅，故强名为心。"一心"从主观上说，是众生心识的体性或不变不易的自性，被看作即是"心性"、"真识"、"真心"、"自性清净心"、"心体"。唯是一心说，主要是从佛果清净心出发，由体用不二着眼，说万有体性唯是绝对之一心。宇宙万有皆以这"一心"或"心性"为本为体，皆是这"一心"或"心性"的变现，名"唯是一心"。这种意义上的万法唯心论，被晚近学者称为"真常唯心论"，乃印度大乘性宗、中国佛教华严宗、禅宗、真言宗、天台宗等及藏传无上部密法的理论基址。

学界认为"真常唯心论"乃佛教在印度教"梵我一如"思想影响下的产物，非无其据。但在佛教界，"真常唯心论"系依据一类大乘经中的佛陀言教而建立，与印度教"梵我一如"说虽有所形似而有重大区别。从哲学思路看，"真常唯心论"可谓《阿含经》中的"心

佛言精粹

诸法无法体，
而说唯是心。
不见于自心，
而起于分别。

《入楞伽经》卷十

为法本”义按其思路深化的必然结论，也被无数佛教徒经过修证的实践而认同，可说源出于佛陀。

按佛陀“应病与药”、“随方解缚”的说法原则，万法唯心说，本质上是一种破除众生执着的药方，未必是一种有意建构的哲学体系。《杂藏经》中有一首偈说得明白：

如世有良医，以妙药治病，
诸佛亦如是，为物说唯心。

明言说万法唯心，是应病与药，以破除众生的执着。众生从来都是执着外物实有，才起惑造业，世间各种文化，几乎无不在论证物质实在，引导人去追逐外物，而忽略了对文明创造和个人生命来讲，最为重要的主体——自心。针对这种执着，佛陀才大讲万法唯心，极力强调心的重要性，以期唤起对心的应有重视。对揭破宇宙之谜来讲，如实认识自己，如实认识自心，也许要比如实认识物质更重要，或者说，如实认识物质，也不能离开对自心的如实认识。对当今已牵涉心物深层关系的尖端科学，如量子力学、心理物理学、脑科学等，佛学的万法唯心说，特具启发价值。量子物理学发现的“测不准原理”，暗示心与物在其深层一体不二，为境不离识之说提供了论据。根据海森伯的量子理论，A.艾丁顿、琼斯、斯塔普等西方物理学家认为，世界的要素是心灵的或类心灵的（mind-like），类物质方面仅限于某些数学特性，这些特性也可以被理解为进化中的类心灵世界的特征。

佛陀讲万法唯心，主要是就了生死、出世间的问题而言，与其将它看作一种哲学宣言，不如将它看作一种修行方法，运用于行善修心的宗教实践尤其是止观的修证。在修持实践中，特别在禅定中，万法唯心论有其特具的效用，有促进道德自律、防止错认光影魔境之效。而世俗的物质实在论，若运用于伦理实践，易生放纵人欲的负面效果，用于修持禅定，则容易导致走火入魔。唯是一心的万法唯心论之“一心”，主要是从大乘中道义出发，破除心与境、能证真如的真心与所证真如的“二”，这种“二”是与真如完全相应的障碍，必须破除这道心理防线，才可能深入真如的殿堂。说万法唯心，未必是佛陀决定认为万有唯是一心，万有的本面、真如，终归是不可

佛言精粹

如心佛亦尔，
如佛众生然。
应知佛与心，
体性皆无尽。
若人知心行，
普造诸世间，
是人则见佛，
了佛真实性。

若人欲了知，
三世一切佛，
应观法界性，
一切唯心造。

唐译《华严经》卷三十七

言说，只可经由观万法唯心、心亦不可得的修持去自内证。

梁漱溟先生在其《印度哲学概论》一书中论述佛家哲学时说：“必明佛法非唯心论，而后可与言佛之唯心论。”这句话中的前一“唯心论”，当指学界通常所说西方主、客观唯心主义哲学而言。显然，“心尊心使”意义上的“心为法本”义，算不上哲学唯心论；即便大乘唯是一心意义上的万法唯心义，也与近现代哲学概念中的客观唯心主义（观念论）、主观唯心主义（唯心论）哲学体系很是不同。作为现代学人，应实事求是，如实阐明佛陀唯心说的本义，挖掘出其中对现代文化有启迪价值的精华。

佛言精粹

小念及细念，
存留于心间，
无明不自知，
必使轮回延。
正念精进者，
以慧除诸念；
知谛佛弟子，
诸念连根断。

《即兴自说·弥凯耶经》

一切诸法，心为上首，若知于心，则能得知一切诸法。

《大乘宝云经·安乐行品》

二、自知其心

《正法念处经·畜生品》佛偈云：

心为系缚、解脱本，是故说心为第一。

是心这个主子，起惑造业，系缚众生流转生死，备受诸苦，不得自在；欲得解脱生死系缚，永享涅槃常乐，也只有依靠心。心，实在是世间万物中居于首位者，理应予以最大重视，列为全部人类文明、科学文化关注探索的第一要务。然而，自心这个主体，总是被人们遗忘、轻忽。佛陀因此谆谆教诫人们关注自心，“自知其心”，“自治其心”，“自净其意”，并以此为从诸苦系缚中获得解脱的诀要。

佛陀多次强调：心是世间力量最大的东西，《五苦章句经》佛言：“一切壮无过心。”任何力量，都无法与心力相比，任何高超技术、科技产品，都奇妙不过人心，都是人心的作品。《本事经》卷二佛言：

我观世间，无别一法，速疾回转，犹如其心。

是心于境，速疾回转，世、出世间，无可为喻。

世界上任何运动，速度都快不过心意，阳光射到地球，须8分钟，而我人想象太阳，瞬间可至。《杂阿含经》称心“独行远逝”，有独自运作、无远不届的能力，隐藏在身中，微细难睹。当人不能如实了知自心，不能制伏心而被心所制伏时，这被异化了的自心，便会成为一种极为强大、极为可怕的异己力量，拘系人出入生死，流转五道，备受苦毒。佛陀在临终前所说《佛遗教经》中教诫徒众说：

心之可畏，甚于毒蛇、恶兽、怨贼，大火越逸，未足喻也。

被自心所诱引、拘系的凡夫愚人，就像手捧一个装满蜜糖的钵，轻狂地奔走，眼睛只盯着那钵中的蜜，而忘了察看路途，难免堕坑落堑；又如同那无钩的狂象，上树的猿猴，奔走跳跃，难以禁制。《五苦章句经》佛言：

心是怨家，常欺误人。

众生被自心所生的感觉、欲望等欺骗诱惑，只知跟着感觉走，跟着感情、欲望走，而不知省视这样做的害处，不能高瞻远瞩，结果是被业所系，被心所缚，堕于生死苦海，常落入三恶道的陷阱中，不能自拔。《五苦章句经》佛言：

能伏心为道者，其力最多。吾与心斗，其劫无数，今乃成佛。

能制伏自心这个世间力量最大者，才真正称得起阳刚之气充足的“大丈夫”、力大无比的“大雄”。佛陀修道成佛，归根结蒂，便是与自心作不屈不挠的斗争，历劫不懈，顽强奋斗，终于完全制伏自心，成为世间力量最大的英雄，因而被尊称为“大雄大力”。只要能征服自心，便征服了世间的一切。《胜天王般若经》卷七佛言：

若能伏心，则伏众法。

能降伏自心，便能降伏一切。《菩提行经》卷一佛偈云：

若能系一心，一切皆能系；
若能降一心，一切自降伏。

只要获得自宰其心的自由，便获得了主宰一切的自由。《大乘宝云经》卷五佛言：

若能于心得自在者，则于诸法而得自在。

就像体育竞赛，只要能战胜冠军，当然便能战胜冠军以下的其他所有竞争对手。

佛陀确信：人完全可以自宰其心、制伏其心，“得大自在”，成为有力量宰制一切的大雄。宰制其心，当然还是得靠自心，《中阿含经》卷十四佛陀教人“以心治心”。以心治心，靠自心本具能自宰自制的那种最为奇妙、最为宝贵的能力，这种自宰自制能力，由“智”（如实觉知）、“慧”（明断是非）、“念”（记忆）、“定”（专注）、“胜解”（理解）、“思”（正确决定）、“善法欲”（合理愿望）及“精进”

佛言精粹

心恼故众生恼，
心净故众生净。

《杂阿含经》卷十第252经

若有一人，内实有秽自知内有秽知如真者，此人于诸人中最为胜也。

《中阿含经》卷二二《秽经》

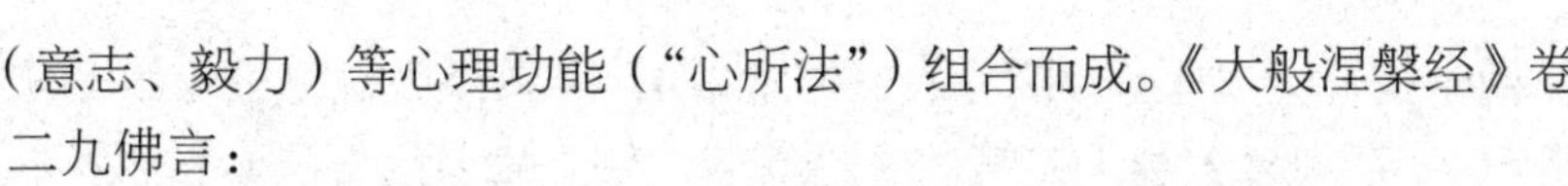

（意志、毅力）等心理功能（“心所法”）组合而成。《大般涅槃经》卷二九佛言：

> 一切众生皆有念心、慧心、发心、勤精进心、信心、定心。如是等法虽念念生灭，犹故相似相续不断。

依靠这些心理功能，人们得以修道乃至获得解脱。实际上，人类改造世界、创造文化的一切活动，及行为与道德的自律，都是靠了这种本具的能力而进行。这种能力的大小，是难以界定的。佛陀力图将人的这种能力作极度的发挥，获得自宰其心的绝对自由。

自治其心、宰制其心，须先“自知其心”，如实认识自心，了知心的结构及各种功能，善于识别自心所起心念的善恶，明了烦恼生起的因缘与次第，如实认识心的活动规律、性质、本性（心性）。《中阿含·自观心经》中，佛陀教诫比丘，应该“善自观心，善白知心”。《大般涅槃经》卷十八佛教导菩萨应该“善知心界，知心生界，知心住界，知心自在界”。

心之性相极为复杂，极为神妙，须以智慧冷静反观。心有能自我觉察的奇妙功用，只要回光返照，自观其心，必能见其性相。心内省自己功能的精密，自今尚没有一种用于观测心的仪器可以相比。佛陀教法，从分析五蕴、十二处、十八界，罗列烦恼，到谈如来藏、心性，无不是讲“如实知自心”，这可谓佛陀教法的核心，西方心理学家从而将佛陀教法看作一门心理学。

佛陀观察心，首先在辨别自心所起有害的烦恼，列举出三毒、十使、八缠、九结、七缚、十六心垢、二十一心秽等烦恼，将心识的基本功能分为眼、耳、鼻、舌、身、意六识，受、想、行、识四蕴，并列举了随六识所起的数十种善的、不善的、无记的“心所法”（“心数”）——心理活动或心理功能。《阿含经》其实也说了六识表层之下的深层心识：六根（眼等六种感知器官）中的意根及十二处中的“意处”、十八界中的“意界”（皆指发生意识的器官、机制），被看作一种心识作用，《杂阿含经》卷十三第331经佛言：

> 意内入处者，若心、意、识，非色，不可见无对，是名意内入处。

说产生意识的根本是非物质性的、不可见的深层心识作用，部

佛言精粹

一切诸法，心为上首，若知于心，则能得知一切诸法。

《大乘宝云经·安乐行品》

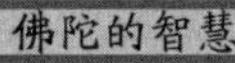

派佛学据此立“七识界”（六识加意根），大乘经中以意根为第七末那识。《杂阿含》卷十二第287经等载，佛比喻名色与识如三捆芦苇互相依靠始得竖立，而解释名色之“名”为五蕴中受、想、行、识四蕴，是则此与名色相依赖的识，当指六识、四蕴之下更深层的心体。《长阿含经·大缘方便经》、《中阿含经·大因经》等，佛说若没有此与名色相依赖的识入胎，父母便不会怀胎，出生后若没有此识的作用，婴儿就不能成长，会“坏败”。南传《增一阿含经·如来出现四德经》名此识为“阿赖耶”，释为着落处、依处、窟宅、家、藏，指被执为内在自我的深层心识或心体，为应断灭的烦恼之根。唐译《本事经》[1]也数处讲到阿赖耶，如卷三说阿罗汉“能除灭骄慢渴爱，害阿赖耶”，卷六说当修行者出离无色界时，“灭阿赖耶，断诸径路（截断轮回于三界之路）”。此阿赖耶识，与大乘所立的第八杂染的阿赖耶识同一意趣。《长阿含经·坚固经》佛答比丘此身四大何由得灭之问说：

> 应答识无形，无量自有光，
> 此灭四亦灭，粗细好丑灭，
> 于此名色灭，识灭余亦灭。

此与名色相对而言、此灭则名色亦灭的识，具有无量的光明，显然不是指眼等六识，而是指六识所依的更为根本的心体。光明，梵巴语原义当为“极光净”、“白净”，与大乘经中描述心性之“清净”同，则此“无量自有光”（今译“心体无形，光明无量”）与大乘如来藏系经典中所言“自性清净心”实际上相同。《杂阿含》卷二第39经佛言，阿罗汉自知不受后有：

> 我说彼识不至东西南北、四维上下，无所至趣，唯见法，欲入涅槃，寂灭清凉，清净真实。

《大般涅槃经》卷三九佛谓因灭无常的受想行识，“获得解脱常住之识”。圣者所证真实清净、解脱常住之识，与大乘所谓涅槃心、阿摩罗识实际同义。

大乘唯识系及如来藏系经中说深层心识更为详明。《解深密经》中说有作为众生最初心识，起着维持生命和世界作用的阿陀那识、阿赖耶识，储藏着一切种子，是一恒常运作如同暴流的潜在心识之流。

佛言精粹

心有八种，或复有九，与无明俱，为世间因。世间悉是心心法现。是心心法及以诸根，生灭流转，为无明等之所变异，其根本心坚固不动。

《大乘密严经》卷中

[1] 相当于南传《小尼柯耶》中的《如是语经》，西方学者认为它与《经集》、《无问自说经》及一些戒律，属最原始的教典。

《楞伽经》、《密严经》等将心的结构分为前五识、第六识、第七识、第八识四个层次，八种心识，或加第九真识、阿摩罗识，对各层心识的作用作了明哲的解说。说众生现行的一切心理活动及语言、行为，皆在自己的阿赖耶识仓库中播下种子，成为能生起心识活动、身口意三业及身心世界的“种子” ——犹如能出生一切植物的种子。后来唯识学依据经典进一步发挥，建立了体系十分严整的心识学说，其对深层心识的解析之细密，犹为当今的深层心理学所不及。

佛陀还仔细分析了烦恼及业生起的因缘，及净化自心的诀要，此即作为佛法纲要的所谓“染净因果”：造成三恶道等苦果的杀盗淫妄等恶业，由自心所起的贪欲、瞋恨等烦恼发起，而烦恼则是以长期积累的认识方式（名言习气）种子为因，决定了天生的认知程式，当眼、耳、鼻、舌、身、意六种感知器官开放时，被从六大门户进入的色、声、香、味、触、法六种感知对象（“六尘”）所诱引，因不能如实知见六尘及自身无常、无我、无相的本面，以阿赖耶识中所藏烦恼的“习气”（种子）为因，六尘为缘，不自觉地生起贪爱，产生占为己有的欲望。对妨碍自己实现贪占欲及不喜欢的人和事物，则生起嫉妒、瞋恨。由贪占欲生种种追求，追求难得时便有偷盗、诈骗、贪污等；对妨碍自己利益者嫉恨至极时则有谗害、毁谤、杀戮。如《水浒》中描写的西门庆，便是出于喜爱潘金莲的美色，因而设计诱骗私通，毒死潘金莲的丈夫武大郎，将潘金莲霸占为己有，因一念贪色之心，而造邪淫通好、杀人两大罪业，终遭被武松报仇杀死的报应。现实生活中，此类因贪色、贪财、贪权位、贪名而追求、阴谋、偷窃、贪污、勒索、诈骗、嫖赌、巧取豪夺、勾心斗角、谋财害命等活剧，时时都在上演，新闻媒体天天都在暴光。究其起因，无不由贪爱色、声、香、味、触、法六境，不能自制其贪欲瞋嫉而致。正如《杂阿含》卷三九第1103经佛陀所指出：

> 色、声、香、味、触，及第六诸法，
> 爱念适可意，世间唯有此，
> 此是最恶贪，能系缚凡夫。

克实而言，被色声香味等“六尘”诱骗吸引，而造杀盗淫骗等业，也不能怪色声香味触法和自己的眼耳鼻舌身等官能，只能怪罪

佛言精粹

一行常隐覆，
大力难调伏，
害而不可见，
轻动速流行。
若人有智慧，
调伏如是心，
其人离魔网，
则能到彼岸。

《正法念处经》卷二十七

于自己不如实知见、不善摄制自心而生的贪欲等烦恼。西门庆贪爱潘金莲的美貌而诱奸害命，不能怪潘金莲的美貌和西门庆的双眼，只能责咎于他贪占杀害的恶心。如《杂阿含》卷二一第972经诸上座佛弟子所言：

> 非眼系色，非色系眼，乃至非意系法，非法系意，然于中间，欲贪是其系也。

进一步穷追贪瞋等烦恼生起的渊源，则“我执”——以自我为中心的立场，乃孳生众烦恼的根蒂，可谓万恶之本。谋财害命、劫夺欺诈、嫉恨中伤等，无不是围绕着私我的轴心而转动，无不是出于私我的利益，乃至行善布施，求神拜佛，也往往难出维护私我，令我得美名、善报、长寿福乐等目的。我执，以执身心为自我的“身见”起着最为直接的作用。《过去现在因果经》卷三佛言：

> 贪欲、嗔恚，及以愚痴，皆悉缘我根本而生。

《杂阿含》卷二一第570经佛谓我见、众生见、寿命见及五逆十恶等一切恶见，皆由身见而生，“诸见一切皆以身见为本”。若更深究，则不能如实知见五蕴等一切现象皆悉无常无我的无明，乃身见之本。《本事经》卷四佛言：

> 一切世间恶、不善法，皆以无明为其前导而得生长，以无惭愧为其后助而不损减。

反之，“一切世间善法、清净法，皆以慧明为其前导而得生长，以惭与愧为其后助而不损减”。以智慧光明为主导，断除一切我执、法执，被大乘强调为自净其心，彻底出离一切生死、解脱成佛之要。

三、自治其心，自净其心

佛陀更教给人多种自治其心的方法，其所说三学、六度等修行之道，其实都是自治其心、自净其心的技术。佛教所谓修行、修持，其实质是修心——在如实知见的智慧指导下，修正、修理自心，去除自心所起烦恼污垢，培植、发挥自心的善性光明，开发自心的佛性潜能，将凡夫不自主的、污染的、迷昧不觉的心理结构，自我改造成为自主自在的、觉悟的、清净的圣智型心理结构，自塑成圣智

佛言精粹

来者不欢喜，
去亦不忧戚，
不染亦无忧，
二心俱寂静。

《杂阿含经》卷三八第1071经

于过去无忧，
未来不欣乐，
现在随所得，
正智系念持，
饭食系念故，
颜色常鲜泽。*
未来心驰想，
过去追忧悔，
愚痴火自煎，
如雹断生草。

《杂阿含经》卷三六第995经

乐受不放逸，
苦触不增忧，
苦乐二俱舍，
不顺亦不违。

《杂阿含经》卷十七第470经

* 颜色：面色。

型的人格。《中阿含·念处经》中，佛陀教人，应如木匠用绳墨斧锯刨凿等工具，将弯曲不宜之木材斫治令直那样治理自心，又如大力士抓住羸弱瘦小的人随意处置那样宰制自心，如冶金工人将矿石炼去杂质、炼出纯金那样纯化自心。《四十二章经》佛言：

如人锻铁，去滓成器，器即精好，学道之人，去心垢染，心即清净矣。

《本事经》卷五佛因此教人：必须善于守护自心，为什么？

若于一法能正守护，则于一切能正守护。若于一法不能守护，则于一切不能使守护。云何一法？谓众生心。

不能守护自心的人，必然无正见正智，必然被烦恼垢秽污染其心，必然造诸恶业，必然不能获得究竟的解脱。欲图度过生死海，解脱诸系缚，获得永恒安乐、最大自由，只有守护自心，制服心这个力量强大的罪魁祸首，做自心的主宰而不被异化了的自心所宰制。佛偈云：

世间聪慧人，能防身语意，
令不造诸恶，名真健丈夫。

能防护自心、不造恶业的人，才能称作心理健康的男子汉、强人。《增一阿含经》卷四佛告比丘：应修行、广布一法，便得神通，诸行寂静而得道果，此一法即不放逸行——护心。《正法念处经》卷四二佛言：

若能防护心，一切法能作，一切业能断。

此所谓护心，指精心地监护自心，不令烦恼生起，若已生起，速令消灭，使心摆脱欲界、色界、无色界的烦恼的系缚而得到解脱。心的运转极其迅速活跃，不可捉摸，变化无常。凡夫不能观察自己的心理活动，因此才被心所缚，应该时常“降伏心意”。《正法念处经》卷二七佛偈言：

一行常隐覆，大力难调伏，害而不可见，轻动速流行。
若人有智慧，调伏如是心，其人离魔网，则能到彼岸。

谓心的活动隐微难睹，流动迅速，力量巨大，是大力士也难以调伏的，若能以智慧调伏此心，便可以抵达解脱的彼岸。《大般涅槃经》卷四十佛以伐树应伐干为喻，说明“先当调伏其心，不调伏身。……

佛言精粹

若人善治心，
则除诸过患，
离过乃智人，
于苦则不受。

《诸法集要经》卷五

若善正心者，
常顺法观察，
不为过所使，
如日光除暗。

《正法念处经》卷三七

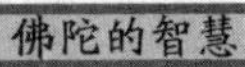

调伏身先当调伏心”。

佛陀教导说：治理、净化自心，须以智慧时时、念念观照自心，对自心所起的善恶诸念及自己的心理状态冷眼旁观，保持高度的“明觉”，清清楚楚，“善取善舍”，善念则令其助长，烦恼恶念、不良情绪则警觉宰制，已生者令灭，未生者护令不生。这是佛陀所示修行道中“四念住”之受、心、法三念住，及“四正勤”的重要内容。心中所起的贪欲等烦恼，虽然有不自主性，力量颇大，然而人心更有能宰制烦恼的理智、智慧、意志等殊胜功能，完全可以制伏烦恼。《增一阿含经》卷四八佛偈云：

> 欲！我知汝本，意以思想生，
> 我不思想汝，则汝而不有！

认识了贪欲的本末，不去想所贪的东西，贪欲等烦恼则无从生起。《杂阿含》卷一第12经佛言：

> 若随使使者，即随使死，若随使死者，为取所缚；比丘，若不随使使，则不随使死，不随使死者，则于取解脱。

不被烦恼所驱使，心不跟着烦恼走，则不会跟着烦恼往老病死忧悲恼苦的死路上走，便从烦恼的束缚中得到解脱。

若烦恼已经生起，则用种种“方便”（技巧）及时“对治”。南传《中部》十九《双思经》佛陀讲自己成佛前修行时，用“双思法”对治恶念：当贪欲、愤怒、毒害等念头产生时，思考这些恶念的恶果，从而消除恶念。同经二十《息思经》佛陀教比丘五步断恶念法：一、思考善念，以善止恶；二、观察恶念的危害；三、忘却思念，停息一切意念；四、止息诸念；五、咬住牙齿，舌抵上腭，集中意志力，以心制心，降伏邪念，令心平静安定。

南传《中部》一五二《根修习经》佛陀教青年郁多罗的“根修习法”为：在见色闻声等时，心住于放松、平静、警觉、清醒，对所见闻漠然置之，保持六根清净。《本事经》卷二，佛说应善于抓住心速疾运转之相，就贪欲等一念心生起之际，进行思惟、观察，熄灭贪欲等烦恼，然后安住于平静的心境，集中心力，省察自己心中有没有自己所未能觉察到的贪欲等烦恼潜伏？如果没有，可设想一可爱的事物，看自己的心会不会对之生起烦恼。如果觉察到有烦恼，应

佛言精粹

胜者更增怨，
伏者卧不安，
胜负二俱舍，
是得安隐眠。

《杂阿含经》卷四二第1152经

常习惭愧心，
此人实希有，
能远离诸恶，
如顾鞭良马。

《杂阿含经》卷二二第578经

云何名为无放逸行？所谓护心也。云何护心？于是比丘常守护心……恒自谨慎，未生欲漏便不生，已生欲漏便能使灭；未生有漏便不生，已生有漏便能使灭；未生无明漏便不生，已生无明漏便能使灭。比丘于彼无放逸行闲静一处，恒自觉知而自游戏，欲漏心便得解脱，*有漏心便得解脱，无明漏心便得解脱。

《增一阿含经》卷四

当念舍重担，
更莫造新担，
担是世间病，
舍担第一乐。

《增一阿含经》卷十七

*欲漏心：欲界有漏心；有漏心：色界、无色界有漏心。

该对此有明确的认识，再用功修行，予以对治。修心，就像划着载重的船筏逆水而行，稍有松懈，便会被急流冲击而后退。同经卷五佛言：修行者要抓住心缘境及起注意时的状态，进行观察，不被境相吸引而生起烦恼，安住于本然，使自心像地、水、火、风那样，没有忧喜哀乐等反应，“虽遇种种顺、违众缘，而心都无分别计着”。在社会生活中，应在种种刺激下保持心的平静安和，得到赞誉、利益、称颂、喜乐，其心不喜，遇到失败（衰）、毁谤、讥讽、痛苦，其心不忧，如大石山不被风雨所动，是名“八风不动”。

《中阿含经》卷四三佛说保持心清净技巧的“跋地罗地偈”云：

慎莫念过去，亦勿愿未来。过去事已灭，未来复未至。

现在所有法，彼亦当为思：念无有坚强，慧者觉如是。

任何时候，都保持一个空灵平静的心境，不让不良情绪、烦恼的垃圾堆积在心的空地，不让没有意义的回忆过去、想象未来占据自心，了知过去已永灭不再，未来不是现实，只保持当下一念清净，了知现在的一切都无常无我，从而不生起染着烦恼。

彻底净化心灵，须在对治烦恼根本——我执、身见、我慢上下功夫，不仅日常于一切时、一切事观察无常无我，更要在极寂静的禅定心基础上，仔细深入地观无常无我，证得与真实相应的智慧，此即是出世间道最重要的止观修习。若由精修止观而见道，证得出世间的智慧，打开直观真实的“法眼”，心理结构会发生质变，自主其心的力量会大大加强，与此前仅以闻思而得，只属于一种观念、理念的正见或闻思慧对治烦恼，有质的不同，纵有烦恼生起，亦无力为扰，极易断灭或转化。

止观二者，观更为重要，最重要的观修，是观心。诸乘共修、被佛陀称为“一乘道”的“四念住”，其受、心、法三念住，皆属观心，不仅要明觉自己的心理状况，而且要以法印观种种感受及心理活动无常、苦、非我的实性。大乘更重视观心，《般若经》、《大集经》、《大乘本生心地观经》等皆说观心方法。大乘如来藏学以通过观心而见到心性为全部修持之枢要，其观心的方法，大体是观心识念念生灭不住，没有实体，不在身内，不在身外，不在内外之中间，没有住处，念生时不见其来处，念灭时不见其去处，念念不可得，心与其所现境非一非异。如《大集经》卷十佛言：

> 观是心性，不见内入心，不见外入心，不见内外入心；不见阴中心，不见界中心。既不见已，作是思惟：如是心、缘为异不异？若心异缘，则一时中应有二心；若心即缘，不应复能观于自心，犹如指端不能自触，心亦如是。作是观已，见心无住、无常变易，所缘处灭。

如此观心纯熟，当妄念息灭、见到心性（明心见性）时，不仅会以法眼现见心本来空、无生的本性，而且会证得自性清净心所具的种种不可思议的无碍妙用。

比起佛陀时代，人类在自然科学方面确是今非昔比，科技成果层出不穷，令人眼花缭乱，给世人的生活带来了越来越大的方便，物质世界的谜底已被大部分揭破。突飞猛进的计算机智能，巧夺天工的克隆技术，使今日的人类智力几乎接近了上帝的水平。这一切，可以说都是循西方文化向外征服自然的路线前进而取得的成果。然而，对自己心灵"灰箱"认识之浮浅，成为近现代科学的最大缺陷。这当然应归咎于人类畸重物质，对认识自己尤认识自己的心灵重视不够。举世逐物拜金，沈溺于商海滔天中，随之而来的，是精神田园荒芜，人欲横流，道德沦丧，价值失范，个人主义、享乐主义、拜金主义泛滥，贪污腐败、营私舞弊、贩毒走私、卖淫嫖娼、伪劣产品等成为公害。物质生活虽然提高了许多，但社会苦难、社会问题和人们的精神、心理问题，并未能减少多少，社会道德水准并未能提高多少。至于佛陀主要解决的生老病死等诸苦，依然存在，并未因科技之进步而解决。而且，物质文明的发达，还带来了能源枯竭、环境污染、生态失衡等弊病，酝酿着使全人类毁灭于一旦的劫难。这一切，当然也是西方文化片面逐物、忽视心灵的路线所造成的恶果。面对攸关文明走向、人类命运的重大问题，重读佛陀"自净其心"的遗训，有助于唤起对心灵的研究和对精神文明建设的重视。佛陀所提出的通过自知其心、自净其心解决人生根本问题、文明根本问题的路线，及其以"如实知自心"为打开宇宙秘机总钥匙的诀要，对提高文明自觉、拨正文明航向，建设合理的新型文明，具有深刻的启迪意义。

佛言精粹

若以诤止诤，
至竟不见止。
唯忍能止诤，
是法可尊贵。

《中阿含经·长寿王本起经》

犹如深渊水，
澄清无瑕秽，
如是闻法人，
清净心乐受。
亦如大方石，
风所不能动，
如是得毁誉，
心无有倾动。

《增一阿含经》卷三一

佛所说经选读 25

《本事经》第7经

吾从世尊闻如是语：

“苾芻当知，世间所有恶、不善法，于生起时，诸不善品，诸不善类，一切皆由意为前导。所以者何？意生起已，恶、不善法，皆随后生。”[1]

尔时世尊重摄此义，而说颂曰：

“诸不善法生，为因能感苦，皆意为前导，与烦恼俱生。

意为前导法，意尊意所使，由意有染污，故有说有行。

苦随此而生，如轮随手转。”

[1]意：指意识及意识底层的自我意识，特别是能生起善恶业的“思”。

佛所说经选读 26

《本事经》第8经

吾从世尊闻如是语：

“苾芻当知，世间所有白净善法，于生起时，善品善类，一切皆由意为前导。所以者何？意生起已，白净善法，皆随后生。”

尔时世尊重摄此义，而说颂曰：

“诸净善法生，为因能感乐，皆意为前导，与善法俱生。

意为前导法，意尊意所使，由意有清净，故有说有行。

乐随此而生，如影随形转。”

禅定

《中阿含经·心经》

我闻如是。一时，佛游舍卫国，在胜林给孤独园。尔时，有一比丘独安靖处，宴坐思惟，[1]心作是念：谁将世间去？谁为染着？谁起自在？彼时，比丘则于晡时，[2]从宴坐起，往诣佛所，稽首礼足，却坐一面，白曰："世尊，我今独安靖处，宴坐思惟，心作是念：谁将世间去？谁为染着？谁起自在？"[3]

世尊闻已，叹曰："善哉，善哉！比丘，谓有贤道而有贤观，极妙辩才，有善思惟：谁将世间去？谁为染着？谁起自在？比丘，所问为如是耶？"

比丘答曰："如是。世尊。"

世尊告曰："比丘，心将世间去，心为染着，心起自在。比丘，彼将世间去，彼为染着，彼起自在。比丘，多闻圣弟子非心将去，非心染着，非心自在。比丘，多闻圣弟子不随心自在，而心随多闻圣弟子。"[4]

比丘白曰："善哉。善哉！唯，然。世尊。"

彼时，比丘闻佛所说，欢喜奉行。

[1] 宴坐：静坐。

[2] 晡时：申时（下午3－5时）或泛指晚暮。

[3] 将：带领。

[4] 多闻：听过、知道很多佛法。

《本事经》第105经

吾于世尊闻如是语：

"苾蒭当知，一切诸法，略有二种，云何为二？一者杂染，[1]二者清净。应正观察，由一法生，所以者何？若于一法能正守护，则于一切能正守护；若于一法不能守护，则于一切不能守护。

云何一法？谓众生心。若有于心不能守护，则不能护身语意业；若不能护身语意业，是人则为身语意业皆悉败坏；身语意业皆悉坏故，其心即有扰浊垢秽；心有扰浊及垢秽者，能正了知自利乐事、他利乐事、俱利乐事，无有是处；能正了知善言说义、恶言说义，无有是处；能证一切胜上人法真圣智见，亦无是处。所以者何？心有扰浊及垢秽故。

譬如世间所有台观，若一中心不善扰蔽，则椽、梁、壁皆被淋漏，以椽、梁、壁皆被淋漏故，皆悉败坏。又如世间邻近村邑聚落池沼，扰浊垢秽，有明眼人住其岸上，作意观察，其中所有螺、蛤、龟、鱼、砾石等类，行住普侧，极难可见。所以者何？水有扰浊及垢秽故。

如是，众生若有于心不能守护，则不能守护身语意业；若不能护身语意业，是人所为身语意业皆悉败坏；身语意业皆败坏故，其心即有扰浊垢秽；心有扰浊及垢秽者，能正了知自利乐事、他利乐事、俱利乐事，无有是处；能正了知善言说义、恶言说义，无有是处；能证一切胜上人法真圣智见，亦无是处。所以者何？心有扰浊及垢秽故。

若有于心能善守护，则能善护身语意业；是人所为身语意业皆不败坏；身语意业不败坏故，其心即无扰浊垢秽；心无扰浊及垢秽者，能正了知自利乐事、他利乐事、俱利乐事，斯有是处；能正了知善言说义、恶言说义，斯有是处；能证一切胜上人法真圣智见，斯有是处。所以者何？心无扰浊及垢秽故。

譬如世间所有台观，若一中心，极善覆蔽，则椽、梁、壁皆无淋漏，以椽、梁、壁无淋漏故，皆不败坏。又如世间远离村邑聚落池沼，无有扰浊及诸垢秽，有明眼人住其岸上，作意观察，其中所有螺、蛤、龟、鱼、砾石等类，行住普侧，极易可见。所以者何？水无扰浊及垢秽故。

如是，众生若有于心能善守护，则能善护身语意业；若能善护身语意业，是人所为身语意业皆不败坏；身语意业不败坏故，其心即无扰浊垢秽；心无扰浊及垢秽者，能正了知自利乐事、他利乐事、俱利乐事，斯有是处；能正了知善言说义、恶言说义，斯有是处；能证一切胜上人法真圣智见，斯有是处。所以者何？心无扰浊及垢秽故。

苾芻当知：心杂染故，有情杂染；心清净故，有情清净。是故杂染、清净二法，皆依止心，从心所起。”

尔时世尊重摄此义而说颂曰：

“若不护于心，随顺于诸欲，恒驰散放逸，一切无不为。

若善护于心，不随顺诸欲，无驰散放逸，一切皆防护。

世间聪慧人，能防身语意，令不造诸恶，名真健丈夫。”

[1] 杂染：与清净相对，指一切善、恶、无记性的有漏法。杂染，为夹杂有染污之义。

《法句经·心意品》

意使作狗，[1] 难护难禁，慧正其本，其明乃大。
轻躁难持，唯欲是从，制意为善，自调则宁。

意微难见，随欲而行，慧常自护，能守即安。
独行远逝，覆藏无形，损意近道，魔系乃解。

心无住息，亦不知法，迷于世事，无有正智，
念无适止，不绝无边，福能遏恶，觉者为贤。

佛说心法，虽微非真，当觉逸意，莫随放心。[2]
见法最安，所愿得成，慧护微意，断苦因缘。

有身不久，皆当归土，形坏神去，寄住何贪？

心豫造处，往来无端，念多邪僻，自为招恶，
是意自造，非父母为。可勉向正，为福勿回。

藏六如龟，[3] 防意如城，慧与魔战，胜则无患。

[1] 意使作狗：心、意驱使人，像野狗难禁一样不能管束自己。

[2] 放心：心向外散而失管理，如鸡犬等被放开而走失不见。

[3] 藏六如龟：像龟在遇到外敌时将头、尾和四肢六物缩进壳内以保护自己，比喻关紧眼耳鼻舌身意六大门户。

佛所说经选读 30

《本事经》第60经

吾从世尊闻如是语：

“苾蒭当知，我观世间，无别一法，速疾回转，犹如其心。所以者何？是心于境，速疾回转，世出世间，无可为喻。汝等应取如是心相，善取相已，应善思惟；善思惟已，应善观察；善观察已，应善安住。

善安住已，若不觉有内贪欲缠，[1]汝等复应审谛观察：[2]我今为有内贪欲缠而不觉耶？我今为无内贪欲缠而不觉耶？

审谛观察已，复应作意思惟随一可爱境相，如是作意思惟随一可爱相时，若心随顺趣向喜乐可爱境相，当知此心，随顺诸欲，违背出离。汝等尔时应自觉了：我今犹有内贪欲缠，而不能觉，非为无有。我今未断五欲贪缠，所证与前未有差别，我今犹未证所修果。譬如有人，于驶流水牵重船筏，逆上而行，此人尔时多用功力，若暂懈慢，便顺下流。如是，汝等思惟随一可爱相时，若心随顺趣向喜乐可爱境相，当知此心，随顺诸欲，违背出离。

汝等尔时应自觉了：我今犹有内贪欲缠，而不能觉，非为无有。我今未断五欲贪缠，所证与前未有差别，我今犹未证所修果。

汝等作意思惟随一可爱相时，若心随顺趣向喜乐出离之相，当知此心，随顺出离，违背诸欲，汝等尔时应自觉了：我今无有内贪欲缠，非彼犹有而不能觉。我今已断五欲贪缠，所证与前已有差别，我今已能证所修果。如以筋羽投置火中，便即燋卷而不舒缓，如是，汝等思惟随一可爱相时，若心随顺趣向喜乐出离之相，当知此心随顺出离，违背诸欲。汝等尔时应自觉了：我今无有内贪欲缠，非彼犹有而不能觉；我今已断五欲贪缠，所证与前已有差别，我今已能证所修果。

是故，汝等应如是学：我当云何善转自心，令其调伏，违背诸欲，随顺出离。汝等苾蒭，应如是学。”

尔时世尊重摄此义，而说颂曰：

“无别有一法，性躁动如心，
难调御难防，大仙之所说。[3]
譬如有智人，以火等众具，
调直于利箭，令远有所中，
如是诸苾蒭，应善学方便，
调直于心性，令速证涅槃。”

---

[1] 缠：现行的烦恼，谓能缠缚人不得自在。

[2] 审谛：注意、认真、仔细。

[3] 大仙：指佛。

《中阿含经·自观心经》

我闻如是。一时，佛游舍卫国。在胜林给孤独园。尔时，世尊告诸比丘："若有比丘不能善观于他心者，当自善观察于己心。应学如是。

云何比丘善自观心？比丘者，若有此观，必多所饶益：我为多行增伺，为多行无增伺？[1]我为多行瞋恚心，为多行无瞋恚心？我为多行睡眠缠，为多行无睡眠缠？我为多行调贡高，为多行无调贡高？我为多行疑惑，为多行无疑惑？我为多行身诤，为多行无身诤？我为多行秽污心，为多行无秽污心？我为多行信，为多行不信？我为多行精进，为多行懈怠？我为多行念，为多行无念？[2]我为多行定，为多行无定？我为多行恶慧，为多行无恶慧？[3]

若比丘观时，则知我多行增伺、瞋恚心、睡眠、缠、调贡高、疑惑、身诤、秽污心、不信、懈怠、无念、无定、多行恶慧者。彼比丘欲灭此恶不善法故，便以速求方便，学极精勤，正念正智，忍不令退。犹人为火烧头、烧衣，急求方便救头、救衣。如是。比丘欲灭此恶不善法故，便以速求方便，学极精勤，正念正智，忍不令退。若比丘观时，则知我多行无增伺、无瞋恚心、无睡眠缠、无调贡高、无疑惑、无身诤、无秽污心，有信、有进、有念、有定、多行无恶慧者。

彼比丘住此善法已，当求漏尽智通作证。所以者何？我说不得畜一切衣，亦说得畜一切衣。云何衣我说不得畜？若畜衣便增长恶不善法、衰退善法者，如是衣我说不得畜。云何衣我说得畜？若畜衣便增长善法、衰退恶不善法者，如是衣我说得畜。如衣，饮食、床榻、村邑，亦复如是。我说不得狎习一切人，亦说得狎习一切人。[4]云何人我说不得狎习？若狎习人便增长恶不善法、衰退善法者，如是人我说不得狎习。云何人我说得与狎习？若狎习人便增长善法、衰退恶不善法者，如是人我说得与狎习。彼可习法知如真，不可习法亦知如真。彼可习法、不可习法知如真已，不可习法便不习，可习法便习。彼不可习法不习、可习法习已，便增长善法，衰退恶不善法。是谓比丘善自观心、善自知心、善取善舍。"

佛说如是。彼诸比丘闻佛所说，欢喜奉行。

---

[1] 增伺：一译"欲寻思"，多余的求取，即贪。

[2] 念：记忆，无念则为遗忘。

[3] 恶慧：不正确的抉择、见解。亦作"邪智"。慧，为抉择的功能，心所法之一，其抉择有正有邪。

[4] 狎习：亲近。

《本事经》第102经

吾从世尊闻如是语：

“苾蒭当知，由二行相，[1]应取心相。云何为二？一者名为所缘行相，二者名为作意行相。所有一切已取、现取、当取心相，皆由如是二种行相。

汝等苾蒭由二行相，应当正勤善取心相，取心相已，应善作意；善作意已，应善观察；善观察已，应善安住；善安住已，应同地界，正勤修习，无量无损。应同水界、火界、风界，正勤修习，无量无损。

苾蒭当知，譬如地界，若于其中，安置粪秽痰唾脓血，如是等类净不净物，虽置其中，而其地界，曾无违顺欣戚高下。如是安心，应同地界。正勤修习，无量无损。既同地界，正勤修习，无量无损，虽遇种种违顺众缘，而心都无分别计着，终不由此差别因缘，其心高下。

又如水界、火界、风界，若于其中，安置粪秽痰唾脓血，如是等类净不净物，虽置其中，而其水界、火界、风界，曾无违顺，欣戚高下。如是安心，应同水界、火界、风界。正勤修习，无量无损。既同水界、火界、风界，正勤修习，无量无损，虽遇种种违顺众缘，而心都无分别计着，终不由此差别因缘，其心高下。

由此定故，于有识身，及外一切所缘相中，我、我所执，见、慢随眠，善伏善断，于彼二种，其心超越，离一切相，寂静安隐，得善解脱。于其所得利誉称乐，其心不欣；于其所遭衰毁讥苦，其心不戚。是名超过世间八法，其心平等，犹如世间地水火风，世间八法所不能染。”

尔时世尊重摄此义，而说颂曰：

“难调躁动心，远行无第二，
能正勤取相，是谓世聪明。
善取心相已，复作意观察，
正念住其心，勤修同四界。
如是正安住，能弃舍诸欲，
于世八法中，名善巧无染。”

---

[1]行相：这里指心所缘的境相。

法轮

佛所说经选读

33

《大乘本生心地观经·观心品》

唐罽宾国三藏般若译

尔时，文殊师利菩萨摩诃萨即从座起，整衣服，偏袒右肩，右膝着地，曲躬合掌，白佛言："世尊。如佛所说告妙德等五百长者，我为汝等敷演心地微妙法门，而此道场，无量无边人、天大众，皆生渴仰。我今为是启问如来：云何为心？云何为地？唯愿世尊，无缘大慈、无碍大悲，为诸众生分别演说！未离苦者令得离苦，未安乐者令得安乐，未发心者令得发心，未证果者令得证果，同于一道而得涅槃。"

尔时薄伽梵，以无量劫中修诸福智所获清净决定胜法大妙智印，印文殊师利言："善哉！善哉！汝今真是三世佛母！一切如来在修行地，皆曾引导初发信心。以是因缘，十方国土成正觉者，皆以文殊而为其母。然今汝身，以本愿力，现菩萨相，请问如来不思议法。谛听谛听！善思念之！吾当普为分别解说。""唯，然，世尊，我等乐闻。"

尔时薄伽梵、妙善成就一切如来最胜住持平等性智种种希有微妙功德，已能善获一切诸佛决定胜法大乘智印，已善圆证一切如来金刚秘密殊胜妙智，已能安住无碍大悲，自然救摄十方有情，已善圆满妙观察智，不观而观，不说而说。是薄伽梵告诸佛母无垢大圣文殊师利菩萨摩诃萨言：

"大善！此法名为十方如来最胜秘密心地法门，此法名为一切凡夫入如来地顿悟法门，此法名为一切菩萨趣大菩提真实正路，此法名为三世诸佛自受法乐微妙宝宫，此法名为一切饶益有情无尽宝藏。此法能引诸菩萨众到色究竟自在智处，此法能引诣菩提树后身菩萨真实导师。此法能雨世出世财，如摩尼宝满众生愿。此法能生十方三世一切诸佛功德本源。此法能销一切众生诸恶业果。此法能与一切众生所求愿印。此法能度一切众生生死险难。此法能息一切众生苦海波浪。此法能救苦恼众生而作急难。此法能竭一切众生老病死海。此法善能出生诸佛因缘种子。此法能与生死长夜为大智炬。此法能破四魔兵众而作甲胄。[1]此法即是正勇猛军战胜旌旗。此法即是一切诸佛无上法轮。此法即是最胜法幢。此法即是击大法鼓。此法即是吹大法螺。此法即是大狮子王。此法即是大狮子吼。此法犹如国大圣王善能正治，若顺王，获大安乐；若违王化，寻被诛灭。

善男子！三界之中，以心为主。能观心者，究竟解脱。不能观者，究竟沉沦。众生之心，犹如大地，五谷五果从大地生。如是心法，生世、出世、善恶五趣，有学、无学、独觉、菩萨及于如来。以是因缘，三界唯心，心名为地。一切凡夫，亲近善友，闻心地法，如理观察，如说修行，自作教他，赞励庆慰，如是之人，能断三障，[2]速圆众行，疾得阿耨多罗三藐三菩提。"

尔时，大圣文殊师利菩萨白佛言："世尊，如佛所说，唯将心法为三界主。心法本无，不染尘秽。云何心法染贪瞋痴？于三世法，谁说为心？过去心已灭，未来心未至，现在心不住。诸法之内，性不可得。诸法之外，相不可得。诸法中间，都不可得。心法本来无有形相。心法本来无有住处。一切如来尚不见心，何况余人得见心法！一切诸法，从妄想生。以是因缘，今者世尊，为大众说：三界唯心。愿佛哀愍，如实解说！”

尔时，佛告文殊师利菩萨言：“如是，如是。善男子。如汝所问，心、心所法本性空寂。我说众喻以明其义：善男子。心如幻法，由遍计生种种心想，受苦乐故。心如流水，念念生灭，于前后世不暂住故。心如大风，一刹那间历方所故。心如灯焰，众缘和合而得生故。心如电光，须臾之顷不久住故。心如虚空，客尘烦恼所覆障故。心如猿猴，游五欲树不暂住故。心如画师，能画世间种种色故。心如僮仆，为诸烦恼所策役故。心如独行，无第二故。心如国王，起种种事得自在故。心如怨家，能令自身受大苦故。心如埃尘，坌污自身生杂秽故。心如影像，于无常法执为常故。心如幻梦，于无我法执为我故。心如夜叉，能噉种种功德法故。心如青蝇，好秽恶故。心如杀者，能害身故。心如敌对，常伺过故。心如盗贼，窃功德故。心如大鼓，起斗战故。心如飞蛾，爱灯色故。心如野鹿，逐假声故。心如群猪，乐杂秽故。心如众蜂，集蜜味故。心如醉象，[3]耽牝触故。

善男子，如是所说心、心所法，无内无外、亦无中间，于诸法中求不可得，去来现在亦不可得，超越三世，非有非无。常怀染着，从妄缘现。缘无自性，心性空故。如是空性，不生不灭，无来无去，不一不异，非断非常。本无生处，亦无灭处。亦非远离，非不远离。如是心等，不异无为，无为之体，不异心等。心法之体，本不可说。非心法者，亦不可说。何以故？若无为，是心即名断见。若离心法，即名常见。永离二相，不着二边。如是悟者名见真谛。悟真谛者名为贤圣。一切贤圣性本空寂。无为法中，戒无持犯，亦无大小，无有心王及心所法，无苦、无乐。如是法界自性无垢，无上中下差别之相。何以故？是无为法，性平等故。如众河水流入海中，尽同一味，无别相故。此无垢性，是无等等，远离于我，及离我所。此无垢性，非实非虚。此无垢性，是第一义，无尽灭相，体本不生。此无垢性，常住不变最胜涅槃，我、乐、净故。此无垢性，远离一切平、不平等，体无异故。若有善男子善女人，欲求阿耨多罗三藐三菩提者，应当一心修习如是心地观法！”

尔时，世尊欲重宣此义，而说偈言：

“三世觉母妙吉祥，[4]请问如来心地法，
我今于此大会众，开演成佛观行门。
此法难遇过优昙，[5]一切世间应渴仰。
十方诸佛证大觉，无不从此法修成。
我是无上调御师，转正法轮周世界，
化度无量诸众生，当知由悟心地观。
一切有情闻此法，欣趣菩提得授记。
一切有缘得记人，修此观门当作佛。
诸佛自受大法乐，住心地观妙宝宫，
受职菩萨悟无生，观心地门遍法界。[6]
后身菩萨坐觉树，入此观行证菩提。[7]
此法能雨七圣财，满众生愿摩尼宝。[8]
此法名为佛本母，出生三世三佛身。
此法名为金刚甲，能敌四众诸魔军。
此法能作大舟航，令渡中流至宝所。
此法最胜大法鼓，此法高显大法幢。
此法金刚大法螺，此法照世大法炬。
此法犹如大圣主，赏功罚过顺人心。
此法犹如沃润田，生成长养依时候。
我以众喻明空义，是知三界唯一心。
心有大力世界生，自在能为变化主。
恶想善心更造集，过现未来生死因，
依止妄业有世间，爱非爱果恒相续。

心如流水不暂住，心如飘风过国土，

亦如猿猴依树戏，亦如幻事依幻成，

如空飞鸟无所碍，如空聚落人奔走。

如是心法本非有，凡夫执迷谓非无。

若能观心体性空，惑障不生便解脱。”

尔时，如来于诸众生起大悲心，犹如父母爱念一子。为灭世间大力邪见，利益安乐一切有情，宣说观心陀罗尼曰：[9]

“唵 室佗 波罗（二合）底 吠惮 迦卢弭”

尔时，如来说真言已，告文殊师利菩萨摩诃：“如是神咒，具大威力。若有善男子善女人，持此咒时，举清净手，左右十指更互相叉，以右押左，更相坚握，如缚着，名金刚缚印。成此印已，习前真言。盈满一遍，胜于读习十二部经，所获功德无有限量。乃至菩提，不复退转。”

佛坛

[1] 四魔：四种恼害众生、夺人慧命的东西：烦恼魔（各种烦恼）、蕴魔（五蕴）、死魔（死亡）、天魔（破坏人学佛修行的鬼神、天神）。

[2] 三障：三种障碍解脱者：烦恼障、业障（业力）、报障（业报）。

[3] 醉象：发情的雄性大象。

[4] 妙吉祥：文殊菩萨之名。

[5] 优昙：优钵昙花，一种据说三千年才开一次、开后很快即凋谢的花。喻极珍贵难得。

[6] 受职菩萨：十地菩萨，受佛灌顶，为法王子，将绍继佛位。

[7] 后身菩萨：最后身菩萨，等觉菩萨最后一次下生于人间成佛者，如释迦牟尼。

[8] 七圣财：能成就佛道、坚固不坏的七种财富：信（正信三宝）、戒、惭、愧、闻（多闻佛法）、施、慧。摩尼宝：一种能随意出生珍宝的如意宝珠。

[9] 陀罗尼：意译“总持”，这里指真言、咒语。

结施无畏印

第六章

慈悲平等，利乐众生

智慧与慈悲，被公认为佛陀基本精神的两大方面。佛陀并非一味地以冷峻的智慧眼看穿人生、看破世间，而是怀着一种对众生的深切感情，探索超出生死之道，孜孜说法教化。他的言谈身教中，表现出一种慈悲、平等、报恩、利乐众生的高尚伦理情怀。

佛言精粹

一切福业事，
比慈心解脱，
于十六分中，
亦不能及一。
于一有情所，
能修慈善心，
其福尚无边，
何况于一切！

《本事经》卷二

一、慈悲喜舍

慈悲喜舍，是《阿含经》到大乘诸经中佛陀反复倡导的精神。

慈（梵 maiteya），音译为“弥勒”，著名的弥勒菩萨即以之为名。慈由“友”（mitra）演变而来，意为以深刻、亲切之友情待人，慈悯众生，深心愿给予众生快乐、幸福。

悲的梵语、巴利语迦卢那（Karuna），原意为痛苦，引申为能感同身受地体察他人的痛苦（属于心理学所谓“移情”），深切同情、怜悯，愿为其拔除痛苦。佛典解释说：“慈名与乐，悲名拔苦。”

喜（梵、巴语 muditd），或作“随喜”，谓对众生欢喜友爱的态度，尤其是对众生的幸福快乐庆幸、喜悦，即“我为你高兴”之喜。

舍（梵 upekga，巴 upekkha），意为舍弃、施舍，主要指舍弃怨亲等分别和自己的财物身命。也包括舍弃烦恼及过分的慈悲喜乐等，保持平静空寂的心境。

慈、悲、喜、舍的无限扩大、无限深化，称为大慈、大悲、大喜、

大舍，名“四无量心”，或称“四梵住”（四种清净无染的心）。《大般涅槃经》卷十五佛解释说：

为诸众生除无利益，是名大慈；
欲与众生无量利乐，是名大悲；
于诸众生心生欢喜，是名大喜；
自舍己乐，施与他人，是名大舍。

四无量心中，慈、悲二心，尤为佛陀所重，经中记载佛在很多场合劝人宅心仁慈，赞叹慈悲的功德，指出与慈悲相反的“毒害”之害处。《阿含经》中可多处发见佛赞叹慈悲，如《经集·仁慈经》佛言：

犹如母亲用生命保护自己唯一的儿子，对一切众生施以无限的仁慈心。

《长阿含·三聚经》中，佛陀从善恶业报、六道轮回的角度，教诫众比丘：

云何一法趣于恶趣？谓无仁慈，怀毒害心。云何一法将向善趣？谓不以恶心加于众生。

佛陀接着举出：对侵害我及我所爱者、对敬爱我及我所憎者生起恼害嫉恨，属于令人趋于恶道的“九恼”，相反，对侵损我及我所爱者、对敬爱我及我所憎者不起恼害嫉恨，属于使人趋向善道的“九无恼法”；喜、爱、悦、乐、定、实知、除舍、无欲、解脱，是令人趋向涅槃的九法。同经《三明经》佛言：

当知行慈比丘身坏命终，如发箭之顷，生梵天上。

《杂阿含》卷四七第1252经佛言：若沙门、婆罗门，乃至能于像喝牛乳的短时间内对一切众生修习慈心，诸恶鬼神不能伺其短。经中佛讲了一个故事：往昔有一贫女，抱儿渡恒河，河水骤涨，贫女紧抱其子而不放弃，母子一起被激流冲走，贫女因此慈爱儿子的功德，死后上生为大梵天王。《本事经》卷二佛言：

一切修习福事业中，慈心解脱最为第一。

如诸星中明月之光最为第一，修其余善行，及转轮圣王的福德，皆不及慈心福德的十六分之一。同经卷五说：即便是对断足的蚂蚁，也应慈愍不杀，慈愍之心必然感得长寿之报。《正法念处经》卷六一

佛言精粹

若能于众生，
昼夜常修慈，
因是得常乐，
因不恼他故。

《大般涅槃经》卷十二

佛称悲心为无穷尽的珍宝，偈云：

若悲心庄严，则为人中天。

若人无悲心，是则常贫穷。

谓具有悲心的人应看作人中的天神，慈悲是人心中最珍贵的财富。《大集经》卷二四说修慈者现前有安祥自在、不见噩梦、无所乏少、诸天守护、人天乐见、不病、得供养等功德。

以深彻的慈悲心关怀众生，乃佛陀精勤求道、热情教化，直到临终犹说法不倦的动力所在。《杂阿含》卷三九第1095经载：天魔波旬见佛说法教化不倦，十分嫉恨，变化成一个凶恶的夜叉来质问：为何勤苦说法？佛识破是魔，以偈答曰：

汝夜叉当知：众生群集生，诸有智慧者，孰能不哀愍！

以有哀愍故，不能不教化。哀愍诸众生，法自应如是。

谓其说法教化，纯出于对众生的哀愍。佛陀对众生的悲愍，常以父母怜爱子女来比喻。《增一阿含经》卷四六谓佛“愍念一切蜎飞蠢动，如母爱子，心无差别。”《大般涅槃经》卷三二偈云：

佛见众生烦恼患，心苦如母念病子。

《无量寿佛经》中佛陀表白说：

我哀愍汝等诸天、人民，甚于父母念子。

慈悲，被说成是佛的心理、感情特征，所谓“佛无一切心，唯有慈心在”。《观无量寿经》佛言：“佛心者，大慈悲是。”《佛说观佛三昧海经》卷六：“诸佛心者，是大慈也。”“欲成佛道，当学佛心。”《大般涅槃经》卷十五称慈为诸佛境界、众生佛性、大空、常、佛、法、僧，“慈者即是一切菩萨无上之道，道即是慈，慈即如来。”“慈者即是众生佛性。”同经卷十一佛言：

三世诸世尊，大悲为根本。

《网明菩萨经》佛言：

大悲是一切诸佛菩萨功德之根本。是般若波罗蜜之母，诸佛之祖母。

佛陀以哀愍众生的大悲心为出发点，精勤求道，最终成就佛果，故大悲实为诸佛之根本。《宝雨经》卷五详说佛的大悲为三十二种。

慈悲心，乃是人心所本具的宝贵功能，是人心中开放的美丽花

佛言精粹

一切众生中，
若起于悲心，
是名圣种性，
得福报无量。

《大般涅槃经》卷十五

有苦有难者，
当去多关照，
人与人之间，
相爱互友好。

《即兴自说·居士经》

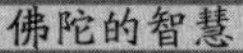

朵，它使人心放射出温暖的光明，使人能够向上提升、直到结出佛陀智慧之果的种子。

佛陀谆谆教诫人们：应常怀慈心，关怀周济老弱贫病。《佛说阿难四事经》佛言：

当以慈心养育幼弱，见禽兽虫蛾、下贱仰人活者，常当愍念，随其所食，令得稣息。

佛陀以身作则，慈济贫病。《四分律》卷四一载：佛亲自为一病比丘洗涤污秽、洗衣、换铺草、铺衣，然后集合众比丘，教导说：

病者不可不看，若有欲供养我者，当供养病人。

并说看护病人的五项方法：一给予其可以吃的食物；二不厌嫌其大小便、痰唾、呕吐物；三有慈愍心，不图报答；四经理汤药；五为之说法，给以安慰，令其欢喜。《杂阿含》卷四一第1122经佛告弟子：若在家佛弟子疾病困苦，即将命终，其他佛弟子应去看望，以佛法给以善巧安慰，使其不畏惧死亡，欢喜善终，此即当今所谓"临终关怀"。《增一阿含经·一人道品》佛自称"我今躬欲看视疾病"，"瞻视病者，则为瞻视我已而无有异"，称赞看护病人为"施中最上"。《贤愚经》中，佛说应布施的五种人中，后四种为远道而来者、远去者、饥饿者、病人。大乘经中，佛多处说以慈心布施贫病老弱孤独者及畜生的功德，称应给予慈悲救济的对象为能生长福报的"福田"、"悲田"。 救人活命，尤为佛陀所倡导，《佛说骂意经》佛言：

作百佛寺，不如活一人。

谓建寺塑佛，功德也远不及救人性命大。千百年来，无数佛门弟子本着佛陀的这种教诲，扶贫济困，施药治病，积极投入慈善事业，为人间平添了几分温暖。

佛陀教诫徒众：要时常观照自心，对治毒害、冷漠、嫉妒、吝啬之念，护惜慈悲喜舍之心，令其不断增长，无限扩大，极其坚固，铸成以慈、悲、喜、舍为特性的高尚人格。在《阿含经》中，佛陀多次教导弟子，要令慈悲喜舍广大、无二、无量，遍满一方、二方、三方、四方乃至十方，遍满世间，对任何众生都无怨、无恨、无恼、无嫉。佛陀教给徒众增广慈悲喜舍、对治瞋恨嫉妒的禅定修持法——"四无量心观"（四梵住），这是诸乘禅法中十分重要的一项课目，具

佛言精粹

我于处处经中说布施者，欲令出家、在家人发慈悲心，布施贫穷孤老……恶疾重病困厄之人。我诸弟子不解我意，专施敬田，不施悲田。敬田者即是佛法僧宝，悲田者贫穷孤老乃至蚁子。此二种田，悲田最胜。

《像法决疑经》

体通过想象由亲至疏、由近至远的一切众生，将慈悲喜舍心逐步扩展至无量无边，是一种铸造良好心理素质的高级技术。《本事经》卷三佛言：

于慈悲观，若修若习，若多修习，决定能断一切瞋恚。同经卷七谓四无量心者“当生清净天。”

大乘经中，更常教导菩萨行者，要将慈悲心增广至极，对一切众生的苦恼感同身受，常怀大慈大悲之心，时时处处唯以拔苦与乐、利乐众生为念。《无量寿经》佛陀教菩萨应该：

以不请之法施诸黎庶，如纯孝之子爱敬父母，于诸众生视若自己。

《小品般若经·深心求菩提品》佛陀教导菩萨：

见一切众生受诸苦恼，如被刑戮。

应该见他苦如己苦，亟欲设法救度，乃至不畏艰险，深入三恶道等苦海最深之处，以身为质，代诸众生受苦，令众生获得解脱安乐。这样的慈悲心，才堪称无量无边的大慈大悲。《大集经》卷二说声闻乘人的悲心“犹如画皮”，菩萨的大悲“犹如破肉”，佛的大悲“破骨彻髓”。

佛陀一方面教导行菩萨道者应将慈悲心增广至无限，周遍全宇宙一切众生，一方面又强调须将慈悲心与不着一切、无所得的智慧相契合。《大般涅槃经》卷十五，佛陀将慈悲喜舍的对象分为三种：第一众生缘，谓对父母妻儿眷属乃至一切众生慈悲；第二法缘，谓以正见观慈悲喜舍之心及所被的对象，“不见父母妻子亲属，见一切法皆从缘生，是名法缘”；第三无缘，谓由见自心及所缘众生、所施财物等的因缘生、无自性，而“不住法相及众生相”，不执着于能慈所慈、能悲所悲等，是名无缘。只有这种无缘的慈悲（“无缘大悲”），才与本性真如相契无间，才能像真如一样普周法界，无限无碍，才能像真如一样清净无杂，不被毒害、瞋恨、嫉妒等烦恼所扰乱、拘限。《大树紧那罗王所问经》佛言：

若解知于空，彼了自无我，是为最上慈。

从慈悲出发，《大般涅槃》、《楞伽》、《楞严》等大乘经中，反对食肉，因为食众生血肉，必然直接间接地导致杀生，与对一切众生

佛言精粹

慈有三缘：一缘众生，二缘于法，三则无缘；……慈之所缘一切众生，如缘父母妻子亲属，以是义故，名众生缘；……不见父母妻子亲属，见一切法皆从缘生，是名法缘；……不住法相及众生相，是名无缘。悲、喜、舍心，亦复如是。

《大般涅槃经》卷十五

（包括禽兽）慈悲的精神相悖。《师子素驮王断肉经》中佛言：

一切众生从无始来，靡不曾作父母亲属，易生鸟兽，如何忍食！夫食肉者，历劫之中生于鸟兽，食他血肉，展转偿命。

不食肉，被列为《梵网经》菩萨戒中的轻戒之一。但佛陀所制出家僧尼的各种戒律和在家居士戒中，尚无不食肉戒。中国佛教界尊奉《楞伽》等经中的禁断肉食说，自南北朝以来，形成了尚素食的传统，僧尼守不食肉戒颇为严格。

佛陀虽然大讲人生诸苦，似乎颇为悲观，而实际上提倡欢喜快乐地生活，常乐，是涅槃的功德之一，佛经常以“欢喜而去”、“皆大欢喜”为结束语。中国佛教寺院中所供笑口常开的大肚弥勒，形象地表达了佛陀喜乐的精神。《增一阿含经》卷二九佛说“六重法”，谓自己所修慈、悲、戒等功德，常愿与大众共之，“分布与人，使同其味。”大乘经中更提倡“随喜功德”——为众生的成功、功德而真心欢喜，舍弃常人因别人成功而嫉妒的心理，并替众生着想，将自己所修的一切功德包括随喜的功德，“回向”与一切众生，愿与一切众生共同成就佛果。[1]《大品般若经·随喜品》佛言：

是菩萨摩诃萨随喜福德，与一切众生共之，回向阿耨多罗三藐三菩提，其福最上第一，最妙无上，无与等。

从此可引申出布施欢喜、使众生欢喜义。

舍，谓舍弃心中的一切情绪、执着、包袱，完全放松、平和的心理状态，主要指舍弃自己所有而行布施。

布施，是佛陀经常教导人修学的重要内容，被强调为获得后世安乐、成就佛果的必要条件。经中多处赞叹布施的功德利益，说布施不仅解除了别人的急难忧怖，满足了别人的需要，令其欢喜，而且会使布施者自己欢喜，获得对方的回报，及今生后世的福报。《杂阿含》卷三六第999经佛偈云：

净信心惠施，此世及后世，
随其所生处，福报常影随。

只有布施出去的东西，才能带到后世去，故称“坚固财”。除此之外，世上没有死时能带走的财物。《本事经》卷二佛陀教人：即便只有一抟之食，也应该分一些给饥饿者，然后自己食用。同经卷五

佛言精粹

若见众生受诸苦恼，当作是念：我长夜轮转生死以来，亦曾更受如是之苦，其数无量，当勤方便，断除诸有，莫令增长。

《杂阿含经》卷三四第943经

若见世人修行善业，求三乘果，劝助随喜。见受乐人，心亦随喜。见端正人、见勇健人、见富贵人、见智慧人、见慈心人、见孝顺人，以要言之，一切善人，劝助随喜，是为喜心。

《佛说未曾有因缘经》卷一

[1] 回向：一作“转向”、“施往”，将自己修行的功德转向某处。有回自向他（他人、众生）、回因向果（成佛）、回事向理（真如）三义。

佛说布施有财、法二种，法施，谓以佛法开导他人，财、法二施中，法施为最上第一，如牛奶制品中醍醐为最上第一。《中阿含》卷三九《须达多经》佛言：布施，应信施、故施、自手施、自往施、思惟施、由信施、观业果报施，总之应出于正信、智慧和慈悲心而布施。舍无量心观要求通过观想的锻炼，铸成普遍布施无量众生的舍无量心。大乘更以布施为菩萨六度行之首，要求以不计一切、与空相应的纯粹舍心“无住相”布施，名为“大舍”。《大般涅槃经》卷十五佛言：

无所拥护，名为大舍；若不见我、法相、己身，见一切法平等无二，是名大舍。

佛言精粹

凡所施为，一切功德，行恩于人，不望现报，不望生报，不望后报，是名为舍。

《佛说未曾有因缘经》卷一

（大，17，580上）

二、从四姓平等到众生平等

平等（梵、巴语 sama），即均平齐等、没有差别之义，其反义词为“差别”。平等乃佛陀思想中的重要范畴之一，被认为乃真如、法性本具的重要属性，也是对待他人、众生应持的基本态度、伦理法则。然自有阶级分化以来，人世间便没有平等可言，等级森严，地位悬殊，人压迫人，人剥削人，成为普天下无处不有的现象，被统治阶级说成是天理公道，给予神学论证。佛陀出世的印度，正处于奴隶制社会，同样是头圆足方、四肢七窍，有理智情感的同类，却被法定为婆罗门（祭司）、刹帝利（武士）、吠舍（平民）、首陀罗（奴隶、贱民）四种“种姓”。四种姓源出于雅利安人侵入印度后形成的征服者与原住民之间的尊卑之分，后来演变为职业、阶级之分，定为世袭，等级森严，不容混滥。第四种姓世代只能从事除粪、抬死尸等下贱之业，不得与高种姓者通婚、同桌而食，备受欺凌压迫，处境甚为可悲。

当时各沙门集团，多代表刹帝利阶层的思想，对婆罗门教典关于四种姓制度的神学论证，尤其是“婆罗门至上”的信条，多持否认态度。佛陀作为新兴沙门集团的领袖之一，也反对四姓不平等制度，公开宣扬四姓平等。《杂阿含经》卷二十第548经佛弟子摩诃迦旃延尊者答摩偷罗国王问云：

当知四姓悉皆平等耳，无有种种胜如差别。

这当然是佛的主张。佛虽无法在现实社会中推翻根深蒂固的种姓制度，但在力所能及的范围内，在他所指导的佛教僧团中否认种姓尊卑，实行了四姓平等。在接收出家弟子时，佛陀从不问其属何种性，地位尊卑，对四姓一视同仁。一进僧团，皆令去其表示族性、种姓的俗家姓氏，同称“沙门释种”。《增一阿含经》卷三七佛言：

我法中有四种姓，于我法中作沙门，不承前名，更作余字。犹如彼大海，四大江河皆投于海，而同一味，更无余名。

同经卷二二解释说，四种姓的人入僧团皆称“沙门释迦弟子”，皆依四谛入涅槃城，犹如四大江河会入大海。同经卷四五佛告主张种姓有贵贱的婆罗门：

然我正法之中，无有高下是非之名姓也。

《中阿含》、《杂阿含》中也有类似记载，并称此为佛教的“未曾有法”之一。这在种姓尊卑森严的印度社会，确是革命性的创举。《杂阿含经》卷四二第1145经佛以应论战功重赏勇士，而“不赏名族胄，怯劣无勇者”为比喻，向波斯匿王说明佛弟子“族胄虽卑微，堪为施福田”。不同种姓、不同出身的弟子在僧团集体生活中，地位完全平等，不从原来的种姓、地位区分尊卑，只依受戒的先后排座次。佛陀父王宫廷中的理发匠（奴隶）优波离出家后，座次排在稍晚些出家的佛陀诸堂兄弟（原皆为王子）之前。《中阿含》卷二一《真人经》佛称出家者因出身豪贵而自贵贱他，是“不真人法”。僧团集体，实行民主制度，戒条纪律，依僧众意见而制，僧团中发生的事，由大众用会议方式处理。在佛陀心目中，他自己不过是与众僧一样的沙门，与众僧为同修关系，并不是僧团的主持者，不过是在修道的程途中比别人先觉一步而已，并没有特殊感、优越感。

当时的印度社会，极其歧视女性，印度作家黑摩禅脱曾比喻妇女为“照亮通往地狱的火炬”。妇女不能参加宗教祭祀典礼，更不能出家修行。佛陀打破这一传统，表现出超前的男女平等思想，他接受姨母大爱道及弟子阿难的请求，允许女性出家，建立了比丘尼僧团。这在当时诸宗教中是唯一的，难免招致非议，佛陀因而在戒律和容易引起世人讥嫌的威仪方面，对比丘尼众特别严格要求，这其实是对女众的一种保护之策。以今天的女权观念去要求佛陀，指责

佛言精粹

是法平等，
无有高下。

《金刚般若经》

人心平均，
皆同一意，
相见欢悦，
善言相向。

《增一阿含经》卷四十四

他制定“八敬法”等表现了重男轻女的思想，未免过于严苛。在佛陀看来，修道证道，特别是在心性、佛性上，男女完全平等，佛的许多出家、在家的女弟子皆证得道果，受到佛的称赞。《法华经》有八岁龙女当下成佛的记载。

佛陀公开打出“四姓平等”的旗帜，触犯了婆罗门种姓的既得利益，引起婆罗门阶层的不满。《中阿含》卷三七《阿摄和经》载：有众多婆罗门在憍萨罗国的学堂聚集，共论婆罗门种姓尊贵，独得清净，非婆罗门不得清净，婆罗门乃梵天之子，从梵天口生，为梵天所化。听说佛陀主张“四姓悉皆清净”，很不服气，公推一名叫阿摄和的婆罗门为代表，赴佛陀处辩论此事，提出诘难。佛陀运用多种比喻，经过多番问难，终于说服阿摄和放弃了婆罗门独尊的邪见，接受了“四种姓皆悉清净”的观点。

《长阿含·小缘经》载：有两位名婆悉吒、婆罗堕的婆罗门，随佛陀出家后，遭到众多婆罗门的谴责，骂他们舍弃清净梵种而误入异教，二僧以此事请教佛，佛言：

> 今我无上正真道中，不须种姓，不恃吾我骄慢之心，俗法须此，我法不尔。若有沙门、婆罗门自恃种姓，怀骄慢心，于我法中终不得成无上证也！

并说：“人恶下流，我法不尔”，绝不卑视残民。佛陀开导二人：四种姓中，善恶杂居，皆有作十恶而得恶报者，若使恶报独在下三种姓，不在婆罗门，那么婆罗门才可以自言：我最尊贵，余皆卑劣，我种姓清白，余者黑冥，我婆罗门现得清净，后世亦清净；四种姓中，皆有行十善而得善报者，若此善报独在婆罗门而不在下三种姓，则婆罗门方可得言我种姓最为尊贵，天生清净。然而事理并非如此，行善得善报，作恶得恶报，乃自然之理，不论种姓贵贱。不管出身于什么门第，行善修道，则得清净，作恶多端，则卑劣黑暗。“今者现见婆罗门种嫁娶产生，与世无异，而自诈称我是梵种，从梵口生，现得清净，后亦清净”，岂有此理！只有依正法修行，断诸烦恼，才能清净，才堪称为尊贵。二僧听佛所说，连赞“真妙”，稽首礼谢。《经集·婆塞特经》亦记此事，谓佛通过各种动物的比较，说明在动物中，由出身形成多种多样的特征是很明显，但人类并非由出身不

佛言精粹

若欲诤论议，
杂意怀贡高，
非圣毁咨德，
各各相求便，
但求他过失，
意欲降伏彼，
更互而求胜，
圣不如是说。
若欲得论议，
慧者当知时，
有法亦有义，
诸圣论如是。

《中阿含经·说处经》

同而表现出多种多样的特征，人的高贵清净乃由其德行而决定。《增一阿含经》卷四五记载了佛从多方面说服翅宁梵志放弃婆罗门天生尊贵的见解。

从“等视众生”的立场出发，佛陀对信仰其他宗教的众生，相当尊重，从不轻视，不主动地批评其信仰、见解。《经集·迅速经》佛告比丘：不应该根据生活方式、智慧、德行、戒行轻视别人。《杂阿含》卷二第31经佛告比丘：

我不与世间诤，世间与我诤。

只有当对方找上门来请教、辩论时，佛才很有礼貌地与之说理。佛陀多次教诫其在家弟子，应供养佛教之比丘、比丘尼，也应供养其他宗教的出家修道者。《杂阿含经》卷四第94经载：有一名叫生闻的婆罗门，来到佛所，请教佛陀：“听说您讲过：唯应布施我，不应布施其他人，布施我者得大果报，布施其他人不能得大果报。应布施我的弟子，不应布施别人的弟子，布施我弟子得大果报，布施别人弟子不得大果报，您果真这样说过么？”佛陀否认他曾作此言，称如此说者为诽谤佛。并说：

乃至士夫以洗器余食着于净地，令彼处众生即得利乐，我说斯等亦入福门，况复施人！

即便以洗碗钵的残食布施动物昆虫，也得福报，何况施与为解脱而出家求道之人。《长阿含·裸形梵志经》佛告裸形迦叶：

若有人言我呵责一切诸祭祀法，骂苦行人以为弊秽者，是诽谤我。

佛陀尽管认为祭祀不能令人得到解脱，苦行无益，但对持祭祀、苦行信仰者人格和信仰的十分尊重，对此类人特怀悲心，因而决不会斥责、骂詈此类宗教徒。

佛陀的平等精神，尤其表现在他倡导以慈悲心平等对待一切众生，不分怨亲亲疏，不论信佛与否。舍离怨亲爱憎等分别心，常怀“舍无量心”。《长阿含·梵动经》载：佛游摩揭陀国时，当地有善念婆罗门千方百计毁谤佛陀及其弟子，而善念之徒梵摩达则力赞佛陀及其比丘僧，众僧在讲堂谈论此事，佛以天耳遥闻，亲赴讲堂，告诸比丘：

佛言精粹

刹利王子年少虽小而不可轻，*龙子年少幼小而不可轻，小火虽微而不可轻，比丘幼小而不可轻。

《杂阿含经》卷四九第1226经

＊刹利：刹帝利之略，古印度第二种姓，武士。这里所说称“四不可轻”。

若有方便毁谤如来及法、众僧者，汝等不得怀忿结心，害意于彼。所以者何？若诽谤我、法及比丘僧，汝等怀忿结心、起害意者，则自陷溺，是故汝等不得怀忿结心，害意于彼。比丘：若称誉及佛、法、众僧者，汝等于中亦不足以为欢喜庆幸。所以者何？若汝等生欢喜心，即自陷溺！

不论谤我、誉我，皆应平等看待，不生怨亲之想，一例慈悲为怀。如果因谤我而恨、因赞我而喜，是自己陷入烦恼之污泥，是吃了大亏。南本《涅槃经·长寿品》佛陀自言：

毁谤正法及一阐提，或有杀生乃至邪见，及故犯禁，我于是等悉生悲心，同于子想，如罗睺罗。

对一切恶业众生乃至断尽善根、毁谤三宝的“一阐提”人，佛陀皆持平等的慈悲之心，视同他自己的儿子罗睺罗。

佛陀教导徒众：对那种伤害、毁谤自己的众生，尤其应平等慈悲，不生瞋恨报复之念。《中阿含·牟犁破群那经》佛陀教诫比丘：“若有贼来，以利锯、刀节节解截”，应当“心不变易，口无恶言”，对彼贼起慈愍心，慈心普周一切，“无结无怨，无恚无悔，极广、甚大、无量”，悲、喜、舍三心亦应如是修学、增广。《正法念处经》卷三七教导佛弟子应“于一切众生，悲心如父母。”《大般涅槃经》卷二六佛教导菩萨：应该像父母慈爱自己所有的子女那样平等慈爱一切众生，救度一切众生：

视诸众生犹如一子，若子遇病，父母亦病。为求医药勤而疗之。病既瘥已，终不生念：我为是儿疗治疾病。

以慈悲喜舍心平等对待一切众生，不分爱憎亲疏，既出于断烦恼、出生死的需要，也出于对众生本性的如实正观。在佛陀眼里，一切众生在长劫轮回中，皆曾互为父母子女，《大乘本生心地观经·报恩品》佛言：

一切男子即是慈父，一切女人即是悲母，昔生生中有大悲故，犹如现在父母之恩，等无差别。

甚至一切众生，下至微虫，皆应视为父母。又一切众生体性平等，《金刚经》佛言：

是法平等，无有高下。

佛言精粹

嗔恚难去如守家狗，
慈心易失如彼野鹿。

《大般涅槃经》卷十五

我终不教诸比丘为婆罗门长者居士而现神足上人法也。*我但教弟子于空闲处静默思道，若有功德当自覆藏，若有过失当自发露。

《长阿含经·坚固经》

* 神足：飞行变化等神通。上人法：超人的功能。

意谓平等乃是一切现象的本性，不平等只不过是人主观的错误分别。与法性相应，应该等视一切，《观普贤行法经》佛言：

视一切人犹如佛想，于诸众生如父母想。

因为一切众生皆同以一真如为体性，故皆有佛性，从其实质上，皆应视为未来之佛或佛菩萨之化身。如此平等看待一切众生，方为如实之观，方能与本来平等的真如相契，既能完善人格，祥和世间，又能令人契证真如，超出生死。

慈悲普周一切，等视怨亲，虽然非凡夫俗子所尽能做到，但希望别人以慈悲心平等对待自己，却可谓一切凡夫俗子深心的需求。等观众生、慈悲周遍的教诫，无论何时何地，大概总是能拨动世人心弦，促进这个太多差别的世间走向平等，使这个太多怨恨、毒害、争斗的世间消除几分戾气，增添几多亲和。

佛言精粹

譬如一人而有七子，是七子中一子遇病，父母之心非不平等，然于病子心则偏多。大王，如来亦尔，于诸众生非不平等，然于罪者心则偏重，于放逸者佛则慈念，不放逸者心则放舍。

《大般涅槃经》卷二十

少恩加己，
思欲大报。

《优婆塞戒经》卷二

菩萨所行不求恩报，
受恩之处常思反报。

《优婆塞戒经》卷二

三、“知恩报恩”

知恩、报恩，乃佛陀伦理思想的重要法则，被认为是做人应起码具有的道德，若不知恩报恩，则不配叫做人。《杂阿含》卷四七第1259经载：佛在王舍城迦兰陀竹园，有一天后夜时听到野狐鸣叫，乃告众比丘：“你们听到后夜时有野狐鸣叫了吗？”众比丘回答听到了。佛言；“那只野狐患了疥疮，因痛苦而哀鸣，若有人能为其治疥疮.野狐必将知恩报恩。但世上竟然有不知恩报恩的愚痴之人，连野狐也不如。你们应当学知恩报恩。小恩尚应报答，终不忘失，何况大恩！”《增一阿含经》卷十佛言“有返复”（知恩报恩）之人，“小恩常不忘，况复大者！”偈云：

知恩识返复，恒念教授人，智者所敬侍，名闻天世人。

同经卷二六佛将不知报恩的“无返复”之人列为“不可疗治”的五种恶人之一。《优婆塞戒经》卷二佛教导在家弟子应“少恩加己，思欲大报。”《增一阿含经》卷四佛教导出家弟子应该对施主怀有慈心，“小恩常不忘，况复大者！”要使施主所施之物终不唐捐（白费）。《华严经·如来随好光明功德品》佛教导诸天子：

汝等应当知恩报恩。

其有众生，不知恩报恩，多遭横死，生于地狱。

为人所应报答的大恩，据诸经所说，有父母恩、众生恩、三宝恩、法师恩、师长恩、国王恩等。《阿含经》多说应报父母之恩。《正法念处经》、《大乘本生心地观经》说报四恩，前者所说四恩为母恩、父恩、如来恩、法师恩，后者所说四恩为父母恩、众生恩、国王恩、三宝恩。

佛陀虽然教人出家修道，但对于报答父母恩德、恪尽孝道十分强调，认为父母恩重无比，为人子女者无论怎样孝顺也无法报答。人多认为佛教重孝，乃是入华后受了儒家思想的影响，实则孝敬父母，乃佛陀的重要规诫。《增一阿含经》卷十一佛告诸比丘：

若复比丘！有人以父着左肩上，以母着右肩上，至千万岁，衣、被、饮食、床、卧具，病瘦医药，即于肩上放屎尿，犹不能得报恩。比丘！当知父母恩重，抱之育之，随时将护，不失时节，得见日月。以此方便，知此恩难报。是故诸比丘，当供养父母，常当孝顺，不失时节！

同经同卷中，佛告比丘：供养父母与供养一生补处菩萨（候补佛位的大菩萨），皆能令人获大功德，成大果报，“得甘露味，至无为处（涅槃）”。《本事经》卷四佛言：

父母于子，恩深极重，所谓产生、慈心乳哺、洗拭将养，令其长大；供给种种资身众具，教示世间所有仪式，心常欲令离苦得乐，曾无暂舍，如影随形。

因此，应该对父母“深心尊重，礼拜供养，以敬爱心，亲近而住”，能生无量福，得好名声，将来不后悔焦恼，死后升于善趣，生于天上。《五分律》卷二二载，佛告众比丘：

若人百年之中，右肩担父，左肩担母，于上大小便利，极世珍奇、衣食供养，犹不能报须臾之恩。

戒律规定，出家为僧尼，必须经父母的同意。出家后若家中父母无人供养，必须承担供养父母的责任。《五分律》卷二十载：比丘毕陵伽婆蹉父母贫穷，欲以衣物供养而不敢，请问于佛，佛集合众僧而告曰：

从今听诸比丘尽心尽寿供养父母，若不供养，得重罪。

佛言精粹

有二净法能护世间。何等为二？所谓惭、愧。假使世间无此二净法者，世间亦不知有父母、兄弟、姊妹、妻子、宗亲、师长，尊卑之序，颠倒混乱，如畜生趣。

《杂阿含经》卷四七第1243经

夫善之极者，莫大于孝；恶之大者，其唯害亲乎。

《佛说未生冤经》

佛陀劝导孝顺父母的教诫，还见于其他几种佛经。《杂阿含经》卷四记述了一个佛陀成功地劝化不孝之子的故事：一天，佛陀入舍卫城乞食，见一年迈婆罗门，拄着拐杖乞食，问其何以致此，婆罗门回答："我将家财悉数交付儿子，为其娶妻，然后自己离家出走，乞讨为生。"佛陀听完后，口诵一偈，教婆罗门记住，回家念诵给他儿子听。佛陀偈云：

生子心欢喜，为子聚财物，亦为娉其妻，而自舍出家。边鄙田舍儿，违负于父母，人形罗刹心！

谴责不孝养老父的逆子为披着人皮的罗刹（食人恶鬼）。偈中接着以老婆罗门的口气自述："我就像一匹老马，因已没有用处，被剥夺了饲料，只得拄着拐杖挨门乞讨，这拐杖用以提防凶牛恶犬，探路拨草，全凭它的帮助，我才免于堕落深坑枯井！"老婆罗门牢记此偈，回家念诵给儿子听，其子听后惭愧畏惧，赶忙扶他父亲进屋，为其洗浴按摩，换上新衣，尽心供养。他感谢佛陀的教诲，尊佛陀为师父，以一件上好的袈裟供养佛陀。

大乘《大萨遮尼干子受记经》中，佛陀谴责那种娶妇忘母的不孝子女说：若抛弃父母，与自己的妻子儿女过日子，美味饭菜，只知给妻子儿女吃，不给父母，不知亲近扶持年迈衰弱的父母，而与妻儿昼夜不离，甚至偷窃父母财物，供给自己妻儿享用，不听父母善言，唯听妻妾恶语，或袒护妻儿而责骂父母，不知惭愧羞耻，此等众生，应划归劫夺他人的盗贼一类，重重地予以惩治！

佛陀教导徒众：作为佛弟子，不但要以衣食财物奉养父母，孝敬关怀，使父母在物质生活和精神生活上获得现世的安乐，而且要为父母的长远利益、究竟利益着想，以佛陀正法劝化父母，令其皈依三宝，去恶从善，依法修持，以获得后世的、究竟的利乐，乃至超出生死，永享涅槃。《本事经》卷四佛说，若父母对佛法僧没有净信，子女应该"方便示现劝导、赞励庆慰"，令生净信；父母若无戒，应该劝令持戒；若不知佛法，应劝令听闻佛法；若不喜布施，应劝令布施；若没有智慧，应劝令修学智慧。"其子如是，乃名真实报父母恩"。《不思议光经》佛言：

饮食及宝，未足报父母之恩。唯导父母向于正法，便为报二

佛言精粹

慈心无害想，
不害于众生，
有苦有难者，
当去多关照，
人与人之间，
相爱互友好。

《即兴自说·居士经》

若父母先无，
信戒闻舍慧，
子令其修习，
名真实报恩。
恭敬给所需，
唯现世安乐，
令修信戒等，
究竟证涅槃。

《本事经》卷四

亲也。

《孝子经》佛言：

若不能以三宝之道化其亲者，虽为孝养，犹为不孝。

佛陀以其身教，为世人留下孝亲报恩的示范。他成道后不忘父母亲眷，几度回故国看望亲属，为之说法，使他亲族中的许多人都皈依佛教，修行证果。《摩诃摩耶经》载：佛陀为报其生母摩耶夫人生养之恩，特地上升忉利天，为已生于该天的亡母说法。佛灭度后，摩耶夫人从忉利天下，抚佛金棺恸哭，佛以神力，从棺中合掌而起，放大光明，问讯其母，为之说法。佛父王净饭王逝世后，佛率弟子亲赴故国，为亡父抬棺送葬，以尽孝道。

佛还多次以自己前世恪尽孝道的故事教诫徒众。如《杂宝藏经》佛自言于过去久远世时，生为婆罗奈国长者家，名慈童女，其父早丧，卖薪养母，因得居黄金城中三十二万年受大快乐的福报；又因随伴下海经商，其母阻拦而不听，拔母头发数十根，得铁城中头戴火轮之报。因而得知：

若人于父母所作少供养，获福无量；少作不顺，罪亦无量。

《睒子经》中，佛自言前世曾为一切妙见菩萨，因见沙夷国中有一对盲人夫妇没有子女，志愿入山修道，恐其遭野兽伤害，遂发愿降生为彼夫妇之子，名睒，“至孝仁慈，奉行十善，昼夜精进，奉事父母，如人事天。”后随父母入山学道，采果汲水供奉父母，被国王射死，盲父母抱尸恸哭，感动诸天，灌以神药，使睒子复活。国王受此事感化，敕令国中凡有盲父母者，其子女皆须尽心孝养，不孝养者处以重罪。于是国人皆持五戒行十善。佛总结说：

使我疾成无上正真道者，皆由孝德也。

佛陀将对亲生父母的孝心，推广及全宇宙一切众生。从佛陀的慧眼观来，在无始无尽的轮回程途中，一切众生皆曾有过父母子女的关系，因而应观“一切男子是我父，一切女人是我母”，像孝敬今生的父母一样孝敬供养，作一切众生的孝子，为一切众生无条件地服务。一切修学菩萨道以求成佛者，皆须如此孝事一切众生。而且，我人的生存，任何佛教徒的修道，都离不开众生、社会，众生皆有恩于我，故应普报一切众生之恩，为一切众生谋利乐。

佛言精粹

当有慈心，于檀越所，小恩常不忘，况复大者！……使其檀越所施之物，终不唐捐。

《增一阿含经》卷四

菩萨众生给施所须，应念其恩。若恶心瞋心不念恩报恩者，犯重垢罪。若懒惰不报，犯轻垢罪。

《优婆塞五戒威仪经》

众生中的法师、师长等，为我说法解惑，指导我修行，精心教育、培养我，传授给我真理、知识、技术，教导我正确做人，其恩德仅次于父母，理当尽心报效，尊敬供养。至于报国王恩之说，不见于《阿含经》,《大乘本生心地观经》中的报国王恩之说，大概是后人为适应当时社会的道德观念、协调佛教与政治的关系而建立，从现代伦理观念看来显得有些陈旧。但不论什么时代，国王、国家领导、当政者，对全体国民来说，确实干系重大，负有特别重任，若能为民谋福利，尽职尽责，能使国泰民安，德被万民，其恩德非寻常众生可比，理应报答、尊敬、爱戴。近现代的弘扬佛法者，多将报国王恩解释为爱国、报效国家。这也是佛陀言教中本有的精神。《增一阿含经》卷二六等载：憍萨罗国波斯匿王太子琉璃，因曾受辱于释迦族人，继承王位后发愿报复，率大军征伐佛陀故国迦毗罗卫。佛陀虽以宿命智观见释迦族人应被琉璃王诛灭，定业难移，但出于一片爱国心，还是尽力劝阻。他两度赴琉璃王大军必经之路旁，在一枯树下趺坐，等琉璃王大军来到，问佛为何坐于枯树下时，佛回答说：

亲族之荫凉，释种出于佛，

尽是我枝叶，故坐斯树下。

以爱护族人之情感感动琉璃王，使琉璃王两度退兵。后来琉璃王受人教唆，第三次征讨，灭迦毗罗卫国，诛杀释迦族人殆尽。佛闻悉后亲赴故园，为被琉璃王断肢剜目后活埋的五百释迦族妇女说法安慰，令她们皆得生天。后世的佛弟子，多以佛陀为榜样，具有浓厚爱国主义意识，将尽忠报国作为佛弟子应尽的责任。

佛言精粹

若不有心杀生，心生随喜；随喜已，欢喜生；欢喜已，心猗息；心猗息已受乐；受乐已则心定；心定已，圣弟子心与慈俱，无怨无嫉，无忧嗔恚，广大无量，满于一方正受住，二方、三方乃至四方、四维上下一切世间，心与慈俱。

《杂阿含经》卷三二第916经

众生恩者，即无始来，一切众生轮转五道，经百千劫，于多生中互为父母。以互为父母故，一切男子即是慈父，一切女人即是悲母，昔生生中有大恩故，犹如现在父母之恩，等无差别。

《大乘本生心地观经·报恩品》

四、自利利他，利乐众生

“人不为己，天诛地灭”一语，常被当作反面人物的人生信条，实则“为己”，可谓人的本性，力唱无我的佛陀，其实也并不反对为己，《杂阿含》卷四十第1120经佛偈：

一切众生类，悉皆求己利……

若人勤方便，必令利满足。

颇有肯定追求自利并鼓励人努力满足自己所求的意味。然而，什么是真正的自利？作为社会存在的人，无不生活在与他人的密切关系中，个人的利益与他人的利益难免发生矛盾，如何处理自利与他人、社会的关系？这是伦理道德的根本问题。在这一问题上，佛陀的主张，可以经中常见的“自利利他”四个字来概括。《法句经·爱身品》偈云：

自利利他，益而不费。

意谓自利利他，对自、他皆有益无损，是最经济的伦理法则。

正确的自利，最低限度必须要不损害他人，而想到对方的利益，争取自他两利。佛陀所示十善，其实即是自利利他精神之具体化。《杂阿含》卷三七第1251经佛告众婆罗门：对人处事，应该将心比心，要想到自己不乐意的事，别人也不乐意，从而不做对他人有害之事。比如：

若有欲杀我者，我所不喜，我若所不喜，他亦如是，云何杀彼？作是觉已，受不杀生、不乐杀生。

如是，我不喜他人偷盗我的东西，不喜他人侵犯我的妻女，不喜他人说假话欺骗我，不喜他人离间我的亲友，不喜他人对我恶言相加，不喜他人说废话，别人也无不如此。这样考虑，因而不作偷盗、淫乱、妄语、两舌、恶口、绮语等损害别人利益的恶业。这叫“自通法”，与孔子“己所不欲，勿施于人”的思想可谓一致。南传《杂尼柯耶》佛陀偈：

我们的思想漫游四面八方，没有发现何物比自我更可爱，
既然自我对于他人如此可爱，请热爱自我者不要伤害他人。

佛陀从自他利害关系的角度指出，人若常怀使别人快乐的慈心，不侵害他人，既保护了他人的利益，同时也保护了自己的利益。《杂阿含》卷二四第619经佛言：

自护时即是护他，他自护时亦是护己……不恐怖他、不违他、不害他，慈心哀彼，是名护他自护。

如果别人也以仁慈的态度对待我，不违我、害我，岂非保护了我的利益？当然也保护了他自己。人人若都能“自护护他”，彼此以慈爱心相待，不侵损恼害他人，岂不是天下太平无事，人间安乐祥和？

佛言精粹

若自饶益，亦饶益他，饶益多人，愍伤世间，为天为人求义及饶益，求安隐快乐者，此人于彼人中极为第一，为大，为上，为最，为胜，为尊，为妙！

《中阿含经·善法经》

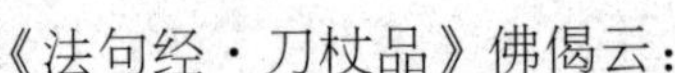

《法句经·刀杖品》佛偈云：

无害于天下，终身不遇害，
常念于一切，孰能以为怨？

为人应常怀自利利他、使别人欢喜快乐的好心，断除自害、害人之恶念，乃至为大众追求真理，为大众的利乐努力奋斗，《中阿含》卷四五《心经》佛教诫比丘：

> 不念自害，不念害他，亦不念俱害，比丘，但念自饶益及饶益他、饶益多人，愍伤世间，为天为人，求义及饶益，求安隐快乐。

佛言精粹

如天雨滴，
后不及前，
虽不相及，
能满大器，
成大器已，
转成余器，
如是展转，
满无量器。
是则名为，
自利利人。
自利利人，
名为大士，
如我今也。

《佛说未曾有因缘经》卷下

此所谓自害、自他俱害，指行十恶等不善业。同经卷一《善法经》佛称赞自利利他、饶益多人，悯伤世间，为众生求意义及利益、安隐快乐者，“于彼人中为极第一，为大为上，为最为胜，为尊为妙”。《佛说自爱经》说，人若作恶，损害他人，使对方怀恨在心，必将报复，“斯谓乐危之祸，不自爱也”。此自爱，义同自利。《别译杂阿含经》卷一佛偈云：

若生不善心，成就贪嗔痴，
此身自作恶，还复害于己。

同经卷三佛言：

若人自爱己，不以恶加彼，
无有造作恶，得于快乐者。

有智之人明此道理，不造诸恶，不损害他人，力修诸善，使自己快乐，是为自爱自利。

佛经中常说“利乐”，谓利益及快乐，利乐分现前、今生的“现法乐”，生于人、天之后世利乐，及获得涅槃解脱的究竟利乐。三种利乐的获得，是一阶梯式的关系。《佛说自爱经》谓皈依三宝，如法生活，持戒修善，报答四恩，“慈爱人物”，“布施贫乏”，“平等普护，安济众生”，现前“亲安族兴，生无灾患，死得上天”，得现前、后世的利乐；若再听闻佛法，修学戒定慧，依佛法出世间的智慧断诸烦恼，享涅槃常乐，是为究竟的自利。《法句经》卷上：“欲知利身，戒、闻为最。”《别译杂阿含经》卷四佛偈：

今世不放逸，后世得大利，

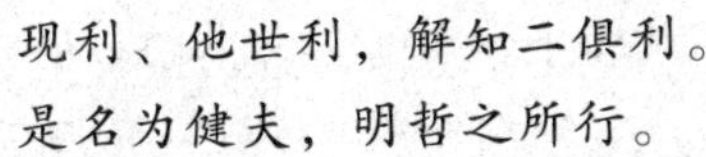

现利、他世利，解知二俱利。

是名为健夫，明哲之所行。

谓心理健康的明白人，应该为现世、后世的利乐而严格约束自己，行善修道。

大乘更以“自利利他”、“利乐众生”（“利乐有情”）为口号，号召行菩萨道者以报恩心、慈悲心、平等心、空无我心，积极主动地利乐众生，度化众生。《佛说发菩提心破诸魔经》卷上说，菩萨应发大菩提心：

于自于他皆悉平等，以自所利欢喜布施，即以此心普摄一切众生，乃为世间最上大利。

自己已得解脱，应令一切众生皆共解脱；自己已发菩提心、行菩萨道，应令一切众生皆发菩提心、行菩萨道。只有度化无量众生，菩萨才能满足菩提资粮，成就佛果，是名自利利他，自利与利他，实乃一事。而且，只有不计己利，以无我无着的清净心全身心地投入利他行，才能真正自利利他。《优婆塞戒经》卷二佛言：

自利益者不名为实，利益他者乃名自利。何以故？菩萨摩诃萨为利他故，于身、命、财不生悭吝，是名自利……利益他者，即是自利。菩萨不能自他兼利，唯求自利，是名下品。

《佛说无上依经·菩提品》谓声闻乘只自利而不能利他，缘觉乘“少能利他”、“少得云足”，不能以大心利他，是皆障碍解脱，不离（微细变易）生死；大乘一方面以无分别智断烦恼、获解脱以自利，一方面又以无分别后得智说法普度众生，令一切众生离三恶道苦，安立一切众生“置于善道，住三乘处”，是名利他。《佛母宝德藏般若经》佛教菩萨应“昼夜勤行利他行，利己内心无我相”，应如母爱子、如奴事主一样奉事众生。

佛指出：欲度化众生，自己须先具足正信、正见、正戒、正智，得世乐、出世乐，具备福德、智慧及度人说法的方便技巧。说法应善于观察对象的根性和接受程度，说以对方乐意接受者，若对方不能直接接受佛法，即先授予世间善法；若不能接受佛法的出世间法，即先授予佛法的世间法，渐次引导，循循善诱。为了以四摄法度化众生，还应掌握世间各种知识技术，热情主动地为众生服务，广结

佛言精粹

其财施者，如寸灯明小室中，其法施者，犹若日光照四天下。

《佛说未曾有因缘经》卷上

若自得利，先推他人，其心常一，无有放逸。见他得利，欢喜如己。

《菩萨善戒经》卷六

自利利他心平等，
是则名真供养佛。

《大般若经》卷五七二

善缘，使众生由得到好处而对菩萨建立感情，容易接受他所说的佛法。为此，菩萨应广学诸世间法，这是圆满“方便”所必修的。《优婆塞戒经·自利利他品》说，菩萨为说法利他故，可先学外典，后学佛典，说法时先说世间法，然后再说甚深法界：

> 菩萨定知，若用声闻、缘觉菩提教化众生，众生不受，则以天、人世乐教之，是名利他。

同经《发愿品》教导菩萨应“身口意等所作善业，愿为众生将来得果一切共之”。应“见他得利不生妒心”，“见他受苦如己无异”，“所修善事悉为众生”，“善作方便令彼离苦”。

佛言精粹

以不请之法施诸黎庶。犹如孝子爱敬父母，于诸众生视之若己。

《佛说无量寿经》卷上

佛教导菩萨：为了利他，应不畏生死、不厌生死，虽能住涅槃而不住，主动入生死大海中，乃至入恶道中济度众生。《大般若经·净土方便品》佛言：

> 菩萨摩诃萨虽成就一切白净无漏法，而为利乐诸有情故，方便善巧受恶趣身，如应成熟诸有情类。

发愿“地狱不空，誓不成佛”、受到佛称赞的地藏菩萨，便是入地狱拔济众生的典型，佛自己更是如此。《大般涅槃经》卷十八佛说：

> 菩萨摩诃萨为众生故，虽在地狱受诸苦恼，如三禅乐。

这种敢入地狱最深处救度众生，以庄严地狱为乐事的精神，曾鼓舞过不少仁人志士为民请命，为国捐躯，为真理而献身。

当今商业社会，“以最小资本赚取最大利润”的商业价值观，也浸染了许多人的人生观、伦理观，随之而来的是自私自利、尔虞我诈、人情冷漠，个人主义泛滥，人际关系中，不是把别人看作“福田”和服务对象，而是看作猎物，弗洛伊德所谓“人对人是豺狼”。钱是多了，但人与人之间的温情爱意却少了，人的形象也就被扭曲为经济动物和饿鬼了。自利利他、利乐众生，是这时代的许多人在呼唤的精神。

《法句经·慈仁品》

为仁不杀，常能摄身，是处不死，所适无患。
不杀为仁，慎言守心，是处不死，所适无患。

彼乱已整，守以慈仁，见怒能忍，是为梵行。
至诚安徐，口无粗言，不瞋彼所 是谓梵行。
垂拱无为，不害众生，无所娆恼，是应梵行。

常以慈哀，净如佛教，[1]知足知止，是度生死。

少欲好学，不惑于利，仁而不犯，世上所称。

仁寿无犯，不兴变快，人为诤扰，慧以默安。

普忧贤友，哀加众生，常行慈心，所适者安。

仁儒不邪，安止无忧，上天卫之，智者乐慈。

昼夜念慈，心无克伐，不害众生，是行无仇。

不慈则杀，违戒言妄，过不与他，不观众生。

酒致失志，为放逸行，后堕恶道，无诚不真。

履仁行慈，博爱济众，有十一誉，福常随身：卧安觉安，不见恶梦，天护人爱，不毒不兵，水火不丧，在所得利，死升梵天，[2]是为十一。

若念慈心，无量不废，生死渐薄，得利度世。
仁无乱志，慈最可行，愍伤众生，此福无量。

假令尽寿命，懃事天下人，
象马以祠天，不如行一慈。

---

[1] 佛教：佛的教诫。

[2] 梵天：色界天，为离欲梵行者所居之处。

大猿本生

《小诵·慈悲经》[1]

邓殿臣译

求涅槃寂静，须彻底觉悟；
应忠诚直率，且谦和驯服。
应知足常乐，且清闲简朴；
根基有智慧，不依仗家族。

小过亦不犯，不受贤者责；
愿众生无惧，幸福而安乐。
惧者或安者，高胖体异样；
大小诸众生，皆当得吉祥。

可见不可见，居处近或远；
已生和未生，皆当得轻安。
不当互欺诈，互蔑互毁辱；
不应互嗔恨，以免他人苦。

于一切众生，应生无限慈；
犹如亲父母，舍身护独子。
于上下左右，决不结仇恨；
于世诸众生，唯施慈悲心。

行住坐卧时，皆怀慈悲念；
堪称为梵住，[2]精进无怠倦。
无有迷妄念，于物无贪爱；
持戒有正见，自不再投胎。

[1] 小诵：亦译《小部》、《小阿含经》，南传佛教经藏之一。

[2] 梵住：住于清净之处，指慈悲喜舍四无量心。

《杂阿含经》 第1107经

如是我闻。一时，佛住鞞舍离国猕猴池侧重阁讲堂。尔时，世尊告诸比丘："过去世时，有一夜叉鬼，丑陋恶色，在帝释空座上坐。[1]三十三天见此鬼丑陋恶色，[2]在帝释空座上坐。见已，咸各瞋恚。诸天如是极瞋恚已，彼鬼如是如是随瞋恚渐渐端正。

时三十三天往诣天帝释，白帝释言：'憍尸迦，当知有一异鬼，丑陋恶色，在天王空座上坐。我等诸天见彼鬼丑陋恶色，坐天王座，极生瞋恚。随彼诸天瞋恚，彼鬼随渐端正。'释提桓因告诸三十三天：'彼是瞋恚对治鬼。'尔时，天帝释自往彼鬼所，整衣服，偏袒右肩，合掌三称名字而言：仁者。我是释提桓因。随释提桓因如是恭敬下意，彼鬼如是如是随渐丑陋，即复不现。时释提桓因自坐已，而说偈言：

人当莫瞋恚，见瞋莫瞋报，
于恶莫生恶，当破坏憍慢，
不瞋亦不害，名住贤圣众。
恶罪起瞋恚，坚住如石山，
盛瞋恚能持，如制逸马车，
我说善御士，非谓执绳者。"

佛告诸比丘："释提桓因于三十三天为自在王，叹说不瞋。汝等如是正信，非家、出家学道，亦应赞叹不瞋。当如是学。"

佛说此经已，诸比丘闻佛所说，欢喜奉行。

[1] 帝释：忉利天（欲界第二天）天帝释提桓因，名憍尸迦。

[2] 三十三天：忉利天天人，此天因有三十三个天国，故称。

礼拜佛陀台座

第七章

“现法喜乐”

——关于过好世俗生活的教诫

佛陀言教，尤其是他对出家僧尼的教诫，明显带有强烈的禁欲、出世色彩，这是不容讳言的事实。但这仅是佛陀思想的一个侧面。从全面来看，佛陀的基本立场，与其说是厌离人生、否定人生价值，毋宁说是以合理地过好人间生活、发达人生为本，渐次超越人生，趋向佛道，质言之，是从做好人的基础上不断向上而直趋成佛。这被晚近太虚、印顺等大师强调为“人生佛教”或“人间佛教”的要义，这确是佛陀教义中本有的精神。在广大在家徒众和许多有缘值遇的社会人士面前，佛陀主要表现为一个平易近人的生活导师形象，向他们作了不少合理地过好经济、伦理、社会生活，以获得“现法喜乐”（现前的幸福安乐）的教诲，提出了一套建设合理人间的方案。

佛言精粹

父母及长兄，
和上诸师长，
及诸尊重者，
所不应生慢，
应当善恭敬，
谦下而问讯，
尽心而奉事，
兼设诸供养。

《杂阿含经》卷四第87经

不做低劣事，
不受人驱使，
不依附权贵，
不以法为商。

《即兴自说·螺发外道经》

一、合理的居家生活

佛陀虽然以身作则出家修道，劝导、带动家人、亲族及许多人出家，盛赞出家功德，但并非说只有出家才能修行，并非主张一切人都出家，并非认为任何人出家修道都比其在家要好。《十住毗婆沙论》卷十引佛言曰：

出家或有不修善，则不如在家；在家能修善，则胜于出家。

佛世对出家者选择颇严，皆先观察其人根器，因佛子罗睺罗出家后佛父净饭王忧愁不乐，佛乃规定：今后须经父母同意，方可出家。佛父净饭王在家已证初果，晚年请求出家，佛观其出家后不能证得更胜道果，未许。佛弟子给孤独长者之女善无独要求出家，佛亦不许，教她嫁给信异教的牛授童子，结果此女出嫁后劝化其夫全家及夫家所在地的很多人皈依了佛教。佛陀的弟子，绝大多数是居家的俗人，其中也有很多人证得了道果。在修行证道方面，出家在家完全平等。就修学大乘菩萨道而言，身处众生、社会中的在家人，在某种意义上比身处山林中的出家僧尼具有更为优越的修学条件。《优婆塞戒经》卷一说：

> 出家之人唯能具足五波罗蜜，不能具足檀波罗蜜，[1]在家之人则能具足。

同经卷二说：

> 在家菩萨能多度人，出家菩萨则不如是。

从诸经所载佛陀对众多在家弟子的教诲看，在家学佛，与出家人应有所不同，当以合理地过好世俗生活、尽到社会责任，获得今生后世的安乐，以布施、摄化众生为必修的课目。

佛教导在家人过好生活、获得“现法安乐”，首先须有四种具足（具备）：

第一“方便具足”，谓努力掌握知识、技术，从事对民众有益无害的正当职业，如种田、放牧、从政、文书、会计等，精勤工作，尽心尽责，靠劳动营生养家，服务社会，而不靠卖淫、贩毒、占卜、厌禁、诈骗、大秤入小秤出等不正当的手段营生。《杂阿含》卷四八第1283经佛以偈回答如何以智慧求财的问题说：或放牧牛羊，或经营旅舍，赢利获息，用以置办房屋家具等生活用品，“如是财饶益，如蜂集众味，昼夜财增长，犹如蚁堆积。”这样，聪明的求财者便能够安乐地生活。《别译杂阿含经》卷十二佛说农民种田营生，“若能勤作者，斯业胜聚敛。”《中阿含·梵志陀然经》载，有陀然梵志者，“依傍于王，欺诳梵志、居士，依傍梵志、居士，欺诳于王”，贪污敲诈，非法致富，遭到佛陀的诃责。学习、工作，获得财富与成功，唯以勤恳为要，《长阿含·善生经》佛言：

> 朝夕勤修务，事业无不成。

懒堕懈怠，则必然败落衰损。

佛言精粹

若远至他国，
行伴名为亲；
于自居家中，
慈母最为亲；
于生财利所，
眷属乃为友；
能修功德者，
是名后世亲。

《别译杂阿含经》卷八

[1] 檀波罗蜜：布施度。

第二“守护具足”，谓妥善保护田产财物，不令损失。借贷予人，须得谨慎，了解对方，不借予老年将死之人，不借予奸诈、吝啬、抵赖不还之无赖。沉湎酒色、赌博、迷于歌舞伎乐，皆致财物损耗，家道贫穷，应该远离。

第三“善知识具足”，谓交结良师益友，不与放逸、欺诳、凶险的恶人为伍。佛陀多次教人以交友之道。如《善生经》佛告青年善生：亲近恶友有伺机欺骗等六失，令家中财产日日损减。饮酒、赌博、嫖娼、歌舞时之友，皆属恶友。恶友貌似亲密，或似畏伏，或似敬顺，或常进美言媚语，实则别有所图；或先予后夺，或与少望多，或为利故亲，若有危难，便会翻脸舍弃，乃至落井下石。《杂阿含经》卷三五第978经佛教人如何区分善知识与诈现为善友相的恶知识，谓恶知识虽然“口说恩爱语”，似乎“与己同一体”，而从所作所为可以看出其心口不一，非真利益我者，真善知识则能指示我以正道，批评我的过错。《佛说孛经》中，佛说朋友有如花、如秤、如山、如地四种：

> 何谓如花？好时插头，萎时捐之，见富贵附，贫贱则弃，是花友也；
>
> 何谓如秤？物重头低，物轻则仰，有与则敬，无与则慢，是秤友也；
>
> 何谓如山？譬如金山，鸟兽集之，毛羽蒙光，贵能荣人，富乐同欢，是山友也；
>
> 何谓如地？百谷财宝，一切仰之，施给养护，恩厚不薄，是地友也。

应善于识人，多交山友、地友。《大善权经》佛言：

> 朋友之法，其要有三：一者见有过失，转相谏晓；二者见有好事，深生随喜；三者在于苦厄，不相弃舍。

《四分律》卷四一佛谓亲友之间应以七法相待：

> 难与能与，难作能作，难忍能忍，密事相语，不相发露，遭苦不舍，贫贱不轻。

佛陀十分强调亲近能引导、帮助人向于正道、正法的“善知识”（善友），《本事经》卷六佛言：

佛言精粹

商人之导师，
游行善知识；
贞祥贤良妻，
居家善知识；
宗亲相习近，
通财善知识；
自所修功德，
后世善知识。

《杂阿含经》卷三六第1000经

化恶从善，
切磋以法。
忠正诲励，
义合友道。

《佛说孛经》

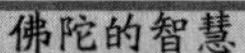

亲近有智人，速能殄众苦。

有智人中，按戒定慧的修证，可分为上中下三士，以亲近上士为最胜。大乘《华手经》卷四说具备四法名为善知识：一能令入善法中，二能障碍诸不善法，三能令人住于正法，四常能随顺教化。

第四“正命具足”，谓善于理财，收支平衡，不令少入多出、多入少出。《杂阿含经》卷四第86经佛言：若收入不多却大手大脚，不顾其后，“人皆名为优昙钵花，无有种子”，若积财不用，为守财奴，“旁人皆言是愚痴人，如饿死狗”。同经卷四六第1232经佛斥责积金百亿而舍不得自己消费也不布施给别人的摩诃男长者“非正士”，谓其钱财如同旷野中所聚之水，没有被用，即被蒸发消尽。若得到钱财，应“快乐受用，供养父母、供给妻子、宗亲、眷属，给恤仆使，施诸知识，时时供养沙门、婆罗门，种胜福田，崇向胜处，未来生天”。是谓“能广受用，倍收大利”，就像利用水灌溉良田，获得丰收。《中阿含·善生经》佛言，收入应当分作六份，其用途为：一份用于饮食，一份置办产业，一份储蓄，一份信贷，一份准备结婚，一份用造住宅。如此理财，必能富足。《大乘本生心地观经》则说收入的三分之一当用于自己消费，三分之一用来救济孤独贫病，三分之一用以周济亲戚，招待宾客。《佛般泥洹经》佛教诫徒众：

智者居家，恭俭节用，所奉有四，用得欢喜：一为供养父母妻子，二为瞻视人畜奴婢，三为给施亲属知友，四为奉事君天正神沙门道士。

居家生活的重大问题，是处理好各种人际关系，尽到应尽的伦理责任。《善生经》言，青年善生按婆罗门宗教礼仪，清晨礼拜六方，被佛陀看见，告诫说：此非当礼之六方，当礼之六方应是父母、师长、妻妇、亲族、仆使、沙门，并详悉讲述了处理好这六大人伦关系的准则。按佛陀之说，这六大人伦关系的双方，都各自有其伦理责任，应互相关怀，各尽其责。

为人子女，当以五事“敬顺”父母：供奉所须、凡事禀告、恭顺不逆、不违正令、不妨父母所作正业。父母应以五事“敬视”子女：爱念、供给所需、管教不令作恶、指以正道、求善婚嫁。《本事经》卷七佛说有三等子女：父母持戒行善，子女亦持戒行善，名为“等

佛言精粹

田宅众生有，
贤妻第一件。
饮食已存命，
业为众生依。

《杂阿含经》卷三六第1005经

在家菩萨如法集聚钱财封邑，非不如法。平直正求，非粗恶求，不逼切他。如法得封，起无常想，不生悭想，喜舍无吝。给事父母、妻子、奴婢、诸作使者，以如法财而给施之，所谓亲友眷属知识，然后施法。

《大宝积经·郁伽长者会》

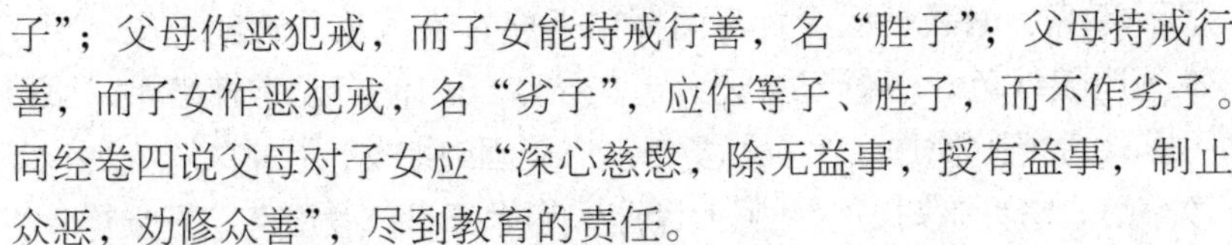

子”；父母作恶犯戒，而子女能持戒行善，名“胜子”；父母持戒行善，而子女作恶犯戒，名“劣子”，应作等子、胜子，而不作劣子。同经卷四说父母对子女应“深心慈愍，除无益事，授有益事，制止众恶，劝修众善”，尽到教育的责任。

为人弟子，当以五事“敬奉”师长：恭敬、给侍、供养、遵从教诲、不忘所教。师长则应以五事“敬视”弟子：依法调教、诲其未闻、令解法义、尽己所知教授不惜、指示善友。

为人之夫，当以五事“爱敬供给”妻子：怜爱、不轻慢、供给衣物化妆品、委付家事、“念妻亲亲”（善待妻子的亲属）。妻子则以五事“敬顺”其夫：爱敬关怀、备设衣食、和言实语、善体人意、善摄眷属。《玉耶女经》中，佛陀教导少妇玉耶：为人妻妇，应做爱夫如母爱子的“母妇”、如妹事兄的“妹妇”、如良朋益友的“知识妇”，或孝敬公婆、善于持家的“妇妇”，服侍夫婿如婢事主的“婢妇”，不做“怨家妇”、“夺命妇”。《别译杂阿含经》卷十二佛称“妻为最亲友”，说夫妻应“异体同心”。

宗族亲戚之间，互相应以五事“亲敬”：给施、善言、有利同享、有错教诫、有难相帮。《杂阿含经》卷三六第1010经佛言：

> 宗亲相习近，通财善知识。

意谓宗族亲戚之间，在财物上应该是能互相帮助的好朋友。《别译杂阿含经》卷十一佛谓亲友之间“应当恒敬念，爱重如己身”，要“相念常不忘”，对亲友的缺点多包涵，不应互相伺求过失。

为主人者，当以五事“教授”僮仆：量才使用、饮食随时、随时慰劳、为之治病、给以休假。为僮仆者当以五事“奉事”其主：早起、做事周密、不与不取、作事有序、称赞主德。大乘经中，佛教导菩萨，对所有众生应奉事服务，如仆事主。

在家之人当以不拒、欢迎、招待、尊敬、拥护五事“供奉”沙门、婆罗门等出家修道者，沙门、婆罗门则应以五事“教授”在家众：不令作恶、指示善道、教怀善心、为之说法、为之解惑。

《杂阿含》1279经中，佛以偈列举了17种“堕负门”（一译“轻贱”，失败的生活方式或陷落失败人生之门），诸如：结交恶友，不喜欢善友；喜欢不善之人，而不亲近善人；做生意以斗秤欺骗人，耽

佛言精粹

博弈耽嗜酒，
游轻着女色，
费丧于财物，
是名堕负门。
女人不自守，
舍主随他行，
男子心放荡，
舍妻随外色，
如是为家者，
斯皆堕负门。

《杂阿含经》卷四十八，第1279经

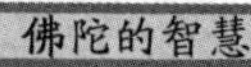

溺于赌博、酗酒、玩弄女色而挥霍无度；女人放荡追随外夫，男子放荡追随外色；老妇配少夫、老夫娶少妇，使自己常怀嫉妒，眠卧不安；懒惰、贪睡、贪玩、多怒；广交酒肉朋友，经常大吃大喝，耗散家财；贫而贪财，为此阿谀逢迎，攀缘豪贵；爱虚荣，好装饰，讲究排场摆设；好白吃他人而不回报；不施舍乃至辱骂上门乞讨的出家人；不及时奉养年老的父母，虽然有钱而舍不得布施；不分尊卑上下，打骂父母兄弟；毁谤佛及佛弟子；实非阿罗汉而自称是罗汉。佛言：以上种种堕负之门，“犹如险怖道，慧者当远避！”

在家者依上述教导生活，必能获得现法安乐，度过幸福的人生。若能信受佛法，皈依佛、法、僧三宝，听闻、读诵佛典，树立正见，如法修行，则更能获得后世乃至究竟的安乐。如《中阿含》卷九《手长者经》中佛所称赞的手长者，具有少欲、信（深信三宝）、惭、愧、进、念、定、慧八种“未曾有法”，而且谦虚韬光，“自少欲不欲令他知我少欲”、“自有慧不欲令他知我有慧”，为居家佛弟子道德修养的典型。

布施，是佛陀教导在家弟子必修的。在家人不仅应布施出家修行者饮食衣物，布施贫病孤独，而且应热心公益事业，经中多次赞叹此类布施的福德，如《增一阿含经》卷三五佛陀教人行五种布施：造园林、植树造林、修桥梁、造大船（交通工具）、修建房屋旅舍，谓行此五种布施，再加戒、定成就，临终必定生天。《杂阿含》卷三六第996经佛偈：

> 种植园果故，林树荫清凉，桥船以济度，造作福德舍，
> 穿井供渴乏，客舍给行旅。如此之功德，日夜常增长。

在家佛教徒对自己周围的所有人，都负有应尽的伦理责任。《杂阿含》卷三三第929经，佛陀教诫族弟摩诃男：优婆塞（男居士）不仅应自己正信、持戒、布施、亲近法师、听闻受持思惟佛法、依法修持，而且应劝化他人正信、持戒、布施、亲近法师、听闻佛法、依法修持，带动广大众生共趋善道、佛道，这叫“自安安他”。一个佛弟子能自安安他，他在民众中便会有很强的凝聚力，“威德显耀，譬如日轮”，佛法的光明会从自己身上放射，照亮大众。大乘更强调居家菩萨要积极主动地去度化自己周围的众生。《大宝积经·郁伽长者

佛言精粹

应时之施有五事，云何为五？一者施远来人，二者施远去人，三者施病人，四者俭时施，* 五者若初得新果瓜、若谷食，先施与持戒精进忍，然后自食。

《增一阿含经》卷二四

* 俭时：荒年。

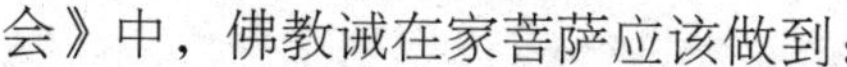

会》中，佛教诫在家菩萨应该做到：

> 随所住处，为众说法：不信众生劝导令信；不孝众生，不识父母、沙门、婆罗门，不识长幼，不顺教诲，无所畏避，劝令孝顺；若少闻者，劝令多闻；悭者劝施，毁禁劝戒，瞋者劝忍，懈怠劝进，乱念无慧劝慧；贫者给财，病者给药，无护作护，无归作归，无依作依。

若不这样劝化众生，是为失职，如是居家菩萨，则为诸佛之所呵责。

至于深观四谛、十二因缘、三法印，由戒定慧而趋向解脱涅槃，当然也是在家佛弟子所应修学的。佛陀在这方面对在家众的教导，与对出家众的教导没有多大区别。

二、合理的社会与理想的人间

佛陀不仅着眼于每个众生个人的终极关怀，教导人们如何过好人世生活乃至获得自我解脱，而且重视全社会、全人类的和平安乐，在很多场合宣讲了如何过好社会生活，建设合理社会、理想人间之道。佛陀虽非以治理国家社会为己任的政治家，但十分关心社会政治。他创教说法、辛勤教化的活动，看得出是出于一种力图积极改造这个充满压迫、斗争、贫困、罪恶的不合理社会的高度责任心。

佛陀憧憬着一个合理的社会、和乐的人间，他致力于宗教教化，没能按其理想建成过哪怕是一个小邦国，却建立了由他的出家弟子组成的小社会——僧伽团体。他为这个团体制定的制度、法则，可看作他社会思想的一种体现。这一团体，可谓古代民主制度的一大典型。团体的成员包括佛陀本人在内，一律平等，无阶级种姓之分，每人都有平等的权益，僧团内发生的事情，通过会议的形式由大众表决处理。僧团结合及集体生活的根本原则，是所谓“六和敬”。

和敬，谓团结和乐，互相尊敬。据《长阿含》卷一《游行经》佛言，六和敬为：

一“见和同解”，思想一致，见解相同；

二“戒和同行”，共同遵守一种戒律，即行为规范、道德观念一

佛言精粹

人当自系念，
每食知节量，
是则诸受薄，
安消而保寿。

《杂阿含经》卷四二第1150经

以财物惠施，获八功德，云何为八？一者随时惠施非为非时；二者鲜洁惠施非为秽浊，三者手自斟酌不使他人，四者誓愿惠施无憍恣心，五者解脱惠施不望其报，六者惠施求灭不求生天，七者施求良田不施荒地，八者持此功德施惠众生不自为己。

《增一阿含经》卷三七

成就众生，净佛国土。

《大品般若经》卷二五
（大8，405）

庄严国界，饶益有情。

《大乘本生心地观经》卷二

菩萨摩诃萨不净佛国土，不成就众生，不能得阿耨多罗三藐三菩提。

《摩诃般若经》卷二十六

致；

三“利和同均”，财物公有，经济平均，有利同享，无贫富之分；

四“意和同悦”，大家情投意合，和乐融融，无摩擦纠纷；

五“身和同住”，各自以和乐为怀，尊重他人，欢欢喜喜地生活在同一个团体里；

六“语和无诤”，出言和逊，互相欢喜，不争吵斗嘴，不说不利于团结的话。

佛言精粹

出家与居家，
展转互相依。
由力、法二轮，
速至涅槃乐。
出家依在俗，
得如法资具；
在俗依出家，
获微妙正法。
二众互相依，
受人天快乐，
度生老病死，
至清凉涅槃。

《本事经》卷四

六和敬的原则，不仅适用于僧团，任何社会团体，乃至国家，若能以和敬的精神组织管理，一定会团结融洽，给全体成员提供一个和乐的生活环境。《中阿含经·长寿王本起经》载：憍赏弥国的比丘们因对戒条产生歧见而争吵不休，佛陀再三劝阻，教诫应互相忍让，维护团结，说偈言：

若以诤止诤，至竟不见止，
唯忍能止诤，是法可尊贵。

劝导他们以团结为重，互相忍让，谁也不让谁的争论，是很难解决问题的。《中阿含》卷十七《本起经》佛告诫比丘们应该：

常共和合，安乐无诤，一心一师，合一水乳。

南传《中尼柯耶 ·舍弥村经》中，佛陀还向比丘们讲述了调停内部矛盾的六诤根、四诤事、七灭诤法、六调停法。GT·迦罗《印度遗产》中赞叹说：在 2500 年前的印度佛教僧团中，发现了我们当今议会制度的雏形。

佛陀的社会政治主张，集中表现于他对跋耆国的赞赏。跋耆是当时一个共和制国家，摩揭陀国王阿阇世欲图征服这个国家，派大臣禹舍到佛陀那里去征求意见。佛陀未直接回答禹舍，而告侍者阿难：跋耆国有七事：一、人民经常集会，讨论正事；二、“君臣和顺，上下相敬”；三、人皆遵法守纪，不违犯礼度；四、人皆孝顺父母，敬顺师长；五、崇重宗教，祭祀祖先；六、性生活严肃，注重贞洁，从无淫乱，“至于戏笑，言不及邪”；七、尊崇养护沙门，敬重持戒有德行者。一个国家有了这七事，能令长幼和顺，国泰民安，强盛不衰，不会被别的国家破坏征服。

禹舍闻法告辞而去，佛命阿难召集众比丘，为大众讲说保证僧团不衰退之法，其首先开示的“七不退法”，即依跋耆国七事而说：一“数相集会讲论正义”；二“上下和同，敬顺无违”；三“奉法晓忌，不违制度”；四敬事德才兼备者；五“念护心意，孝敬为首”；六“净修梵行，不随欲态”；七“先人后已，不贪名利”。有此七法，则长幼和顺，法不可坏。这七法作为谐调人际关系、过好社会生活的法则，适用于任何家庭、团体、社会。佛还根据跋耆国七事，讲了维持僧团集体团结的“六不退法”，《中阿含》卷三五《雨势经》称“六慰劳法”：以慈身业、慈口业、慈意业待人；鼓励人爱法、乐法、修法、摄心，争取得定乃至涅槃；以财利、持戒、正见互相布施。

佛陀作为“法王”，极其重视良好政治的作用，《增一阿含经》卷九，佛以群牛渡水需要有导（带头牛）为喻，说明“众中必有导”，领导若正，下属亦正，领导不正，下亦不正：

> 若王治化不以正理，尔时臣佐亦行非法；臣佐已行非法，尔时王太子亦行非法；太子已行非法，尔时群臣长吏亦行非法；群臣长吏已行非法，尔时国界人民亦行非法；国界人民已行非法，尔时人众兵马亦行非法；兵众以行非法，尔时日月倒错，运度失时……风雨不时……人民之类、蜎飞蠕动，颜色改变，寿命极短。

《佛说孛经》中有同样的比喻：

> 譬如牛行，其道正直，余牛皆从。贵贱有导，率下以正，远近伏化，则致太平。

佛陀向不少前来请教的国王、大臣晓以修身治国之道。如《佛说出爱王经》列举为国王之十种过失、十种功德、五种衰损门、五种方便门、五可爱法、五能引可爱法。《佛为优填王说王法政论经》讲为王之十法。《正法念处经·观天品》佛说为人王者善于治政，由此能证一乘佛法的三十七法。《增一阿含经·结禁品》佛为众比丘说：若国王成就悭贪瞋害、不亲义理等十法，便不得久存，多诸盗贼，成就不着财物、不以小事起怒害心等十法，便得久住于世。《佛说孛经》谓理国者有顺事师长、率民以孝、谦虚上下、仁和其性、救危赴急、恕已爱人、薄赋节用、赦恨念旧八事，可以安乐。按诸经所载，佛陀多次论述王法政道，其政治思想之深广度与系统性，并不在中国孟子的政道论之下，其大旨也颇近孟子，大略有如下要点：

佛言精粹

譬如父母怜愍于子，心常欲令离苦得乐。王亦应尔，于诸国邑所有众生，僮仆作使辅臣僚佐，应以诸佛所说四摄而授受之。何等为四：一者布施，二者爱语，三者利行，四者同事。

《如来示教胜军王经》

不以四摄摄取众生而调伏之，不知众生上中下根，是名魔业。

《大集经》卷十一

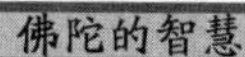

（一）以正法教化人民，奖善惩恶

所谓“以正法治”、“以法教令”（《长阿含·轮王修行经》）之正法，主要指以因果业报说为理论依据的行为、道德规范，即佛教所谓五戒、十善。当政者应以十善教化人民，奖善惩恶，以德治国，使全体国民皆能自觉行善弃恶，则自然国泰民安。《增一阿含经》卷五十佛告波斯匿王：若为王者能以正法治民，命终之后皆生天上，美名传扬人间，“人民追忆，终不忘矣，名称远布。”《金光明最胜王经·王法政论品》佛言：

令彼一切人，修行于十善，率土常丰乐，国土得安宁。

若见恶不遮，非法便滋长，遂令王国内，奸诈日增多。

既要倡导行十善，也要对杀人、盗窃、诈骗、奸淫等恶人依法惩治，扬善惩恶，国家才能太平。《大萨遮尼干子经·王论品》指出：那种“不恤国计但求利已，或从私忿以害公政，或受货财以枉治道”的贪官污吏，尤为“国之最大恶贼”，应予严惩，“摄在劫夺众生数中，上品治罪”。

（二）惠施平等，周济贫困

《增一阿含经·结禁品》谓国王应“常好惠施，与民同欢”。《中阿含·本起经》佛言：

既利以平均，如是众附亲。

惠施臣民，平均分配，薄赋节用，让人民生活富裕，为国家安定的根本保障。若老百姓贫穷困苦，缺衣少食，纵有法治，也无法根治盗贼。《中阿含·转轮王经》佛举过去世的政治教训说：“因贫困故，盗转滋甚，因盗滋盛故，刀杀转增。”当时的国王用杀头的办法严治盗贼，结果盗贼竟持刀行劫，砍杀物主，搜捕不尽。只有给恤贫困者，消灭贫困现象，才能根治盗贼。当然，只有发展经济，民富国强，才有力量周济贫民。

（三）仁慈爱民

《中阿含·本起经》佛陀谓当政者应“多愍善恕已，仁爱利养人”。《大萨遮尼干子经》佛言：

王之养民，当如赤子，推干去湿，不待其言。

当政者应像慈母育婴一样养护人民。佛陀主张仁政，反对暴政

佛言精粹

在家菩萨，若在村落、城邑、郡县人众中住，随所住处为众说法；不信众生劝导令信，不孝众生，不识父母、沙门、婆罗门。不识长幼，不顺教诲，无所畏避，劝令孝顺；若少闻者，劝令多闻，悭者劝施，毁禁劝戒，嗔者劝忍，懈怠劝进，乱念劝定，无慧劝慧，贫者给财，病者施药，无护作护，无归作归，无依作依。……若是菩萨随所住处，不教众生，令堕恶道，而是菩萨则为诸佛之所诃责。

《大宝积经·郁伽长者会》

苛刑。《长阿含·轮王修行经》主张“不以刀杖，以法教令，令得安乐”。《大萨遮尼干子经》谓治罚罪犯宜用呵责教育、没收财产、罚款及牢狱系闭、驱逐等方法，不宜用死刑，不应用割截眼耳手足等刑罚。

（四）知人善任，选贤用能

《佛说孛经》谓为国主者，应明睿练达，知人善任，“任贤使能，赏善戕奸”，不用邪伪之友、谄佞之臣、妖孽之妻、不孝之子。但非贤非能、愚贱不肖之人，也自有其用处，不可舍弃，有如“器虽粗弊，不可便弃，各有所贮”。《杂阿含》卷四二第1148经佛告波斯匿王：世上多有骗子，有的人虽然貌似有德而内实无德，有的人内怀鄙卑而外似圣人，必须以智慧观察思考，经过长期的考验，不能受表面现象的迷惑。偈云：

不以见形相，知人之善恶；不应暂相见，而与同心志。

《金光明最胜王经·王法正论品》佛谓应治罚谄诳之人，国主“若友谄诳人，当失于国位”。《正法念处经》谓国王应“知人好恶”，“于诸臣众若无因缘，不举不下”，升降赏罚，须有据有理。《增一阿含经》卷四二佛说为王者应能接受劝谏和批评，“受群臣谏，不逆其辞”。“与群臣和穆，无有竞争”。处理政事公平合理，“案法治化，终无阿曲”。可以说，佛陀主张民主与法制。

（五）当政者应注重自身修养

成功地治理天下的前提，是成功地治理自身，所谓“王欲理人，先自理身”。(《华严经》)在这方面，佛陀的思想与中国先秦诸哲“内圣外王”之说颇相一致。《孛经》中，佛陀认为，一个好的当政者应具备正见、慈悲、智慧、德行和健康的身体，“敬长爱少，孝顺奉善”，“探古达今，动静知时，刚柔得理”。《正法念处经》谓当政者应不贪财、不吝啬、不耽溺酒色、不嗜睡眠、不懒惰懈怠，安祥平和，“心善思惟”，不轻信人言，“恒常怀忍不怒”、“嗔喜不动”，具有平衡稳定的良好心理素质。好的当政者，应具备一个优秀的修道者尤其是菩萨行者的德性和心理素质，能以身作则，率导广大民众共趋正道。大乘《华严》等经中说，一个初地菩萨，才能做好率导亿万民众趋向正道，使国泰民安、世界和平的大国王。可以说：大乘菩萨行，乃

佛言精粹

不以见形相，
知人之善恶，
不应暂相见，
而与同心志。
有现身口密，
俗心不敛摄，
犹如鍮石铜，
涂以真金色。

《杂阿含经》卷四二第1148经

明者有四不用：邪伪之友，佞谄之臣，妖孽之妻，不孝之子。

《佛说孛经》卷一

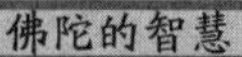

培养圣君明主或优秀领导人之道。

佛陀多次向人讲说过他理想中的人间社会。他以回忆宿世的方式说，在久远以前曾出现过那样的社会，在久远的将来还将出现那样的社会。理想人间的标志，是统一天下的“转轮圣王”出世，最佳的转轮圣王是具有自然所现金轮宝的金轮圣王。《长阿含·转轮圣王修行经》等经中，佛告诸比丘，过去久远世时，金轮圣王出世，“依法治化”，不用武力，自然太平，四方归伏，圣王乘其金轮宝巡视四方，见四方诸国，皆和平安乐，人民仁和慈孝，社会道德水平很高，人民的寿命长达八万岁。后来社会逐渐退化，私有财产、贫困、战争依次出现，十恶逐渐充满世间，人寿亦随之逐渐减短。人寿减至最短的极限十岁时，有毁灭性的“刀兵劫”发生，经过这番血腥的洗礼，人们开始改恶从善，随世风之好转，人寿亦渐增，增至八万岁时，有转轮圣王穰却及弥勒佛出世。到那时，转轮圣王“以正治国”，修十善行，诸人民亦修正见、行十善。这个世界人口众多，财宝丰饶，五谷丰贱，自然风光也变得十分美好：土地平正，没有尘秽坑坎荆棘，没有蚊蜂蝎蝇蚤蛇等毒虫，气候温和，雨量充沛，天空晴朗，凉风习习，到处泉水清澈，树木繁茂，花果丰盛，绿草冬夏常青，地生自然粳米，众味具足，有香树、衣树、庄严（化妆品）树、鬘树、器树、果树、乐器树，结出各种生活用品（大概是通过生物工程生产）。人没有疾病，寿命长达八万岁。

总之，那是一个物质生活极大丰富、自然条件极其美好，人民道德水平普遍提高、寿命绵永，政治清明、世界和平的理想人间。在佛陀看来，那样的人间才是合理的人间，真正的人间。佛陀对那种理想人间的实现满怀信心，确认它必定会来临。

实现理想人间，庄严人间、净化人间，而且“净佛国土”、“庄严一切世界”，令遍宇宙处处皆成为美丽庄严的净土乐园，令一切众生都永享极乐，所谓“庄严国土，利乐有情”，乃佛陀及其无数弟子们的最终理想。佛陀指出：理想人间、庄严国土，须靠众生自己去创造。创造的关键，唯在于心；净化世界，关键在净化自心，不仅净化自心，而且带动全体众生各自净化其心，所谓“随其心净则佛徒净”。庄严世界，关键在以福德、智慧、诸善等庄严自心，不仅庄

佛言精粹

奸邪、恶口人，
嫉妒、无反复，
此人不可疗，
智者之所弃。

《增一阿含经》卷二六

令彼一切人，
修行于十善，
率土常丰乐，
国土得安宁。

《金光明最胜王经·王法正论品》

严自心，而且带动全体众生各自庄严其心。佛陀的全部学说，即是以此为宗旨、为内容的“净化自心学”、“庄严世界学”。

降魔成道、转法轮、涅槃

《杂阿含经》第91经

如是我闻。一时，佛住舍卫国祇树给孤独园。时有年少婆罗门，名郁阇迦，来诣佛所，稽首佛足，退坐一面，白佛言："世尊，俗人在家当行几法，得现法安及现法乐？"

佛告婆罗门："有四法，俗人在家得现法安、现法乐。何等为四？谓方便具足、守护具足、善知识具足、正命具足。

何等为方便具足？谓善男子种种工巧业处以自营生，谓种田、商贾，或以王事，或以书疏算画，于彼彼工巧业处精勤修行，是名方便具足。[1]

何等为守护具足？谓善男子所有钱谷，方便所得，自手执作，如法而得，能极守护。不令王、贼、水、火劫夺，漂没令失。不善守护者亡失，不爱念者辄取，及诸灾患所坏。是名善男子善守护。

何等为善知识具足？若有善男子不落度、不放逸、不虚妄、不凶险，如是知识能善安慰，未生忧苦能令不生，已生忧苦能令开觉，未生喜乐能令速生，已生喜乐护令不失。是名善男子善知识具足。

云何为正命具足？谓善男子所有钱财出内称量，周圆掌护，不令多入少出也、多出少入也。如执秤者，少则增之，多则减之，知平而舍。如是，善男子称量财物，等入等出，莫令入多出少、出多入少。若善男子无有钱财而广散用，以此生活，人皆名为优昙钵果，无有种子，愚痴贪欲，不顾其后。或有善男子财物丰多不能食用，傍人皆言：是愚痴人如饿死狗。是故善男子所有钱财能自称量，等入等出。是名正命具足。

如是，婆罗门，四法成就，现法安、现法乐。"

婆罗门白佛言："世尊。在家之人有几法，能令后世安、后世乐？"

佛告婆罗门："在家之人有四法，能令后世安、后世乐。何等为四？谓信具足、戒具足、施具足、慧具足。

何等为信具足？谓善男子于如来所，得信敬心，建立信本。非诸天、魔、梵及余世人同法所坏。是名善男子信具足。

何等戒具足？谓善男子不杀生、不偷盗、不邪淫、不妄语、不饮酒。是名戒具足。

云何施具足？谓善男子离悭垢心，在于居家，行解脱施，常自手与，乐修行舍，等心行施。是名善男子施具足。

云何为慧具足？谓善男子苦圣谛如实知，习、灭、道圣谛如实知。是名善男子慧具足。

若善男子在家行此四法者，能得后世安、后世乐。尔时，世尊复说偈言：

"方便建诸业，积集能守护，
知识善男子，正命以自活。
净信戒具足，惠施离悭垢，
净除于速道，得后世安乐。
若处于居家，成就于八法，
审谛尊所说，等正觉所知。
现法得安隐，现法喜乐住，
后世喜乐住。"

佛说此经已，郁阇迦闻佛所说，欢喜随喜，作礼而去。

---

[1] 方便：梵语沤波耶（upaya）意译，一译善权、权巧施设，这里指谋生的技术、知识。

《长阿含经·善生经》

后秦佛陀耶舍译

如是我闻。一时，佛在罗阅祇耆阇崛山中，与大比丘众千二百五十人俱。尔时，世尊时到，着衣持钵，入城乞食。时，罗阅祇城内有长者子，名曰善生，清旦出城，诣园游观，初沐浴讫，举身皆湿，向诸方礼。东、西、南、北、上、下诸方，皆悉周遍。

尔时，世尊见长者善生诣园游观，初沐浴讫，举身皆湿，向诸方礼。世尊见已，即诣其所，告善生言："汝以何缘，清旦出城，于园林中，举身皆湿，向诸方礼？"

尔时，善生白佛言："我父临命终时，遗敕我言：汝欲礼者，当先礼东方、南方、西方、北方、上方、下方。我奉承父教，不敢违背。故澡浴讫，先叉手东面，向东方礼。南、西、北方，上、下诸方，皆悉周遍。"

尔时，世尊告善生曰："长者子！有此方名耳，非为不有。然我贤圣法中，非礼此六方以为恭敬。"

善生白佛言："唯，愿世尊善为我说贤圣法中礼六方法！"

佛告长者子："谛听。谛听！善思念之，当为汝说。"善生对曰："唯，然。愿乐欲闻。"

佛告善生："若长者、长者子，知四结业，不于四处而作恶行，又复能知六损财业，是谓善生，长者、长者子离四恶行，礼敬六方。今世亦善，后获善报。今世根基，后世根基。于现法中，智者所称，获世一果。身坏命终，生天善处。

善生，当知四结行者：一者杀生，二者盗窃，三者淫逸，四者妄语。是四结行。云何为四处？一者欲，二者恚，三者怖，四者痴。若长者、长者子于此四处而作恶者，则有损耗。"佛说是已，复作颂曰：

"欲、瞋及怖、痴，有此四法者，
名誉日损减，如月向于晦。"

佛告善生："若长者、长者子于此四处不为恶者，则有增益。"尔时世尊重作颂曰：

"于欲、恚、怖、痴，不为恶行者，
名誉日增广，如月向上满。"

佛告善生："六损财业者：一者耽湎于酒，二者博戏，[1]三者放荡，四者迷于伎乐，五者恶友相得，六者懈堕。是为六损财业。善生，若长者、长者子解知四结行，不于四处而为恶行，复知六损财业，是为善生，于四处得离、供养六方，今善后善。今世根基，后世根基。于现法中，智者所誉，获世一果。身坏命终，生天善处。"

"善生，当知饮酒有六失：一者失财，二者生病，三者斗诤，四者恶名流布，五者恚怒暴生，六者智慧日损。善生，若彼长者、长者子饮酒不已，其家产业日日损减。

善生，博戏有六失。云何为六？一者财产日耗，二者虽胜生怨，三者智者所责，四者人不敬信，五者为人疏外，六者生盗窃心。善生。是为博戏六失。若长者、长者子博戏不已，其家产业日日损减。

放荡有六失：一者不自护身，二者不护财货，三者不护子孙，四者常自惊惧，五者诸苦恶法常自缠身，六者喜生虚妄。是为放荡六失。若长者、长者子放荡不已，其家财产日日损减。

善生，迷于伎乐复有六失：一者求歌，二者

求舞，三者求琴瑟，四者波内卑，五者多罗盘，六者首呵那。[2]是为伎乐六失。若长者、长者子伎乐不已，其家财产日日损减。

恶友相得复有六失：一者方便生欺，二者好喜屏处，三者诱他家人，四者图谋他物，五者财利自向，六者好发他过。是为恶友六失。若长者、长者子习恶友不已，其家财产日日损减。

懈堕有六失：一者富乐不肯作务，二者贫穷不肯勤修，三者寒时不肯勤修，四者热时不肯勤修，五者时早不肯勤修，六者时晚不肯勤修。是为懈堕六失。若长者、长者子懈堕不已，其家财业日日损减。”佛说是已。复作颂曰：

“迷惑于酒者，还有酒伴党，
财产正集聚，随已复散尽，
饮酒无节度，常喜歌舞戏，
昼出游他家，因此自陷隧。
随恶友不改，诽谤出家人，
邪见世所嗤，行秽人所黜。
好恶着外色，但论胜负事，
亲要无返复，行秽人所黜。
为酒所荒迷，贫穷不自量，
轻财好奢用，破家致祸患。
掷博群饮酒，共伺他淫女，
翫习卑鄙行，如月向于晦。
行恶能受恶，与恶友同事，
今世及后世，终始无所获。
昼则好睡眠，夜觉多悕望，
独昏无善友，不能修家务。
朝夕不肯作，寒暑复懈堕，
所为事不究，亦复毁成功。
若不计寒暑，朝夕勤修务，
事业无不成，至终无忧患。”

佛告善生：“有四怨如亲，汝当觉知。何谓为四？一者畏伏，二者美言，三者敬顺，四者恶友。”佛告善生：“畏伏有四事，云何为四？一者先与后夺，二者与少望多，三者畏故强亲，四者为利故亲。是为畏伏四事。”佛告善生：“美言亲复有四事，云何为四？一者善恶斯顺，二者有难舍离，三者外有善来密止之，四者见有危事便排济之。是为美言亲四事。敬顺亲复有四事，云何为四？一者先诳，二者后诳，三者现诳，四者见有小过便加杖之。是为敬顺亲四事。恶友亲复有四事，云何为四？一者饮酒时为友，二者博戏时为友，三者淫逸时为友，四者歌舞时为友。是为恶友亲四事。”世尊说此已，复作颂曰：

“畏伏而强亲，美言亲亦尔，
敬顺虚诳亲，恶友为恶亲，
此亲不可恃，智者当觉知，
宜速远离之，如避于崄道。”

佛告善生：“有四亲可亲，多所饶益，为人救护。云何为四？一者止非，二者慈愍，三者利人，四者同事。是为四亲可亲，多所饶益，为人救护，当亲近之。善生。彼止非有四事，多所饶益，为人救护。云何为四？一者见人为恶则能遮止，二者示人正直，三者慈心愍念，四者示人天路。是为四止非，多所饶益，为人救护。复次，慈愍有四事：一者见利代喜，二者见恶代忧，三者称誉人德，四者见人说恶便能抑制。是为四慈愍，多所饶益，为人救护。利益有四，云何为四？一者护彼不令放逸，二者护彼放逸失财，三者护彼使不恐怖，四者屏相教诫。是为四利人，多所饶益，为人救护。同事有四，云何为四？一者为彼不惜身命，二者为彼不惜财宝，三者为彼济其恐怖，四者为彼屏相教诫。是为四同事，多所饶益，为人救护。”

世尊说是已，复作颂曰：

“制非防恶亲，慈愍在他亲，

利人益彼亲，同事齐己亲，

此亲乃可亲，智者所附近。

亲中无等亲，如慈母亲子，

若欲亲可亲，当亲坚固亲，

亲者戒具足，如火光照人。”

佛告善生:“当知六方。云何为六方？父母为东方，师长为南方，妻妇为西方，亲党为北方，僮仆为下方，沙门、婆罗门、诸高行者为上方。

善生，夫为人子，当以五事敬顺父母。云何为五？一者供奉能使无乏；二者凡有所为，先白父母；三者父母所为，恭顺不逆；四者父母正令，不敢违背；五者不断父母所为正业。善生，夫为人子，当以此五事敬顺父母。父母复以五事敬亲其子，云何为五？一者制子不听为恶，二者指授示其善处，三者慈爱入骨彻髓，四者为子求善婚娶，五者随时供给所须。善生，子于父母敬顺恭奉，则彼方安隐，无有忧畏。

善生，弟子敬奉师长，复有五事。云何为五？一者给侍所须，二者礼敬供养，三者尊重戴仰，四者师有教敕敬顺无违，五者从师闻法善持不忘。善生，夫为弟子当以此五法敬事师长。师长复以五事敬视弟子。云何为五？一者顺法调御，二者诲其未闻，三者随其所问令善解义，四者示其善友，五者尽以所知诲授不吝。善生。弟子于师长敬顺恭奉，则彼方安隐，无有忧畏。

善生，夫之敬妻，亦有五事。云何为五？一者相待以礼，二者威严不媟，三者衣食随时，四者庄严以时，五者委付家内。善生，夫以此五事敬待于妻。妻复以五事恭敬于夫。云何为五？一者先起，二者后坐，三者和言，四者敬顺，五者先意承旨。善生，是为夫之于妻敬待，如是则彼方安隐，无有忧畏。

善生，夫为人者，当以五事亲敬亲族。云何为五？一者给施，二者善言，三者利益，四者同利，五者不欺。善生。是为五事亲敬亲族。亲族亦以五事亲敬于人。云何为五？一者护放逸，二者护放逸失财，三者护恐怖者，四者屏相教诫，五者常相称叹。善生。如是敬视亲族，则彼方安隐，无有忧畏。

善生，主于僮使，以五事教授。云何为五？一者随能使役，二者饮食随时，三者赐劳随时，四者病与医药，五者纵其休假。善生。是为五事教授僮使。僮使复以五事奉事其主。云何为五？一者早起，二者为事周密，三者不与不取，四者作务以次，五者称扬主名。是为主待僮使，则彼方安隐，无有忧畏。

善生，檀越当以五事供奉沙门、婆罗门。[3]云何为五？一者身行慈，二者口行慈，三者意行慈，四者以时施，五者门不制止。善生，若檀越以此五事供奉沙门、婆罗门。沙门、婆罗门当复以六事而教授之。云何为六？一者防护不令为恶，二者指授善处，三者教怀善心，四者使未闻者闻，五者已闻能使善解，六者开示天路。善生，是檀越恭奉沙门、婆罗门，则彼方安隐，无有忧畏。”世尊说已，重说偈曰：

“父母为东方，师长名南方，

妻妇为西方，亲族为北方，

僮仆为下方，沙门为上方。

诸有长者子，礼敬于诸方，

敬顺不失时，死皆得生天。

惠施及软言，利人多所益，

同利等彼己，所有与人共，

此四多负荷，任重如车轮。

世间无此四，则无有孝养，

此法在世间，智者所撰择。

行则获大果，名称远流布。

严饰于床座，供设上饮食，

供给所当得，名称远流布。

亲旧不相遗，示以利益事，

上下常和同，于此得善誉。

先当习伎艺，然后获财业，

财业既已具，宜当自守护。

出财未至奢，当撰择前人，

欺诳抵突者，宁乞未举与。

积财从小起，如蜂集众花，

财宝日滋息，至终无损耗。

一食知止足，二修业勿怠，

三当先储积，以拟于空乏，

四耕田商贾，泽地而置牧，

五当起塔庙，六立僧房舍。

在家勤六业，善修勿失时，

如是修业者，则家无损减，

财宝日滋长，如海吞众流。”

尔时，善生白世尊言：“甚善！世尊。实过本望，踰我父教。能使覆者得仰，闭者得开，迷者得悟，冥室燃灯，有目得视，如来所说，亦复如是，以无数方便，开悟愚冥，现清白法。所以者何？佛为如来、至真、等正觉，故能开示，为世明导。今我皈依佛、皈依法、皈依僧。唯愿世尊听我于正法中为优婆塞，自今日始，尽形寿不杀、不盗、不淫、不欺、不饮酒。”

尔时，善生闻佛所说，欢喜奉行。

---

[1] 博戏：赌博。

[2] 波内卑：弄铃。多罗盘：鼓掌、拍掌合拍作乐。首呵那：大聚会。

[3] 檀越：梵语音译，意译施主，僧尼对向寺院布施者的称呼。

《佛说玉耶女经》

失译人名附西晋录

闻如是。一时，佛在舍卫国祇树给孤独园。尔时，长者给孤独为子取妇，得豪贵长者家女，端正无双，憍豪骜慢，不以妇礼承事姑嫜夫主。给孤独家议曰：其妇憍慢，当以何法而教训之？若以杖捶，非善法也。若无训教，其罪日增长者。唯佛大圣，善能教训。办供设斋食，明日请佛，佛即受请。

明日，佛来，将诸徒众。给孤独家尽出礼佛，玉耶不出。佛即放大光明，紫磨金色，照玉耶室内，佛现三十二相、八十种好。玉耶见佛光明相貌，即大惊怖，生畏惧心，便出礼佛。

佛告玉耶：“女人之法，不当以倚端正而生憍慢。形貌端正，非为端正，唯心行端正，人所爱敬，是为端正。不得以倚面貌端正憍慢自恣，后生卑贱，为人走使。”

佛告玉耶：“女人之法，有三障十恶，不自觉知。”

玉耶白佛：“何等三障十恶？”

佛告玉耶：“一者小时父母所障，二者出嫁夫主所障，三者老时儿子所障。是为三障。何等十恶？一者生时父母不喜，二者养育无味，三者常忧嫁娶失礼，四者处处畏人，五者与父母别离，六者倚他门户，七者怀妊甚难，八者产生时难，[1]九者常畏夫主，十者恒不得自在。是为十恶。”

玉耶闻佛说三障十恶，身心战悚，白佛言：

"唯愿世尊教我作妇之法！"

佛告玉耶："作妇之法，当有五等。何谓为五？一如母妇，二如臣妇，三如妹妇，四者婢妇，五者夫妇。何谓母妇？爱夫如子故，名母妇。何谓臣妇？事夫如君，故名臣妇。何谓妹妇？事夫如兄，故名妹妇。何谓婢妇？事夫如妾，故名婢妇。何谓夫妇？背亲向疏，永离所生，恩爱亲昵，同心异形，尊奉敬慎，无憍慢情。善事内外，家殷丰盈，待接宾客，称扬善名，最为夫妇之道。"

佛告玉耶："奉事姑嫜夫主，[2]亦有五善三恶。"

玉耶白佛："何等五善三恶？"

佛告玉耶言："一者晚眠早起，修治家事，所有美膳，莫自向口，先进姑嫜夫主。二者看视家物，莫令漏失。三者慎其口语，忍辱少瞋。四者矜庄诫慎，恒恐不及。五者一心恭孝姑嫜夫主，使有善名。亲族欢喜，为人所誉。是为五善。何者三恶？一者未冥早眠，日出不起，夫主诃瞋，反见嫌骂。二者好食自噉，恶食便与姑嫜夫主，奸色欺诈，妖邪万端。三者不念生活，游冶世间，道他好丑，求人长短，斗乱口舌，亲族憎嫉，为人所贱。是为三恶。"

玉耶闻佛说五善三恶，信敬欢喜，心生惭愧。白佛言："弟子愚痴，未见佛时，未闻法时，施自僭咎无量，及诸障碍，不自觉知。今复闻说，开悟意解。乃知先来所行为非。自今已去，改往修来，顺尊所说，不复敢违。唯愿圣尊。慈愍救济，听我忏悔，得除僭咎。受我五戒，得为弟子。"

佛言："善哉！玉耶，听汝忏悔，莫复更作。垂赐戒法，敬奉修行。"佛言："谛听！善思念之。"玉耶言："唯，然，世尊。愿乐受持。"

佛告玉耶："持一戒者，身手不杀，恩及群生。持二戒者，清净仁让不盗，减已济众。持三戒者，贞洁不淫，行无沾污。持四戒者，不得妄语，乃至戏笑。持五戒者，远酒不饮，不犯众恶。护持禁戒，如救头然。自观身形不得久住，危命如电速，如风过庭，少壮必衰，莫恃姿容。当勤精进，弃舍世荣，如菩萨法。汝今修行，可得至佛。佛道不可不学，经不可不听。吾今得佛，称善所致，大乘教无男无女，乐闻法者，随愿所得。"

玉耶白佛言："世尊。其善妇者，当得何荣？其恶妇者，当得何咎？"

佛告玉耶："其善妇者，现世荣誉，亲族敬念，受福生天，天上寿尽，还生世间王侯子孙，在所生处，一切尊敬。其恶妇者，是人憎嫉，无不厌患，欲令早死。命终当堕地狱、畜生、奴婢，展转其中，无有出期。"

玉耶闻说善恶妇法，心生畏惧。恳恻修行，即得道迹。[3]雕刻锦绣，作珠宝帐，悬缯幡盖，烧众名香，绕塔歌呗，声彻十方。见者随喜，稽首庙堂。[4]

阿难白佛言；"当何名此经？"佛言："此经名教化女人，名玉耶经。若女人得闻此经，受持读诵，如法修行，舍是女身，不得更受。"

说是经时，大众欢喜，作礼奉行。

---

[1]产生：生小孩。

[2]姑嫜：丈夫的母亲与父亲，即公婆、公公。

[3]得道迹：找到趋向正道的路线，即见道。

[4]随喜：随顺欢喜。庙堂，古代一般指朝廷，这里指佛。

《杂阿含经》第1232经

如是我闻。一时，佛再舍卫国祇树给孤独园。时波斯匿稽首佛足，[1]退坐一面，白佛言："世尊，此舍卫国有长者名摩诃男，多财巨富，藏积真金至百千亿，况复余财。世尊，摩诃男长者如是巨富，作如是食用：粗碎米，食豆羹，食腐败姜，着粗布衣，单皮革屣，乘羸败车，戴树叶盖。未曾闻其供养施与沙门、婆罗门，给恤贫苦、行路顿乏、诸乞丐者，闭门而食，莫令沙门、婆罗门，贫穷、行路、诸乞丐者见之。"

佛告曰波斯匿王："此非正士，得胜财利，[2]不自受用，不知供养父母、供给妻子、宗亲眷属，恤诸仆使，施与知识，[3]不知随时供诸沙门、婆罗门，种胜福田，崇向胜处，长安受乐，未来生天得胜财物，不知广用，收其大利。

大王，譬如旷野湖池聚水，无有受用洗浴、饮者，即于泽中煎熬消尽。如是，不善士夫得胜财物，乃至不广受用，收其大利，如彼池水。

大王没有善男子得胜财利，快乐受用，供养父母，供给妻子、宗亲眷属，给恤仆使，施诸知识，时时供养沙门婆罗门，种胜福田，崇向胜处，长安受乐，未来生天得胜钱财，能广受用，倍收大利。譬如大王聚落城郭边，有池水澄净清凉，树林荫覆，令人受乐，多众受用，乃至禽兽。如是，善男子得胜妙财，自供快乐，供养父母，乃至种胜福田，广收大利。"

尔时，世尊复说偈言：

"旷野湖池水，清凉极鲜洁，无有受用者，即于彼消尽。

如是胜妙财，恶士夫所得，不能自受用，亦不供恤彼，

徒自苦积聚，聚已而自丧。慧者得胜财，能自乐受用，

广施作功德，及与亲眷属，随所应给与，如牛王领众。

施与及受用，不失所应者，乘理而寿终，生天受福乐。"

佛说此经已，波斯匿王闻佛所说，欢喜随喜，作礼而去。

---

[1] 波斯匿：憍萨罗国国王，为佛弟子。

[2] 得胜财利：发大财。

[3] 知识：朋友、熟人。

礼敬佛座和菩提树

《法句经·吉祥品》[1]

佛尊过诸天，如来常现义。
有梵志道士，来问何吉祥。
于是佛愍伤，为说真有要：

“已信乐正法，是为最吉祥。
若不从天人，希望求侥幸，
亦不祷祠神，是为最吉祥。

友贤择善居，常先为福德，
敕身从真正，是为最吉祥。

去恶从就善，避酒知自节，
不淫于女色，是为最吉祥。

多闻如戒行，法、律精进学，[2]
修已无所争，是为最吉祥。

居孝事父母，治家养妻子，
不为空之行，是为最吉祥。

不慢不自大，知足念反复，
以时诵习经，是为最吉祥。

所闻常以忍，乐欲见沙门，
每讲辄听受，是为最吉祥。

持斋修梵行，常欲见贤圣，
依附明智者，是为最吉祥。

以信有道德，正意向无疑，
欲脱三恶道，是为最吉祥。

等心行布施，奉诸得道者，
亦敬诸天人，是为最吉祥。

常欲离贪欲，愚痴瞋恚意，
能习诚道见，是为最吉祥。

若以弃非务，能勤修道用，
常事于可事，是为最吉祥。

一切为天下，建立大慈意，
修仁安众生，是为最吉祥。

欲求吉祥福，当信敬于佛；
欲求吉祥福，当闻法句义；
欲求吉祥福，当供养众僧；
戒具清净者，是为最吉祥。

智者居世间，常习吉祥行，
自致成慧见，是为最吉祥。”

梵志闻佛教，心中大欢喜，
即前礼佛足，归命佛法众。

---

[1] 此经见于《经集·小品》，今译《大吉祥经》。又见于《小尼柯耶》（一译《小部》、《小诵》、《小阿含经》），名《吉祥经》。

[2] 法律：正法与戒律。

《杂阿含经》第929经

如是我闻：一时，佛住迦毗罗卫国尼拘律园中。尔时，释氏摩诃男来诣佛所，稽首佛足，退坐一面，白佛言："世尊，云何名优婆塞？"[1]

佛告摩诃男："优婆塞者，在家清白，乃至尽寿皈依三宝，为优婆塞，证知我！"

摩诃男白佛："世尊，云何为满足一切优婆塞事？"

佛告摩诃男："若优婆塞有信无戒，是则不具；当勤方便，具足净戒。具足信、戒而不施者，是则不具；以不具故，精勤方便，修习布施，令其具足满。信、戒、施满，不能随时往诣沙门，听受正法，是则不具；以不具故，精勤方便，随顺往诣塔寺，见诸沙门，不一心听受正法，是不具足。信、戒、施、闻修习满足，闻已不持，是不具足；以不具足故，精勤方便，随顺往诣沙门，专心听法。闻则能持，不能观察诸法深义，是不具足；以不具足故，精勤方便，信、戒、施、闻，闻则能持，持已，观察甚深妙义，而不随顺知法次法向，[2]是则不具；以不具故，精勤方便，信、戒、施、闻、受持、观察、了达深义，随顺行法次法向。摩诃男，是名满足一切种优婆塞事。"

摩诃男白佛："世尊，云何名优婆塞能自安慰，不安慰他？"

佛告摩诃男："若优婆塞能自立戒，不能令他立于正戒；自持净戒，不能令他持戒具足；自行布施，不能以施建立于他；自诣塔寺见诸沙门，不能劝他令诣塔寺往见沙门；自专听法，不能劝人乐听正法；闻法自持，不能令他受持正法；自能观察甚深妙义，不能劝人令观深义；自知深法，能随顺行法次法向，不能劝人令随顺行法次法向。摩诃男，如是八法成就者，是名优婆塞能自安慰，不安慰他。"

摩诃男白佛："世尊，优婆塞成就几法自安安他？"

佛告摩诃男："若优婆塞成就十六法者，是名优婆塞自安安他。何等为十六？摩诃男，若优婆塞具足正信，建立他人；自持净戒，亦以净戒建立他人；自行布施，教人布施；自诣塔寺见诸沙门，亦教他人往见沙门；自专听法，亦教人听；自受持法，教人受持；自观察义，教人观察；自知深义，随顺修行法次法向，亦复教人解了深义，随顺修行法次法向。摩诃男，如是十六法成就者，是名优婆塞能自安慰，亦安慰他人。"

"摩诃男，若优婆塞成就如是十六法者，彼诸大众悉诣其所，谓婆罗门众、刹利众、长者众、沙门众，于诸众中威德显曜，譬如日轮，初、中及后，光明显照。如是，优婆塞十六法成就者，初、中及后，威德显照。如是，摩诃男，若优婆塞十六法成就者，世间难得。"

佛说此经已，释氏摩诃男闻佛所说，欢喜随喜，即从座起，作礼而去。

---

[1] 优婆塞：受三皈依的佛教男居士。

[2] 法次法向：亦译"次于法向于法"、"法随法行"，依次第修证佛法，趋向涅槃。

佛陀涅槃

第八章

三学六度
——由人而佛的修证之道

佛陀虽然说法四十余年，滔滔不倦，但他并不是一个演说家、哲学家，而主要是一个指导众人沿他所开辟的道路修行、以求了脱生死的宗教导师。其所说法，大多数都是就修行实践而言，具体阐明了多种实修方法，即便是讲理论，也是用于指导实修，往往即是修行的诀要，而且其理论终源出于实修的体悟。精深的哲理与具体的操作方法紧密结合，形成了一个庞大的、严整的修证体系。佛陀反对人们将他的教法当作知识来装饰自己，强调“解行相应”（知行一致），将只知念诵佛经、有解无行者比喻为“说食数宝”，不能解决自身的饥渴贫乏问题。佛陀所示的修持之道，总摄于“三学六度”，详则有三十七道品、六度四摄等项目。

佛言精粹

即使他背诵了很多经典，然而并不依法实行，这怠惰的人有如牧童在数别人的牛，没得分享沙门生活的利益。

南传《法句经》第19偈

一、三十七道品

道品，又译“菩提分”、“觉支”、“助道法”，意为修证涅槃之道的有关课目。三十七道品，即趋向菩提觉海的三十七项修道内容，它乃佛陀在《阿含经》中多次讲述，是四谛中道谛的内容，为小乘、大乘共通的修行道。三十七道品基本上按修行渐次深入的次第而排列，其内容又可以互相涵摄。三十七法为四念处、四正勤、四如意足、五根、五力、七觉分、八正道。

四念处，又译“四念住”、“四意止”、“四止念”等，意谓四种止

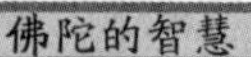

息烦恼妄念的方法。《杂阿含经》卷二四、《中阿含经》卷二四《念处经》等，佛称四念处为能净诸众生、令越忧悲苦恼的“一乘道”——意谓仅沿此一条路前进，便能到达涅槃之乡。四念处的内容，是以如实智，一一观察身、受、心、法，经中原文为：

观身如身，观受如受，观心如心，观法如法。

北传佛学将其内容总结为“观身不净，观受是苦，观心无常，观法无我”，依次对治众生净、乐、常、我之四种颠倒执着。汉译《念处经》中，佛陀指示四念处的具体观修法甚为详悉：

身念处者，不论行、住、坐、卧、眠、梦、语、默，皆专注觉照，“立念在身，有知有见，有明有达”，“观身如身”——对自身保持高度明觉（自我觉察），如实地观察自身。若生恶念，即时断灭，“以心治心”，息灭杂念，专心静坐，上下齿相着，舌抵上腭，自观出入息，了了自知每一呼吸之出入、长短、粗细，心渐入定，生喜生乐，乐遍全身，无处不遍。

次念光明遍照自身前后左右上下，昼夜不息。

次念自身、他身，观自他身“从头至足，现见种种不净充满”，身中各个部位，一一明见。

次观身中有地、水、火、风、空、识六界，明晰观见。

次想象尸体由青瘀肿胀至腐烂离散，观自身、他身，皆悉如是，终将腐臭散坏。如此观修，于肉身自生厌离，能断除对自他肉体的贪爱，超越欲界。

受念处者，“观受如受”，念念观察觉照自己心中所起乐、苦、不苦不乐的种种感受，了了自知，观苦受是苦，乐受、不苦不乐受无常故亦是苦；自己的种种觉受实质是苦，他人的种种觉受同样也是苦。如此专注观修，能厌离诸受，超越色界。

心念处者，“观心如心”，如实觉照观察自心，对心所起善念、恶念、贪念、瞋念、痴念、有念、无念等一切念，一一明了其生、住、异、灭，如实观照其无常、无实、无生。如是如实自观其心，亦如实观照他心。如此观修，能自知其心，自宰其心，照见自心之体性。

法念处者，“观法如法”，于内六处，如实观照，当眼耳鼻舌身意六处生起烦恼时，如实自知；未生烦恼时，如实自知；已生烦恼

佛言精粹

我于二法依止多住，云何为二？于诸善法未曾知足、于断未曾远离。于善法不知足故、于诸断法未曾远离故，乃至肌消肉尽、筋连骨立，终不舍离精勤方便，不舍善法，不得未得终不休息，未曾于劣心生欢喜，常乐增进，升上上道。如是精进住故，疾得阿耨多罗三藐三菩提。

《杂阿含经》卷三五第987经

而息灭不更生者，如实自知；于贪欲、瞋恚、睡眠、掉悔、疑“五盖”未生、已生、将生，一一如实自知；于智慧未生、已生、将生，一一如实自知；观身内外诸法一一非我，蕴中、蕴外，皆悉无我；自身无我，他身无我，诸法无我。如此观修，能明见法性，超越三界。

四念处虽然多列为初学佛者的必修课，但其实总摄了佛法的“如实正观”，利根者循此一道，便可以直趋涅槃。《念处经》佛言：若有比丘、比丘尼能于七年中立志正住四念处，乃至六年，乃至一月，甚至仅在七日七夜中一心精进，正住四念处，必得二果：或现法得究竟智，最下者亦能得第三阿那含果。即便能于须臾之间正往四念处，“彼朝行如是，暮必得升进，暮行如是，朝必得升进”。

四正勤，亦译“四正断”、“四正胜”、“四意断”、“四断”等，意为四种以精勤心断恶生善的法门。据《增一阿含经》卷十八，佛说四意断为：

一、未生恶法令不生，常欲令灭；

二、已生恶法令不生，常欲令灭；

三、未生善法令生；

四、已生善法令增长，不令忘失。

《杂阿含》卷三一第873经佛说四正断为：

一、“断断”，努力使已生之恶永断无遗，即于所生之恶断之又断；

二、“律仪断”，坚守戒律，于行住坐卧，念念谨慎防护，努力使未生之恶不生；

三、“随护断”，随缘护持无漏正道，努力使未生之善生起；

四、“修断”，精勤修治，努力使已生之善不断增长。

四正勤是鞭策自己精勤修行、对治懈怠放逸的法门，其实质是摄制自心令“不放逸”（不放纵懈怠）。《增一阿含经》卷一佛陀称不放逸行于三十七品道法中“最为第一，最尊最贵”。《杂阿含》卷三一第877经佛言：

> 譬如百草药木皆依于地而得生长，如是种种善法，皆依无放逸为本。

四如意足，亦译“四神足”、“四如意分”，意为引发神通的四种法门（神通之脚），为已得禅定者所修之法。据《长阿含·舍尼沙经》

佛言精粹

若比丘，去来威仪，常随正智，回顾视瞻、屈伸俯仰，执持衣钵，行住坐卧，眠觉语默，皆随正智住，是正智。

《杂阿含经》卷二四第622经

等，佛所说四神足为：

一、“欲定灭行成就修习神足”，发起想要成就神通的意欲；

二、“精进定灭行成就修习神足”，在禅定中精勤观修而不懈废；

三、“意定灭行成就修习神足”，在禅定中发起修得神通之意念；

四、“思惟定灭行成就修习神足”，在禅定中修如实观而获得神通。

这四种神足略称为欲、念、精进、观四如意足。《长阿含· 游行经》佛言，在禅定中精修四神足，可得神通、念力自在，“可得不死，(住寿)一劫有余”。佛陀虽然说修神通法，但只是作为一种锻炼心意的禅定，并不提倡修神通，经中记载了佛陀批评弟子轻易显神通的事，如宾头卢罗汉因为显示神通，被佛罚他长住人间。戒律严禁已得神通的僧尼在众人面前现神通. 以防世人误解佛教为咒术、幻术、魔术。

佛言精粹

盖屋不密，
天雨则漏；
人不惟行，
漏淫怒痴。
盖屋善密，
天雨不漏，
人能惟行，
无淫怒痴。

《增一阿含经》卷十八

五根，与眼耳鼻舌身五根不同，指“五无漏根”，谓五种能令无漏法生根、坚固不动者。据《杂阿含经》卷二六等载，佛陀所说五根为：

一信根，对佛、法、僧三宝生起坚定不移的信心，其信心不会被任何力量所破坏；

二精进根，勇猛修习佛法，特别是修习四正勤；

三念根，对正法念念不忘失，主要指精勤修习四念处；

四定根，系心修定，能深入四禅；

五慧根，深解四圣谛等正法，能在定中如法观修而得领悟。佛言：

此五根，慧为首，慧所摄持，譬如堂阁，栋为首，栋所摄持。

五力，由五根增长而产生的五种能自然维持修行、断除烦恼的力量：自然能虔信三宝，能破除一切邪信，名信力；自然能修习四正勤而不断止恶生善，名精进力；自然能勤修四念处而断灭恶念杂念，名念力；能深入正定而伏断烦恼，名定力；能领悟四谛之理，自生智慧，名慧力。若五根为因，则五力为果。

七觉支，亦译“七觉分”、“七菩提分”、“七觉意”等，意谓能使菩提智慧发生、增长、开展的七法，是在禅定中调心之法或由禅定所生的功德：

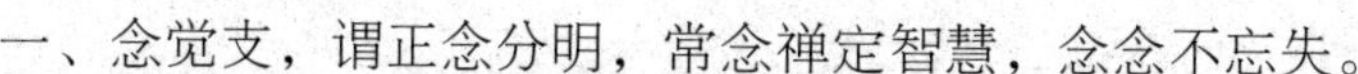

一、念觉支，谓正念分明，常念禅定智慧，念念不忘失。

二、择法觉支，以智慧抉择真伪邪正，选择正法，舍弃邪法。

三、精进觉支，勤修定慧，精进不懈。

四、喜觉支，由禅定而生起深心的喜悦。

五、轻安（亦作猗）觉支，由修习禅定而致身心轻快柔和。

六、定觉支，能深入正定而不散乱。

七、舍觉支，心无取舍，不执着一切，不偏颇，任何时候保持轻松、空灵、平衡的心境。

《杂阿含》卷二七第714经佛告比丘：七觉支的修习，要根据各人的根器和时机灵活运用。若修习者微劣心生，疑惑犹豫，此时应修择法、精进、喜三觉支，“譬如小火，欲令其燃，足以干薪”。若修行者生掉举动荡之心，应修轻安、定、舍三觉支，便能使其心专一而住，“譬如燃火，欲令其灭，足其樵炭，彼火则灭”。念觉支在任何时候修行，都有助益作用。

佛言精粹

如龟善方便，
以壳自藏六，
比丘习禅思，
善摄诸觉想，
其心无所依，
他莫能恐怖，
是则自隐密，
无能诽谤者。

《杂阿含经》卷二二第600经

八正道，亦译“八圣道”、“八支正道”、“八圣道分”等，谓八种趋向于涅槃的正道。一般说为四谛中第四道谛的具体内容，喻称“八道船”、“八筏”、“八轮”——运载众生抵达涅槃彼岸的船筏、车辆。据《中阿含·分别圣谛经》等，佛陀所说八正道的具体内容是：

（一）正见

正确的见解、世界观。谓由思考抉择，确认佛说四谛为真理，苦实是苦，集实为集，灭实有灭，道为正道，有善恶因果，有今世来世，有佛陀、阿罗汉等圣人确实超出生死，确信不疑，名为正见。此为修行其余一切正道的根本，《杂阿含经》卷二八第787经佛言：

> 正见者，能起正志、正语、正业、正命、正方便、正念、正定。

《本事经》卷二说正见生长时，能令愚痴损减、颠倒除灭、净法增长，令众生脱离恶趣，速证涅槃。同经卷五分正见为世间、出世间两种，世间正见主要指深信因果业报，出世间正见指了知四圣谛。

（二）正思惟

亦译正志、正分别、谛念等，经中常作“如理作意”，谓经常深思四谛等真理，牢记不忘，并对照自他的言行心思，时时观察思索，

力求使自己的言行心意符契佛法的真理。

（三）正语

正确的言语，即不作妄言、两舌、恶口、绮语等口恶，常作如实如理、文明礼貌之言。

（四）正业

正确的行为。即不作杀生、偷盗、邪淫等身恶，常作善业。

（五）正命

正确的生活。以正道求财，养家活命，不从事巫咒迷信、卖淫、屠宰、打猎、制假药、贩毒、造酒等恶业，不贪取无厌，不敲诈剥削，不挥霍浪费。出家者则乞食为生，如法获得戒律规定的衣食、用具等物品，不可从事经商、农垦、书画算计、行医、畜牧等俗务，不可依靠咒术、看相算命、占卜吉凶、交攀权贵豪富等手段生活，不可积蓄戒律不许可的物品。

佛言精粹

菩萨乘、缘觉乘、声闻乘，皆因四谛十二因缘，各自得道差别。

《菩萨本业璎珞经》卷二

（六）正精进

又译“正方便”、“正治”等。以顽强的毅力、积极的进取精神修习善法、正道，专注不舍，精勤不息，勇猛不懈。

（七）正念

念念不忘四谛等正法，任何时处勤修四念处，以智慧观察身、受、心、法，念念不舍，令自心与真理相契合。

（八）正定

由勤修四念处等法，止息杂念乱想，摄心修习禅定，次第入初二三四禅及空、无相、无作三种三昧，心如明镜止水，湛然不动，智慧朗照，为正定。

八正道及四念处等三十七道品，皆可总摄于“三无漏学”（“三学”）：

一、增上戒学。持守佛教戒律，自觉按戒条约束自己的言行，诸恶不作，众善奉行。所谓戒，梵语曰尸罗，意在“防非止恶”，居家者持五戒——不杀、不盗、不邪淫、不妄语、不饮酒，还可受八关斋戒（一日一夜持出家沙弥戒）。出家者有沙弥戒、沙弥尼戒、比丘戒、比丘尼戒。《杂阿含》卷二九第817经佛解释说：

何等为增上戒学？若比丘住于戒波罗提木叉律仪，威仪行

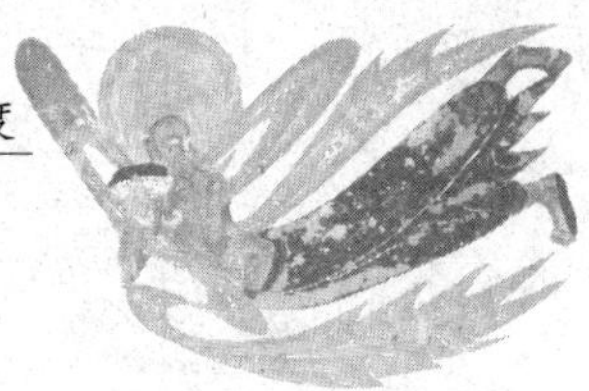

处具足，[1]见微细罪则生怖畏，受持学戒。

诸戒的言行规范，皆以离十恶、行十善为本。戒又分为二种：一者性戒，谓不杀、盗、淫、妄语等，不论受戒与否，违犯皆须受恶报；二“遮戒”，为防止违犯性戒而人为制定的戒条，如不饮酒。或分出家戒为性戒、息世讥嫌戒二种，后者是为了避免世人的讥讽非议，维持僧团威望而制定的生活方式（如不贩卖养殖等）及行为（威仪）方面的种种规范。

二、增上心学，亦作“增上定学”、“增上意学”。修习四禅八定等以锻炼心的专注力。《杂阿含》卷二九第817经佛解释说：

何等为增上意学？若比丘离欲恶不善法，乃至第四禅具足住。

定学的内容为证入初禅乃至四禅的正定。修定的门径，《阿含经》中佛所说者，有安般（专注呼吸）、不净观、四无量心观（四梵住）、十遍一切处、十六特胜法、六念（念佛、念法、念圣僧、念施、念戒、念天）、六想（死想、无常想、苦想、无我想、观食想、一切世间不可乐想）、十想等多种，南传佛教归纳为四十法，称“四十业处”。实际修习以由修安般（数息观）及不净观二门者最多，北传佛教谓之“二甘露门”（两道长生不死之门）。《阿含经》中，佛陀对习禅渐次入四禅八定的境界，有详悉的描述，属于《杂阿含》的《治禅病秘要法》，叙述佛所说对治禅定修习中出现的各种身心问题的方法。

三、增上慧学。修学四谛、十二因缘、三法印等，理解领悟，并用以指导修持，证得四谛。《杂阿含》第817经佛解释：

是比丘此苦圣谛如实知，集、灭、道圣谛如实知，是名增上慧学。

《本事经》卷三说慧学所修为世间、出世间两种智，如实了知五蕴、十二处、十八界，为世间智，亦称“法住智”；出世间智者：

谓于一切蕴、处、界中，能正了知：如是诸法是无常性、苦性、病性、臃性、箭性、恼性、害性、怖性、热性、增性、灭性、灾性、横性、有疫疠性、虚性、伪性、空性、妄性、无实我性、难保信性。于如是等诸法性中，如实了知，智见通慧，现观等觉，周遍等了，名出世智。

佛言精粹

比丘于地想能伏地想，于水火风想。无量空入处想、识入处想、无所有入处想、非想非非想入处想，此世、他世、日月、见闻觉识，若得若求，悉伏彼想。跋迦利，比丘如是禅者，不依地水火风，乃至不依觉观而修禅。

《杂阿含经》卷三三第926经

[1]波罗提木叉：别解脱戒，戒律中与解脱有关的内容。威仪：行住坐卧应遵守的法则。

此智亦称“涅槃智”。或说慧学所修依次为三慧：听闻、研读佛法，了知佛法的内容，名“闻慧”；深入思考，理解、解悟佛法之理，名“思慧”；依法修行，得到切实的体会乃至证得佛法出世间的智慧，名“修慧”。由闻而思，由思而修，由修而证，是学佛的通途。《本事经》卷六佛言：

勤修增上慧，住慧住所学，能尽一切结，定证无生果。

三学不唐捐，[1]必证第一义，故尊重三学，达法性无碍。

八正道中，正语、正业、正命三者可摄于戒学，正念、正定、正精进三者可摄于定学，正见、正思惟可摄于慧学。

佛言精粹

有戒则有慧，有慧则有戒；戒能净慧，慧能净戒。……如人洗手，左右相须。

《长阿含经》卷十五

戒定慧三学，为一互相联系的阶梯结构。戒为定基，由定生慧。《杂阿含》卷二二第599经佛偈云：

持戒明智慧，自修习正受，正直心系念，炽热忧悉灭，得平等智慧。

说明持戒为修学定、慧的基础，有慧为修定（正受）证得平等慧的前提。此偈首句今译“住戒有慧人，修习心与慧”，前一“慧”字，指理解法，属闻思慧、正见；后一“慧”字，为实证真如的修慧。三学之中，堪以契证真如、永断烦恼者，只有修第三慧学所证得的修慧，所谓“以智慧断烦恼”，非依戒、定。戒律与禅定，属世间法，只是证得智慧的必具条件。《增一阿含经·马血天子问八政品》佛言：

戒律之法者世俗常数，三昧成就者亦是世俗常数，神足飞行者亦是世俗常数，智慧成就者此是第一义。

强调只有以无常、无我等如实智慧深观自心，证见无常无我之真如，才堪以断灭烦恼，超出世间，永离生死。定慧二学的修习，称为止观，止，梵语奢摩他，观，梵语毗婆舍那，禅定（意译“静虑”）的修持，为止观、定慧的结合，须以智慧、正见为指导，《本事经》卷四佛强调说：

静虑慧为因，慧必由静虑。有静虑有慧，速证于涅槃。

百千哑羊僧，无慧修静虑，设经百千岁，无一得涅槃。

勤修智慧人，乐听法说法，敛念须臾顷，能速证涅槃。

佛陀教导徒众修行，多采用渐次引导、由浅入深、解行相应的方法。《中阿含》卷八《阿修罗经》佛称其法如大海水，“渐作渐学，渐

[1]唐捐：古代俗语，意为白费。

尽渐教”。同经卷十《食经》佛所说修行的次第为：正信（三皈依）、听法、亲近善知识、防护诸根、三妙行（持戒）、修四念处、具七觉支，达明解脱。同经卷二《七车经》以乘七种车子抵达目的地为比喻，说明修行的进程为戒清净、心（定）清净、见清净、度疑清净、道非道智见清净、行道智见清净、智见清净七种清净。《杂阿含》卷十六第438经佛将对四谛的证悟，比喻为历四台阶升入殿堂，“若有说言不登初阶而登第二第三第四阶升堂殿者，无有是处”。同经卷十四第347经佛言，应“先知法住，后知涅槃”——即先修学世间因果之理，后学涅槃寂灭之道。

三十七道品的修学，一般从四念处入手，循序渐进。但也有利根者，不须循戒定慧的阶渐，而由直观因缘法、诸法无我，便可快速见道证果，乃至如舍利弗、目犍连等，不用观修，仅闻佛所说缘起法，便当下证悟。《甄叔迦经》佛言：得道有种种因缘，未必人人皆须依四谛、三十七道品的渐次逐级修学，只要：

总观无我一行亦得，若能明见身心无我，便是见道。

佛言精粹

譬如利剑害，
亦如头火燃，
断除于后身，
正念求远离。

《杂阿含经》卷二十二第586经

二、出家僧尼的修道生活

佛陀四十余年说法教化，特别是指示修行之道，大半是为出家僧尼而说。其所说法，皆悉由出家比丘所记诵结集。出家僧尼尤男性比丘众，历来被奉为弘扬佛教的核心、干城，甚而被视作佛教的代表，向有“出家众住持佛法，在家众护持佛法”之说。佛教之出家，由佛陀所示范，是一种修行方式，僧尼则是一种追求了生脱死的专业修道者。

出家修道，本是当时印度各宗教中都盛行的风气，非佛陀所独创。婆罗门教早就有婆罗门男子中年以后出家修道的制度。出家，是为了摒绝男女恩爱、家国俗事的干扰，脱卸一切社会负担，专心致志修习瑜伽、禅定、苦行等，以期进入涅槃。在多种佛经中，佛陀对出家离俗给予了高度的赞叹。如《出曜经》卷十八佛谓少壮出家学佛“是照世间，如月云消”。《出家功德经》佛言：

譬四天下满中罗汉，百岁供养，不如有人为涅槃故，一日一

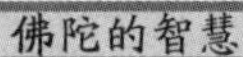

夜出家受戒。

说居家如牢狱、如火坑、如虎口，多有系缚、障碍、恶缘。《大宝积经》卷八二《郁伽长者会》列举在家多尘污、具缚、多垢等过患凡99种。从戒定慧三学的修证体系来看，出家学佛，无疑较居家学佛具有优越得多的条件。

出家僧尼跳出万丈红尘，投入僧团集体，过着一种与居家白衣（俗人）截然不同的生活。他们放弃私有财产，割断男女亲眷恩爱，不事王侯，不求官禄，不事生产，不积财物，把自己变成穷得只有最低限度的随身生活必需品——“三衣一钵”的“贫僧”，不持金钱，云游山林村镇，托钵乞食，以疗“饥疮”，过午不食，禁绝性欲。《杂阿含》卷三二第911经佛告比丘：

> 汝等从今日，须木索木，须草索草，须车索车，须作人（仆役）索作人，慎勿为已受取金银种种宝物！

《中阿含经》卷三六《象迹喻经》佛教导比丘应该过这样的修道生活：

> 衣取覆形，食取充躯，随所游至，与衣钵俱，行无顾恋，犹如鹰鸟与两翅俱，飞翔空中。

比丘（bhiksu）的梵、巴文原意，即是“乞士”。这是一种为专志求道而舍弃世间荣乐的特殊乞士。尽管佛陀倡导舍离苦乐二端而行于中道，但这要舍弃的苦之极端，也只是耆那教等赤身裸体、自晒自戕、食猪狗食一类的苦行而已。从俗人的眼光看来，佛教僧尼，乃不折不扣的禁欲主义者、苦行僧。僧尼的生活方式，本身便意味着对世俗最基本的物质生活、伦理生活价值的否定。正如印顺法师《佛法概论》所说：“出家的真义，即为否定固有社会的价值。”只要能自觉（而非被逼迫）走出家门，剃头染衣，按戒条规定过起正规的僧尼生活，便是一种足以让白衣们心服口服的修行，不是常人所能轻易做得到的事。中国和尚说：“出家乃大丈夫事，非帝王将相所能为。”

佛陀所示僧尼修行法要中，反复强调、最为首要的是持戒，戒被称为“正顺解脱之本”、“佛法寿（生命）”、比丘之头、定慧之基，乃保证佛法永传不衰、僧团永久纯正的关键。戒的梵文尸罗（Sila），意

佛言精粹

信能渡诸流，
不放逸度海，
精进能除苦，
智慧得清净。

《杂阿含经》卷二二第601经

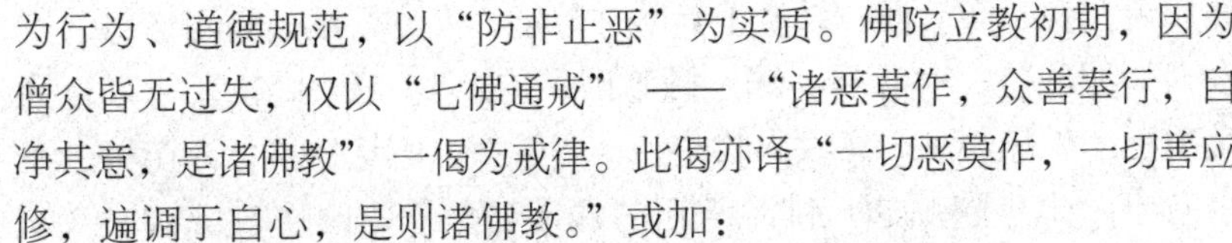

为行为、道德规范，以“防非止恶”为实质。佛陀立教初期，因为僧众皆无过失，仅以“七佛通戒”——“诸恶莫作，众善奉行，自净其意，是诸佛教”一偈为戒律。此偈亦译“一切恶莫作，一切善应修，遍调于自心，是则诸佛教。”或加：

护身为善哉，能护语亦善，护意为善哉，尽护最为善。

苾蒭护一切，能解脱众苦。善护于口言，亦善护于意，身不作诸恶，常净三种业。是则能随顺，大仙所行道。

称为“释迦如来等正觉戒经”，诸部戒律皆置于卷首。佛成道第十三年以后，因僧团中发生行为、道德、风纪方面的问题，弟子请教于佛陀，佛随事而制戒条，众弟子依教奉行，逐渐积累起来，加以整理，便有了沙弥、沙弥尼十戒，及比丘、比丘尼戒一百五十条，后来比丘戒增至二百五十戒，比丘尼戒增至三百四十八戒。诸戒的内容，无非是约束身、口、意三业，将行、住、坐、卧一一规范化，制止被认为属恶的、不正确的行为、语言乃至意念。最重要的戒条是制止淫欲（性行为）、杀生（杀人）、偷盗、妄语（未得谓得），称“四根本戒”（“四波罗夷”），违犯其中一条，便失去了僧尼的起码资格。与在家居士戒相比，僧尼戒特列淫戒为首，此外还有许多禁止性行为的详细规定。律（毗奈耶）则是僧尼集体生活必须遵守的纪律，有“三千威仪、八万细行”之说。从总体来看，僧尼戒的实质，是禁止有碍于解脱的以淫欲为首的各种人欲，通过对日常言行的自我管理，净化自心，其中最重要的部分因称“别解脱”、“顺解脱”（“波罗提木叉”）戒。佛陀谆谆规诫僧众，要像护措生命一样护措禁戒，恪守不犯。《中阿含·罗云经》佛教诫比丘：

宁啖铁丸，其热如火，不以犯戒，受世信施！

将破戒比喻如截断树根，茎干枝叶花果皆不得成，若有犯戒，便损害解脱涅槃，令道业不得成就。所谓“毁戒比丘，一切善法，皆悉破坏”。《正法念处经》卷五十偈云：

若受持戒者，则可名为人，
一切破戒者，则如狗不异。

保证持戒清净，不被烦恼系缚的诀要，是佛所说的“守护根门”——在日常生活中，念念守护烦恼惑业生起的门户、根本——眼、耳、

佛言精粹

常逼迫众生，
受生极短寿，
当勤修精进，
犹如救头燃！
勿得须臾懈，
令死魔忽至。

《杂阿含经》卷三九第1083经

头衣烧燃尚可暂忘，
无常盛火当尽断！

《杂阿含经》卷七第182经

鼻、舌、身、意六根，就像卫兵防守阵地，高度警惕，毫不懈怠，不令人间那些色、声、香、味、触等诱人的六尘、“六魔钩”侵入，扰乱内心，生起烦恼。像牧人牧牛，小心管束，不让牛群食人苗稼，不令心于六尘生起烦恼。佛陀常用“藏六如龟”的比喻教诫僧尼守护根门：要像那善于保护自己的乌龟，常把头、尾、四肢六样东西收缩进坚固的壳内，以防被野狐等恶兽伺机伤害，常把自己的眼耳鼻舌等六根收藏在内，不追逐外境，才不会对境生心，起惑造业。一个僧尼因乞食等走入人众中时，须端心正意，注意外表及内心的“威仪”，目不邪视，耳不妄听，一心念法念佛。若遇女色、美食、妙音、异香等可爱诱人之物，须以无常、无我、不净等正见和智慧，如实正观，守摄自心不受诱惑，如大石山不被猛风所吹动。《增一阿含经》卷四八佛教导比丘：

> 宁常眠寐，不于觉寤中思惟乱想；
>
> 宁以火烧铁锥而烙于眼，不以观色兴起乱想；
>
> 宁以利锥刺坏其耳，不以听声兴起乱想。

按诸《阿含经》的记载，佛陀多次教诫僧众：僧尼的正业，是“一禅二诵”，禅谓坐禅入定，诵谓讲论佛法、诵习佛典。《长阿含》卷十八《世记经》佛言：

> 出家修道，诸所应作凡有二业：一曰贤圣讲法，二曰贤圣默然。

贤圣默然，谓各自坐禅习定，进入二禅以上的寂静、安乐心境。比丘们用过斋饭后，在食堂闲谈，议论宿命、神通、天地成坏因由、众生国土好坏，及衣食、男女、政治等人间俗事，皆被佛陀批评，斥为不务正业。出家的专业即是修道，应“少事少务”（《僧祇律》），“一心行道”（《佛藏经》），精修定慧，以期了脱生死。《三千威仪经》中，佛陀所示出家人的正业，除坐禅、诵经之外，还增加了一项“劝化”，即弘法传教，教化世人，劝导其信佛修善。《四分律》卷三五佛教比丘：

> 汝当善受教法，应当劝化、作福、治塔，供养佛法僧众。……应学问、诵经，勤求方便，于佛法中得……阿罗汉果。

按诸经所载佛陀的言传身教，一个合格的出家僧尼，其修道生

佛言精粹

一切诸苦树，
放逸为根本，
是故欲离苦，
应当舍放逸。

《正法念处经》卷五七

不放逸不死，
放逸是死处。
不放逸不死，
放逸常生死。

《正法念处经》卷二五

活应是极为清苦、严谨、精进的。他们摒绝了世间声色犬马、吃喝玩耍、天伦之乐等各种人生享受，“衣取覆形，食取充躯”（《中阿含》卷七），不得欣赏女色及与女人戏笑，不得饮酒，不得用华鬘脂粉香水等打扮修饰，不得观听歌舞。行住坐卧、待人接物，一举一动，皆须检省，符合戒律规范。凡起心动念，皆须省察，不令烦恼生起，起则除灭。《中阿含·象迹喻经》佛教诫比丘，应“独住远离，在无事处，或至树下空安靖处，山岩石室、露地穰积，或至林中，或在冢间”，结跏趺坐，收摄自心，断除瞋恚、睡眠、掉悔、贪欲、疑等“五盖”，调和身、心、息，依次深入初、二、三、四禅，在湛寂心中以无常无我之智慧观照，证得空、无相、无作三种三昧，入空、无相、无作“三解脱门”，直至证入涅槃。除早、午两顿斋饭时间外，其余时间，包括初夜、后夜，皆须精进修行，坐禅、诵经、经行念道，只有中夜（约当子时）才可有两三个小时的睡眠。睡时应右胁而卧，二足相叠，观想光明，作意稍息即起，后夜速起，或经行或坐禅。

对于特别精进的僧尼，佛陀教导他们修“头陀”行。头陀（dhuta），意为抖擞，谓振奋精神勤苦修行。按《增一阿含经》卷四五，头陀行有十一法：一住阿练若（远离尘嚣的僻静之处），二常行乞食，三一处坐，四一时食，五正中（中午）食，六不择人家而乞食，七守三衣，八坐树下，九露坐闲静之处，十着补衲衣（用从垃圾堆中拉来的破布缝缀而成），十一冢间坐。经称佛言：

> 若有人十一年中学此法，即于现身成阿那含，转身便成阿罗汉。

乃至能于九至一年修法，即身便能证得三果至阿罗汉果，能于一月之中修此法，必成三果乃至阿罗汉果。“所以然者，十二因缘皆出十一法中。”《十二头陀经》中，说头陀行有十二事：

> 一者在阿练若处，二者常行乞食，三者次第乞食，四者受一食法，五者节量食，六者中后不得饮浆，七者着弊衲衣，八者但三衣，九者冢间往，十者树下止，十一者露地坐，十二者但坐不卧。

节量食的具体规定，是每餐所食不超过一抟食，大略有五口。

出家僧尼尤头陀行者的生活方式，在俗人们看来清苦难以忍受，

佛言精粹

牧牛不放逸，
其主获其福，
六牛六年中，
展转六十牛。
比丘戒成就，
于禅得自在，
六根而寂然，
六年成六通。

《增一阿含经》卷四六

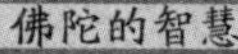

但若能放下一切社会、心理负担，依法勤修戒定慧，证入初禅以上的定境，超越有饮食男女睡眠之需要的欲界，则自然安于、乐于这种生活，并非难事。佛陀弟子中，男女罗汉们所作的几百首《长老偈》、《长老尼偈》，用质朴的偈颂表达了他们所获得的解脱之乐、山林之乐、禅定之乐、法喜之乐。在他们看来，俗人们竞逐声色财利、充满刺激的生活，才是苦不堪言、难以忍受的，如《杂阿含》卷十三第321经佛偈所言：

> 贤圣见苦者，世间以为乐；
> 世间之所苦，于圣则为乐。

三、大乘菩萨道

三学、三十七道品，一般被认为属小乘（声闻乘、缘觉乘）修行道，大乘别有其严整的修证体系。大乘，梵语摩诃衍（Mahayana），亦名“菩萨乘”、“佛乘”，以修菩萨行获证佛果为内容。与亟求个人解脱、修行重在内向净化自心的小乘相比，大乘着眼于法界众生，其修持以在众生中、社会活动中带动广大众生共趋佛道为特色，其胸怀、宗旨、果位较小乘广大，故名大乘。大乘无疑是佛陀在《阿含经》中所说法的深化、广化或进一步的发展，也是《阿含经》所多次提到的，南传佛教讲大乘最明白者为《佛种姓经》，此经乃佛成道后第一次回乡省亲时，为其亲眷所说，通过往昔须弥陀菩萨（即释迦牟尼前身）发心、出家、修行、得燃灯佛授记、修菩萨道的追述，说明如何修大乘道而成佛。

大乘道的修持，以“发菩提心”为前提，为动力。菩提心，一译“道意”，具云“阿耨多罗三藐三菩提心”——即追求无上菩提（佛果），获得最极圆满的觉悟之意愿、誓愿，它被强调为修学大乘道的根本，成佛的种子。菩提心以尽度一切众生皆入无余涅槃为内容，后人以“上求佛道，下度众生”八个字概括其大意。《金刚经》佛言：

> 发阿耨多罗王藐三菩提自心者，当生如是心：我应灭度一切众生，灭度一切众生已，而无有一众生实灭度者。

灭度，即令其入无余涅槃而度过生死大海。菩提心的内容，又被

佛言精粹

一者如佛菩萨发菩提心；二者正法将灭，为护持故，发菩提心；三者见诸众生众苦所逼，起大悲念，发菩提心。

《如来智印经》

在家之人发菩提心时，从四天王天乃至阿吒尼迦诸天，皆大惊喜，作如是言：我今已得人天之师！

《优婆塞戒经》卷一

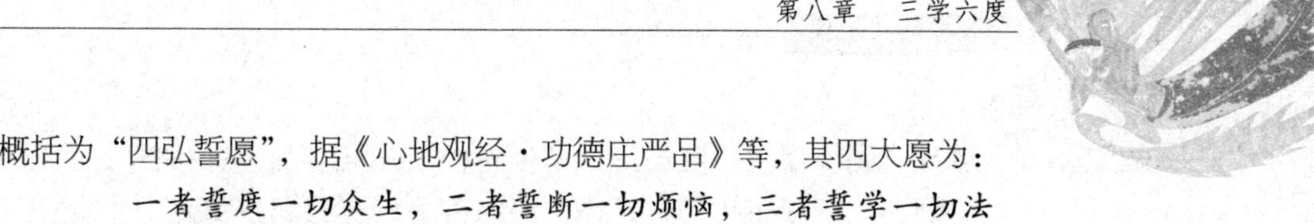

概括为“四弘誓愿”，据《心地观经·功德庄严品》等，其四大愿为：

一者誓度一切众生，二者誓断一切烦恼，三者誓学一切法门，四者誓证一切佛果。

《胜义谛品经》说初学菩萨应发十愿：愿度一切众生、愿离一切烦恼、愿除灭相续习气、愿于一切佛法了无疑惑、愿救助众生之一切苦、愿救众生离三途八难、愿皈依侍奉一切诸佛、愿学一切菩萨戒行、愿升空示现无量佛事、愿击大法鼓震动一切佛刹。又，修行菩萨应发十大愿：愿为众生长住世间、愿侍奉供养一切佛、愿令一切众生住于普贤行愿、愿积集一切戒行功德、愿普修六度、愿满足菩提戒行、愿庄严一切佛土、愿生于十方佛国、愿深求开解一切佛法、愿于诸佛土成等正觉。当代中国佛教界常用“利乐有情，庄严国土”八个字来概括佛教的宗旨亦即菩提心的内容，利乐有情、普度众生、庄严国土或庄严佛土，是《华严经》等多种大乘经中经常能见到的话语。

菩提心须深入观察众生诸苦、众生恩德、诸佛功德、自心佛性等而不断发起，守护增广，有具体的观修方法。《理趣六波罗蜜经·发菩提心品》佛言，应以五种心发起菩提心：

一者于诸有情善发平等大慈悲心；二者于一切种智心不退转；三者于诸有情起亲友想，于险难中誓当救护；四者常于有情起负债想；五者恒怀惭愧：何时偿毕？

发菩提心，要在以深切的慈悲心遍观全宇宙一切流转于生死中的无量众生，视一一众生皆为亲友、恩人，对其痛苦愚痴感同身受，发起誓愿济度之心，不考虑自身，而唯以利益、救度众生为念。所谓“自未得度，先度人者，菩萨发心”（《楞严经》卷二）。坚决发起菩提心，誓愿为此崇高目标作不懈的奋斗者，称为“菩萨”——梵语曰“菩提萨埵”，即志求无上菩提的众生、“大心众生”。菩提心又须与般若智慧相应，虽然誓欲度众生、证佛果，而于众生、所行道、佛果、所发心皆悉观空，无有执着。《华手经》卷七佛言：

发菩提心，应当观察是心空相。

已发菩提心的菩萨所修的“菩萨行”或“菩萨道”，主要为“六度四摄”共十项主要内容。六度之“度”，梵语曰波罗蜜多（Paramita），

佛言精粹

弥勒菩萨经三十劫应当作佛至真等觉，我以精进力勇猛之心，使弥勒在后。过去恒沙多萨阿竭阿罗呵三耶三佛，* 皆由勇猛而得成佛。

《增一阿含经》卷十一

乃至梦中，尚不忘失菩提之心，何况觉时。

《胜天王般若经》卷二

* 多萨阿竭阿罗呵三耶三佛：“多陀阿伽陀阿罗呵三藐三佛陀”略称，意译“如来应供正遍知”，佛的尊号。

意译“到彼岸”、“度彼岸”、“度无极”，即达到最终目的地，具体指达到涅槃。南传《佛种姓经》等说菩萨只有圆满波罗蜜，才能成佛，其所举波罗蜜为十种：布施、持戒、出离、智慧（般若）、忍辱、真实、决意、慈、舍。《增一阿含经·序品》所说六度，与大乘经菩萨六度全同。六度，即六种达到涅槃彼岸的途径：布施度、持戒度、忍度、精进度、禅定度、般若（智慧）度。六度中的持戒、禅定、智慧三度，与小乘三学的戒、定、慧三学相当，布施、忍、精进三度，也是《阿含经》中多次宣说的修行内容。

佛言精粹

遍学诸道，得入菩萨位。

《摩诃般若经·遍学品》

六波罗蜜，应具足修，执一非余，是为魔业。

《大方广总持经》

大乘六度与小乘三学及施、忍、进等的区别，是大乘六度皆以与真如相应的般若智慧即第六慧度为指导，每一度的修行，都须出以空无所得的智慧心，不执着能修所修，所谓“三轮体空”。《摩诃般若经》中，佛陀将般若度比喻为头，其余五度比喻为足，或般若度为目，其余五度为足，只有以般若智慧为导首，与般若相契合，才能称作波罗蜜，才堪以度到涅槃彼岸。

布施度，梵语曰檀那波罗蜜，谓以自己所有的财物、技术、知识、眷属乃至身命施舍给予需求者、求索者，毫不吝惜。分财物布施、身命布施、无畏布施（给予别人安全）、法（真理、知识、技术）布施四种。《大宝积经·优波离会》佛说在家菩萨应修财、法二施，出家菩萨应修笔、墨、经本、说法四种布施，无生法忍菩萨应修王位、妻子、头目肢体三种布施。[1]《金刚经》中佛强调：应不住色声香味触法等相而行布施。《大般若经》卷七五佛言：

> 布施时我不可得，不见受者，施物不可得，亦不望报，是名菩萨摩诃萨三分清净檀波罗蜜……布施时与一切众生，众生亦不可得，以此布施，回向阿耨多罗三藐三菩提，乃至不见微细法相……是名出世间檀波罗蜜。

持戒度，梵语曰尸罗波罗蜜。谓以无相无住的心，严持诸戒。所持之戒，除共二乘的各种戒之外，还有大乘特有的菩萨戒，《般若经》说菩萨持诸戒，不但戒身语二业不作恶，而且戒及微细的起心动念；二乘戒只是保证“尽形寿”即终生受持，菩萨戒则自愿尽未来际受持。依《解深密经》，菩萨戒的内容分为三大类：一摄律仪戒，即在家五戒、沙弥戒、比丘戒等，以止恶不犯为内容，菩萨亦戒之；二

[1]无生法忍菩萨：一般说为初地或七地以上的大菩萨。无生法忍，谓安住于诸法本来无生的空性中而不动摇。

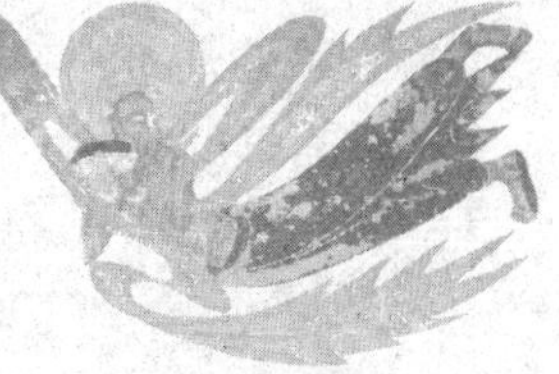

摄善法戒，如护生、放生等，以力行诸善为内容；三饶益有情戒，以积极地利益众生为内容。《菩萨璎珞本业经》等列菩萨十重戒为：不杀、不盗、不邪淫、不妄语、不沽（卖）酒、不说佛弟子过错、不自赞毁他、不悭惜法、接受别人悔过、不毁谤三宝。各种戒在持守时皆须与般若相应，如《大般若经》卷七五佛言：

一者不执我能持戒，二者不执所护有情，三者不着戒及戒果，是为菩萨摩诃萨受持戒时三轮清净。

忍度，一译忍辱度、安忍度，梵语曰羼提波罗蜜。忍，是忍受、承受能力的自我锻炼，忍受打骂欺辱而不生瞋恶，心不被世间的利、衰、毁、誉、称、讥、苦、乐“八风”所动，有如坚固石山不为猛风所动，这是佛陀在《阿含经》中多次讲说的修持法要。《杂阿含经》卷二四佛偈谓人若能及时止怒，即使遇恶人辱骂欺侮，亦令自心保持平静，像大磐石一样风吹不动、雨淋不入，才是真正的善于驾御者。《大集经》卷二五佛言：

众生嗔时我应生喜，何以故？即是我之悲因缘故。

应该将别人对我的嗔怒当作给予自己增长慈悲的机会而欢喜。修忍，被认为比修其他诸行力量更大。大乘忍度，所忍有怨害辱骂、冷热病痛等诸苦及甚深佛法三种，深解奥秘之佛法而不惊疑动摇，称为“法忍”。能安忍不动、在任何条件下都镇静安和的诀要，是以般若智观察一切，对任何刺激不执不取。《大般若经·学观品》佛言：

以无取为方便圆满忍度，动、不动相不可得故。

精进度，梵语曰毗离耶波罗蜜。是对毅力、意志的锻炼，其修持贯彻于诸度中。以坚韧不拔的毅力、勇猛不懈的精神，修习六度四摄等一切菩萨道，不疲厌，不懈怠，不畏难，不后退。精进而不懈怠放逸，是《阿含经》中佛陀反复强调的修持法要，佛陀喻精进修道当如战士务克强敌，“如救头燃”，如擎油钵，如矿石百炼则得真金，如小水常流则能穿石，如凿土不止必得泉水；喻懈怠如执小木而入巨海，人木俱没，如钻木取火而止息，难得火种。《增一阿含经》卷十一佛陀自言：

弥勒菩萨经三十劫应当作佛、至真、等正觉，我以精进力勇猛之心，使弥勒在后。过去恒沙多萨阿竭阿罗呵三耶三佛，皆由

佛言精粹

精进太急，增其掉悔，精进太缓，令人懈怠，是故，汝当平等修习摄受，莫着、莫放逸、莫取相。

《杂阿含经》卷九第239经

焚烧于屋宅，
宜急出珍宝，
以置无火处。
生老病死火，
焚烧于众生，
宜急修惠施，
赈众于贫穷。

世间金宝等，
王贼水火侵，
死时悉舍离，
无有随人者。
施逐人不舍，
犹如坚牢藏，
王贼及水火，
无能侵夺者。

《别译杂阿含经》卷五

不怒胜瞋恚，
不善以善伏；
惠施伏悭贪，
真言坏妄语。
不骂亦不虐，
常住贤圣心。

《杂阿含经》卷四二第1151经

若人无瞋恨，
骂辱以加者，
清净无结垢，
彼恶还归己。
犹如土坌波，
逆风还自污。

《杂阿含经》卷四二第1154经

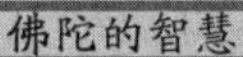

勇猛而得成佛。

精进与智慧、慈悲三者，可谓佛陀最重要的精神。大乘精进度的修习诀要，是以般若智观照精进心，令心不动如山，静如止水，则自能发起精进而不致因精进过度而伤身减寿、灰心丧气。《大般若经·学观品》佛言：

以无勤为方便圆满进度，身心勤怠不可得故。

禅定度，梵语曰禅那波罗蜜。大乘禅度，强调以大乘的实相印为指导修习诸定，除了以大乘见地修与小乘相共的四念处、十遍处、四无量心观、不净观等禅定，证入初禅乃至四禅外，大乘还有其独具的诸多禅定，如念佛三昧、一行三昧、首楞严三昧、如幻三昧、法华三昧、觉意三昧、一相庄严三昧、海印三昧等，《摩诃般若经》卷三、卷五，《大般若经》卷四一四，举出一百多种大乘禅，称“百八三昧”，此外，大乘经中还有多种三昧的名目。专门讲大乘禅定的佛所说经，有《观佛三昧经》、《菩萨念佛三昧经》、《月灯三昧经》、《般舟三昧经》、《首楞严三昧经》、《佛印三昧经》、《力庄严三昧经》、《金刚三昧经》、《集一切福德三昧经》、《如幻三昧经》、《宝积三昧经》、《寂照神变三昧经》等20余种。除了旨在断灭自心烦恼、契证实相的禅定外，大乘禅中还有一类为成就神通、知识、技术、说法撰文等利益济度众生的“方便”而修的禅定，称“办事禅”。小乘以神通为禅定的副产品，严禁显露，大乘则以神通为教化众生不可或缺的“方便”。大乘诸定的修习，以不执着、不住于禅定为诀要。《大般若经·学观品》佛言：

以无思为方便圆满禅度，有味、无味不可得故。

智度，梵语曰般若波罗蜜。这一度为诸度的首脑，能摄诸度。《大般若经》称前五度如盲人，般若如向导，或般若为首，前五度为足。《小品般若经·无悭烦恼品》佛言：

学般若波罗蜜，皆摄诸波罗蜜。

六度每一度的修行，都包含般若度，可以说其实质即是修般若。《摩诃般若经》卷二三佛言：

行般若波罗蜜时，一念中具足六波罗蜜。

大乘般若度不仅包括小乘慧学的全部内容，其诸法实相义较小

佛言精粹

譬如大海，一人斗量，尚可穷底，得其妙宝，人有至心精进，求道不止，会当克果，何愿不得！

《佛说无量寿经》卷上

以一切智智相应作意，大悲为首，用无所得而为方便。

《大般若经·乘大乘品》

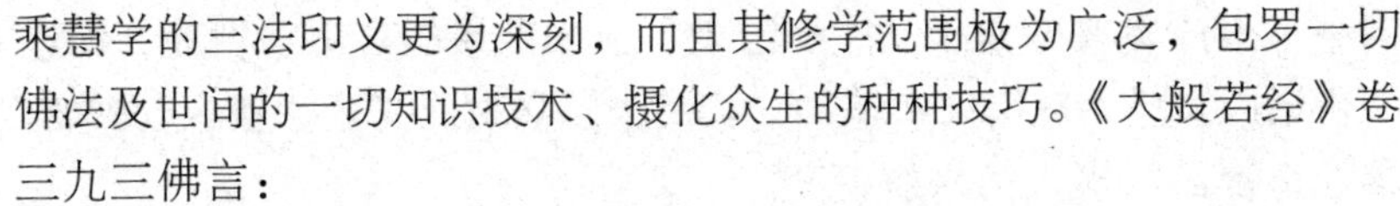

乘慧学的三法印义更为深刻，而且其修学范围极为广泛，包罗一切佛法及世间的一切知识技术、摄化众生的种种技巧。《大般若经》卷三九三佛言：

若菩萨摩诃萨不学一切法，终不能得一切智。

同经卷四六二谓菩萨应广知声闻道、独觉道、佛道、一切道。《解深密经》卷五谓菩萨须于“五明”处如实了知胜义谛义，五明为声明（语言声韵学）、因明（逻辑辩论学）、工巧明（种种工艺技术）、医方明（医药学）、内明（佛学），包括当时印度的所有知识、学问。

各种智慧的修习，皆以无所着、无所得为诀要，《大般若经·学观品》佛言：

以无着为方便圆满智度，诸法性相不可得故。

六度中，第六般若度修智慧；前五度修福德，总称“方便”——即度化、利益众生所需的条件、资粮、技术。智慧与方便密不可分，如车之二轮，鸟之双翼，必须双运并举，才能直达佛地。六度的修行，一方面是内向地对治、断灭自心烦恼，如布施度对治悭贪，戒度对治诸恶，忍度对治瞋恚，进度对治懈怠，定度对治散乱，慧度对治愚痴，属自利。另一方面，六度又外向地摄化众生，修集福德方便，属利他。自利利他、福慧双修，乃菩萨道的特色。

四摄，为四种摄化众生的技巧，乃《阿含经》中佛陀多次教诫弟子应当修习的课目。第一布施，谓以财物、知识、关怀等惠施予人；第二爱语，谓以亲切、关心的语言与人交谈；第三利行，谓做对众生有利的事，或劝导人做对他有利的事；第四同事，谓走到众生中去，以平等的姿态与其共事，打成一片。灵活运用这四种方法，便能广结人缘，获得众生的爱戴拥护，便于引导他们趋向善道、佛道。《杂阿含》卷二六第669经中，佛陀将以四摄法广摄世间比喻为“车因釭运”——车有了轮轴，便能顺利运行，运载众生直达涅槃彼岸。大乘更强调以四摄法普摄一切众生。

在《菩萨璎珞本业经》、《大乘宝云经》等经中，佛说十波罗蜜，是前述六度加方便、愿、力、智四度。方便度，谓修学拔济各类众生趋向佛道的技术及利益、摄化众生所需要知识、艺术等。力度，谓进一步修学智慧、神通力，获得摧破邪外、说法度人的力量。愿度，

佛言精粹

以无住为方便，安住般若，所住、能住不可得故。以无舍、无护、无取、无勤、无思、无着而为方便，圆满六波罗蜜。

《大般若经·学观品》

以无我、无人、无众生、无寿者，修一切善法，即得阿耨多罗三藐三菩提。

《金刚般若波罗蜜经》

谓进一步广发普度众生、庄严国土、上求佛果的宏愿。智度，谓进一步增广智慧，获得如实遍知一切及成熟众生的究竟智慧。这四度，实际上都可以摄入第六般若度。

六度四摄等菩萨道，表现出一种在社会活动中、在广大众生中积极修集福慧，自度度他，自净净他，引导众生共趋涅槃，“利乐众生，庄严国土”的勇猛精神。可谓小乘各自自度以求“别别解脱”精神的扩充、强化。

佛言精粹

已离于我慢，
无复我慢心，
超越我我所，
我说为漏尽。
于彼我我所，
心已永不着，
善解世名字，
平等假名说。

《杂阿含经》卷二十二
第591经

四、四向四果及菩萨、佛

佛陀不仅指出了成功地趋向涅槃之道，更根据自己和弟子的修证经验，详悉指示出修行证道的进程（“道次第”）及结果。

关于声闻、缘觉二乘道的证入次第，《阿含经》于见道前，只说亲近善友、听闻正法、如理作意、法随法行及得信、得戒、得定（分初、二、三、四禅）等弟子之说。大乘《仁王般若经》等将小乘道见道以前分为七贤位：

一五停心，初修数息等，止息向来躁动的乱心。

二别相念住，就蕴、处、界一一别观四念住。

二总相念住，从总体上观修四念住。以上三位又称三贤位。继而勤修四正断，降伏烦恼，得五根、五力。

四暖位，得思慧与禅定，如钻木取火，已得暖热，喻接近见道，已种下永远不坏的涅槃种子，将来必至涅槃。

五顶位，如登山到顶，已达善法之顶，善根不会再断。

六忍位，通过观修，确认四谛为真理，从此不堕恶道。

七世第一位，于世间法中为最胜，必将见道得出世间法。暖、顶、忍、世第一四位，称“四加行”或“四善根位”，加行，意为（见道前的）的努力准备阶段。

见道以上的阶次，《阿含经》中一般说为四向四果，凡八个阶位，证得者称“四双八辈”：

一、须陀洹向，亦称预流向、初果向，接近、趋向于须陀洹果，初次见道。须陀洹，意译入流，谓进入圣者之流。初获七菩提分。

二、须陀洹果，亦称预流果、初果。"远尘离垢，得法眼净"，亲证四谛之真理，永断身见、戒取见、疑三结，由切身的经验，成就对佛、法、圣僧、净戒的确信，这种信心永远不会再有动摇改变，称"四不坏净"。此位圣者死后最多在人、天中受生七次，最后必断尽烦恼证阿罗汉果。由此进入以所得出世间智慧修断烦恼的修道位。《中阿含经》卷四七佛言：见道之人成就对佛法的决定信，绝不会犯戒，不会于三宝外另求皈依处，不会堕入迷信问卜占吉凶，不会求咒术解除痛苦。见道者找到了永恒安乐的家园，犹如在沙漠中艰难跋涉而到达绿洲，得到从来未有过的欣喜感、放松感，佛称之为"酥（苏）息"（安息）。

三、斯陀含向（二果向、一来向）。断欲界九品烦恼中的前三、四品，趋向斯陀含果。

四、斯陀含果（二果、一来果）。斯陀含，意译一来，谓断欲界九品烦恼中的前六品，烦恼已很微薄，只须在人天中往来一次，即证阿罗汉果。

五、阿那含向（三果向、不来向）。断欲界九品烦恼中的七、八品，趋向于阿那含果。

六、阿那含果（三果、不来果）。阿那含，意译不来，谓断尽欲界九品烦恼，不再来人间受生。

七、阿罗汉向（四果向），断色界一品乃至无色界八品烦恼，趋向于阿罗汉果。

八、阿罗汉果（四果），阿罗汉意为无生、杀贼、应供，断尽三界一切烦恼，永不再轮回生死。

四双八辈简略的说法，是佛陀多次提到的"四沙门果"——须陀洹、斯陀含、阿那含、阿罗汉。《增一阿含经》卷二十佛总结四沙门果的功德或"沙门四乐之报"言：

> 断三内结，成须陀洹，不退转法，必至灭度。
>
> 若永断此三结，淫怒痴薄，成斯陀含，来至此世，必尽苦际。
>
> 断五下分结，成阿那含，于彼般涅槃，不来此世。
>
> 有漏尽，成无漏心解脱，智慧解脱，于现法中身作证而自游戏，生死已尽，梵行已立，所作已办，更不复受胎，如实知之。

佛言精粹

以本法界观，
生老病死苦，
我无彼亦空，
何者有生死？
设知生死本，
泥洹在我前，
能知泥洹法，
无佛亦无我。

《中阴经》卷上

若烦恼中见菩提者，是名如见，若离烦恼见菩提者，即是倒见。

《大集经》卷十二

佛言精粹

涅槃是有，可见可证，是色、足迹、章句，是有、是相、是缘，是皈依处，寂静、光明、安隐、彼岸，是故得名非三世摄。

南本《大般涅槃经·迦叶菩萨品》

少欲知足乐，
多闻分别乐，
无着阿罗汉，
亦名为受乐。
菩萨摩诃萨，
毕竟到彼岸，
所作众事办，
是名为最乐。

《大般涅槃经》卷十二

《中阿含·福田经》中，佛所列应看作“福田”的圣弟子，共二十七种，称“二十七贤圣”，其中前十八种称“有学”，意谓虽然证入佛法而功果尚未圆满，须继续修学方能证得涅槃；后九种称“无学”，谓烦恼已经断尽，修行已经卒业，为九种阿罗汉。十八有学为：

一、(随)信行：属钝根人，依对佛或师父的信仰修学佛法，达到初果向。

二、(随)法行：属利根人，通过对佛法义理的思维观修，达到初果向。

三、信解脱：随信行见道者，依信仰进入以所见真理修断烦恼之修道位。

四、见到：随法行见道者，依所见真理入修道位。

五、身证：证得受想灭尽定的阿那含圣者。

六、家家：斯陀含向中的一类，只在人天受生二次，进两个家宅，故名。

七、一间：阿那含向之一类，与涅槃只有一生间隔，故名。

八、须陀洹向。九、须陀洹果。十、斯陀含向。十一、斯陀含果。十二、阿那含向。十三、阿那含果。

十四、中般：于上生于色界之中间入般涅槃的阿那含。般为般涅槃(无余依)之略。

十五、生般：上生于色界后不久得般涅槃的阿那含。

十六、有行般：上生于色界后须经长期修行才能入般涅槃的阿那含。

十七、无行般：上生于色界后懈怠不修，久后自然入般涅槃的阿那含。

十八、上流：上生于色界天，再上升无色界之顶而入般涅槃的阿那含。

九种无学阿罗汉为：

一、思法阿罗汉，畏惧所得果位退失。

二、升进法阿罗汉，继续修行而速达不退之位。

三、不动法阿罗汉，安住于所证法，自然不会退失。

四、退法阿罗汉，若遇疾病、俗务缠身、远行等逆缘，可能会退

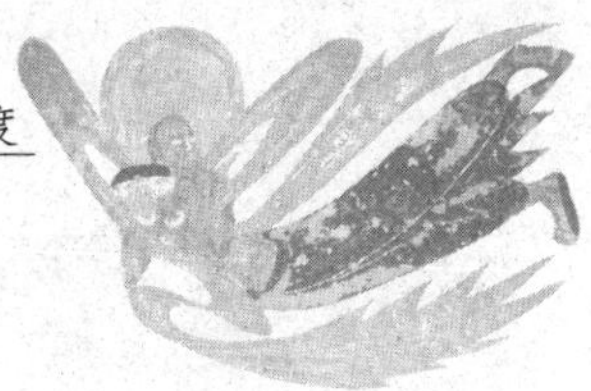

失果位（退返下三果）。

五、不退法阿罗汉，不会退失所得一切功德。

六、护法阿罗汉，精勤防护，使所得法不退失。

七、实住法阿罗汉，安住所得，不退亦不进。

八、慧解脱阿罗汉，证得出世间的胜慧，断尽三界一切烦恼，而未能得禅定、神通自在。

九、（定慧）俱解脱阿罗汉，以出世间智慧断尽一切烦恼，成就禅定、神通，定、慧皆悉自在。

各种阿罗汉，皆证得涅槃解脱，自信生死已尽，永远根除了死亡焦虑，真正达到快乐无忧，究竟的归宿处，故名"最上酥息"。定慧俱解脱阿罗汉具有天眼、宿命、天耳、他心、神变、漏尽六种神通，其宿命通能知自他过去之因果，天眼通能知自他的未来及其因果，漏尽通能了知自他的烦恼断尽与否，称"三明"（"三达智"）。《增一阿含经》卷四四说阿罗汉永断淫、杀、盗、妄语、群类相佐（结帮拉派）、破戒还俗、狐疑、恐惧、胞胎等十一法。《佛陀的启示》一书据南传藏经中的种种描述，总结阿罗汉的人格和心理特征为：

> 凡是实证真理、涅槃的人，就是世间最快乐的入 他不受任何错综、迷执、忧、悲、苦恼等苛虐他人的心理状态所拘缚。他的心理健康是完美的，他不追悔过去，不冥索将来，只是扎扎实实地生活在现在里。因此他能以最纯净的心情欣赏与享受一切，而不掺杂丝毫自我的成分在内。他是喜悦的、雀跃的，享受着纯净的生活。他的感官怡悦，无所烦忧，心灵宁静而安详。他既无自私之欲求、憎恚、愚痴、骄慢、狂傲及一切染着，就只有清净、温柔，充满了博爱、慈悲、和善、同情、了解与宽容，他的服务精神是最纯正的，因为他不为自己设想。他不求得、不积蓄、甚至不积贮精神的资粮，因为他没有'我'的错觉，而不渴求重生。

不少阿罗汉并非独享法乐，而是积极地从事说法教化的工作，如《增一阿含经·弟子品》佛称赞的阿若憍陈如"宽仁博识，善能劝化"，昙摩留支"好游远国，教授人民"，婆提波罗"教化无穷"。《杂阿含》卷十三第324经载，有"说法第一"之誉的富楼那罗汉，想到西方输卢那地方去教化，佛陀告诉他，彼地之人"凶恶轻燥、弊恶好骂"，

佛言精粹

居静是快乐，
知法是快乐，
无嗔是快乐，
悯生是快乐，
无欲是快乐，
于世无贪着；
调伏我慢者，
是为最上乐。

《即兴自说·目真邻陀经》

富楼那尊者回答：若他们辱骂我，我将想：此地人贤善智慧，没有殴打我。若他们殴打我，我将想：他们贤善智慧，没有杀我。若他们杀我，我将想：这是他们帮助我离开老朽之身而得解脱。于是毅然而去，受到佛的称赞，完全是大乘菩萨的作为。当然，罗汉中也有“清净闲居，不乐人中”如坚牢比丘一类。

关于大乘道的修证进程，《菩萨璎珞本业经》等分为十信、十住、十回向、十地、等觉、佛凡五十二位。

十信，为最初所修十种能对大乘成就坚固信心的心：一信心，一心决定修学大乘。二念心，常修六念——念佛、法、僧、施、戒、天。三精进心，学习大乘教法，精勤修行。四定心，专心修行。五慧心，解悟一切法性空无我。六戒心，持守菩萨戒，不犯诸戒，犯则忏悔。七回向心，将所修功德回向众生与佛果。八护法心，防护自心不起烦恼。九舍心，修习布施，不惜身财。十愿心，发起种种菩萨行愿。

十住之“住”，意谓心安住于大乘道。一发心住，以深解佛法之心，真诚发起修学一切大乘道的誓愿。二治地住，常随空心修学诸法门。三修行住，精勤修六度万行。四生贵住，行与佛同，将生于佛家。五方便具足住，修学各种自利利他的方便。六正心住，成就第六般若度，心常合于正智。七不退住，心常与空性相应而不退转。八童真住，智慧心纯洁无杂。九法王子住，智慧成就，堪以代佛说法。十灌顶住，堪行佛事，接受佛的灌顶，将来可绍继佛位。

十行，主要修利他诸行。一欢喜行，乐于利益十方众生。二饶益行，善能利益众生。三无瞋恨行，对违逆不驯的众生不起瞋恨心。四无尽行，发心度尽一切众生而无疲懈。五离痴乱行，明了一切而无痴乱。六善现行，虽然其心寂灭，而善于世间现身利乐众生。七无着行，修行一切道而一无所着。八尊重行，尊重佛法，而更精益求精。九善法行，成就四无碍辩才等度化众生的善法。十真实行，善说第一义谛，如说能行。

十回向，主要修以大悲心救护众生。一救护一切众生离众生相回向。二不坏回向，将对三宝坚固信心的功德回向于众生。三等一切佛回向，等同于一切佛所作而回向。四至一切处回向，遍往一切处修回向。五无尽功德藏回向，随喜一切无尽善根。六随顺平等善

佛言精粹

庄严国界，饶益有情。

《大乘本生心地观经》卷二

菩萨摩诃萨不净佛国土，不成就众生，不能得阿耨多罗三藐三菩提。

《摩诃般若经》卷二十六

根回向，以平等回向而成就坚固善根。七随顺等观一切众生回向，等视一切众生而普修回向。八如相回向，契合真如而修回向。九无缚无着解脱回向。十法界无量回向，以法界一样无量的心修回向。回向，为将所修功德普施予众生并求与众生共趋佛果，即回自向他、回因向果，乃菩萨行的重要内容。

十住至十回向，称为“三贤位”、“地前三贤”，贤，谓虽然贤善有得，但尚未证得大乘圣果。

十地，为大乘圣果，入此位者称“十圣”、“菩萨摩诃萨”（大菩萨）。

初极（欢）喜地，见道，初证人法二无我真如，断身见、戒取见、疑三结，欢喜无量，成就布施度，能不住相布施。

二离垢地，成就戒度，永离违犯微细戒之垢。

三发光地，成就忍度，具足正定、神通。

四焰慧地，成就精进度，断微细身见，智慧之火炽燃。

五难胜地，成就禅定度，难行能行，能伏一切外道诸魔。

六现前地，成就般若度，一切智时时现前，能入灭尽定。

七远行地，成就方便度，得无生法忍。

八不动地，成就愿度及无功用行，虽断尽烦恼而度化众生不倦，于大乘道及各种功德永不退转，此位菩萨因称“阿毗跋致”（不退转）菩萨。

九善慧地，成就力度，具备各种度人说法的智慧。

十法云地，成就慧度，受职为法王子，慈悲智慧普覆十方，有如大云降注甘霖。

等觉，意谓其觉悟等同于佛，已经具备了佛的一切功德。

佛，亦称妙觉，为大乘极果。佛断尽三界内外一切烦恼及烦恼的习气，获得如实尽知一切的“一切种智”。《杂阿含》卷四第93经佛回答婆罗门“云何为佛”之偈，谓明见过去、现在、未来三世，应修已修，应断已断，连根拔除一切烦恼，得到与真实完全一致的觉悟（“等觉”），故名为佛。

《大品般若经》卷六等佛说十地为：

一、干慧地，谓只有证空、无我真理的智慧而尚无禅定之水，相

佛言精粹

犹如“伊”字三点，若并则不成“伊”，纵亦不成；如摩醯首罗面上三目，* 乃得称“伊”三点，若别亦不得成。我亦如是，解脱之法亦非涅槃，如来之身亦非涅槃，摩诃般若亦非涅槃，三法各异亦非涅槃，我今安住如是之法，为众生故，名入涅槃，如世“伊”字。*

南本《涅槃经·哀叹品》

无有法菩萨所不应学者，何以故？若菩萨不学一切法，不能得一切种智。

《摩诃般若经》卷二十五

* “伊”：梵语字母，为呈等边三角形的三个点。

* 摩醯首罗：色究竟天天王，面有三目。

当于小乘三贤、菩萨初发心位。

二、性地，爱着诸法实相，不起邪见，相当于小乘四加行位，菩萨得“顺忍”位。

三、八人地，人即忍，见道，相当于小乘八忍初果向，菩萨得无生法忍位。

四、见地，相当于小乘初果，菩萨不退位。

五、薄地，烦恼已微薄，相当于小乘斯陀含果。

六、离欲地，断尽欲界烦恼，相当于小乘阿那含果，菩萨得五神通位。

七、已办地，断尽三界烦恼，相当于小乘阿罗汉果。

八、辟支佛地，相当于小乘观十二因缘而证独觉。以上所说“相当”，只是就所断烦恼而言。

九、菩萨地，菩萨自初发心至成佛前。

十、佛地，圆满一切功德而成就佛果。此十地，就小乘、大乘道通观，称为三乘共十地。

关于佛的智慧，《阿含经》中归纳为处非处如实知等“十力”，大体是尽知一切事物之是否合于真实、尽知自他之过去未来及三世因果、尽知一切众生的根性及境界、尽知一切禅定及修行达于佛地的正道。佛还有“四无所畏”（四无碍辩），谓于一切大众中说一切智、漏尽道、障道法（烦恼）、尽苦道通利无碍。佛的六通三明等神通，也要比罗汉们大得多。

大乘经如《大般若经》卷五《广乘品》等，将佛独具、不共于小乘圣者的功德归纳为“十八不共法”，除十力、四无所畏，还有三念住（对信、不信、与否听法者怀平等心）、大悲。《无上依经》说佛的不共功德为百八十法（三十二相、八十种好、十八不共法等），谓“如来独得未曾作意一切事成”，“如来独得入般涅槃复更起心”，如来功德有具足、无垢、不动、无阂、利他、自在巧能六大特征。南本《涅槃经·婴儿行品》说佛有八大自在故，名为大我：

> 一能示一身为多身，多如微尘；二示一尘身满于三千大千世界；三能以满此三千大千世界身，轻举飞空，过于二十恒河沙等诸佛世界而无障碍；四一身安住不动，可示现无量形类，各令有

佛言精粹

于他得自在，
忍彼触恼难；
贫穷能布施，
危厄持戒难；
盛年处荣贵，
舍欲出家难。

《别译杂阿含经》卷十四

不以四摄摄取众生而调伏之，不知众生上中下根，是名魔业。

《大集经》卷十一

心；五六根中每一根皆能见闻嗅尝触知；六得一切法而无得想；七演说一偈之义经无量劫而义亦不尽；八遍满一切处，犹如虚空。

佛陀所说的道果，尤其是四向四果，并非只是一种理想、信仰，而是今生现实可以证得，有许多成功例证。《杂阿含》卷三八第1078经，佛弟子自言：他们不像婆罗门教那样舍弃现世之乐而追求后世“非时之乐”，“乃是舍非时乐，就现前乐”。此可谓佛教的一大突出特点。据《阿含经》等载，佛的出家弟子，除提婆达多等个别人外，都证得四沙门果。《增一阿含经》卷三五《莫畏品》佛言：他的弟子中，最下者也证初果，“不过七死七生而尽苦际”。同经卷三《弟子品》、《比丘尼品》（一译《阿罗汉具德经》）中，佛赞叹了他的百余名阿罗汉比丘、比丘尼弟子们各具的德行，其中不乏神通智慧不可思议的俱解脱阿罗汉，如摩诃男“恒飞虚空，足不蹈地”，目犍连“神足轻举，飞到十方”，识摩比丘尼“神足第一，感致诸神”，跋陀迦毗离比丘尼“自识宿命无数劫事”，等等。《中阿含经》卷二九《大品请请经》佛告舍利弗：当时在佛身边的五百比丘中，得三明、得俱解脱的阿罗汉各有90人，其余皆证慧解脱阿罗汉。在《长老偈》和《长老尼偈》中，佛陀的阿罗汉弟子264位比丘、73位比丘尼，留下了1812首偈颂，从不同角度，述说了各自修行证得解脱、智慧、神通的因缘和过程，讲述了对佛法的体悟，表达了其快乐无忧的心情。

即在家佛弟子中，也有许多人证得初果乃至阿那含果，《杂阿含》卷三四第964经佛言，佛弟子中，不但有五百名以上的比丘、五百名以上的比丘尼证阿罗汉果，也有三千名乃至更多的优婆塞、优婆夷“居家妻子，香花严饰，畜养奴婢”，而分别证得须陀洹果、斯陀含果、阿那含果。同经卷三十第856经载，佛住那梨迦聚落时，此聚落中有多人命终，其中有500名优婆塞得第三阿那含果，250名优婆塞得第二斯陀含果，500名优婆塞得初须陀洹果。《即兴自说·优填经》佛告诸比丘：因内宫失火而死的憍赏弥城优填王宫女萨玛沃蒂等五百女居士，皆证得初果乃至三果。《增一阿含经》卷三《清信士品》、《清信女品》，佛列举了他的在家男女弟子中的佼佼者，如商客“初闻法乐，得贤圣证”，得第三果，称第一优婆塞，还有第一智慧的质

佛言精粹

涅槃亦如梦如幻……设复有法过于涅槃，我亦说如梦如幻。

《小品般若经·释提桓因品》

比丘们，去吧！为了芸芸众生的幸福和善益，为了人天的幸福和善益，出于对世界众生的悲悯之故，去弘法吧！

南传《律部·大品》

多长者、神德第一的轧提阿难、降伏魔宫的健长者，乃至常住禅定的难提波罗、堪能说法的鸯竭谙女、善演经义的跋陀婆罗女等。

从经典所载看，在佛陀的出家弟子中，修学大乘者很少，《阿含经》中所载行大乘道而得受记未来成佛的比丘，只有弥勒一人。大乘经中的比丘菩萨也不多，最杰出者为文殊师利，经中说他当时生为舍卫国多罗聚落梵德婆罗门之子，至佛所出家，智慧极高。经中所说在家人修大乘道者，有贤护菩萨、月光童子、郁伽长者、胜鬘夫人、质多长者、善财童子、宝女童女、一切世间乐见离车童子等，以《维摩经》所描述的维摩居士最为典型。这些人人格智慧相似于佛，处于居家，有大福德，为受大众拥戴的强人、成功者，而居尘不染，随时随处度化无数众生。在众生中行菩萨道，智慧福德超过阿罗汉的大菩萨，如维摩、文殊、弥勒、贤护、月光、宝女，据经言皆是大菩萨再来，文殊菩萨为七佛之师。从有关文献看，先修小乘道自了生死、后入大乘，可谓佛陀所示一般人特别是出家僧尼的修行路径。至于成佛，诸经皆说需经无数劫的努力，此世界在此期能成佛者，只有已经无量劫圆满福慧的释迦牟尼一人。

佛言精粹

佛告梵天：我不得生死，不得涅槃。如来虽说生死，实无有人往来生死；虽说涅槃，实无有人得灭度者。

《思益梵天所问经》卷一

佛陀及其圣弟子们，以其特殊的人格、智慧、理想、情趣、解脱的安乐，为人类树立了自觉治心以自塑圆满人格或“超自我实现”的典型，树立了自觉变革生命以超越人类的典型，向人们提供了与世俗人生完全不同的另类人生，提醒人们清醒反省人生以确定正确的人生方向。在这个重钱追星而不重德、追逐世俗成功而不追逐精神解脱的时代，在这个什么都不缺而最缺乏圣人的时代，佛陀及其圣弟子们的形象和言教，对价值失范中的世人，极具启发意义。

五、西方净土及念佛法门

佛在《转轮圣王经》等经中所预言弥勒下生时方能实现的人间净土，虽然比现在我们这个地球人间美好得多，但在佛眼看来，仍然是不理想的。那个净土中没有现在人间的种种自然压迫和社会压迫，没有贫穷、失业、环境污染、战争、恐怖事件、疾病等痛苦，但人的生命型态与现在的地球人尚无本质上的区别，只是对现代人缺陷的修补型改革，尚有一些无法净除的缺陷：人寿还是有限，有生老死，有大小便、饥渴、性欲、寒热等，也还是不离无常之行苦、不出轮回的不圆满生命，不能算作完全清净的净土。佛陀理想中完全清净的净土，是大乘经中描述的佛国，讲得最多的，是阿弥陀佛的西方极乐净土。数说这一净土的经典多达46种以上；以佛对弥勒菩萨等所说的《无量寿经》、对被儿子囚禁的频婆娑罗王所说《观无量寿佛经》及无问自说的《阿弥陀经》(称“净土三经”)，说得最为详尽。此外有数百种显密教典皆提到阿弥陀佛及其极乐世界。据经中描述，极乐世界最殊胜之处，是环境极利于学佛，水鸟树林、虚空自然乐器，常演法音，其国众生皆寿命无量，永离诸苦，恒受诸乐，具足神通自在，在佛的亲自教导下，皆能顺利地趋向佛果，是修学佛道的大学校、永恒的家园。

经中指出：极乐世界不是自然而有，乃是阿弥陀佛往昔发大誓愿，久修菩萨行，历无量劫数的努力，创造成就。阿弥陀佛，是大乘经中所树建设理想净土的典范，他所创建的西方极乐净土是佛国净土的典型，可以说描绘出了地球人类对身心世界的终极理想，对现实社会的建设，能提供深刻的启示。

阿弥陀佛及极乐世界对地球人尤其是对于佛教徒的意义，更在于其“往生法门”，提供了个人生命的可靠归宿，及发心学佛即能解脱成佛的保证，此即阿弥陀佛无量劫行菩萨道时所发的 “本愿”，根据他的本愿，凡听说极乐世界的殊胜庄严，发菩提心修诸功德，“至心发愿”或“至心信乐”，欲往生于西方极乐世界乃至十念者，或闻说阿弥陀佛，执持其名号一至七日一心不乱者，甚至即将堕于地狱，临命终时在善知识教导下至心念“南无阿弥陀佛”具足十念者，皆能于命终之际蒙阿弥陀佛或观世音、大势至菩萨接引，往生于西方极乐世界，获得庄严自在的永恒生命。

自佛陀灭度五百年以后，修学佛法能当世证到圣果的人越来越少。这是由众生根器、时代潮流、善知识渐少等各种因缘所决定的。但即使当今“亿亿人修行，罕一得道”(《大集经》)的“末法”之世，修学佛法的人，依大乘净土法门，也还是有即生获得解脱的很大可能性。即便不能证入最低的须陀洹果，只要按佛陀所示的合理生活之

佛言精粹

设我得佛，十方众生至心信乐，欲生我国，乃至十念，若不生者，不取正觉，唯除五逆，诽谤正法。

设我得佛，十方众生发菩提心，修诸功德，至心发愿欲生我国，临寿终时，假令不与大众围绕现其人前者，不取正觉。

设我得佛，十方众生闻我名号，系念我国，殖诸德本，至心回向欲生我国，不果遂者，不取正觉。

《佛说无量寿经》卷上

道，孝养父母、奉事师长、慈心不杀，修十善业，做个尽份尽责的好人，发菩提心，深信切愿往生西方极乐净土，老实念佛，都必能得阿弥陀佛接引，欢欢喜喜地往生于彼国莲花苞中，永出生死，在佛菩萨的耳提面命下顺利地趋向佛果。此法“安乐易行”，不误世法而证佛法，不离佛法而得世法，诚为最切实、稳妥的成佛之道，特别适宜于现代人修学。即仅仅由信仰、修学此法门而解除死亡焦虑，所获安乐无忧、健康身心等现前的、世俗的效果，便已非任何心理疗法所能相比。何况念佛，是佛在《阿含经》中所示能总摄诸法的殊胜修持之道，《本事经》卷二佛言，若有众生“永念一法，我证彼定得不还果”，此一法即是念佛。《增一阿含经·广演品》佛陀称念佛为“成大果报、诸善普至、得甘露味、至无为处、便成神通”，乃至“自致涅槃”之“一法”。念佛，是诸乘佛法修习禅定的重要门径，《大集经·贤护品》谓之“无上深妙禅”，天台宗判为“出世间上上禅”。若在通达佛教义理的基础上念佛或禅净双修，由念佛实相达实相念佛，最容易明心见性，即生亲见“自性弥陀”，证入见道位。诚如已故张澄基教授在《净土今说》中所感叹：

> 不谈成佛作祖，不谈往生极乐，不谈念佛三昧，仅凭一股信心和不断地努力念佛，就能在现世中得到佛力加被下所产生的祥和、安全和悦乐感。自己切切实实地感到时常在佛力的笼罩及护导之下，人生的一切困难和苦恼都能获得适当的解决，这样的收获还不值得吾人努力去争取吗？[1]

佛言精粹

十方诸刹土，
众生菩萨中，
所有法报佛，
化身及变化，
皆从无量寿，
极乐界中出。

《入楞伽经》卷九

欲生彼国者，当修三福：一者孝养父母、奉事师长、慈心不杀、修十善业。二者受持三归、具足众戒、不犯威仪。三者发菩提心、深信因果、读诵大乘、劝进行者。如此三事，名为净业。

《佛说观无量寿佛经》

[1]《佛学今铨》下册页361

《佛垂般涅槃略说教诫经》(亦名《佛遗教经》)

后秦 鸠摩罗什译

释迦牟尼佛初转法轮，度阿若憍陈如。最后说法，度须跋陀罗。所应度者皆已度讫。于娑罗双树间，将入涅槃。是时中夜，寂然无声，为诸弟子略说法要：

“汝等比丘！于我灭后，当尊重珍敬波罗提木叉，[1]如闇遇明，贫人得宝。当知此则是汝大师，若我住世，无异此也。持净戒者，不得贩卖贸易、安置田宅，畜养人民、奴婢、畜生。一切种殖及诸财宝，皆当远离，如避火坑。不得斩伐草木、垦土掘地，合和汤药、占相吉凶、仰观星宿、推步盈虚、历数算计，皆所不应。节身时食，清净自活。不得参预世事，通致使命。咒术仙药，结好贵人，亲厚媟嫚，皆不应作。当自端心，正念求度。不得苞藏瑕疵，显异惑众。于四供养，[2]知量知足。趣得供事，不应蓄积。此则略说持戒之相。戒是正顺解脱之本，故名波罗提木叉。依因此戒，得生诸禅定及灭苦智能。是故比丘。当持净戒，勿令毁犯。若人能持净戒，是则能有善法。若无净戒，诸善功德皆不得生。是以当知，戒为第一安隐功德之所住处。

汝等比丘，已能住戒，当制五根。勿令放逸入于五欲。譬如牧牛之人，执杖视之，不令纵逸犯人苗稼。若纵五根，非唯五欲将无崖畔，不可制也，亦如恶马不以辔制，将当牵人坠于坑陷。如被劫害，苦止一世，五根贼祸，殃及累世，为害甚重，不可不慎！是故智者制而不随，持之如贼，不令纵逸。假令纵之，皆亦不久见其磨灭。此五根者，心为其主，是故汝等当好制心。心之可畏，甚于毒蛇、恶兽、怨贼，大火越逸，未足喻也。动转轻躁，但观于蜜，不见深坑。譬如狂象无钩，猿猴得树、腾跃踔踯，难可禁制。当急挫之，无令放逸。纵此心者，丧人善事。制之一处，无事不办。是故比丘。当勤精进，折伏其心。

汝等比丘，受诸饮食，当如服药。于好于恶，勿生增减。趣得支身，以除饥渴。如蜂采花，但取其味，不损色香。比丘亦尔，受人供养，取自除恼。无得多求，坏其善心。

譬如智者筹量牛力所堪多少，不令过分以竭其力，汝等比丘。昼则勤心修习善法，无令失时。初夜、后夜亦勿有废，中夜诵经以自消息，无以睡眠因缘，令一生空过，无所得也。当念无常之火烧诸世间，早求自度，勿睡眠也。诸烦恼贼常伺杀人，甚于怨家，安可睡眠不自惊寤！烦恼毒蛇睡在汝心，譬如黑蚖在汝室睡，当以持戒之钩早摒除之，睡蛇既出，乃可安睡。不出而眠，是无惭人也。惭耻之服，于诸庄严最为第一。惭如铁钩，能制人非法。是故比丘。常当惭耻，无得暂替。若离惭耻，则失诸功德。有愧之人则有善法，若无愧者，与诸禽兽无相异也。

汝等比丘，若有人来节节支解，当自摄心，无令瞋恨。亦当护口，勿出恶言。若纵恚心，则自妨道，失功德利。忍之为德，持戒、苦行所不能及。能行忍者，乃可名为有力大人。若其不能欢喜忍受恶骂之毒如饮甘露者，不名入道智慧人也。所以者何？瞋恚之害，能破诸善法，坏好名闻，今世后世，人不喜见。当知瞋心甚于猛火，常当防护，无令得入。劫功德贼，无过瞋恚。白衣受欲，[3]非行道人，无法自制，瞋犹可恕。出家行道无欲之人而怀瞋恚，甚不可也。譬如清冷云中，霹雳起火，非所应也。

汝等比丘，当自摩头。已舍饰好，着坏色衣，执持应器，[4]以乞自活。自见如是。若起憍慢，当疾灭之。谓长憍慢，尚非世俗白衣所宜，何况出家入道之人，为解脱故，自降其心而行乞耶！

汝等比丘，谄曲之心，与道相违。是故宜应质直其心。当知谄曲，但为欺诳。入道之人，则无是处。是故汝等宜应端心，以质直为本。

汝等比丘。当知多欲之人，多求利故，苦恼亦多。少欲之人，无求无欲，则无此患。直尔少欲，尚应修习，何况少欲能生诸善功德。少欲之人，则无谄曲以求人意，亦复不为诸根所牵。行少欲者，心则坦然，无所忧畏，触事有余，常无不足。有少欲者，则有涅槃。是名少欲。

汝等比丘，若欲脱诸苦恼，当观知足。知足之法，即是富乐安隐之处。知足之人虽卧地上，犹为安乐。不知足者，虽处天堂，亦不称意。不知足者虽富而贫，知足之人虽贫而富。不知足者常为五欲所牵，为知足者之所怜愍。是名知足。

汝等比丘，若求寂静无为安乐，当离愦闹，独处闲居。静处之人，帝释诸天所共敬重。是故当舍己众、他众，空闲独处，思灭苦本。若乐众者，则受众恼，譬如大树，众鸟集之，则有枯折之患。世间缚着，没于众苦，譬如老象溺泥，不能自出。是名远离。

汝等比丘，若勤精进，则事无难者。是故汝等当勤精进。譬如小水常流，则能穿石。若行者之心数数懈废，譬如钻火未热而息，虽欲得火，火难可得。是名精进。

汝等比丘，求善知识、求善护助，无如不忘念。若不忘念者，诸烦恼贼则不能入。是故汝等常当摄念在心。若失念者，则失诸功德。若念力坚强，虽入五欲贼中，不为所害，譬如着铠入阵，则无所畏。是名不忘念。

汝等比丘，若摄心者，心则在定。心在定故，能知世间生灭法相。是故，汝等常当精勤修集诸定。若得定者，心则不乱。譬如惜水之家善治堤塘，行者亦尔，为智能水故，善修禅定，令不漏失。是名为定。

汝等比丘，若有智慧，则无贪着。常自省察，不令有失，是则于我法中能得解脱。若不尔者，既非道人，又非白衣，无所名也。实智慧者，则是度老病死海坚牢船也，亦是无明黑闇大明灯也，一切病苦之良药也，伐烦恼树者之利斧也。是故，汝等当以闻、思、修慧而自增益。若人有智能之照，虽无天眼，而是明见人也。是为智慧。

汝等比丘，若种种戏论，其心则乱。虽复出家，犹未得脱。是故，比丘，当急舍离乱心戏论。若汝欲得寂灭乐者，唯当善灭戏论之患。是名不戏论。

汝等比丘，于诸功德常当一心，舍诸放逸，如离怨贼。大悲世尊所欲利益，皆以究竟，汝等但当勤而行之。若在山间，若空泽中，若在树下、闲处静室，念所受法，勿令忘失。常当自勉，精进修之。无为空死，后致忧悔。我如良医，知病说药，服与不服，非医咎也。又如善导，[5]导人善道，闻之不行，非导过也。汝等若于苦等四谛有所疑者，可疾问之，无得怀疑不求决也。”

尔时世尊如是三唱，人无问者。所以者何？众无疑故。尔时阿㝹楼驮观察众心，而白佛言：“世尊，月可令热，日可令冷，佛说四谛不可令异。佛说苦谛真实是苦，不可令乐；集真是因，更无异因；苦若灭者，即是因灭，因灭故果灭；灭苦之道实是真道，更无余道。世尊，是诸比丘，于四谛中决定无疑。于此众中，所作未办者，[6]见佛灭度，当有悲感。若有初入法者，闻佛所说，即皆得度。譬如夜见电光，即得见道。若所作已办、已度苦海者，但作是念：世尊灭度一何疾哉！”

阿㝹楼驮虽说是语，众中皆悉了达四圣谛义。世尊欲令此诸大众皆得坚固，以大悲心，复为众说：“汝等比丘，勿怀忧恼。若我住世一劫，会亦当灭。会而不离，终不可得。自利利人，法皆具足。若我久住，更无所益。应可度者，若天上人间，皆悉已度。其未度者，皆亦已作得度因缘。自今已后，我诸弟子展转行之，则是如来法身常在而不灭也。是故当知：世皆无常，会必有离，勿怀忧也，世相如是。当勤精进，早求解脱，以智能明，灭诸痴闇。世实危脆，无牢强者。我今得灭，如除恶病。此是应舍罪恶之物，假名为身，没在生老病死大海，何有智者得除灭之，如杀怨贼而不欢喜？

汝等比丘，常当一心勤求出道。一切世间动、不动法，皆是败坏不安之相。汝等且止，勿得复语。时将欲过，我欲灭度。是我最后之所教诲。”

[1]波罗提木叉：意译“正顺解脱”、“别解脱”，戒律中防非止恶的内容。

[2]四供养：饮食、衣服、卧具、医药四种生活必需品的供给。

[3]白衣：在家俗人，古印度在家人喜着白衣。

[4]坏色衣：非红白黑等纯色而为混合色的僧衣，为僧衣的规定色。执持：拿着。应器：僧尼乞食的饭钵。

[5]善导：好向导。

[6]所作未办：事业未成就，指未证得阿罗汉果。

《增一阿含经·护心品（一）》

前秦昙摩难提译

闻如是。一时，佛在舍卫国祇树给孤独园。尔时，世尊告诸比丘：“当修行一法，当广布一法。修行一法、广布一法已，便得神通，诸行寂静，得沙门果，至泥洹界。

云何为一法？所谓无放逸行。云何为无放逸行？所谓护心也。云何护心？于是，比丘，常守护心有漏、有漏法，当彼守护心有漏、有漏法。于有漏法便得悦豫，亦有信乐，住不移易，恒专其意，自力劝勉。如是，比丘，彼无放逸行，恒自谨慎。未生欲漏便不生，已生欲漏便能使灭，未生有漏便不生，已生有漏便能使灭。未生无明漏便不生，已生无明漏便能使灭。比丘，于彼无放逸行，闲静一处，恒自觉知而自游戏，欲漏心便得解脱，有漏心、无明漏心便得解脱。已得解脱，便得解脱智。生死已尽，梵行已立，所作已办，更不复受有。如实知之。”

尔时，世尊便说斯偈：

“无憍甘露迹，[1]放逸是死径，

无慢则不死，慢者即是死。

是故，诸比丘，当念修行无放逸行。如是，诸比丘，当作是学。”

尔时，诸比丘闻佛所说，欢喜奉行。

[1]甘露迹：达到不死之道。甘露，为不死之药，指涅槃。

《中阿含经·念处经》

我闻如是。一时，佛游拘楼瘦，在剑磨瑟昙拘楼都邑。尔时，世尊告诸比丘："有一道净众生，度忧畏、灭苦恼、断啼哭、得正法，谓四念处。若有过去诸如来、无所着、等正觉，悉断五盖、心秽、慧羸，[1]立心正住于四念处，修七觉支，[2]得觉无上正尽之觉。若有未来诸如来、无所着、等正觉，悉断五盖、心秽、慧羸，立心正住于四念处，修七觉支，得觉无上正尽之觉。我今现在如来、无所着、等正觉，我亦断五盖、心秽、慧羸，立心正住于四念处，修七觉支，得觉无上正尽之觉。云何为四？观身如身念处，如是观觉、心、法如法念处。[3]

云何观身如身念处？比丘者，行则知行，住则知住，坐则知坐，卧则知卧，眠则知眠，寤则知寤，眠寤则知眠寤。如是，比丘观内身如身，观外身如身。立念在身，有知、有见、有明、有达。是谓比丘观身如身。[4]

复次，比丘观身如身：比丘者，正知出入，善观分别屈伸低昂，仪容庠序，善着僧伽梨及诸衣钵，[5]行、住、坐、卧、眠、寤、语、默，皆正知之。如是比丘观内身如身，观外身如身。立念在身，有知、有见、有明、有达。是谓比丘观身如身。

复次，比丘观身如身：比丘者，生恶不善念，以善法念治断灭止。犹木工师、木工弟子，彼持墨绳，用拼于木，则以利斧斫治令直。如是，比丘生恶不善念，以善法念治断灭止。如是，比丘观内身如身，观外身如身。立念在身，有知、有见、有明、有达。是谓比丘观身如身。

复次，比丘观身如身：比丘者，齿齿相着，舌逼上腭，以心治心，治断灭止。犹二力士捉一羸人，处处捉旋，自在打锻。如是比丘齿齿相着，舌逼上腭，以心治心，治断灭止。如是比丘观内身如身，观外身如身。立念在身，有知、有见、有明、有达。是谓比丘观身如身。

复次，比丘观身如身：比丘者，念入息即知念入息，念出息即知念出息；入息长即知入息长，出息长即知出息长，入息短即知入息短，出息短即知出息短。学一切身息入，觉一切身息出。学止身行息入，学止口行息出。如是，比丘观内身如身，观外身如身。立念在身，有知、有见、有明、有达。是谓比丘观身如身。

复次，比丘观身如身：比丘者，离生喜乐，渍身润泽，普遍充满于此身中，离生喜乐无处不遍。犹工浴人，器盛澡豆，水和成抟，水渍润泽，普遍充满，无处不周。如是，比丘离生喜乐，渍身润泽，普遍充满于此身中，离生喜乐，无处不遍。如是，比丘观内身如身，观外身如身。立念在身，有知、有见、有明、见达。是谓比丘观身如身。

复次，比丘观身如身：比丘者，定生喜乐，渍身润泽，普遍充满于此身中，定生喜乐无处不遍。犹如山泉，清净不浊，充满流溢，四方水来，无缘得入。即彼泉底，水自涌出，流溢于外，渍山润泽，普遍充满，无处不周。如是，比丘定生喜乐，渍身润泽，普遍充满于此身中，定生喜乐无处不遍。如是，比丘观内身如身，观外身如身。立念在身。有知、有见、有明、有达。是谓比丘观身如身。

复次，比丘观身如身：比丘者，无喜生乐，渍身润泽，普遍充满于此身中，无喜生乐无处不遍。犹青莲华，红、赤、白莲，水生水长，在于水底，彼根茎华叶悉渍润泽，普遍充满，无处不周。如是，比丘无喜生乐，渍身润泽，普遍充满于此身中，无喜生乐无处不遍。如是，比丘观内身如身，观外身如身。立念在身，有知、有见、有明、有达。是谓比丘观身如身。

复次，比丘观身如身：比丘者，于此身中，以清净心意解遍满成就游，于此身中，以清净心无处不遍。犹有一人，被七肘衣或八肘衣，从头至足，于其身体无处不覆。如是，比丘于此身中，以清净心无处不遍。如是，比丘观内身如身，观外身如身。立念在身，有知、有见、有明、有达。是谓比丘观身如身。

复次，比丘观身如身：比丘者，念光明想，善受善持，善忆所念。如前后亦然，如后前亦然，如昼夜亦然，如夜昼亦然。如下上亦然，如上下亦然。如是不颠倒，心无有缠。修光明心，心终不为闇之所覆。如是，比丘观内身如身，观外身如身。立念在身，有知、有见、有明、有达。是谓比丘观身如身。

复次，比丘观身如身：比丘者，善受观相，善忆所念。犹如有人，坐观卧人，卧观坐人。如是，比丘善受观相，善忆所念。如是，比丘观内身如身，观外身如身。立念在身，有知、有见、有明、有达。是谓比丘观身如身。

复次，比丘观身如身：比丘者，此身随住，随其好恶，从头至足，观见种种不净充满。我此身中，有发、髦、爪、齿、粗细薄肤、皮、肉、筋、骨、心、肾、肝、肺、大肠、小肠、脾、胃、抟粪，脑及脑根、泪、汗、涕、唾、脓、血、肪、髓、涎、胆、小便。犹如器盛若干种子，有目之士，悉见分明，谓稻、粟种，芥子。如是比丘此身随住，随其好恶，从头至足，观见种种不净充满：我此身中，有发、毛、爪、齿、粗细薄肤、皮、肉、筋、骨、心、肾、肝、肺、大肠、小肠、脾、胃、抟粪、脑及脑根、泪、汗、涕、唾、脓、血、肪、髓、涎、胆、小便。如是比丘观内身如身，观外身如身。立念在身，有知、有见、有明、有达。是谓比丘观身如身。

复次，比丘观身如身：比丘者，观身诸界。我此身中，有地界、水界、火界、风界、空界、识界，犹如屠儿杀牛，剥皮布地于上，分作六段。如是，比丘观身诸界，我此身中，地界、水界、火界、风界、空界、识界。如是，比丘观内身如身，观外身如身。立念在身，有知、有见、有明、有达。是谓比丘观身如身。

复次，比丘观身如身：比丘者，观彼死尸，或一、二日，至六、七日。乌鸱所啄，豺狼所食，火烧埋地，悉腐烂坏。见已自比：今我此身，亦复如是，俱有此法，终不得离。如是，比丘观内身如身，观外身如身。立念在身，有知、有见、有明、有达。是谓比丘观身如身。

复次，比丘观身如身：比丘者，如本见息道，[6]骸骨青色，烂腐食半，骨璅在地。见已自比：今我此身，亦复如是，俱有此法，终不得离。如是，比丘观内身如身，观外身如身。立念在身，有知、有见、有明、有达。是谓比丘观身如身。

复次，比丘观身如身：比丘者，如本见息道，离皮肉血，唯筋相连。见已自比：今我此身，亦复如是，俱有此法，终不得离。如是，比丘观内身如身，观外身如身。立念在身，有知、有见、有明、有达。是谓比丘观身如身。

复次，比丘观身如身：比丘者，如本见息道，骨节解散，散在诸方。足骨、髆骨、髀骨、髋骨、脊骨、肩骨、颈骨、髑髅骨，各在异处。见已自比：今我此身，亦复如是，俱有此法，终不得离。如是，比丘观内身如身，观外身如身。立念在身，有知、有见、有明、有达。是谓比丘观身如身。

复次，比丘观身如身：比丘者，如本见息道，骨白如螺，青犹鸽色，赤若血涂，腐坏碎粖。见已自比：今我此身，亦复如是，俱有此法，终不得离。如是，比丘观内身如身，观外身如身。立念在身，有知、有见、有明、有达。是谓比丘观身如身。

若比丘、比丘尼，如是少少观身如身者，是谓观身如身念处。

云何观觉如觉念处？比丘者，觉乐觉时，便知觉乐觉；觉苦觉时，便知觉苦觉；觉不苦不乐觉时，便知觉不苦不乐觉。觉乐身、苦身、不苦不乐身，乐心、苦心、不苦不乐心，乐食、苦食、不苦不乐食，乐无食、苦无食、不苦不乐无食，乐欲、苦欲、不苦不乐欲，乐无欲、苦无欲觉、不苦不乐无欲觉时，便知觉不苦不乐无欲觉。如是，比丘观内觉如觉，观外觉如觉。立念在觉，有知、有见、有明、有达。是谓比丘观觉如觉。若比丘、比丘尼如是少少观觉如觉者，是谓观觉如觉念处。

云何观心如心念处？比丘者，有欲心知有欲心如真，无欲心知无欲心如真，有恚无恚、有痴无痴、有秽污无秽污、有合有散、有下有高、有小有大、修不修、定不定，有不解脱心知不解脱心如真，有解脱心知解脱心如真。如是，比丘观内心如心，观外心如心。立念在心，有知、有见、有明、有达。是谓比丘观心如心。若有比丘、比丘尼如是少少观心如心者，是谓观心如心念处。

云何观法如法念处？眼缘色生内结，比丘者，内实有结，知内有结如真。内实无结，知内无结如真。若未生内结而生者，知如真。若已生内结灭不复生者，知如真。如是，耳、鼻、舌、身、意缘法生内结，比丘者，内实有结，知内有结如真。内实无结，知内无结如真。若未生内结而生者，知如真。若已生内结灭不复生者，知如真。如是，比丘观内法如法，观外法如法。立念在法，有知、有见、有明、有达。是谓比丘观法如法：谓内六处。

复次，比丘观法如法：比丘者，内实有欲知有欲如真，内实无欲知无欲如真，若未生欲而生者知如真，若已生欲灭不复生者知如真。如是瞋恚、睡眠、掉、悔，[7]内实有疑知有疑如真，内实无疑知无疑如真，若未生疑而生者知如真，若已生疑灭不复生者知如真。如是，比丘观内法如法，观外法如法。立念在法，有知、有见、有明、有达。是谓比丘观法如法：谓五盖也。

复次，比丘观法如法：比丘者，内实有念觉支知有念觉支如真，内实无念觉支知无念觉支如真，若未生念觉支而生者知如真，若已生念觉支便住不忘而不衰退、转修增广者知如真。如是，法、精进、喜、息、定，比丘者，内实有舍觉支知有舍觉支如真，内实无舍觉支知无舍觉支如真，若未生舍觉支而生者知如真，若已生舍觉支便住不忘而不衰退、转修增广者知如真。如是，比丘观内法如法，观外法如法。立念在法，有知、有见、有明、有达。是谓比丘观法如法：谓七觉支。若有比丘、比丘尼如是少少观法如法者，是谓观法如法念处。

若有比丘、比丘尼七年立心正住四念处者，彼必得二果：或现法得究竟智，或有余得阿那含。置七年，六、五、四、三、二、一年，若有比丘、比丘尼七月立心正住四念处者，彼必得二果：或现法得究竟智，或有余得阿那含。置七月，六、五、四、三、二、一月，若有比丘、比丘尼，七日七夜立心正住四念处者，彼必得二果：或现法得究竟智，或有余得阿那含。置七日七夜，六、五、四、三、二，置一日一夜，若有比丘、比丘尼少少须臾顷立心正住四念处者，彼朝行如是，暮必得升进。暮行如是，朝必得升进。”

佛说如是。彼诸比丘闻佛所说，欢喜奉行。

[1] 五盖：障碍入定的贪欲、嗔恚、睡眠、疑悔、掉举。

[2] 七觉支：　亦译“七菩提分”。

[3] 观身如身：如实观身。

[4] 知、见、明、达：由如实了知（知）到直觉体察（见），到明白现见（明），最后证得而通达（达）。为修证的四个进程。

[5] 僧伽梨：僧衣，亦称大衣，出外时所着。

[6] 息道：呼吸道。

[7] 掉：掉举，浮躁。悔：障碍修定的后悔。

礼敬法轮

《增一阿含经·善知识品（七）》

闻如是。一时，佛在舍卫国祇树给孤独园。尔时。世尊告诸比丘：“阿练若比丘当修行二法。[1]云何二法？所谓止与观也。若阿练若比丘得休息止，则戒律成就，不失威仪，不犯禁行，作诸功德。若复阿练若比丘得观已，便观此苦，如实知之，观苦习、观苦尽、观苦出要，如实知之。彼如是观已，欲漏心解脱，有漏心、无明漏心得解脱，便得解脱智，生死已尽，梵行已立，所作已办，更亦不复受有，如实知之。过去诸多萨阿竭、阿罗诃、三耶三佛，[2]皆由此二法而得成就。所以然者，犹如菩萨坐树王下时，先思惟此法：止与观也。若菩萨摩诃萨得止已，便能降伏魔怨。若复菩萨得观已，寻成三达智，成无上至真、等正觉。是故，诸比丘，阿练比丘当求方便，行此二法。如是，诸比丘，当作是学。”

尔时，诸比丘闻佛所说，欢喜奉行。

[1] 阿练若：一译阿兰那等，意译无诤，指寂静之处。

[2] 萨阿竭、阿罗诃、三耶三佛：意译如来、应供、正遍知。

《杂阿含经》第80经

如是我闻。一时，佛住舍卫国祇树给孤独园。尔时，世尊告诸比丘："当说圣法印及见清净。谛听！善思！

若有比丘作是说。我于空三昧未有所得，[1]而起无相、无所有、离慢知见者，莫作是说。所以者何？若于空未得者而言我得无相、无所有、离慢知见者，无有是处。若有比丘作是说：我得空，能起无相、无所有、离慢知见者，此则善说。所以者何？若得空已，能起无相、无所有、离慢知见者，斯有是处。"

"云何为圣弟子及见清净？"比丘白佛："佛为法根、法眼、法依，唯愿为说！诸比丘闻说法已，如说奉行。"

佛告比丘："若比丘于空闲处树下坐，善观色无常、磨灭、离欲之法，如是观察受、想、行、识，无常、磨灭、离欲之法。观察彼阴无常、磨灭、不坚固、变易法。心乐、清净、解脱，是名为空。如是观者，亦不能离慢、知见清净。

复有正思惟三昧。观色相断。声、香、味、触、法相断，是名无相。如是观者，犹未离慢、知见清净。

复有正思惟三昧。观察贪相断，瞋恚、痴相断。是名无所有。如是观者。犹未离慢、知见清净。

复有正思惟三昧。观察我所从何而生。复有正思惟三昧。观察我、我所，从若见、若闻、若嗅、若尝、若触、若识而生。复作是观：若因、若缘而生识者，彼识因、缘，为常？为无常？

复作是思惟：若因、若缘而生识者，彼因、彼缘皆悉无常。复次，彼因、彼缘皆悉无常，彼所生识云何有常？无常者，是有为行，从缘起，是患法、灭法、离欲法、断知法。是名圣法印、知见清净。是名比丘当说圣法印、知见清净。如是广说。

佛说此经已。诸比丘闻佛所说。欢喜奉行。

[1]三昧：一作三摩地（梵语samadhi），意译定、正定、正受、等持，持续专注于一处的心境。

佛陀涅槃

《摩诃般若波罗蜜经·金刚品》

姚秦 鸠摩罗什译

尔时须菩提白佛言："世尊。何以故，名为摩诃萨？"

佛告须菩提："是菩萨于必定众中为上首，[1]是故名摩诃萨。"

须菩提白佛言："世尊，何等为必定众，是菩萨摩诃萨而为上首？"

佛告须菩提："必定众者，性地人、八人、须陀洹、斯陀含、阿那含、阿罗汉、辟支佛，[2]初发心菩萨乃至阿惟越致地菩萨。须菩提，是为必定众，菩萨为上首。菩萨摩诃萨于是中生大心，不可坏如金刚，当为必定众作上首。"

须菩提白佛言："世尊，何等是菩萨摩诃萨生大心，不可坏如金刚？"佛告须菩提："菩萨摩诃萨应生如是心：我当于无量生死中大誓庄严，我应当舍一切所有，我应当等心于一切众生，我应当以三乘度脱一切众生，令入无余涅槃。我度一切众生已，无有乃至一人入涅槃者。我应当解一切诸法不生相。我应当纯以萨婆若心行六波罗蜜。[3]我应当学智慧了达一切法。我应当了达诸法一相智门。我应当了达乃至无量相智门。须菩提，是名菩萨摩诃萨生大心，不可坏如金刚。是菩萨摩诃萨住是心中，于诸必定众而为上首，是法用无所得故。

须菩提，菩萨摩诃萨应生如是心：我当代十方一切众生若地狱众生、若畜生众生、若饿鬼众生受苦痛。为一一众生，无量百千亿劫代受地狱中苦，乃至是众生入无余涅槃。以是法故，为是众生受诸懃苦。是众生入无余涅槃已，然后自种善根。无量百千亿阿僧祇劫当得阿耨多罗三藐三菩提。[4]须菩提，是为菩萨摩诃萨生大心，不可坏如金刚。住是心中，为必定众作上首。"

"复次须菩提，菩萨摩诃萨生大快心，住是大快心中，为必定众作上首。"

须菩提白佛言："世尊。何等是菩萨摩诃萨大快心？"佛言："菩萨摩诃萨从初发意，[5]乃至阿耨多罗三藐三菩提，不生染心、瞋恚心、愚痴心，不生慢心，不生声闻、辟支佛心。是名菩萨摩诃萨大快心。住是心中，为必定众作上首，亦不念有是心。"

"复次，须菩提，菩萨摩诃萨应生不动心。"

须菩提白佛言："云何名不动心？"佛言："常念一切种智心，亦不念有是心。是名菩萨摩诃萨不动心。"

"复次，须菩提，菩萨摩诃萨于一切众生中，应生利益安乐心。云何名利益安乐心？救济一切众生，不舍一切众生，是事亦不念有是心，是名菩萨摩诃萨于一切众生中生利益安乐心。如是须菩提，是菩萨摩诃萨行般若波罗蜜，于必定众中最为上首。

复次，须菩提，菩萨摩诃萨应当行欲法、喜法、乐法心。何等是法？所谓不破诸法实相，是名为法。何等名欲法、喜法？信法、忍法、受法，是名欲法、喜法。何等名乐法？常修行是法，是名乐法。如是须菩提，菩萨摩诃萨行般若波罗蜜，于必定众中能为上首，是法用无所得故。

复次，须菩提，菩萨摩诃萨行般若波罗蜜时，住内空，乃至无法有法空，能为必定众作上首，是法用无所得故。

复次，须菩提，菩萨摩诃萨行般若波罗蜜时，住四念处中，乃至住十八不共法中，能为必定众作上首，是法用无所得故。

复次，须菩提，菩萨摩诃萨行般若波罗蜜时，住如金刚三昧，[6]乃至离着虚空不染三昧中住，于必定众作上首，是法用无所得故。如是，须菩提，菩萨摩诃萨住是诸法中，能为必定众作上首。以是因缘故，名为摩诃萨。”

[1] 必定众：决定不退的佛弟子。摩诃萨：大士。

[2] 辟支佛：意译缘觉，于无佛之世自悟而得解脱的圣者。阿惟越致地：意译不退转地，八地以上。

[3] 萨婆若：意译一切智，指佛智。

[4] 阿僧衹：无量数。

[5] 初发意：初发菩提心（道意）。

[6] 如金刚三昧：亦作“金刚喻定”像金刚（钻石）能破坏一切那样能摧碎一切烦恼的禅定，为成就阿罗汉、佛果之前所入。

佛所说经选读

49

《本事经》第78经

吾从世尊闻如是语：

“苾蒭当知，其涅槃界，略有二种，云何为二？一有余依涅槃界，二无余依涅槃界。

云何名为有余依涅槃界？谓诸苾蒭得阿罗汉，诸漏已尽，梵行已立，所作已办，已舍重担，已证自义，已尽有结，已正解了，心善解脱，已得遍知。宿行为缘所感诸根，犹相续住。虽成诸根，现触种种好丑境界，而能厌舍，无所执着，不为爱恚缠绕其心。爱恚等结，皆永断故。

彼于诸色，求欲见时，虽复以眼观于诸色，而不发起贪嗔痴等，虽复有眼及好丑色，而无贪欲，亦无嗔恚，所以者何？爱恚等结，皆永断故。

彼于诸声，求欲闻时，虽复以耳听于诸声，而不发起贪嗔痴等，虽复有耳及好丑声，而无贪欲，亦无嗔恚，所以者何？爱恚等结，皆永断故。

彼于诸香，求欲嗅时，虽复以鼻嗅于诸香，而不发起贪嗔痴等，虽复有鼻及好丑香，而无贪欲，亦嗔恚，所以者何？爱恚等结，皆永断故。

彼于诸味，求欲尝时，虽复以舌尝于诸味，而不发起贪嗔痴等，虽复有舌及好丑味，而无贪欲，亦无嗔恚，所以者何？爱恚等结，皆永断故。

彼于诸触，求欲觉时，虽复以身觉于诸触，而不发起贪嗔痴等，虽复有身及好丑触，而无贪欲，亦无嗔恚，所以者何？爱恚等结，皆永断故。

彼于诸法，求欲知时，虽复以意知于诸法，而不发起贪嗔痴等，虽复有意及好丑法，而无贪欲，亦无嗔恚，所以者何？爱恚等结，皆永断故。乃至其身，相续住世，未般涅槃，常为天人瞻仰礼拜，恭敬供养，是名有余依涅槃界。

云何名为无余依涅槃界？谓诸苾蒭得阿罗汉，诸漏已尽，梵行已立，所作已办，已舍重担，已证自义，已尽有结，已正解了，心善解脱，已得遍知。彼于今时一切所受无引因故，不复希望，皆永尽灭，毕竟寂静，究竟清凉，隐没不现，唯由清净无戏论体，如是清净无戏论体，不可谓有，不可谓无，不可谓彼亦有亦无，不可谓彼非有非无，唯可说为不可施设究竟涅槃。是名无余依涅槃界。

苾蒭当知，如是名为略有二种涅槃之界。”

尔时世尊重摄此义而说颂曰：

“漏尽心解脱，任持最后身，名有余涅槃，诸行犹相续。

诸所受皆灭，寂静永清凉，名无余涅槃，众戏论皆息。

此二涅槃界，最上无等伦，谓现法当来，寂静常安乐。”

佛所说经选读

50

《佛说佛十力经》

宋 施护等 译

如是我闻。一时，佛在舍卫国祇树给孤独园，与苾刍众俱。是时佛告诸苾刍言：“汝等当知如来应供正等正觉，有十种力，具是力者，即能了知广大胜处，于大众中作狮子吼、转妙梵轮。[1]

何等为十？所谓如来于一切处如实了知，一切非处亦如实知。由实知故，是为如来第一处非处智力。如来应供正等正觉具是力者，即能了知广大胜处，于大众中作狮子吼，转妙梵轮。

复次，如来于过去、未来、现在，一切有情诸所作业，若事、若处、若因、若报，皆如实知。由实知故，是为如来第二业智力。如来应供正等正觉具是力者，即能了知广大胜处，于大众中作狮子吼，转妙梵轮。

复次，如来于诸禅定解脱三摩地、三摩钵底，[2]若染、若净，诸定分位，皆如实知。由实知故，是为如来第三定智力。如来应供正等正觉具是力者，即能了知广大胜处，于大众中作狮子吼，转妙梵轮。

复次，如来于诸有情，若自、若他，种种根性，皆如实知。由实知故，是为如来第四根智力。如来应供正等正觉具是力者，即能了知广大胜处，于大众中作狮子吼，转妙梵轮。

复次，如来于诸有情种种信解，皆如实知。由实知故，是为如来第五信解智力。如来应供正等正觉具是力者，即能了知广大胜处，于大众中作狮子吼，转妙梵轮。

复次，如来于种种界无数界性，皆如实知。由实知故，是为如来第六界性智力。如来应供正等正觉具是力者，即能了知广大胜处，于大众中作狮子吼，转妙梵轮。

复次，如来于一切至处道，皆如实知。由实知故，是为如来第七至处道智力。如来应供正等正觉具是力者，即能了知广大胜处，于大众中作狮子吼，转妙梵轮。

复次，如来于无数种宿住随念，所谓一生、二生，三、四、五生，或十二十，乃至百生千生、无数百千生中，百千成劫坏劫、成坏等事，我在彼有情中随所生处，如是名字、如是种姓、如是族氏、如是饮食苦乐、如是寿量长短分限、寿命尽已于某处生，此灭彼生，彼灭此生，此等事相、缘法、方、处，无数种类，宿住随念皆如实知。由实知故，是为如来第八宿住随念智力。如来应供正等正觉具是力者，即能了知广大胜处，于大众中作狮子吼，转妙梵轮。

复次，如来清净天眼过于人眼，观见世间一切有情生时、灭时，若好、若丑、若贵、若贱，若生善趣，若生恶趣，随所作业，如实知见。若诸有情身语意业作不善行，毁谤贤圣，起诸邪见，邪见业法合集为因，以彼因缘身坏命终，堕在恶趣地狱中生；若诸有情身语意业作诸善行，不谤贤圣，起于正见，正见业法合集为因，以彼因缘身坏命终，在于善趣天界中生；如是等事，皆如实知。由实知故，是为如来第九天眼智力。如来应供正等正觉具是力者，即能了知广大胜处，于大众中作狮子吼，转妙梵轮。

复次，如来所有诸漏已尽，非漏随增，心善解脱、慧善解脱，见如是法，智证自果：我生已尽，梵行已立，所作已办，不受后有。皆如实知。由实知故，是为如来第十漏尽智力。如来应供正等正觉具是力者，即能了知广大胜处，于大众中作狮子吼，转妙梵轮。”

佛说此经已，诸苾刍众闻佛所说，皆大欢喜，信受奉行。

[1]狮子吼：狮子为百兽之王，一吼声振林野，群兽畏伏，比喻佛说法振动人间，摧灭一切邪说。转妙梵轮：喻美妙、清净之说法。

[2]三摩钵底：意译“等至”，专注一境之意，比三摩地包括的范围更广，指一切定心。或说欲入定时名三摩钵底。

八分舍利

《本事经》第35经

吾从世尊闻如是语：

苾蒭当知：若诸有情永念一法，我证彼定得不还果。云何一法？谓是念佛。所以者何？一切有情由不念佛故，数数还来，堕诸恶趣，受生死苦。若能常念如是一法，我证彼定得不还果，不复还来生此世间。是故我说，若诸有情能念一法，我证彼定得不还果。”[1]

尔时，世尊重摄此义，而说颂曰：

“我观诸有情，由不念佛故，

还来堕恶趣，受生死轮回。

若能正了知，永念于佛者，

定得不还果，不来生此间。”

舍利塔

[1] 不还果：声闻乘四道果中第三阿那含果，意为不还，谓断尽欲界烦恼，不再来此欲界受生。

礼敬佛足

结　语

佛陀思想的深刻启示

在中西古圣哲中，佛陀可谓影响最为深广者。他创立的僧团，忠实地传扬他的遗教，使佛教的教化区域日益扩大。特别是经过佛灭约二百年顷在位的孔雀王朝护法阿育王的大力推广，佛教从印度传往四方，成为当时势力最大的世界宗教。在其最兴盛时期，佛教向西传遍几乎整个中东，再西抵达埃及和欧洲；向东传遍整个东南亚和印度尼西亚；向南传遍锡兰岛；向北传遍中国汉地、西藏、蒙古及朝鲜、日本等国家和地区。在漫长的时间里，广袤的地面上，佛教曾充任主体文化，乃至被一些国家尊为国教，对所流传地区的政治、经济、文化发生了极为重大的作用。近代以来，佛教又传向欧美、澳洲、非洲，被约4亿以上的现代人所信仰，受到叔本华、尼采、列夫·托尔斯泰、爱因斯坦、罗素、荣格等西方大智者由衷的赞叹。

各地区、各时代流传的佛教，虽然应时契机而不无变异，形成了众多不同风格的宗派，但无不共奉释迦牟尼为教主、“本师”，无不以《阿含经》等所说四谛、十二因缘、三法印、三学六度等为基本教义，其指导思想、宗教实践，大体上皆不出佛陀所开辟的路线。

佛陀思想能从三千年以前流传到现在，经漫长历史考验而亘古常新，至今仍被数亿人信仰，被不少东西文化精英所关注，说明其学说以具永恒性的问题为主题，具有超越时域的内涵。从现代文化的角度看，佛陀的言教，文句虽显古朴，但其内蕴的智慧，仍旧熠熠生辉，具有应时契机的宝贵价值，提供给现代人很多深刻的启示。佛陀学说的精髓及其对现代文化的启示，主要者大略有以下五点：

佛言精粹

尔时，世尊告诸比丘：我已解脱人天绳索，汝等亦复解脱人天绳索，汝等当行人间，多所过度，多所饶益，安乐人天，不须伴行，一一而去！

《杂阿含经》卷三九第1094经

一、清醒的文明自觉

作为文明创造者的人类，可以说至今尚孤独地蜗居这小小寰球，处于盲目创造的半蒙昧阶段。只知着眼于眼前的功利，而对于自身在宇宙中的地位如何、创造文明的究竟目的与自身的终极归宿等方向性的根本问题，殊少考虑，缺乏清醒的文明自觉。缺乏文明自觉，势必难以自控文明创造活动，无法自主文明创造活动的结果，致使自己创造的文明，异化成为对自身有危害性的强大异己力量，被这力量所束缚、驱迫。拼命发展经济，结果使自己变成经济动物，一切都被经济力量所牵制；人人都为自己而生活、奋斗，结果在工业大机器中迷失了自我；力图征服自然为我服务，结果却遭到环境污染、生态失衡等大自然的无情报复。

佛言精粹

犹如有人自己没溺，复欲度人者，终无此理。己未灭度，欲使他人灭度者，此事不然。

《增一阿含经》卷四三

佛陀的伟大，首先在于他以清澈的眼光审视人类自身的存在，以全宇宙为坐标，冷静地反思人类自身的境况及人在宇宙中的地位，毫不掩饰地揭示人类生老病死、诸苦交攻的缺陷和种种社会弊病，指明人存在的根本问题，唤起对这一问题的重视和解决。且不论其答案如何，仅这种对自己文明的清醒自觉，这种对人生大本的关注和对人生缺陷的揭露，便永远值得人类珍视。

二、“诸恶莫作，众善奉行”的道德教化

与同时代的印度其他宗教相比，极为重视道德教化，被公认为佛陀教义的一大突出特征。佛陀数十年东奔西走，苦口婆心地向许多人说教，无不是劝人弃恶修善，按合理的道德规范自我控制言行，起码做一个有道德的好人。佛陀的缘起论、业力论、修道论等学说，无不归结于伦理实践，可以被称为“七佛通戒偈”中的“诸恶莫作，众善奉行”八个字总括之。佛陀的道德教化，以缘起法则、业力因果说为理论依据，不依神意，不依社会契约，而着眼于个人今世、后世及究竟的利乐，因而具有很好的社会教化效益，在提高人们的道

德水平、谐调人际关系、促进社会安定方面，长期起过，而且至今仍具巨大的积极作用。

三、如实正观的冷峻智慧

不受任何幻相迷惑，不带任何主观成见，不被任何学说和权威制约，不掺杂任何感情，以极度清纯明净的心“如实知见”宇宙人生的真实本面，被佛陀强调为了生脱死的诀要，乃佛陀教义的心髓所在。佛陀如实知见真实，不像世间绝大多数宗教、哲学那样，首先预设一个本体、本元、大梵、上帝，而是从理性思辨出发，从纷纭万象中概括出普遍规律——缘起法则，运用缘起法则，如实综观人自身及宇宙万有，分析世界的基本结构，从而得出“诸行无常”、“诸法无我”的结论，将众生生死苦恼的根本原因，归结于不能如实观无常、无我而生的认识上的谬误、执着，以如实正观诸行无常、诸法无我的真实为超出生死、永享涅槃常乐的诀要。佛陀运用缘起法则，冷静审察人类的认识，指出认识由根、境、识三缘和合而生，由相、名两种符号组成，相、名及以其为工具的逻辑思维、理性认识，具有局限性、相对性，至多只能摸索到通向绝对真实的路径，而不能亲见绝对真实的本面。但我人潜具能亲见绝对真实的“自然智”，从理性入手，如实正观无常无我，便可超越理性，显发自然智，亲见真实本面。此可谓踏着理性之桥梁，直达超理性之彼岸。而亲见真实本面（见道），即见涅槃，即是超出生死无常的生存境界而进入不生不灭、永享极乐之涅槃界的要道。佛陀的这一智慧，解决了诸家哲学长期聚讼难决的本体论、认识论、理性极限等重大问题，肯定了我人的直觉潜能。

21世纪是人类文化大整合的时代，西方最前沿的思想家，以整合现代科学成果与东方精神传统之精华为己任，佛陀如实知见真实的方法、途径、结论，在这一方面具有极其深刻的启迪意义，有可能促进科学的大飞跃和自然科学、人文科学、人体科学的整合，促进科学与宗教的整合，促进东西方文化的整合。

佛言精粹

以是正法因缘，以慈心、悲心、哀悯心、欲令正法久住心，而为人说，是名清净说法。

《杂阿含经》卷四一第1136经

四、“自知其心”、“自净其心”的要旨

与近现代人类文化畸重物质不同，佛陀特为注重人心，以疗治众生心病的大医王自任。他把产生一切罪恶、造成老病死等众苦的根源，归结于自心的污染迷昧，以如实知见的智慧“自净其意”为根绝诸恶、治疗百病的药方，为超出生死的道要；以“自知其心”为亲见绝对真实，打开宇宙秘机的总钥匙，乃至解决人类文明根本问题的快捷方式；以自治其心、自主其心为最有力量的“大雄”、“雄猛大丈夫”。佛陀对人心有细致入微的观察，详悉解析了心识的结构、层次和多种功能，解析了烦恼生起的过程，揭示了人心不可思议的潜能，提出了一系列自知其心、自净其心、开发自心潜能的操作技术，描述了人心潜能被彻底开发后的奇妙功用，树立了彻底净化自心的圣智型人格楷模。佛陀对人心的深彻认识，对当代心理学等多门研究人自身的学科提供了深刻启迪。

佛言精粹

如来虽为一切众生演说诸法，实无所说。何以故？有所说者名有为法，如来世尊非是有为，是故无说。

《大般涅槃经》卷二十

五、慈悲、精进的精神

倡导大慈大悲，鼓励人们以精进勇猛的精神从事世间、出世间的正业，自利利他、利乐众生，是佛陀思想的重要方面。慈悲、精进，为两种最重要的心灵美，能庄严人性，美化世间。慈悲属阴性的功能，增广慈悲，可增强人们之间的亲和力，给人间增加温情暖意，消融对个人身心有害，能滋生争斗、报复、嫉害、残杀等罪恶的愤怒、仇恨、嫉妒。精进属阳性的功能，为成就一切事业所必需的动力，倡导精进，能鼓舞人奋发向上，努力创造生命价值。佛陀教导人将慈悲、精进无限扩大，慈悲无条件地遍覆全宇宙一切众生，精进无涯自强不息，为实现利乐众生、庄严国土的高尚目标而永不停息地奋斗。佛陀更强调，慈悲与精进，皆须在如实知见的智能指导下向善向上，以免流于执着与病态。这一精神，有助于将人类具破坏性、容易向下沦堕的生命能量引导向无限向上的努力，培育出

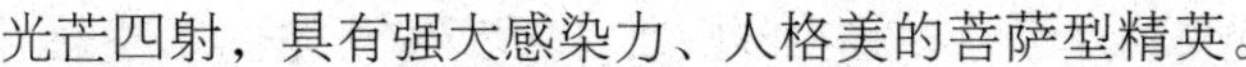

光芒四射，具有强大感染力、人格美的菩萨型精英。

佛陀自身出家求道、创教说法的活动，终归出自他“庄严国土，利乐有情”的宏愿，他号召人们都以这一目标为生命取向，为这一理想献身，在为实现这一理想中展现生命的价值。

如同一切贤圣一样，佛陀也未能完全避免物议。如程朱等宋儒，即对释氏颇有微词。但非议释氏者，几乎都没有认真、系统地研读过佛经，对佛经中所记述的佛陀思想，都缺乏全面准确的理解，大都是不满于佛教的弊病或后世佛教徒所宣扬、实行的具有片面性的佛法。

流传在世间，由生活在社会中的部分人们所信仰、主持的佛教，特别是在东方封建社会中长期浸泡而定型的佛教，适应所流传时域的社会文化、宗教需求，从制度到内容，都难免沾染上封建性的尘垢，表现出一些弊端，悖离或偏离佛陀的教旨和教风。诸如宗派斗争，僧尼坐食信施而不守戒、攀附权贵，或遁迹山林不问世事，及一些佛教徒消极厌世、只管自己修行不顾家庭社会，只知烧香拜佛、念一佛一咒而不知做人尽责、提升精神境界，乃至迷信鬼神、走火入魔等。这一切，无不因背离、偏离佛陀正法而致。回归佛陀，总是被强调为振兴佛教的关键。佛陀的教导，在任何时期，都是建设、振兴佛教的指针。近现代太虚大师等批判明清传统佛教之山林化、鬼神化、世俗化，呼吁“佛教革命”，提倡“人间佛教”，即表现出回归佛陀的精神。由于佛教传统包袱过重，改革时间尚短，尚未能完全成功地实现现代转型。直探佛陀的原始教旨，对继续批判传统佛教弊端、建设应时契机而又保持佛陀本义的人间佛教，具有极为重要的意义。

中国佛教素有“本佛、宗经、重行”的传统，是应该继承发扬的。佛陀的佛心和教诲是源，后世诸宗诸派之学，无不本诸佛说而阐释发挥，是流。对学佛者来说，无论修学何宗何法，不管参禅还是念佛、修密，皆应从源入流，首先对本师释迦牟尼所示佛法有个整体的把握，以经教为衡量佛法的最高准则，这是历代祖师大德一再强调的。在今天这个善知识难求、恶知识如林的时代，更应以释迦牟尼佛为最根本的善知识、上师，以他所说了义经为修行的指南。自

佛言精粹

千千为敌，
一夫胜之，
未若自胜，
为战中上，
自胜最贤，
故曰“人雄”

《法句经》卷上

世间聪慧人，
能防身语意，
令不造诸恶，
名真健丈夫。

《本事经》卷五

古及今，佛教徒修行上发生的种种偏差，莫不以对佛陀的正法缺乏全面准确的了解和把握为根本原因。这与佛典数量过多、名相纷繁、文字简古，及缺乏佛教知识的普及教育有关。因此，对佛陀思想做现代整合，用简明的现代语言介绍给世人尤其是佛弟子，十分必要。

佛陀不仅是数亿佛教徒的精神导师，也是值得全人类钦敬的圣者，他遗教中的积极因素，是全人类的精神财富，应当在全人类的文化建设中发挥其应有的启迪智慧、净化人心、庄严国土的作用。

佛言精粹

唯有一事能报佛恩，何谓为一？常以慈心，以其所解一切善法，展转开化，乃至一人，令其信心成就智能，展转教化，无有穷尽，譬如一灯燃无量灯。

《佛说未曾有因缘经》卷下

守护舍利塔

《无量义经·说法品》

尔时，大庄严菩萨摩诃萨与八万菩萨摩诃萨说是偈赞佛已，俱白佛："世尊，我等八万菩萨之众，今者欲于如来法中有所谘问，不审世尊垂愍听不？"

佛告大庄严菩萨及八万菩萨言："善哉善哉！善男子，善知是时，恣汝所问。如来不久当般涅槃，涅槃之后，普令一切无复余疑。欲何所问，便可说也。"

于是大庄严菩萨与八万菩萨即共同声白佛言："世尊。菩萨摩诃萨欲得疾成阿耨多罗三藐三菩提，[1]应当修行何等法门？何等法门，能令菩萨摩诃萨疾成阿耨多罗三藐三菩提？"

佛告大庄严菩萨及八万菩萨言："善男子。有一法门，能令菩萨疾得阿耨多罗三藐三菩提。若有菩萨学是法门者，则能疾得阿耨多罗三藐三菩提。""世尊。是法门者，号字何等，其义云何？菩萨云何修行？"

佛言："善男子！是一法门，名为无量义。菩萨欲得修学无量义者，应当观察：一切诸法，自本来今性相空寂，无大无小，无生无灭，非住非动，不进不退，犹如虚空，无有二法。而诸众生虚妄横计，是此是彼，是得是失，起不善念，造众恶业，轮回六趣，备诸苦毒，无量亿劫不能自出。菩萨摩诃萨如是谛观，生怜愍心，发大慈悲，将欲救拔。又复深入一切诸法：法相如是生如是法，法相如是住如是法，法相如是异如是法，法相如是灭如是法；法相如是能生恶法，法相如是能生善法，住、异、灭者，亦复如是。菩萨如是观察四相始末，悉遍知已，次复谛观一切诸法念念不住，新新生灭。复观实时生住异灭。如是观已，而入众生诸根性欲。[2]性欲无量故，说法无量。说法无量，义亦无量。无量义者，从一法生，其一法者，即无相也。如是无相，无相不相，不相无相，名为实相。菩萨摩诃萨安住如是真实相已，所发慈悲，明谛不虚，于众生所，真能拔苦。苦既拔已，复为说法，令诸众生受于快乐。善男子。菩萨若能如是修一法门无量义者，必得疾成阿耨多罗三藐三菩提。

善男子。如是甚深无上大乘无量义经，文理真正，尊无过上，三世诸佛所共守护，无有众魔群道得入，不为一切邪见生死之所坏败。是故，善男子。菩萨摩诃萨若欲疾成无上菩提，应当修学如是甚深无上大乘无量义经。"

尔时，大庄严菩萨复白佛言："世尊，世尊说法不可思议，众生根性亦不可思议，法门解脱亦不可思议。我等于佛所说诸法，无复疑惑。而诸众生，生迷惑心，故重谘问。世尊，自从如来得道已来四十余年，常为众生演说诸法四相之义：苦义、空义、无常、无我，无大、无小，无生、无灭，一切无相。法性法相本来空寂，不来不去，不出不没。若有闻者，或得暖法、顶法、世第一法、须陀洹果、斯陀含果、阿那含果、阿罗汉果、辟支佛道，发菩提心，登第一地、第二、第三至第十地。往日所说诸法之义，与今所说有何等异，而言甚深无上大乘无量义经，菩萨修行必得疾成无上菩提，是事云何？唯愿世尊，慈愍一切，广为众生而分别之。普令现在及未来世有闻法者，无余疑网。"

于是，佛告大庄严菩萨："善哉善哉！大善男子。能问如来如是甚深无上大乘微妙之义。当知汝能多所利益，安乐人天，拔苦众生。真大慈悲，信实不虚。以是因缘，必得疾成无上菩提，亦令一切今世来世诸有众生得成无上菩提。善男子。自我道场菩提树下端坐六年，得成阿耨多罗三藐三菩提，以佛眼观，一切诸法不可宣说。所以者何？以诸众生性欲不同，性欲不同，种种说法。种种说法，以方便力，四十余年，未曾显实。是故众生得道差别，不得疾成无上菩提。

善男子。法譬如水，能洗垢秽，若井若池，若江若河、溪渠大海，皆悉能洗诸有垢秽。其法水者，亦复如是，能洗众生诸烦恼垢。善男子。水性是一，江、河、井、池、溪、渠、大海，各各别异。其法性者，亦复如是，洗除尘劳等无差别，[3]三法、四果、二道不一。[4]善男子。水虽俱洗，而井非池，池非江河，溪渠非海。而如来世雄于法自在，所说诸法，亦复如是。初中后说，皆能洗除众生尘劳，而初非中，而中非后。初中后说，文辞虽一，而义各异。善男子。我起树王，诣波罗奈鹿野园中，为阿若拘邻等五人转四谛法轮时，亦说诸法本来空寂，代谢不住，念念生灭。中间于此及以处处，为诸比丘并众菩萨，辩演宣说十二因缘、六波罗蜜，亦说诸法本来空寂、代谢不住、念念生灭。今复于此演说大乘无量义经，亦说诸法本来空寂、代谢不住、念念生灭。善男子。是故初说、中说、今说，文辞是一，而义差异。义异故，众生解异；解异故，得法得果得道亦异。善男子。初说四谛，为求声闻人。而八亿诸天来下听法，发菩提心。中于处处演说甚深十二因缘，为求辟支佛人，而无量众生发菩提心，或住声闻。次说方等、十二部经、摩诃般若、华严海空，[5]演说菩萨历劫修行，而百千比丘、万亿人天，无量得须陀洹、得斯陀含、得阿那含、得阿罗汉，住辟支佛因缘法中。善男子。以是义故，故知说同而义别异。义异故，众生解异；解异故，得法得果得道亦异。

是故，善男子，自我得道，初起说法，至于今日演说大乘无量义经，未曾不说苦、空、无常、无我，非真非假、非大非小、本来不然、今亦不灭，一切无相，法相法性不来不去，而众生四相所迁。善男子。以是义故，诸佛无有二言，能以一音，普应众声；能以一身，示百千万亿那由他无量无数恒河沙身；[6]一一身中，又示若干百千万亿那由他阿僧祇恒恒河沙形。善男子。是则诸佛不可思议甚深境界，非二乘所知，亦非十住菩萨所及，唯佛与佛乃能究了。善男子。是故河沙种种类形；一一形中，又示若干百千万亿那由他阿僧祇我说微妙甚深无上大乘无量义经，[7]文理真正，尊无过上，三世诸佛所共守护，无有众魔外道得入，不为一切邪见生死之所坏败。菩萨摩诃萨若欲疾成无上菩提，应当修学如是甚深无上大乘无量义经。"

佛说是已，于是三千大千世界六种震动，自然空中雨种种花：天优钵罗华、钵昙摩华、拘物头华、分陀利华。又雨无数种种天香、天衣、天璎珞、天无价宝，于上空中旋转来下，供养于佛及诸菩萨声闻大众。天厨天钵器、天百味充满盈溢。天幢、天幡、天幰盖、天妙乐具，处处安置，作天伎乐，歌叹于佛。又复六种震动。东方恒河沙等诸佛世界亦雨天华、天香、天衣、天璎珞、天无价宝，天厨、天钵器、天百味，天幢、天幡、天幰盖，天妙乐具，作天伎乐，歌叹彼佛及彼菩萨声闻大众。南西北方，四维上下，亦复如是。于是众中三万二千菩萨摩诃萨得无量义三昧，三万四千菩萨摩诃萨得无数无量陀罗尼门，能转一切三世诸佛不退转法轮。其诸比丘、比丘尼、优婆塞、优婆夷，天、龙、夜叉、干闼婆、阿修罗、迦楼罗、紧那罗、摩睺罗伽，[8]大转轮王、小转轮王，银轮、铁轮诸转轮王，国王、王子、国臣、国民、国士、国女、国大长者，及诸眷属，百千众俱，闻佛如来说是经时，或得暖法顶法、世间第一法、须陀洹果、斯陀含果、阿那含果、阿罗汉果、辟支佛果，又得菩萨无生法忍，[9]又得一陀罗尼，[10]又得二陀罗尼，又得三陀罗尼，又得四陀罗尼，五、六、七、八、九、十陀罗尼，又得百千万亿陀罗尼，又得无量无数恒河沙阿僧祇陀罗尼。皆能随顺转不退转法轮。无量众生发阿耨多罗三藐三菩提心。

---

[1]阿耨多罗三藐三菩提：意译“无上正等正觉”，略译无上菩提，佛正遍知、至高无上的大觉。

[2]性欲：指天性的欲望，各自所喜欢者。

[3]尘劳：烦恼之别称，为六尘所染而身心劳乱。

[4]三法：教法（教理）、行法（修行道）、证法（所证果）。四果：小乘初、二、三、四果。二道：有漏道（人天乘等世间善法）、无漏道（出世间法）。

[5]方等：广义指大乘经，狭义指大乘中的一类经，如《维摩经》等。十二部经：大乘对佛典的分类，为契经、应颂、授记、讽颂、自说、因缘、譬喻、如是语、本生、方广、未曾有、议论。前九种为小乘所谓“九分教”。

[6]那由他：梵语音译，意译垓，印度计量单位，千亿。

[7]阿僧祇：梵语音译，意译无数、无央数，用为表示极为久远的时间单位。

[8]迦楼罗：意译金翅鸟，一种以龙为食的神鸟。紧那罗：意译人非人，一种似人而头上有独角的乐神。摩睺罗伽：意译大腹神，一种蛇首人身之神。皆属“天龙八部”。

[9]无生法忍：对本来空、无生的真理完全接受，安住不动摇，一般说为七地菩萨所得。

[10]陀罗尼：意译总持，总摄佛法的智慧。

《法句经·述千品》

虽诵千言，句义不正，
不如一要，闻可灭意；
虽诵千言，不义何益？
不如一义，闻行可度。
虽多诵经，不解何益？
解一法句，行可得道。

千千为敌，一夫胜之，
未若自胜，为战中上。
自胜最贤，故曰人雄。
护意调身，自损至终。
虽曰尊天，神、魔、梵、释，
皆莫能胜，自胜之人。[1]

月千反祠，终身不辍，
不如须臾，一心念法。
一念道福，胜彼终身。
虽终百岁，奉事火祠，
不如须臾，供养三尊，
一供养福，胜彼百年。
祭神以求福，从后观其报，
四分未望一，不如礼贤者。

能善行礼节，常敬长老者，
四福自然增：色、力、寿而安。

若人寿百岁，远正不持戒，
不如生一日，守戒、正意禅。
若人寿百岁，邪伪无有智，
不如生一日，一心学正智。
若人寿百岁，懈怠不精进，
不如生一日，勉力行精进。
若人寿百岁，不知成败事，
不如生一日，见微知所忌。
若人寿百岁，不见甘露道，
不如生一日，服行甘露味。
若人寿百岁，不知大道义，
不如生一日，学惟佛法要！

[1] 梵：梵天。释：帝释，忉利天主。

佛像塔

附　录

了解释佛陀思想的相关重要文献

1、《经集》，郭良鋆译，中国社会科学出版社，1990

2、《法句》，叶均译，中国佛教协会印行，1984

3、《法句经故事集》，达摩难陀编著，周金言译，广东柏奥公司印行，2000

4、《小诵》、《即兴自说》、《大念处经》，邓殿臣译，《藏外佛教文献》第五辑，宗教文化出版社，1998

5、《佛说轮转五道罪福报应经》，刘宋求那跋陀罗译，大正藏经集部

6、《如来示教胜军王经》，唐玄奘译，大正藏经集部

7、《佛说四十二章经》，后汉迦叶摩腾、竺法兰译，大正藏阿含部

8、《杂阿含经》，刘宋求那跋陀罗译，大正藏阿含部

11经、37经、61经、105经、237经、254经、262经、289经、297经、298经、302经、335经 、346经、347经、389经、406经、408经、414经、470经、474经、617经、622经、668经、706经、714经、750经、760经、769经、785经、803经、816经、929经、957经、961经、1044经、1059经、1077经、1099经、1171经、1226经、1227经、1232经 、1243经、1279经、1283经

9、《别译杂阿含经》，失译名，大正藏阿含部

10、《中阿含经》，东晋僧伽提婆译，大正藏阿含部

《盐喻经》、《思经》、《伽弥尼经》、《象迹喻经》、《侍者经》、《郁伽长者经》、《手长者经》、《戒经》、《食经》、《说本经》、《禅肆经》、《长寿王本起经》、《念身经》、《睡眠经》、《秽经》、《水净梵志经》、《念经》、《想经》、《说处经》、《福田经》、《福经》、《大品喻经》、《伤歌罗经》、《分别六界经》、《拘楼瘦无诤经》、《受法经》、《多界经》、《小空经》、《痴慧地经》、《阿梨吒经》、《茶帝经》、《法乐比丘尼经》

11、《长阿含经》,后秦佛陀耶舍译,大正藏阿含部

《游行经》、《散陀那经》、《十上经》、《大缘方便经》、《自欢喜经》、《梵动经》、《坚固经》、《布吒婆楼经》、《世记经》

12、《增一阿含经》,前秦昙摩难提译,大正藏阿含部

《弟子品》、《比丘尼品》、《清信士品》、《清信女品》、《护心品》、《利养品》、《五戒品》、《安般品》、《惭愧品》、《高幢品》、《四谛品》、《须陀品》、《七日品》、《八难品》、《马血天子品》、《非常品》

13、《佛说义足经》,吴支谦译,大正藏本缘部

14、《本事经》,唐玄奘译,大正藏经集部

15、《出曜经》,姚秦竺佛念译,大正藏本缘部

16、《佛说大方广修多罗经》,后魏菩提流支译,大正藏经集部

17、《四分律》,姚秦佛陀耶舍等译,大正藏律部

18、《佛说十善业道经》,唐实叉难陀译,大正藏经集部

19、《佛为优填王说王法政论经》,大正藏经集部

20、《五蕴皆空经》,唐义净译,大正藏阿含部

21、《佛说黑氏梵志经》,吴支谦译,大正藏经集部

22、《佛说八大人觉经》,后汉安世高译,大正藏经集部

23、《大乘本生心地观经·报恩品》,唐般若等译,大正藏本缘部

24、《佛说发菩提心破诸魔经》,宋施护译,大正藏经集部

25、《金刚般若波罗蜜经》,姚秦鸠摩罗什译,大正藏般若部
26、《佛说大方等修多罗经》,后魏菩提流志译 ,大正藏经集部
27、《小品般若波罗蜜经》,后秦鸠摩罗什译,大正藏般若部
28、《大方广如来藏经》,唐不空译,大正藏经集部
29、《佛说不增不减经》,元魏菩提流支译,大正藏经集部
30、《解深密经 》,唐玄奘译,大正藏经集部
31、《妙法莲华经》,姚秦鸠摩罗什译,大正藏法华部
32、《大般涅槃经》,北凉昙无谶译,大正藏涅槃部
33、《佛说无量寿经》,曹魏康僧铠译,大正藏宝积部
34、《佛说观无量寿佛经》,刘宋畺良耶舍译,大正藏宝积部
35、《原始佛教思想论》,木村泰贤著，欧阳瀚存译,商务印书馆，1947
36、《佛陀的启示》,罗睺罗著，法严译,香港中华佛教图书馆印行，1987
37、《我的释尊观》,池田大作著，潘桂明译,四川人民出版社，1993
38、《佛陀和原始佛教思想》,郭良鋆著,中国社会科学出版社，1997
39、《觉悟之路》,那烂陀长老著，学愚译,山东人民出版社，1996
40、《释迦牟尼传》,星云著,吉林人民出版社，1982
41、《释迦牟尼传》,王惕著,宗教文化出版社，1999